Valuation

第**4**版

企業価値評価の実務

実務 Q&A

株式会社プルータス・コンサルティング［編］

中央経済社

第4版の刊行によせて

平成22年に初版が刊行された本書は，読者の皆様のご支持をいただき，おかげさまをもちまして第4版の刊行に至りました。

今回の改訂にあたっては，主として次の点に関する見直しを行いました。

・制度上の変化への対応

前回の改訂以降に生じた制度上の変化に対応する形で，新たな設問を加えました。該当するものとして，国際評価基準審議会（IVSC）の動向（Q15），株式価値の鑑定が必要となる場合の例示（Q89），判例における非流動性ディスカウントの取扱い（Q91）があります。

・海外企業の株式評価

年々関心が高まりつつある海外企業の株式評価（Q83-88）については，最新の知見に基づき全面的な改訂を行い，より体系的な解説を試みるとともに，実際の評価にあたって留意すべき点についても明らかにしました。

・既存の設問の加筆及び再構成

旧版でも取り扱った題材の一部につき発展的な話題を加えるとともに，より効果的な説明が可能と考えられるものについては，全面的な改訂を行いました。

大幅に見直されたものとして，継続価値の算定方法（Q30-33），非流動性ディスカウント（Q62），コントロール・プレミアム（Q63），βの意義（Q71），割引率に織り込まれないリスク（Q73），ヒストリカル・リスクプレミアムの算定（Q74），βの推定（Q76），リスクフリーレートの取扱い（Q77），サイズ・リスクプレミアム（Q80），トータルβ（Q81）があります。上記の他にも，評価手法の解説を中心に，新たな話題を追記しているため，旧版からの読者の皆様にも，改めてご一読いただくことをおすすめします。

・その他の話題の追加

従来は取り扱ってこなかった，しかし実際の評価においてしばしば問題となる事項について，新たに解説を加えました。該当するものとして，「企業価値評価ガイドライン」の概要（Q1），種類株式を発行している会社の取扱い（Q42），1株当たり価値の基準となる株式数（Q43），取引事例法（Q60），ブ

ロックトレード・ディスカウント（Q64），CAPM の限界（Q70）が挙げられます。

・数値例の更新

　市場のデータに基づく数値例については，最新のデータを反映させました。

　企業価値評価に関する優れた解説書が我が国にいくつも存在する中，本書が3度目の改訂を迎えられた理由があるとすれば，第三者評価機関としての経験の蓄積をその都度反映させることにより，本書の特色が明確になってきたという点が挙げられるかと思います。その特色とは，あるべき姿だけをひたすら追求するのではなく，裁判でも対抗しうる強固さを保持しつつ，分かりやすく簡単な方法を紹介する方針を採っていることです。

　これは，各方面で注目された合併・買収案件から，設立間もないベンチャー企業の資金調達まで，多種多様な事例を取り扱うことを通じ，現場において直面する様々な問題点を俯瞰してきたという背景に由来しています。また，企業価値の評価が争われた事例に会社側，株主側，鑑定人という異なる立場から関与してきたことは，裁判においても主張しうる明解かつ強固な根拠付けの重要性を認識させる契機となりました。

　デリバティブを始めとする金融商品の価値が，数学的なモデルにより客観的に評価しうるのに対し，企業価値は将来のキャッシュ・フロー，割引率，非事業資産，有利子負債及び負債類似物など様々な変数に依存しており，評価にあたって必要な工数は格段に多くなります。これは，それぞれの工程でどのような取扱いを選択するかに応じて価値が大きく変わりうることを意味します。したがって，株主への説明責任を果たし，場合によっては裁判上も争われることを前提とした場合，ある手法を「一般的に採用されている」という以外の根拠なく盲目的に用いることは好ましくありません。

　このような認識に基づき，本書では，実際の評価において広く採用されている考え方であっても，その根拠が脆弱であるものについてはあえて異論を述べています。「一般的」な手法と「合理的」な手法の違いを理解するにあたり，本書をお役立ていただければ幸いです。

　2年おきに改訂を繰り返してきた本書ですが，今回は3年半の間が空いてしまいました。その間複数の読者の方から改訂に関するお問い合わせも頂戴して

いただけに，ようやくお届けできることを幸いに思います。

　日々の業務にかまけて執筆が延びがちな中，年度内の脱稿に漕ぎ着けられたのは，初版以来本書をご担当いただいている中央経済社の杉原茂樹氏のご尽力によるものです。伏して御礼申し上げます。

　平成30年2月

執筆者一同

第3版の刊行によせて

　本書は，M&Aおよびグループ内事業再編の増加や株式価値が争点となる訴訟が注目される等，企業価値評価の注目度が高まりつつある中，企業価値評価の論点を整理することを目的に刊行されました。それから4年経過する間，実務における企業価値評価業務は一定の進歩がみられてきましたが，様々な論点や課題も認識されたことに関連して企業価値評価業務に影響を与える重要な2つの動きがありました。

　1つは，企業買収を利用した不正事件の発覚であり，過大な対価による企業買収により不正な支出を適法な取引と装った事件の発生でした。この事件による企業買収の対価は，第三者による企業価値評価を論拠としており，企業価値評価の実務に問題があるか否かの論点が浮上し，これに関する検討がなされた結果，平成25年7月に「企業価値評価ガイドライン」が改正されました。この改正の目的は，企業価値評価における専門家は，評価業務に際して提供された情報の有用性および利用可能性の検討・分析を行い，不正に利用されないよう留意するとともに，紛争の予防または回避に配慮し，倫理規則を遵守する必要性等を注意喚起することにありました。改正前の「企業価値評価ガイドライン」には，評価業務において提供された個々の情報の真実性・正確性・網羅性について原則として検証する義務は基本的に負わない旨の解説がありましたが，改正後の「企業価値評価ガイドライン」は，検証義務は基本的に負うものではないものの，「提供された情報については，詳細な調査，証明，保証といった検証作業に代えて，当該情報が利用可能かといった観点からの検討・分析を行う。それによって，非常識・非現実的な情報を受け入れることがないように留意する」旨を解説することで，専門家としての注意義務により気づくべき非常識・非現実的な情報を排除し，不正や企業価値評価をめぐる紛争の原因となる評価業務は避けるべきことを注意喚起しています。

　もう1つは，平成25年10月1日から適用された東京証券取引所による企業価値評価に関する規則改正です。従前のMBO等による公開買付けが行われる場合等における株式価値の算定に関する開示は，基本的に各算定方式の算定結

果の数値を開示するのみであり，株式価値算定の適正性を一定程度，検討できるだけの情報としては不十分であるとの問題が指摘されていました。この指摘に対して規則改正は，株式価値等の算定に関して，より充実した内容の説明を求めることにしました。この改正により，MBO 等による少数株主の利益を損ねる可能性がある取引については，株式価値算定の適正性を一定程度，検討できるだけの情報が開示されることになり，株式価値等の算定は，より慎重な対応をする必要がでてきました。

　この 2 つの動きにより，企業価値評価業務の質は，より高い水準が求められてきます。第 3 版においては，これらの 2 つの改正に関して解説するとともに，私たちが直面した評価実務上の論点に関する解説も加えました。本書が，少しでも皆様のお役に立てれば幸いです。

平成 26 年 6 月

株式会社プルータス・コンサルティング

中嶋　克久

第2版の刊行によせて

早いもので，『企業価値評価の実務Q&A』の初版が刊行されてから2年近くが経過しました。その間，わが国の企業価値評価の実務において生じた変化として，株式価値算定書を取引当事者以外の第三者に開示しなければならない局面が大幅に増加したという点が挙げられます。

株式価値算定書の開示が増えた要因としては，大幅な希薄化を伴う上場会社の資金調達による不公正ファイナンスによる事件が横行し，この対応策として取引所による規則改訂がなされたことが挙げられます。すなわち，調達した資金を短期のうちに社外へ流出させるなどの手法により，既存株主の利益を著しく毀損する不公正なファイナンスが横行したことへの対応として，従来形式的な審査の場にとどまっていた取引所及び財務局の事前相談が実態審査へと変貌しました。その結果，取引の背景・目的のみならず，取引価格決定に至る過程の透明性，公正性について，事前相談の段階で詳細な説明が要求され，その一環として第三者算定機関による株式価値算定書の提出は事実上必須のものとなっています。

また，MBOや株式交換による完全子会社化等，当事者間の利益相反関係を生じさせる取引が多く実施されていることも，株式価値算定書の開示が増えた原因です。特に，平成23年の1月，2月は，注目度の高い上場企業のMBOが公表されるなど，MBOを選択するケースが珍しくなくなってきました。このような利益相反取引についても，意思決定の透明性，公正性を担保する手段を講ずる取引所の規則改訂がなされています。このような利益相反取引に関する対応策の一つに第三者委員会が挙げられますが，この第三者委員会の議論の過程においては，株式価値算定書が俎上に載ることも少なくありません。公開買付けの事案では，公開買付価格が第三者による株式価値算定書の算定結果より低いことから，公開買付けの対象者が提出する意見表明報告書において「公開買付けに応募するか否かについては，株主の皆様のご判断に委ねる」とするケースが現れるなど，株価算定の結果によっては，意見表明に慎重な対応を要する場面が増えています。

加えて，第三者算定機関からのフェアネス・オピニオンの取得や，第三者委員会自身による株式価値算定書の取得など，従来の我が国においては見られなかった新しい実務も登場しつつあり，第三者評価の重要性は初版の刊行当初にもまして高まっています。

このような実務の変化を踏まえて，今回の改訂では「第4部　評価報告の実務」において，株式価値算定書が開示されるケースについて新たに解説を加えるとともに，独立委員会（第三者委員会）が会社とは別個に株式価値算定書を取得した事例，第三者算定機関によるフェアネス・オピニオンの取得が斟酌された裁判事例など，初版刊行後の興味深い事例について紹介しています。

また，弊社が平成21年1月にリリースした企業価値評価用データ配信サービス "ValuePro" の運用からフィードバックされた内容と，弊社スタッフにより行われた雑誌寄稿，セミナーなどの内容を反映して，「第1部Ⅲ　割引率の算定実務」の既存のトピックに対して大幅な加筆修正を行いました。

今回の改訂が，ささやかながら皆様のお役に立てれば幸いです。

平成24年3月

執筆者一同

は じ め に
―なぜ企業価値等の評価が必要となるのか―

　本書は，近年，注目度が高まっている企業価値等の評価実務をテーマにしています。初めに，企業価値等の評価そのものが重視されている背景を考えてみたいと思います。

　本書が対象とする企業価値等の評価で，最も評価の公正性が問われるのは基本となる株式である普通株式の評価です。株式会社が登場してから100年以上経過した現在になって，新たに株式評価が注目されているのはなぜでしょうか。

　株式評価をめぐる紛争は，従来，非公開企業の事業承継等に関連した株式評価をめぐる訴訟がありましたが，最近は，上場企業の事業再編の増大にともない，これらの一連の取引に関係した株式評価をめぐる問題が増加しています。このことは，会社法の改正等により事業再編が促進されたことに関連しています。

　すなわち，事業再編を容易に推進するためのインフラが整備されたことにより，経営戦略の一環として行うM&Aやグループ内事業再編が増加してきたのです。このような事業再編の増加にともない，取引当事者間の公正な価格決定をめぐる株主価値算定のニーズが高まってきています。

　さらに，事業再編を進める過程では，株式価値が争点となる訴訟も増加しています。例えば，事業再編に関連した第三者割当増資が行われる場合，発行価格が有利な条件であれば既存株主の株式価値に希薄化が生じ，既存株主の利益が損なわれます。

　このような場合，株主は第三者割当増資の発行差し止め請求を行うことができます。また，会社法施行後，MBO等の事業再編の最終段階で，少数株主を排除すること（スクイーズ・アウト）が容易となり，スクイーズ・アウトの件数が増加しています。このスクイーズ・アウトは，少数株主に現金を交付することによって少数株主を排除する手法です。この際の現金交付額も株式価値に基づいて決定されるため，この買取価格決定をめぐる訴訟も増加しています（レックス・ホールディングスのスクイーズ・アウト訴訟事例等）。

　このように事業再編をめぐる局面では，株式の価格決定のプロセスを公正かつ適切に行うことが事業再編を成功させるための重要な要素となります。

それでは，株式評価を行う際の指針となるものはあるのでしょうか。

株式評価に関するマニュアルとしては，日本公認会計士協会経営研究調査会が平成5年11月に公表した「株式等鑑定評価マニュアル」と平成7年に公表した「Q&A」があります。これらは，裁判所の鑑定が増加し始めたことに対応して，一定の評価マニュアルが必要であるとの認識のもとで公表されました。

その後，経営戦略の一環で行われるM&A，事業再編等が増加したことにより，これらの局面における企業価値評価のニーズが高まってきました。このようなことから，日本公認会計士協会は，株式評価に関する新たな指針の必要性を認識せざるを得ない状況となり，さらに検討を進め，平成19年に，「株式等鑑定評価マニュアル」に代わるものとして，経営研究調査会研究報告第32号「企業価値評価ガイドライン」を公表しました。

この「企業価値評価ガイドライン」は，経営戦略として行われるM&A，事業再編等に関する企業価値評価に加えて，会社法上の裁判所による株式の価格決定，企業結合会計で適用される無形資産等の評価（Purchase Price Allocation; PPA目的）等も対象としたガイドラインとして取りまとめられています。

上記以外にも，中小企業庁が平成21年2月に公表した「経営承継法における非上場株式等評価ガイドライン」があります。これは，事業承継円滑化に向けた総合的支援が盛り込まれた「中小企業における経営の承継円滑化に関する法律」（経営承継法）の施行に関連して公表されたものです。

経営承継法では，事業承継時に制約となり得る「遺留分」の問題を解決するため，非上場中小企業の後継者が贈与により取得した自社株式等について，「遺留分を算定する際の価額を合意の時における価額に固定する内容の合意（固定合意）」を行うことを可能としています。「経営承継法における非上場株式等評価ガイドライン」は，この際の固定合意時の価格算定を目的として中小企業の株式評価に焦点を当てたガイドラインであり，「企業価値評価ガイドライン」とともに，株式評価の指針になり得るものです。

本書では，上記の指針を踏まえつつ，企業価値等の公正な評価の実務を解説していきます。

目　次

第4版の刊行によせて

第3版の刊行によせて

第2版の刊行によせて

はじめに―なぜ企業価値等の評価が必要となるのか

第1部　企業価値評価の実務 ————————————— 1

I　株式評価の視点 ··· 2

Q₁ 企業価値評価ガイドラインとは／2

Q₂ 価値と価格の違い／4

Q₃ 事業価値，企業価値，株主価値の違い／7

Q₄ 企業価値等の形成要因／10

Q₅ 企業価値評価を必要とする目的／13

Q₆ 「企業継続を前提とした評価」と「企業清算を前提とした価値」の違い／16

Q₇ 議決権割合と株主価値評価／21

Q₈ シナジー効果／24

Q₉ 評価アプローチの種類と特徴／27

Q₁₀ 評価アプローチの選定／31

Q₁₁ 単独法，併用法，折衷法の意義／36

Q₁₂ 企業価値評価ガイドライン改正の趣旨／42

Q₁₃ 企業価値評価ガイドライン改正の論点／46

Q₁₄ 「評価業務に際して提供された情報の有用性の検討・分析」への対応／50

Q₁₅ 国際評価基準審議会（IVSC）／53

II 評価手法 企業価値の評価アプローチと特徴 ---------------- 59

Q16 評価アプローチと代表的な手法／59

Q17 それぞれの評価アプローチの性格／67

Q18 評価手法の選定事例／72

インカム・アプローチ --------------------------------- 78

Q19 DCF 法の意義／78

Q20 予測期間／82

Q21 事業計画の形式／84

Q22 フリー・キャッシュ・フローの算定方法／86

Q23 営業外・特別損益の取扱い／94

Q24 法人税等の算定方法／96

Q25 減価償却費および資本的支出／100

Q26 運転資本に含まれるもの／104

Q27 運転資本の増減とフリー・キャッシュ・フローの関係／105

Q28 運転資本の予測／109

Q29 その他の調整項目／113

Q30 継続価値の算定 永久成長率法／116

Q31 継続価値の算定 バリュードライバー法／120

Q32 継続価値の算定 成長率の見積もり／127

Q33 継続価値の算定 倍率法／134

Q34 割引計算における期央主義／139

Q35 非事業資産に含まれるもの／143

Q36 余剰資金の考え方／145

Q37 企業価値から控除される項目／146

Q38 新株予約権付社債／149

Q39 退職給付債務／152

Q40 非支配株主持分／158

目　次

Q41 新株予約権／159

Q42 種類株式／166

Q43 増資の際に基準とすべき株式数／173

Q44 エクイティDCF法／176

Q45 収益還元法／181

Q46 APV法／184

Q47 残余利益法／189

Q48 配当還元法／193

Q49 モンテカルロDCF法／195

マーケット・アプローチ ------------------------------ 197

Q50 市場株価法の意義／197

Q51 平均株価の算出期間／201

Q52 異常な株価変動の除去／205

Q53 類似企業比較法の意義／213

Q54 類似企業比較法で用いられる倍率／216

Q55 予想マルチプルと実績マルチプル／222

Q56 事業価値マルチプルと株主価値マルチプル／224

Q57 類似企業の選定基準／227

Q58 DCF法の結果と乖離した場合の対応／232

Q59 類似企業比較法の限界／236

Q60 取引事例法／238

コスト・アプローチ ------------------------------------- 241

Q61 純資産法／241

その他の論点 -- 246

Q62 非流動性ディスカウント／246

Q63 コントロール・プレミアムおよびマイノリティ・ディスカウ

3

ント／253

Q64 ブロック・トレード・ディスカウント／258

Ⅲ 割引率の算定実務　一般理論について ------------------------- 260

Q65 DCF 法における割引率／260

Q66 リスクの定義と算定方法／265

Q67 収益性の高さと割引率の関係／271

Q68 加重平均資本コスト（WACC）の定義／273

Q69 株主資本コストの算定方法／275

Q70 CAPM の限界／280

Q71 β の定義／283

Q72 マーケット・リスクプレミアム／289

Q73 割引率に織り込まれないリスク／291

割引率の算出方法 ------------------------------------- 294

Q74 ヒストリカル・リスクプレミアム／294

Q75 インプライド・リスクプレミアム／300

Q76 β の算出方法／306

Q77 リスクフリー・レートの算出方法／323

Q78 借入れコストの算出方法／328

割引率の調整項目 ----------------------------------- 331

Q79 資本構成の見積もり／331

Q80 サイズ・リスクプレミアム／334

Q81 アンシステマティックリスクを株主資本コストに反映させる
方法／343

Q82 優先株式の資本コスト／346

Ⅳ 海外企業の株式評価 ---------------------------------- 349

Q83 海外企業の評価で問題となる点／349

Q84 外貨建てフリー・キャッシュ・フローの現在価値／352

Q85 グローバル CAPM／357

Q86 ローカル CAPM／362

Q87 その他の評価モデル／366

Q88 新興国企業の評価における問題点／372

Ⅴ　企業価値評価に関連する主な裁判例 ································ 375

Q89 鑑定が必要となる事例／375

Q90 企業価値評価に関する主な裁判例／377

Q91 非流動性ディスカウントの採否について判示した裁判例／403

第2部　中小企業経営承継円滑化法における株式評価
――――――――――――――――――――――― 409

Q92 中小企業経営承継円滑化法における固定合意の意義／410

Q93 固定合意における価額の意義／413

Q94 評価を行う専門家にとっての株式評価実施上の留意事項／416

Q95 非上場株式等評価ガイドラインが挙げている評価方式／421

Q96 評価方式の選定にあたっての留意点／431

Q97 合意のときにおける価額と国税庁方式による評価額との乖離における課税関係／433

第3部　無形資産 ―――――――――――――――― 437

Q98 PPA の意義／438

Q99 PPA 目的の評価と取引目的の評価との違い／440

Q100 PPA 目的の評価業務の流れ／442

Q101 「企業結合に関する会計基準」の取扱い／447

5

Q102 識別可能資産および負債の時価の算定方法／454

Q103 無形資産の計上要件／456

Q104 のれんの減損／460

Q105 無形資産の評価方式／463

Q106 コスト・アプローチ／465

Q107 マーケット・アプローチ／467

Q108 インカム・アプローチの意義／469

Q109 インカム・アプローチによる評価の流れ／471

Q110 インカム・アプローチにおける収益の見積もり／473

Q111 無形資産の耐用年数／475

Q112 キャピタルチャージ／476

Q113 無形資産の評価における割引率の見積もり／478

Q114 無形資産の評価における節税効果について／481

第4部　評価報告の実務 ——————————— 483

Q115 株主価値評価業務の一般的流れ／484

Q116 評価における基礎資料の検討の範囲・程度／486

Q117 株式評価における業務上の主な制約要因／489

Q118 算定書の利用制限に関する留意点／491

Q119 株価算定書が開示される場面／494

Q120 MBO 等に関する算定書の情報開示拡大／502

Q121 取得・提出すべき算定書の具体的内容／508

Q122 株式評価業務の責任範囲／511

Q123 フェアネス・オピニオンの定義／514

Q124 フェアネス・オピニオンが裁判で斟酌された事例／518

Q125 フェアネス・オピニオンの記載例／521

Q126 フェアネス・オピニオンと独立委員会の意見の差異／523

Q127 フェアネス・オピニオンの提出時期／527

Q128 フェアネス・オピニオンの取得は買い手か売り手か／533

Q129 フェアネス・オピニオンを含む報告書における制限事項の記
載例／535

Q130 反対株主による株式買取請求事例における「公正な価格」／
537

Q131 反対株主による株式買取請求事例における評価基準日／539

Q132 譲渡制限株式の売買価格決定申立事件における鑑定の留意点
／541

索　　引・544

第1部

企業価値評価の実務

I　株式評価の視点

　企業価値評価ガイドラインとは何か？

　「企業価値評価ガイドライン」は，日本公認会計士協会による我が国の企業価値評価に関する評価実務をまとめた研究報告である。「企業価値評価ガイドライン」は，公認会計士が株式価値を評価する場合の実施，報告を想定して取りまとめられたものであるが，企業価値評価を実施するために準拠しなければならない「基準」や「マニュアル」ではない。しかしながら，我が国に企業価値評価業務に関して準拠すべき「基準」や「マニュアル」が存在しないことから，公認会計士のみならず，企業価値評価の実務に携わる者に参照されることが期待されている。

1　企業価値評価ガイドラインの公表に至る経緯

　日本公認会計士協会により，株式価値評価に関する研究報告として最初に取りまとめられたのが，平成5（1993）年11月に公表された「株式等鑑定評価マニュアル」です。1980年代に入り，戦後事業を開始した創業者からの世代交代による事業承継が多くなり，オーナー一族の中でも経営に参加する者と参加しない者とがあらわれました。このような状況から株価を争点とする裁判が増え，裁判所が公認会計士に株価の鑑定を依頼する事例が増加していました。非公開株式の鑑定・評価については，現在と違って，試行錯誤による実務が重ねられていたところであり，一定の考え方を整理する必要性が高まっていたこ

とから,「株式等鑑定評価マニュアル」が策定されました。

　事業承継に関連する非公開株式の鑑定が中心であった我が国の実務に,新たな潮流が生まれたのは 1990 年代後半です。主として M&A の増加を背景に,DCF 法を中心とした企業価値評価の実務が定着していきました。そこで,日本公認会計士協会は,事業承継に関連する非公開株式の鑑定・評価を前提にした「株式等鑑定評価マニュアル」を改め,企業価値評価に関する我が国の実務をまとめた「企業価値評価ガイドライン」を策定し,平成 19（2007）年 5 月付けで経営研究調査会研究報告第 32 号として公表しました。「企業価値評価ガイドライン」は,M&A の増加を背景にした企業価値の評価実務を中心に取りまとめられているものの,M&A 等の取引目的のみならず,裁判等の他の目的も前提にした取りまとめがなされ,様々な評価目的で活用できる内容になっています。

2　企業価値評価ガイドラインの改訂

　企業価値評価に関連する不祥事が発生したことを踏まえ,「企業価値評価ガイドライン」の解釈に齟齬がないよう,企業価値評価業務の性格の明確化・周知,企業価値評価における算定業務の性格の明確化,および評価業務に際して提供された情報の有用性および利用可能性の検討・分析の必要性を趣旨とした「企業価値評価ガイドライン」の改正がなされ,平成 25（2013）年 7 月付けで公表されました（Q12,Q13 および Q14 参照）。

I　株式評価の視点

 価値と価格の違いは何か？

　価格とは，売り手と買い手の間で決定された値段である。一方，価値とは，評価対象企業から創出される経済的便益である。価格が当事者間で取引として成立しているのに対して，価値は，評価の目的や当事者のいずれの立場，あるいは売買によって経営権を取得する等の状況によって異なる。価値は，いわゆる一物多価である。

1　価格と価値の相違点

　日本公認会計士協会が公表した経営研究調査会研究報告第32号「企業価値評価ガイドライン」では，価格と価値とは異なる概念であるとし，価格ではなく価値の評価についてわが国の実務を取りまとめたものが「企業価値評価ガイドライン」であると説明されています。

　価格とは，売り手と買い手の交渉を通じて決まった値段です。一方，価値とは，ある前提条件に基づいて算定された理論的な値段であり，売り手と買い手の交渉における参考値として利用されるものです。

　価値はいわゆる一物多価の性格を持っています。これは，前提条件の違いにより算定される価値が異なりうるためです。

| 価格 | ⇒ | 売り手と買い手の交渉を通じて決まった値段 |
| 価値 | ⇒ | ある前提条件に基づいて算定された理論的な値段 |

2　価値は一物多価となることの意味

　一物多価は，価値算定の前提条件の違いから生じます。

　「企業価値評価ガイドライン」では，価値算定の前提条件の違いは，「評価の目的や当事者のいずれの立場か，あるいは売買によって経営権を取得するか等の状況」によって生じるものと説明されています。

(1)　評価目的の違いによる一物多価

　成長過程にある企業が第三者割当増資により資金調達する場合の価値は，将来のキャッシュ・フローに基づき算定されるのが通常です。

　一方，事業の継続が行き詰まった企業には，清算を前提にした純資産に基づく算定が適合する場合もあります。

(2)　当事者の立場の違いによる一物多価

　普通株式の売却を行う場合，売り手は，売却による利益を最大にしたいので，価値を高めにしようとする意識が働きます。一方，買い手は，価値を低めにしようとする意識が働きます。収益方式によって価値を算定するならば，売り手は，将来のキャッシュ・フローを高めに見積もり，買い手は，将来のキャッシュ・フローを低めに見積もる傾向にあります。このように当事者のいずれの立場かにより，将来のキャッシュ・フローの見積もりが異なるため価値が異なってしまいます。

(3)　売買によって経営権を取得するか否かの違いによる一物多価

　経営権を取得する場合の株主価値には，実務上，経営権を取得することによるプレミアム，いわゆるコントロール・プレミアムを考慮することが見受けられます。

　コントロール・プレミアムを算定する評価方式は，必ずしも確立されていないものの，一定の前提に立ってコントロール・プレミアムを考慮することが多く，売買によって経営権を取得するかどうかの違いにより一物多価が生じることも考えられます。

Ⅰ　株式評価の視点

　このように，価値算定を取り巻く状況によって，価値評価の前提が異なるため，一物多価が価値算定の特徴といえます。

事業価値,企業価値,株主価値の違いは何か？

① 事業価値とは,事業から創出される価値である。
② 企業価値とは,事業価値に加えて遊休資産,余剰資金などの非事業資産の価値も含めた企業全体の価値である。
③ 株主価値とは,企業価値から有利子負債等の他人資本を差し引いた株主に帰属する価値である。

事業価値	事業から創出される価値
企業価値	事業価値に加えて,事業以外の非事業資産の価値も含めた企業全体の価値
株主価値	企業価値から有利子負債等の他人資本を差し引いた株主に帰属する価値
株式価値	特定の株主が保有する特定の株式の価値 例えば,ある株主が保有する普通株式あるいは種類株式の価値

(出所)「企業価値評価ガイドライン」3頁の「図表Ⅰ-2企業価値概念」

「企業価値評価ガイドライン」では,事業価値,企業価値,株主価値の3つの概念を整理し,企業価値の概念図を次頁のように示しています。

1 事業価値

事業価値は,事業から創出される価値と定義されます。事業から創出される価値とは,事業活動によって得られる将来キャッシュ・フローの現在価値を意味し,その価値を直接的に算定する評価方式がDCF（Discounted Cash Flow）法です。また,類似企業比較法を始めとして,間接的に事業価値を推定する評価手法もあります。

I　株式評価の視点

企業価値の概念図

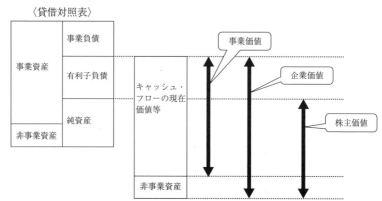

(注)　非事業資産には，遊休資産，余剰資金などがある。
(出所)　「企業価値評価ガイドライン」Ⅳ，評価アプローチと評価法23頁

2　企業価値

　企業価値とは，事業価値と非事業資産の価値を合算した企業全体の価値をいいます。

　概念図に即していえば，事業価値は事業資産を投下・運用することによって回収されるキャッシュ・フローの現在価値です。これに対し，非事業資産は事業活動のために投下・運用されていない資産と，回収されて再投資を待つ資金に大別されます。

　事業活動のために投下・運用されていない資産の例としては，事業からの撤退により閉鎖された工場の土地，建物，機械設備，あるいは余剰資金の運用目的で余裕する有価証券，不動産などが挙げられます。それらに加えて，評価時点の現金預金から事業に必要な運転資金を控除した余剰資金が，事業価値に加算される非事業資産を構成します。

　一時点で考えれば，非事業資産は企業価値を引き上げますが，長期的には異なります。企業価値を増大させるためには資本コストを上回る収益性をもつ投資を実行すべきところ，多くの非事業資産の収益性は低いからです。したがって，企業価値最大化の観点に照らすと，非事業資産を多く保有している企業は

これを現金化して株主に還元し，運用を株主自身に委ねるのが望ましい対応となります。そのため，非事業資産は売却されると仮定した場合の時価で評価されるのが通常です。

3　株主価値

企業価値は，資金の提供者へと分配されます。企業価値の分配において，株主は債権者に劣後するのが原則です。そのため，企業の資金調達手段を有利子負債と自己資本に区分する場合，株主価値は企業価値から有利子負債を控除することにより算定されます。

したがって，企業価値が有利子負債の額に満たない場合，算定される株主価値は負となることもあり得ます。しかしながら，いわゆる株主有限責任の原則に照らし，株主価値が負になることは考えられないとの立場を採るのであれば，負の株式価値は実質的に0と評価されます。

I　株式評価の視点

Q4　企業価値等を形成する要因にはどのようなものがあるか？

A　「企業価値評価ガイドライン」は，事業価値，企業価値，株主価値を包含する概念として企業価値等を定義し，その形成要因を一般的要因，業界要因，企業要因，株主要因，目的要因の5つに分類している。これらの要因は，業績に関連する要因と取引当事者に関連する要因に大別できる。

企業価値等形成要因	主要な要因
(1) 一般的要因 （マクロ的要因）	① 社会的要因 ② 政治状況 ③ 経済政策・景気対策 ④ 法令 ⑤ 景気動向
(2) 業界要因	① 属する業界のライフサイクルにおけるライフステージ（創成期，成長期，安定期あるいは衰退期） ② 業界の組織再編の動向 ③ 類似上場企業の株価動向 ④ 同業他社の経営戦略転換 ⑤ 同業他社の業績変化
(3) 企業要因	① 業種，業態および取引規模 ② 評価対象企業のライフサイクルにおけるライフステージ（創成期，成長期，安定期あるいは衰退期） ③ 経営戦略や経営計画とそれらの達成状況 ④ 収益性 ⑤ 財政状態 ⑥ 配当政策 ⑦ 経営，営業，技術，研究等の特異性
(4) 株主要因	① 株主構成（株主の集中，分散の状況） ② 株主関係

		（同族関係，支配株主関係，一定の株主グループの形成状況）
	③	株式の種類と発行状況（普通株式，種類株式）
	④	取引後の株主構成の変化
	⑤	取引数量（全量，大量，中量あるいは少量）
	⑥	過去における売買の事例（株式の流動性の状況）
	⑦	株式譲渡制限の有無
(5) 目的要因	①	取引目的
	②	裁判目的
	③	その他（処分目的，課税目的，PPA 目的他）

「企業価値評価ガイドライン」は，事業価値，企業価値，株主価値を包含する概念として企業価値等を定義し，その形成要因を一般的要因，業界要因，企業要因，株主要因，目的要因の5つに分類しています。これらの要因は次の2つに大別できます。

---

① 業績に関連する要因
　⇒ フリー・キャッシュ・フローの増減を通じ，業績に直接影響を与える要因です。
② 取引当事者に関連する要因
　⇒ 業績を所与として，取引当事者による株式の保有・取得に関する態度に影響を与える要因です。

上記2つの分類に従って，企業価値等を形成する5つの要因を次のように整理することができます。

I　株式評価の視点

1　業績に関連する要因

　業績に関連する要因には，一般的要因，業界要因および企業要因が含まれます。一般的要因は業界要因に影響を及ぼし，業界要因は企業要因に影響を及ぼすという点で，これらの要因は図示したような包含関係を持っています。

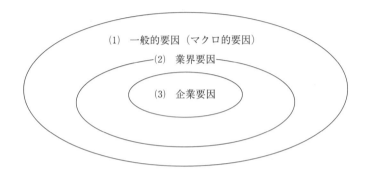

2　取引当事者に関連する要因

　取引当事者に関連する要因には，株主要因と目的要因が含まれます。
　株主要因が価値に影響する例としては，株主構成が偏って株式の流動性が低下し，株価が下落する場合を挙げることができます。大量の株式を売却する場合に生じるブロック・トレード・ディスカウントも，株主要因が及ぼす影響の一つです。
　目的要因が影響する例としては，同じ企業を評価する場合であっても，取引目的，裁判目的，課税目的などの違いにより，適切な評価手法が異なる場合を挙げることができます。

企業価値評価の目的にはどのようなものがあるか？

 企業価値評価の目的は，取引目的，裁判目的とその他の目的に大別される。

目 的	内 容
取引目的	株式譲受・譲渡 合併 株式移転 株式交換 その他
裁判目的	買取価格決定 売買価格決定 その他
その他の目的	裁判目的のなかでも取引目的に近いもの 処分目的 課税目的 PPA（Purchase Price Allocation）目的

　株主価値の評価を前提とする場合，企業価値評価の目的を次の3つに分類することができます。

Ⅰ　株式評価の視点

1　取引目的

　株式の売買，新株発行，組織再編など，株式の移動を伴う取引の価格を求める場合が該当します。第三者評価として行われる株式価値算定のほとんどは取引目的に基づくものです。

2　裁判目的

　株式の取引にあたり当事者間で価格が合意されなかった場合，当事者の一方または双方の申立てにより，裁判所が価格を決定することがあります。価格は裁判所の裁量により決定されますが，いかなる裁量も許されるわけではありません。たとえば，非公開会社における株式売買価格の決定では，会社の資産状態その他一切の事情（会社法第144条第3項）を考慮するものとされ，吸収合併に反対する株主の式買取請求に際しては公正な価格（会社法第785条第1項）を決定することが求められます。これらの要件を満たすため，裁判所の委嘱を受けた鑑定人により行われるのが裁判目的の評価です。

3　その他の目的

⑴　裁判目的のなかでも取引目的に近いもの

　ベンチャー・キャピタルが株主間契約に基づいて，企業または大株主に対して株式の買取請求を行う場合の価格算定等があります。

⑵　処分目的

　自己株式の処分価格決定のための価格算定が想定されます。

⑶　課税目的

　昭和39（1964）年に国税庁から「財産評価基本通達」が公表され，同年1月1日以降に相続，遺贈または贈与により取得した財産については，この通達に基づいて評価されます。

⑷ PPA（Purchase Price Allocation）目的

　企業結合が行われた場合，「企業結合会計基準」に基づき個々の資産・負債を時価評価して受け入れるとともに，識別可能な資産・負債の純額と取得原価が異なる場合にはのれんを計上する会計処理が行われます。PPA（Purchase Price Allocation）目的による評価は，その過程において生じる無形資産およびのれんを測定するために行われる手続です。

I　株式評価の視点

Q6 継続価値の算定と清算価値の算定にはどのような違いがあるか？

A 　継続価値の算定は，事業が永続することを前提とする評価である。一方，清算価値の算定は，一定時期に事業を清算することを前提とする評価である。

　前者は永続的な期間のキャッシュ・フローに基づく価値を求めるのに対し，後者は清算を終了する時期までのキャッシュ・フローに基づく価値を求める。

　いずれについても将来のキャッシュ・フローを算定するため，株式の評価アプローチに差異はないが，評価の前提には違いがあり，考慮すべき事項にも様々な差異が生じる。

1 継続企業の前提の採否

　企業会計基準は，継続企業の前提に立って構築されています。企業価値評価においても同様の前提に立つことが一般的です。

　そのため，DCF法においても，予測期間の経過後はフリー・キャッシュ・フローが定率で成長するとの仮定に基づき継続価値を算定するのが通常です。

　しかしながら，継続企業の前提に疑義がある場合には，清算を前提とした計画に基づいてDCF法を適用する余地があります。

I　株式評価の視点

2　継続企業の前提に疑義がある企業の企業価値評価

継続企業の前提に疑義がある企業は，企業会計上，継続企業の前提に疑義があることについて，その状況を注記します。これは，継続企業の前提に基づいて財務諸表および事業計画が作成されているにもかかわらず，実際にはその前提に疑義があることを意味します。したがって，事業計画を所与として DCF 法を適用するのは困難ですが，継続に向けて取り組む以上，清算に向けた計画が策定されることは通常ありません。

以上のような特殊性を踏まえ，継続企業の前提に疑義がある企業の価値を評価するための手法を，次のように整理することができます。

(1)　純資産法

継続企業の前提に疑義がある場合，事業計画を所与としたインカム・アプローチの適用が困難であることについては既に述べました。この場合，マーケット・アプローチの適用も困難な場合がほとんどです。このような場合には，次の点に留意しつつ純資産法を適用するのが最も現実的な対応です。

①　追加的な支出および損失の考慮

継続企業の前提に疑義がある状況で純資産法を適用する場合，再調達時価ではなく清算時価の方が実態には合致します。この場合，資産および負債の処分に要する追加的な支出および損失を考慮する必要があります。

この支出および損失には，評価時点から実際に清算がなされるまでに生じる事業継続による損失も含まれます。評価時点では撤退の意思決定がなされていないからです。

したがって，少なくとも理論的には，純資産法を採用する場合であっても，撤退から清算までに生じる損失を，引当金の計上，資産の評価減その他の方法により織り込んで評価すべきといえます。

②　純資産法の限界

理論的にあるべき形は以上ですが，この方法には限界もあります。そもそも，純資産法を採用するのは，将来の収益予測に依存するインカム・アプローチの適用が困難だからであり，このような場合には撤退から清算までの損失を見積

18

もることも容易でないからです。発生の可能性が高い支出と損失だけを見込んで評価する場合，純資産法による評価額は過大となっている可能性が高いことに留意して下さい。

(2) インカム・アプローチの併用

仮に清算することが決定されている場合には，清算結了に至るまでの事業計画に基づいてインカム・アプローチを適用する余地があります。もっとも，継続企業の株価変動に基づいて見積もられる割引率を，清算中の企業に適用するのが合理的かという問題は残ります。したがって，理論的には望ましくとも，インカム・アプローチのみに依拠することは，客観性・確実性の観点から必ずしも望ましいとはいえません。理論的な一貫性には劣るものの，異なるアプローチに基づき企業価値を多角的に分析する観点から，インカム・アプローチと純資産法を併用することも検討に値します。

Q49で紹介するモンテカルロ DCF 法は，一定の条件が満たされた場合に DCF 法による評価額を，その他の場合に純資産法による評価額を採用し，それぞれを発生確率で加重平均するという点で，インカム・アプローチと純資産法を併用した方法と位置付けることができます。

Ⅰ　株式評価の視点

3　「企業価値評価ガイドライン」における清算価値

「企業価値評価ガイドライン」では，清算価値は，ネットアセット・アプローチによる静態的な価値評価を行うことで求められるものとしています。

その上で，清算価値を次のように区分の上，強制処分価値の算定にあたっては，資産の早期処分による減額および追加的な支出を見込むべきとしています。

---

①　非強制処分価値

通常の処分期間で資産の売却等ができる場合は，大幅なディスカウント等をする必要がない。なお，この場合でも，各種資産の売却に伴う手数料，退職金等のコストの発生を見込むことが必要になる。

②　強制処分価値

場合によっては，売り手の事情（特に債権者との関係）により，早急に対象事業を清算処分しなくてはならない。その場合は，資産の処分にあたって大幅なディスカウントが必要となる。さらに，早期清算処分を敢行するための追加コストの発生も見込まなくてはならない。

Q7 議決権割合によって株主価値が変わることはあるか？

A 「企業価値評価ガイドライン」では，企業価値形成要因の1つとして取引数量を挙げており，取引量に応じて株主価値の評価額は変わり得るとしている。

たとえば，少量の非公開株式を保有する株主は，専ら配当の受け取りを目的としていることが多い。

このように，議決権割合により株式の保有目的が異なる結果，株主価値が変わることはある。

1株当たりの株主価値は，企業価値から有利子負債を控除した株主価値を発行済株式数で除して算定します。この算定方法では，保有株式の議決権割合や取引量の違いによって，株主価値が変わることはありません。

しかしながら，実務上，保有株式の議決権割合や取引量の違いによって異なる算定方法を採用して株主価値を算定することがあります。

I 株式評価の視点

1 議決権割合によって異なる算定方法を採用する論拠

国税庁が公表する「財産評価基本通達」では，事業経営への影響の少ない同族株主の一部および従業員株主などのような少数株主の保有目的は，単に配当を期待することにとどまるとの実質と評価の簡便性を考慮して，配当還元方式[1]による評価の適用を規定しています。

このようなことから，少数株主が保有する非公開企業の株主価値については，配当を期待する目的で保有する株式であることを前提に，配当還元法を採用する場合があります。

ただし，株式価値は将来の収益力をもって評価するのが原則であり，少数株主が保有する株式に限り，例外的に配当還元法で評価しうるにすぎないと理解すべきです。

---

1 配当還元方式とは，その株式を所有することによって受け取る1年間の配当金額を，一定の利率（10％）等で還元して元本である株式の価額を評価する方法です。

2　経営参画の割合を基準とした株主の区分

「企業価値評価ガイドライン」では，経営参画の割合に応じ，株主を支配株主，有力株主および一般株主に区分しています。

　その上で，「対象企業の経営権を支配している場合は，通常，対象企業全体の価値を基礎に評価する」が，「企業への経営支配の割合が弱まるにつれ，それ以外の価値（配当受益権の価値等）を評価に斟酌していくことになる。」としています。また，「企業の支配の度合いは，その保有する議決権数等により，権利行使の内容が段階的に拡大し，さらに普通決議・特別決議・特殊決議での決議できる範囲も異なるので，一概に過半数を所有しているか否かで単純に分けることはできない。さらに，種類株式の有無により，普通株式の権利行使できる内容と種類株式の権利行使できる内容とに区別する必要もある。」としています。

I　株式評価の視点

 シナジー効果とは何か？

A 　シナジー効果（相乗効果）とは，2つ以上の企業ないし事業が統合して運営される場合の価値が，それぞれの企業ないし事業を単独で運営するよりも大きくなる効果をいう。

1　シナジー効果が注目されている理由

「企業価値評価ガイドライン」は，「シナジー効果（相乗効果）とは，2つ以上の企業ないし事業が統合して運営される場合の価値が，それぞれの企業ないし事業を単独で運営するよりも大きくなる効果」と定義しています。

シナジー効果が注目されているのは，新会社法の施行に伴い，裁判所により決定される株式買取価格が「決議ナカリセバ其ノ有スベカリシ公正ナル価格」から「公正な価格」に改められたことにより，シナジー効果を含む価格が争われるようになったためです。

2　シナジー効果の種類

「企業価値評価ガイドライン」は，シナジー効果の種類を次のように分類しています。

分　類	内　容	DCF 方式の評価に与える影響
売上シナジー	クロスセリング 販売チャネル ブランド効果	事業計画において，売上高増加，売上原価削減，販売費及び一般管理費削減等の影響によるフリー・キャッシュ・フローの増加
コストシナジー	営業拠点の統廃合 生産拠点の一部閉鎖 価格交渉力の強化 間接部門費（重複部分）の削減 物流コストの削減	
研究開発シナジー	研究開発投資力強化 技術・ノウハウの複合	
財務シナジー	他人資本調達コストの削減 他人資本調達余力の増加	割引率の増減

(出所)　「企業価値評価ガイドライン」図表Ⅳ-23 企業価値評価におけるシナジー効果の種類に基づき
　　　筆者が加筆

上記のうち売上，コストおよび研究開発に関するシナジーは，フリー・キャッシュ・フローの増加を通じて株主価値を増加させます。これに対して，財務シナジーは割引率の低下を通じて株主価値を増大させるものです。

I　株式評価の視点

3　コントロール・プレミアムとの関係

　支配権の移動を伴う企業買収は，シナジー効果に着目して行われる場合が多いため，シナジー効果を含まない市場価格に対してプレミアムを付した価格で行われるのが一般的です。このプレミアムは，支配権を得るために払った追加的な支出であることから，コントロール・プレミアムと呼ばれます。

　このことから，コントロール・プレミアムはシナジー効果と混同されがちですが，両者は必ずしも一致しません。シナジー効果は「支配権を獲得することによって実現しうる価値の増加」なのに対して，コントロール・プレミアムは「支配権を獲得するための支出」だからです。したがって，コントロール・プレミアムはシナジー効果を超えないということができるに過ぎず，両者が一致するとは限りません。

インカム・アプローチ，マーケット・アプローチ，ネットアセット・アプローチの意義と各評価アプローチの特徴は何か？

A 評価手法は，一般的に，インカム・アプローチ，マーケット・アプローチ，ネットアセット・アプローチの3つに分類される。

インカム・アプローチは評価対象企業から期待される利益ないしキャッシュ・フローに基づいて価値を評価する方法であり，将来の収益獲得能力を価値に反映させるアプローチである。評価対象企業独自の収益性を基に価値を測定することから，評価対象企業がもつ固有の価値を示すが，事業計画等の将来情報に対する恣意性の排除が難しいことも多く，客観性が問題となる場合もある。

マーケット・アプローチは上場している同業他社の株価や類似取引事例価格など，類似する企業の株価，または類似する取引における価格から導かれた倍率を用いることによって相対的に価値を評価するアプローチである。客観性には優れているが，類似企業とは異なる成長段階にある場合を始めとして，経営環境に大きな違いがある場合にはその評価結果の信頼性が問題となる。また，インカム・アプローチと異なり，評価対象企業がもつ固有の価値を反映しがたいという問題点もある。

ネットアセット・アプローチは，主として会社の貸借対照表上の純資産に注目したアプローチである。ネットアセット・アプローチでは，超過収益力を反映するのれんを適切に評価することができないため，主に事業の継続が困難な場合において，清算価値に近い意味合いにおける評価として用いられるのが一般的である。

Ⅰ　株式評価の視点

1　評価アプローチの概要

　企業価値を評価する手法は，一般的に，インカム・アプローチ，マーケット・アプローチ，ネットアセット・アプローチの3つに分類されます。

　インカム・アプローチは評価対象企業から期待されるキャッシュ・フローに基づいて価値を評価する方法です。一般的に将来の収益獲得能力を価値に反映させるアプローチであり，また，評価対象企業独自の事業計画等をもとに価値を測定することから，評価対象企業がもつ固有の価値を直接的に反映させることができます。

　マーケット・アプローチは類似上場企業や類似取引事例など，類似する企業または取引事例の価格と経営指標とを比較することによって相対的に価値を評価するアプローチです。類似企業と比較して評価する場合，一般的には，類似する上場企業の時価総額を利益等の経営指標で除すことで算出された倍率をもとに，対象企業の経営指標に当該倍率を乗じることによって株主価値を算定します。

　比較対象とした上場企業の株価や取引事例は，一般的に事業の継続を前提とした価値であり，その企業や事業の将来の収益力を考慮した継続価値と考えられています。

　ネットアセット・アプローチは，主として企業の貸借対照表上の純資産に注目したアプローチです。一般的に企業の貸借対照表を基に評価することから，静態的な評価アプローチであるといわれます。

2　各評価アプローチのメリットとデメリット

(1)　インカム・アプローチ

インカム・アプローチは，一般的に企業が将来獲得することが期待されるキャッシュ・フローに基づいて評価することから，将来の収益獲得能力や固有の性質を評価結果に反映させる点で優れています。また，市場の取引環境についても，割引率を通じて一定程度反映することができます。

一方で，インカム・アプローチは，将来予測に基づく評価であることから，将来予測が強気過ぎたり，弱気過ぎたりすると適切な評価とならず，客観性が問題となる場合もあります。

(2)　マーケット・アプローチ

マーケット・アプローチは第三者間や市場で取引されている株式との相対的な評価アプローチであり，市場での取引環境の反映や客観性の観点から優れています。

マーケット・アプローチは，客観性が問題となり得るインカム・アプローチの評価結果を検証する意味合いで使われることが多く，客観性を重視したアプローチといえます。

しかしながら，次のいずれかに該当する場合，マーケット・アプローチでは適切な評価となりません。

・評価対象企業が類似上場企業と異なる成長段階にある場合
・類似する上場企業がない場合
・評価対象企業が損失を計上している場合

(3)　ネットアセット・アプローチ

貸借対照表上の純資産を基礎とするネットアセット・アプローチは，客観性に優れています。

しかしながら，超過収益力を反映するのれんを適切に評価することができないため，インカム・アプローチおよびマーケット・アプローチと異なり，継続

I　株式評価の視点

企業の評価に適合しているとはいえません。

　それにもかかわらず，非上場企業を中心に，ネットアセット・アプローチが用いられる事例がしばしばあるのも事実です。これは，多くの非上場企業において，収益の予測が困難であったり，適切な類似会社が存在しなかったりして，インカム・アプローチおよびマーケット・アプローチが適合しないという事情によるところが少なからずあります。つまり，ネットアセット・アプローチが理論的に妥当するというよりも，他のアプローチが適合しないことから，代替的な手法として選ばれているのが実態です。ネットアセット・アプローチにより導かれる価値は，継続価値よりも清算価値に近いものであり，その合理性は限られるという点に留意して下さい。

Q10 評価アプローチの選定にあたっての留意点は何か？

A 企業価値等形成要因である，(1)一般的要因，(2)業界要因，(3)企業要因，(4)株主要因，(5)目的要因を考慮して評価アプローチを選定しなければならない。

1　評価アプローチ選定の考え方

適合する評価アプローチは，評価の目的と評価対象企業を取り巻く経営環境に応じて異なるため，それらを考慮の上で適切と思われるアプローチを選定する必要があります。

2　「企業価値評価ガイドライン」における留意点

「企業価値評価ガイドライン」は，次に示す4通りの場合を例に，評価アプローチを選定する際の留意点を説明しています。

I 株式評価の視点

(1) 評価対象企業のライフステージ（成長基調，安定した業況，衰退基調）

成長企業と衰退企業を例にした留意点です。

> ・成長企業であれば，（その成長可能性の確度にもよるが）ネットアセット・アプローチによる株式評価は企業のもつ将来の収益獲得能力を適正に評価しきれない可能性もあり，過小評価につながる可能性がある。

　成長企業の評価には，将来の収益獲得能力や固有の性質の反映において優れたインカム・アプローチに主眼を置きつつ，客観性に優れたマーケット・アプローチにより適宜補完するのが望ましいと考えられます。したがって，成長企業の評価でネットアセット・アプローチを適用することは，基本的にありません。

> ・衰退基調にある企業で収益性の低い企業（かつ減損会計等を適用していない企業等）では，場合によってはネットアセット・アプローチによる株式評価が過大評価となってしまう可能性にも留意すべきであろう。

　超過収益力を失った衰退企業では，収益性に基礎を置くインカム・アプローチおよびマーケット・アプローチが適合しないとして，ネットアセット・アプローチを採用する事例が少なくありません。しかし，純資産の算定にあたり，収益性の低下を反映した資産の減損が考慮されていない場合は，ネットアセット・アプローチによる評価額は過大に算定される傾向があります。上記の例はこのことに対する注意を喚起したものです。

(2) 企業の継続性に疑義があるようなケース

> ・インカム・アプローチやマーケット・アプローチは一般的に会社の継続
> を前提とした価値評価であるといわれており，評価対象たる企業の継続
> 性に疑義があるようなケースにおいては，こうした評価アプローチを適
> 用することには慎重であるべきである。

　直接的か，間接的かの違いはあるものの，インカム・アプローチとマーケット・アプローチはいずれも将来の収益予測に依存した評価手法であり，基本的には継続企業を前提としています。上記の例は，継続企業の前提に疑義がある場合において，インカム・アプローチとマーケット・アプローチを機械的に適用しても，合理的な評価結果が得られない可能性が高いことを示唆したものです。

I　株式評価の視点

(3)　知的財産等に基づく超過収益力をもつ企業

• ネットアセット・アプローチで株式の評価を行う場合には，貸借対照表における純資産を基礎として評価するため，貸借対照表に計上されていない無形資産や知的財産等が価値の源泉の大半であるような企業が評価対象である場合には，ネットアセット・アプローチではこうした価値が評価されない可能性がある。したがって，超過収益力等を価値評価に反映させやすいといわれるインカム・アプローチなどの評価アプローチの選定を検討すべきである。

　ネットアセット・アプローチでは，企業の超過収益力を適切に評価することができません。超過収益力は，将来の収益力を織り込んだインカム・アプローチまたはマーケット・アプローチによる評価額が純資産を超過する額を意味するところ，ネットアセット・アプローチは純資産を評価するものに過ぎないからです。したがって，超過収益力に裏付けられた無形資産，知的財産が価値の主たる源泉となっている場合，ネットアセット・アプローチは全く適合しておらず，上記の例はそのことを示唆したものといえます。

⑷ 類似上場企業のない新規ビジネス

- 全くの新規事業で，類似上場会社が存在しない，あるいは類似取引事例がないようなケースにおいては，マーケット・アプローチによる価値評価には限界があるといえよう。類似した商品・製品を取り扱っていても，事業のコンセプトやビジネスモデルが全く異なる場合にも，旧来の企業とは収益性やリスクが異なることが考えられ，マーケット・アプローチを適用することによって誤った評価になる可能性がある点に留意すべきである。

　類似上場企業または類似取引事例が存在しない場合にマーケット・アプローチが適合しないという，当然のことを述べたに過ぎませんが，問題となる点が一つあります。マーケット・アプローチが適合しない以上，インカム・アプローチを適用すべきとも考えられますが，インカム・アプローチにおいても割引率の算定にあたっては類似上場企業のデータに依存せざるを得ないからです。

　この点，類似企業の株価に関連した倍率は，業界により大幅に異なるだけでなく，同一の業界内でも上位と中堅以降で相当程度の差が見られるなど，変動の幅が大きい傾向にあります。しかしながら，割引率の算定にあたって必要となる類似会社のβおよび資本構成には，株価に関連した倍率ほどの顕著な差が生じることはありません。よって，マーケット・アプローチの観点からは適切な類似上場企業が存在しない場合でも，類似性をより幅広い観点から捉えることにより，インカム・アプローチを適用する余地は残ります。

I 株式評価の視点

Q11 総合評価における単独法,併用法,折衷法とはどのようなものか?

A 評価手法にはそれぞれ長所と短所があることから,複数の手法を用いて多角的に検討の上,総合評価によって結論を導く場合が多い。「企業価値評価ガイドライン」では,総合評価の方法として,次の3つを提示している。

単独法:単独の評価法を適用し,それをもって総合評価の結果とする方法
併用法:複数の評価法を適用し,一定の幅をもって算出されたそれぞれの評価結果の重複等を考慮しながら評価結果を導く方法
折衷法:複数の評価法を適用し,それぞれの評価結果に一定の折衷割合(加重平均値)を適用する方法

1 総合評価の重要性と留意点

「企業価値評価ガイドライン」は,「それぞれの評価法は,優れた点を持つと同時に様々な問題点をも有している。同時に相互に問題点を補完する関係にある。」ことから,「それぞれの評価結果を比較・検討しながら最終的に総合評価するのが実務では一般的である。」と解説しています。その上で,「最終的な算定において,ある評価法からの評価結果を単独で適用するのが妥当な状況も想定される。」ともしています。

総合評価にあたっては,各評価アプローチに次のようなメリットおよびデメリットがあることを理解する必要があります。

評価アプローチ	メリット・デメリット
インカム・アプローチ	（メリット） 　評価対象企業の事業計画（予測）に基づいて評価することから，評価対象企業の固有の性質を反映する評価となる。 （デメリット） 　将来の事業予測に基づく評価であるため，予測の確実性に疑義がある場合には適切な評価とならない。
マーケット・アプローチ	（メリット） 　類似する上場企業の株価を採用する方法や類似上場企業の1株当たり経営指標と対象企業の経営指標との倍率を使用して算定する方法など，客観的な数値を使用するため，客観的である。 （デメリット） 　評価対象企業の成長性と類似する上場企業の成長性とが大きく異なる場合等においては，適切な評価とならない。
ネットアセット・アプローチ	（メリット） 　評価対象企業の貸借対照表に基づいて，資産，負債を時価評価して企業価値等を算定するため，客観性に優れている。 （デメリット） 　事業継続を前提とした評価を実施するには，のれん等の資産を計上しなければならないが，そのためには，インカム・アプローチまたはマーケット・アプローチの採用が必要となる。 　一方，事業の清算を前提にした場合であっても，清算までのキャッシュ・フロー（清算までの赤字額）を見積もる必要があり，この場合にも，インカム・アプローチの採用が必要になってしまう。

第1部

企業価値評価の実務

Ⅰ　株式評価の視点

　以上の特徴を踏まえると，評価アプローチの選定に関し，次のような一般則を導くことができます。

(1)　インカム・アプローチの適用
　企業価値は将来のキャッシュ・フローに依存して決まるという理論上の大前提に従うならば，インカム・アプローチを第一義的に適用すべきです。

(2)　マーケット・アプローチによる補完
　(1)の算定後，インカム・アプローチの評価結果を検証するため，マーケット・アプローチを併用し，インカム・アプローチとマーケット・アプローチの評価結果の差異を把握します。その差異が大きければ，その原因を分析して総合評価を検討します。

(3)　ネットアセット・アプローチによる代替
　収益の予測が困難であったり，評価対象企業が継続して損失を計上している場合など，インカム・アプローチおよびマーケット・アプローチが適合しない特段の事情が存在する場合には，客観性・確実性を重視する観点から，ネットアセット・アプローチを代替的に採用します。

2　総合評価の方法としての併用法

　「企業価値評価ガイドライン」は，「併用法とは，複数の評価法を適用し，一定の幅をもって算出されたそれぞれの評価結果の重複等を考慮しながら評価結果を導く方法（ここでは，「重複幅併用法」と呼ぶことにする。）」であると定義し，総合評価の方法として併用法を次のように解説しています。

それぞれの評価法による算定結果に重複するところがあれば，その金額を目安とするケースも実務上ある。また，併用法は，それぞれの評価法による結果が近い場合に適用しやすい。

　例えば，インカム・アプローチからはフリー・キャッシュ・フロー法を，マーケット・アプローチからは類似上場会社法を選択し，それぞれ算定結果がフリー・キャッシュ・フロー法で100〜120円，類似上場会社法で110〜130円と評価された場合には，重複する110〜120円の評価結果をもって評価額とする方法である。

併用法（重複幅併用法）による総合評価の例

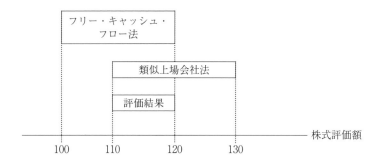

　重複幅併用法においては，一定のレンジをもって評価結果とする方法と，重複する一定のレンジの中央値を評価結果として示す方法とがある。

（出所）「企業価値評価ガイドライン」図表Ⅳ-4 重複幅併用法による総合評価の例

　併用法は，複数の評価結果を一定の幅で示して報告するものであり，重複する幅を評価結果とすることが多いと説明されていますが，複数の評価結果の差異の原因分析をした上で，最終判断をすべきです。いずれかの評価方法が適切な評価結果ではないことがあり得るからです。

I　株式評価の視点

3　総合評価における折衷法

「企業価値評価ガイドライン」は,「折衷法とは,複数の評価法を適用し,それぞれの評価結果に一定の折衷割合（加重平均値）を適用する方法である。」と定義し,「折衷法は,評価結果により差異が生じ,いずれかの評価法を加重平均した方が妥当なケースにおいて適用しやすい方法である。折衷割合に関しては,評価人の合理的な判断によることになる。」と説明しています。

しかしながら,「企業価値評価ガイドライン」は,この折衷法を採用する場合,「折衷割合を決定する定まった方法は確立されていない,評価人の判断に依存することになる。」とも解説しています。評価人の判断は,主観的な判断を採らざるを得ず,客観性に欠けてしまいます。

このようなことから,折衷法を採用するには,評価人の判断を交えず当該取引の関係者の交渉結果によって決定された折衷割合を採用し,評価人は判断を控えることが望ましいものと考えられます。

なお,「企業価値評価ガイドライン」は,評価法と折衷割合決定要因例を,次のように例示しています。

評価法	折衷割合の高低	留意点
市場株価法	評価対象会社が上場会社等の場合には,一定時期・期間の株価をもって評価する市場株価法の折衷割合が実務上一般的には高い。	評価基準日前後の株価の変動,過去の株価の趨勢等の値動きに留意が必要である。株価が特異な動きをしている場合には折衷割合を下げることも慎重に検討すべきである。 日々の取引量にも留意が必要である。取引量が少ない場合などには折衷割合を下げることも検討すべきである。
配当還元法	評価対象となっている株式について,株主としての立場が一般株主である場合には配当還元法を採用し,一定のウェイトをおくケースがある。	ただし,一般株主の評価であっても,実務上はフリー・キャッシュ・フロー法や利益還元法などの評価法を用いているケースもある。 過去の配当性向などについて同業他社と比較し,政策的に配当をしていないケー

40

		スなどにおいては適用の可否や方法について慎重に検討すべきである。
上記以外の継続企業価値を算定する手法（類似上場会社法，フリー・キャッシュ・フロー法，利益還元法など）	評価対象会社の継続割合が高いと期待される場合には，一般的には類似上場会社法，フリー・キャッシュ・フロー法，利益還元法等の継続価値を算定する手法の折衷割合が高い。	フリー・キャッシュ・フロー法において前提となる事業計画の実現可能性につき，不確実性が非常に高い場合などには，折衷割合を下げることも検討すべきと考える。 類似上場会社法，取引事例法などにおいて，採用された類似会社が少ない場合などには，折衷割合を下げることも検討すべきである。
時価純資産法	評価対象会社の継続割合が低いと考えられる場合には，一般的には時価純資産法など，純資産に基づいた評価法の折衷割合を高くする傾向がある。	時価純資産法を適用する場合に，それぞれの資産項目の「時価」をどのような前提によって評価するかについては留意が必要である。

（出所）「企業価値評価ガイドライン」図表Ⅳ-24 評価法と折衷割合決定要因例

I 株式評価の視点

Q12 平成25年の企業価値評価ガイドライン改正の趣旨は何か？

A 「企業価値評価ガイドライン」には，評価業務において提供された個々の情報の真実性・正確性・網羅性について原則として検証する義務を負わない旨の解説があり，実務上，「依頼者から提供された情報に関して，真実性・正確性・網羅性について検証せず，真実・正確・網羅的であることを前提にしている」旨（以下，このような記載を「Disclaimer」という。）を株式価値評価報告書に記載することが一般的である。

このような評価実務がある中で，平成23年に公認会計士による株式価値評価を利用した上場企業の不正事件が発覚した。この公認会計士は，上記とほぼ同様のDisclaimerを記載したうえで，事業の実態がほとんどない複数の会社が急成長する事業計画に基づき，総額数百億円の株式価値を算定し報告書を提出していた。Disclaimerが記載された報告書を提出した公認会計士は，明らかに不合理な事業計画と指摘せざるを得ないものを鵜呑みにして価値算定を行っても，何ら責任を負わないことになるのかの問題意識が，監査制度に関与する有識者の一部から示されていた。

「企業価値評価ガイドライン」には，入手した資料について，「評価に際して採用できるかといった有用性の観点からの検討分析が必要である。その結果入手した資料が有用性の点から不適切であると判断した場合，資料の訂正，再提出を依頼する必要がある。」との解説があり，上記の問題意識に対する手当は既になされていた。しかしながら，認識の齟齬を解消する観点から，企業価値評価業務における算定業務の性格を明確にした上で，提供された情報が利用可能かに関する検討分析が必要である旨を強調することを目的に，平成25年に「企業価値評価ガイドライン」は改正されたものである。

1 企業価値評価ガイドラインの公表経緯

　裁判所が関与する株式価値の鑑定が多くなってきたことに対応し，一定の指針を設ける必要性が高まり，平成5（1993）年11月に「株式等鑑定マニュアル」が公表されました。その後，経営戦略の一環で行われるM&A，事業再編等が増加し，これらの局面における企業価値評価のニーズが高まってきたことから，日本公認会計士協会は，平成19（2007）年に「株式等鑑定マニュアル」に代わるものとして，経営研究調査会研究報告第32号「企業価値評価ガイドライン」を公表しています。

2 企業価値評価ガイドライン改正の経緯

⑴ 企業価値評価を利用した不正事件

　平成23（2011）年に発覚した不正事件は，上場企業が，有価証券の含み損が表面化することを避けるため，粉飾に加担するファンドへ有価証券を簿価相当で譲渡し，その上で，ファンドの含み損を穴埋めするため，事業の実態がほとんどない複数の会社を総額数百億円で買収したものです。

　買収金額は，事業の実態がほとんどない会社であるにもかかわらず，急成長する対象会社の事業計画に基づいて，公認会計士が算定した株式価値を根拠にしたものでした。当該不正事件に関連して設置された第三者委員会による調査結果においては，評価対象企業の事業計画について，経営者への聞き取りを通じて，計画の妥当性を検証し，必要に応じ数値を修正し企業価値の算定を行うことが一般的である[2]ところ，本件においては，事業計画の数字を動かさないでほしいという強い依頼を受けたため，当該手続を実施せず，事業計画の数値をほぼそのまま用いたことが問題点として挙げられていました。一方，公認会計士の報告書には，Disclaimerとして，事業計画等は，独自に検証・確認することなく，かつこれらに依拠している旨とそれらの情報の信頼性に対する責任を持たず，また保証もしない旨が記載されていました。

　このようなDisclaimerが記載された報告書を提出した公認会計士が，明らかに不合理な事業計画と指摘せざるを得ないものを鵜呑みにして価値算定を

43

I　株式評価の視点

行っても，何ら責任を負わないことになるのかの問題意識が，監査制度に関与する有識者の一部から示されていました。

(2)　企業価値評価ガイドラインの改正内容

改正前「企業価値評価ガイドライン」には，入手した資料について，「評価に際して採用できるかといった有用性の観点からの検討分析が必要である。その結果入手した資料が有用性の点から不適切であると判断された場合，資料の訂正，再提出を依頼する必要がある。」との解説がありました。つまり，不合理な事業計画と指摘せざるを得ないものを鵜呑みにして良いわけではないことは明らかであり，上記の問題意識に対する手当は既になされていました。

しかしながら，認識の齟齬を解消する観点から，企業価値評価業務における算定業務の性格を明確にした上で，提供された情報が利用可能かに関する検討分析が必要である旨を強調するため，平成25年に「企業価値評価ガイドライン」は改正されました。

日本公認会計士協会は，当改正の公表にあたっての前書文に，主な改正内容を次のように取りまとめています。

● 　企業価値評価業務の性格の明確化・周知
・ 　企業価値評価における算定業務の性格を明確に記載（算定結果を，批判的に検討する検討人が存在することを，強く意識して，業務を行う必要がある旨も記載）

2　改正前「企業価値評価ガイドライン」には，「評価は，依頼人との一定の契約関係や双方の合意を前提に実施される。そのため会社から入手する資料に関して，真実性・正確性・網羅性を検証するための手続を別途行うことは稀である。評価対象会社から入手する資料に関するこれらの検証に代えて，評価に際して採用できるかといった有用性の観点からの検討分析が必要である。その結果入手した資料が有用性の点から不適切であると判断した場合，資料の訂正，再提出を依頼する必要がある。」との解説（改正後は表現が一部修正されているが，基本的な意義は変更されていない）がありました。第三者委員会による「計画の妥当性を検証し」の表現は不適切であり，企業価値評価ガイドラインの趣旨からは，「計画の有用性の観点から検討分析し」と表現すべきところであったと考えられます。

44

- ● 評価業務に際して提供された情報の有用性及び利用可能性の検討・分析
- ・ 注意喚起の充実
- ① 不正に利用されないよう留意，紛争の予防又は回避に配慮，倫理規則を遵守する必要性を記載
- ② 場合によっては，業務を受嘱しない。又は業務委託契約の途中解約などの対応が必要である旨を記載
- ・ 企業価値評価における専門家としての判断が必要である旨を明確化（情報は無批判に使用せず，慎重さや批判性等を発揮して，検討・分析が必要である旨を明記）

I　株式評価の視点

Q13 平成25年3月の企業会計審議会監査部会において，企業価値評価ガイドライン改正予定事項が報告されたが，その際の論点は何か？

A 「企業価値評価ガイドライン」には，評価業務において提供された個々の情報の真実性・正確性・網羅性について原則として検証する義務を負わない旨の解説があるが，そもそも，事業計画等の情報を検証する義務を負わない企業価値評価業務の性格は，監査等の保証業務なのか，それとも合意された手続業務なのか，それ以外のものなのかについて，企業会計審議会監査部会は日本公認会計士協会に明確な説明を求めた。

　日本公認会計士協会は，平成25年3月の企業会計審議会監査部会において，「企業価値評価における算定業務は，算定人が自ら算定を行う業務であり，他の者の作成した情報について，独立の第三者が結論を述べる保証業務，実施した手続の実施結果を報告する合意された手続業務とは異なる。」[3]旨の説明を行い，企業価値評価業務は，保証業務でも合意された手続業務のいずれでもなく，いわばアドバイザリー業務とも言える性格のものであることを明らかにしている。

1　企業価値評価業務

　Disclaimer が記載された株式価値評価報告書を提出した公認会計士が，明らかに不合理な事業計画と指摘せざるを得ないものを鵜呑みにして価値算定を行っても，何ら責任を負わないことになるのかの問題意識から，企業会計審議会監査部会は日本公認会計士協会に企業価値評価業務の性格について明確な説明を求めていました。

---

[3] 企業会計審議会第34回監査部会　配布資料　資料4「企業価値評価ガイドライン」主な改正予定事項（日本公認会計士協会資料）3頁　http://www.fsa.go.jp/singi/singi_kigyou/siryou/kansa/20130313/06.pdf　平成29年11月30日アクセス

46

すなわち，企業会計審議会監査部会は，企業価値評価業務は，保証業務か？　合意された手続か？　それとは異なるものか？　を見極めたいと考えていました。

この求めに対して，日本公認会計士協会は，平成25（2013）年3月の企業会計審議会監査部会において，次のような説明を行いました。

---

① 企業価値評価における算定業務は，算定人が自ら算定を行う業務であり，他の者の作成した情報について，独立の第三者が結論を述べる保証業務，実施した手続の実施結果を報告する合意された手続業務とは異なること

② 企業価値評価における算定業務には，専門家の判断が必要で，算定人は，専門家の立場で総合的に検討・分析し，判断する（評価アプローチの検討，そのアプローチの中の評価法の選定，提供された情報の有用性，さらには，パラメーター等の推定）こと

③ 算定人は，算定結果に対して，個別・具体的に，また，批判的にその結果を検討する評価専門家（検討人）が存在することを強く意識して，業務を行う必要があること

以上の説明は，企業価値評価業務を算定人が自ら行う業務と位置付け，他者の作成した資料について意見を述べるものでもなければ，合意された手続の実施結果を報告するものでもないことを明らかにしたものです。ただし，企業価値評価業務においても，専門家としての検討・分析および判断は含まれるとの見解が示されました。このような企業価値評価業務の性格から，算定人は自らの求めた結果に対して他者からの批判的な検討にも耐えうるように業務を遂行する必要があるとされています。

以上の見解から，算定人は提供された事業計画等の情報についても批判的に検討する必要があり，明らかに不合理な事業計画と指摘せざるを得ないものを鵜呑みにした場合には，Disclaimer の記載にかかわらず，算定人の責任が発生するとの理解が導かれます。

I　株式評価の視点

2　保証業務，合意された手続業務とは

　財務諸表の監査を中心としていた公認会計士の業務は，その他の財務情報の
信頼性に関する業務やコンサルティングなどの派生する分野にも拡大していま
す。このようなことから，企業会計審議会は，監査や財務諸表以外の情報を対
象とする業務も含む保証業務そのものの意味を確認し，その要件と範囲の明確
化を図ることにより，社会からの信認を確保することを目的に，保証業務の概
念的枠組みの整理を行い，平成 16（2004）年 11 月に「財務情報等に係る保証
業務の概念的枠組みに関する意見書」として公表しました。

　これに関連して，平成 21（2009）年に日本公認会計士協会は，公認会計士
等が行う「保証業務」とこれに類似する「合意された手続」について，監査・
保証実務委員会研究報告第 20 号「公認会計士等が行う保証業務等に関する研
究報告」として公表しています。

　また，本研究報告の公表にあたって，日本公認会計士協会は，「保証」とは，
「assurance」の訳語であり，法律上の「保証」とは意味が異なることを付言し
ています。

　なお，保証業務および合意された手続は，次のように定義されています。

　保証業務とは，主題に責任を負う者が一定の規準によって当該主題を評
価又は測定した結果を表明する情報について，又は，当該主題それ自体に
ついて，それらに対する想定利用者の信頼の程度を高めるために，業務実
施者が自ら入手した証拠に基づき規準に照らして判断した結果を結論とし
て報告する業務をいう[4]。

　合意された手続とは，「公認会計士等が業務依頼者及び実施結果の利用
者の関係者の間で合意された手続を実施し，その実施結果を報告すること
である。ただし，特定の業務によっては，実施結果の利用者との間で合意
できない場合もあり得る。業務実施者の報告は，合意された手続の実施
結果の事実に関してのみ行われ，いかなる結論の報告も，また保証の提供

　4　企業会計審議会「財務情報等に係る保証業務の概念的枠組みに関する意見書」

もしない。このため，実施結果の利用者は業務実施者から報告された手続及び実施結果に基づき，自らの責任で結論を導くことが予定されている。また，実施結果報告書は，合意された手続の関係者のみにその配付が限定される。それは，これらの手続が採用された背景を知らない者は，実施結果について誤った理解をする可能性があるからである。」[5]

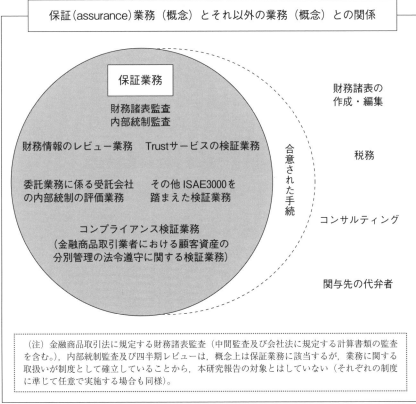

（出所）日本公認会計士協会 監査・保証実務委員会研究報告第20号「公認会計士等が行う保証業務等に関する研究報告」3頁

---

5 監査・保証実務委員会研究報告第20号「公認会計士等が行う保証業務等に関する研究報告」35頁

I 株式評価の視点

Q14 「評価業務に際して提供された情報の有用性の検討・分析」には何が含まれるか？

A 「評価業務に際して提供された情報の有用性の検討・分析」は，専門家として通常期待される知見に照らし，著しく不合理と気づくべき事項を検出するための検討・分析を意味する。例えば，過去数年間の売上高がほぼ同水準であったのに，急成長する売上計画が提供された場合は，その根拠についての検討が求められる（「Q94　評価を行う専門家にとっての株式評価実施上の留意事項は何か？」を参照）。

1　公認会計士等の専門家に期待される注意義務

　公認会計士等の専門家が，企業価値評価業務を依頼される場合，その依頼者は，公認会計士等の専門家としての知見から，一定の注意義務が発揮されることを期待するものと考えられます。この専門家としての注意義務の具体的水準は，明確に定義できるものではなく，様々な環境の変化により変質しうるものでもあります。

　しかしながら，たとえば公認会計士が財務諸表を分析する場合，一般的に数期間の財務諸表の期間比較を行い，主要な増減の理由を質問等により確かめる手続が行われています。このような分析は，公認会計士等の専門家としての注意義務が発揮されるべきものの一つということができます。この分析により，評価業務に際して提供された事業計画に，過去の損益推移の傾向と較べて，利益の急成長や急激な悪化等があれば，その論拠を確認する等の追加的な検討・分析が必要と考えられます。その結果合理的な理由が見出せなければ，不合理な事業計画と判断し，合理的な論拠をもった計画に修正することを求める必要があります。

2　日本公認会計士協会の倫理規則と企業価値評価業務

　公認会計士による株式価値評価を利用した上場企業の不正事件が発覚したことを契機に，日本公認会計士協会は，平成 24（2012）年 7 月に，自主規制・業務本部 平成 24 年審理通達第 3 号「公認会計士等が企業価値評価等の評価業務を依頼された場合の対応」を公表しています。

　この平成 24 年審理通達第 3 号では，「倫理規則第 2 条に基づき，第 3 条から第 7 条に定める，誠実性，公正性，職業的専門家としての能力及び正当な注意，守秘義務，職業的専門家としての行動の基本原則を遵守することが求められていることに留意しなければならない。」とし，特に，次の第 3 条の誠実性の原則に留意することが強調されています。

第 3 条　会員は，常に誠実に行動しなければならず，次のような報告その他の情報であると認識しながら，その作成や開示に関与してはならない。
　一　重要な虚偽又は誤解を招く陳述が含まれる情報
　二　業務上必要とされる注意を怠って作成された陳述又は情報が含まれる情報
　三　必要な情報を省略する又は曖昧にすることにより誤解を生じさせるような場合において，当該情報を省略する又は曖昧にする情報
2　会員は，前項各号の情報が含まれていることを知ることになった場合には，当該情報への関与を速やかに中止しなければならない。

　公認会計士が行う評価業務においては，「評価業務に際して提供された情報」について，この倫理規則第 3 条の情報に該当するものでないかの視点から，検討・分析することが肝要であると考えられます。

　また，平成 24 年審理通達第 3 号では，上記の趣旨について，次の手続を行うことも強調されています。

I 株式評価の視点

　　具体的には，以下のような事項を確かめることにより，上記の趣旨に
　従った業務が実施できず，結果として情報の信頼性が確保できないような
　状況が存在していないことを確認しなければならない。
　　①　依頼人にとって企業価値等の評価が必要となった背景
　　②　依頼人が企業価値評価等の評価業務を依頼する意図（ニーズ）
　　③　実際の依頼内容（合意して行う具体的手続）
　　④　業務を実施するに当たり，依頼人から提供される情報の内容

　このように，評価が必要となった背景，評価業務を依頼する意図，依頼内容
を確認することにより，提供された情報に不正の意図がないかの視点から，「評
価業務に際して提供された情報の有用性の検討・分析」を行うことも必要と考
えられます。

Q15 国際評価基準審議会（International Valuation Standards Council：IVSC）とは何か？

IVSCとは，1981年に独立した非営利組織として設立された，国際評価基準（International Valuation Standards：IVS）の設定組織である。IVSは，主として有形資産（不動産並びに工場および機械設備），事業および金融商品といった幅広い資産および負債の評価を対象とするものである。

1 国際的な評価を巡る動向

国際的な評価を巡る状況として，評価実務の品質向上を図るべく新たな制度設計を構築する動きが見受けられています。

(1) 米国における資格制度の創設等

IVSCは，2015年に10月に承認した改革案の中に，不動産，企業評価および金融商品に関する新たな国際的な職業資格の開発をあげていますが，米国では，既に財務報告に利用される企業価値および有形資産価値に関する評価情報を提供する者が有するべき資格を創設しました。米国の資格制度は，米国鑑定士協会（American Society of Appraisers：ASA），米国公認会計士協会（American Institute of Certified Public Accountants：AICPA）および王立勅許測量士協会（Royal Institution of Chartered Surveyors：RICS）の3者が共同で創設し運営しています。

このような制度として評価の品質を高める資格制度の創設の動きは，国際的な企業に影響を及ぼすとともに，我が国でも同様の取組みがなされる契機となる可能性が考えられます。

53

Ⅰ　株式評価の視点

(2)　IVSC と規制当局との連携

　IVSC は，2015 年 10 月の総会で決定した IVSC の組織の見直しによる有形資産，企業評価および金融商品の 3 つの評価対象に対応する 3 つの専門基準理事会のうち，金融商品理事会については，その創設に必要性があるのかどうか等を見極めるため，規制当局の証券監督者国際機構（IOSCO），金融機関のリスク管理や評価の専門家，会計基準設定などと協議を行っていました。

　このように規制当局の証券監督者国際機構（IOSCO）が IVSC の動きに関心を持っており，様々な取引において評価が重視されるものと考えられることから，IVSC の動向を注視する必要があると考えられます。

2　IVSC の概要

(1)　国際評価基準審議会(International Valuation Standards Council : IVSC) とは

　IVSC とは，1981 年に独立した非営利組織として設立された国際評価基準（International Valuation Standards : IVS）の設定組織であり，IVS は，主として有形資産（不動産並びに工場および機械設備），事業および金融商品といった幅広い資産および負債（以下，「資産等」という。）の評価を対象としています。

(2)　IVSC の目的

IVSC の目的は，次のとおりです[6]。

①　高品質の国際基準を開発し，その採用および利用を支援すること
②　IVSC のメンバーとなっている組織間の連携と協調を促進すること
③　その他の国際組織との連携および協調を図ること
④　評価専門職業に関する国際的な見解を示すことによって役立つこと

6　「国際評価基準審議会（IVSC）の活動目的と組織概要」（国際評価基準審議会（IVSC）評議員　山田辰巳著，会計・監査ジャーナル No.716 MAR. 2015　105 頁）

(3) IVS の組織

IVSC は,2015 年 10 月の総会で,IVS の品質の改善および各国の評価専門職業組織(Valuation Professional Organizations : VPOs)との対話の増進による IVS への支持の拡大などを目指して,IVSC の組織の見直しを決定し,その後も新組織の組成に向けた作業を続けています。

IVSC の組織

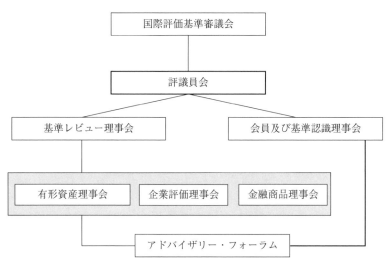

(出所)「国際評価基準審議会(IVSC)の年次総会 – 承認された組織改革案の概要」(IVSC 評議員 山田辰巳著,会計・監査ジャーナル No.727 Feb. 2016 49 頁図表を一部修正)

上記の各組織の内容は次のとおりです[7]。

評議員会(Board of Trustees):

評議員会は,IVSC の財政(特に,活動資金の調達)に関する責任を負い,基準レビュー理事会(Standards Review Board)と会員および基準認識理事会(Membership and Standards Recognition Board)の 2 つの理事会のメンバーの指名および監視,並びに IVSC の戦略計画のレビュー等を行う責任を有している。

---

[7] 「国際評価基準審議会(IVSC)の年次総会 – 承認された組織改革案の概要」(IVSC 評議員 山田辰巳著,会計・監査ジャーナル No.727 Feb. 2016)参照

Ⅰ　株式評価の視点

基準レビュー理事会（Standards Review Board）:

　基準レビュー理事会は，基準専門理事会の作成した IVS の新設や改訂のための提案を承認する組織として位置付けられる。

会員及び基準認識理事会（Membership and Standards Recognition Board）:

　会員および基準認識理事会（Membership and Standards Recognition Board）は，会員および IVSC の間の協力関係の強化によって，より品質の高い IVS の作成に寄与する役割や IVS の認知度を高めるための施策を行うが，主として次の役割を果たすことが期待されている。

①　各国の評価専門職業組織（Valuation Professional Organizations : VPOs）が会員および基準認識理事会の前身組織である IVPB（International Valuation Professional Board：国際評価専門職業理事会）が作成する国際専門職業基準（International Professional Standards : IPSs）を遵守しているかの確認

②　IVSC と VPOs との間の積極的な協力関係の維持構築

③　各国の現在の資格制度に加えて（各国の資格を変更するものではない），不動産，企業評価および金融商品に関する新たな国際的な職業資格の開発

アドバイザリー・フォーラム（Advisory Forum）:

　基準レビュー理事会と会員および基準認識理事会に技術的な助言を行う機関であり，構成員は各国の VPOs であり，それらの組織の代表から，各国での評価実務を反映したより専門的な助言を行う。

有形資産理事会（Tangible Assets Board）

　有形資産（不動産並びに工場および機械設備）に関する IVS の作成を担当する理事会

企業評価理事会（Business Valuation Standards Board）

　企業評価に関する IVS の作成を担当する理事会

金融商品理事会（Financial Instruments Board）

　金融商品理事会については，執筆時（2017年9月30日）において発足していない。これは金融商品に関する国際評価基準の全面的な見直しにつき，IVSCは，金融界や規制当局にそのような評価基準の改善に対する需要があるのか，また，ある場合，金融商品評価のどのような分野での改善が期待されているのか明確ではなく，関係者の意見を聞く必要があることが認識され，関係者の意見聴取を進めていたことによるものである。

　その後，2017年4月5日にニューヨークで26の機関（グローバル規模の銀行，主要な規制当局，評価専門企業，会計基準設定主体およびVPOsなど）が参加する金融商品円卓会議が開催され，IVSCが金融商品プロジェクトを行うことが支持され，金融商品の評価に関連する主要問題を取りあげ，ベスト・プラクティスを設定する方向で作業することが基本的に合意された。そして，主要問題を扱う4つのワーキング・グループを組成することが合意され，原則主義に基づく評価基準作りを目指し，①金融機関のガバナンス，②金融商品に関する会計基準や規制などとも連携した評価のためのフレームワーク，③評価対象のデータの質および④財務報告などが議論される予定である。

　金融商品理事会は，2017年秋ごろを目途に人選を行い2017年末ごろから活動開始する予定である[8]。

3　現行の IVS

　現行のIVSは，IVS2017として2017年1月に公表されています。

IVS 等の種類	具体的な基準
Introduction はじめに Glossary 用語集 IVS Framework　IVS フレームワーク	

8　国際評価基準審議会（IVSC）の評議員会での議論について－2017年3月会議の概要及びその後の金融商品プロジェクトの展開（IVSC評議員　山田辰巳著，会計・監査ジャーナル No.744 Jul. 2017）参照

I 株式評価の視点

General Standards 一般基準	IVS 101 Scope of Work
	IVS 102 Investigations and Compliance
	IVS 103 Reporting
	IVS 104 Bases of Value
	IVS105 Valuation Approaches and Methods
Asset Standards 資産等別基準	IVS 200 Business and Business Interests
	IVS 210 Intangible Assets
	IVS 300 Plant and Equipment
	IVS 400 Real Property Interests
	IVS 410 Development Property
	IVS 500 Financial Instruments

Ⅱ　評価手法

企業価値の評価アプローチと特徴

Q16　企業価値評価ガイドラインでは，企業価値の評価手法を3つの評価アプローチに分類しているが，なぜ3つの評価アプローチが存在するのか？

A　評価目的，評価対象企業の状況などに応じて適合する評価手法が異なることから，企業の実態を適切に反映させるために，インカム・アプローチ，マーケット・アプローチ，ネットアセット・アプローチという性格が異なる3つの評価アプローチが利用されている。

インカム・アプローチは企業が獲得すると期待される収益を現在価値に割り引くことにより企業価値を評価する理論的な手法である。

マーケット・アプローチは市場において成立している価格の分析によって企業価値を評価する客観的な手法であり，間接的に企業の収益力を反映する手法である。

ネットアセット・アプローチ（コスト・アプローチ）は，主として貸借対照表の資産および負債の価値に着目した手法であり，客観性，確実性に優れている。

企業価値の評価目的により，適合する評価手法は異なります。例えば，増資やM&Aなどの第三者間の取引においては，買い手はその企業の将来の収益力に注目して取引するのが通常であり，取引価格は企業の収益力を織り込んだものとなるべきです。一方，企業が清算を予定している場合には，企業の収益力を考慮する必要がなく，むしろ現に保有する資産の処分価値によって企業価値

第1部　企業価値評価の実務

59

Ⅱ　評価手法

が決定されると考えられます。このように，評価目的や企業の置かれた状況に
応じて適合する評価手法が異なることから，企業の実態を適切に反映させるた
めに，次のような3つの異なる評価アプローチが利用されています。

1　インカム・アプローチ

(1)　意義

　評価対象企業から期待されるキャッシュ・フローまたは利益を，評価対象企
業のリスクを織り込んだ割引率で現在価値に換算することにより企業価値を評
価する手法です。

　ファイナンス理論においては，企業価値はその企業が生み出す将来のキャッ
シュ・フローに基づいて決まるとされます。このような考え方からは，インカ
ム・アプローチは企業価値の評価手法として最も理論的な方法と位置付けられ
ます。

(2)　特徴

　インカム・アプローチは，評価対象企業の期待収益に基づいて企業価値を評
価することから，対象企業固有の価値を反映させるものです。また，割引率に
リスクフリー・レートやリスク・プレミアムなどのマーケットの要素を含むこ
とにより，市場の環境も一定程度織り込むことが可能です。

　その反面，将来の期待収益および割引率を一義的に見積もることができず，
どのような見積もりを採用するかにより企業価値が大きく変動するという問題
点が存在します。

(3)　主な評価手法

　インカム・アプローチに属する主な評価手法としては，後述するDCF法，
調整現在価値法（APV法），収益還元法，配当還元法などがあります。

2　マーケット・アプローチ

(1)　意義

市場において成立する価格をもとに評価する手法で，市場価格そのものの分析に基づく手法と，市場価格との相対関係に基づく手法の2つに大別されます。

前者は，市場における時価総額や過去における取引価格が判明している場合に採用される手法で，主に上場企業の評価に適用されます。

後者は，事業内容が類似する上場企業の市場株価や，類似するM&A取引において成立した価格に基づく一定の倍率を算定し，その倍率を評価対象となる企業や取引対象事業の経営指標に乗じることによって価値を評価する手法で，乗数法または倍率法と呼ばれます。

倍率法は，市場のデータに基づき非上場企業の企業価値を評価する場合だけでなく，上場企業の評価においても市場株価法やインカム・アプローチとともに併用される場合があります。

(2)　特徴

マーケット・アプローチは，市場または第三者間で成立した価格に基づき企業価値を評価する手法であり，客観性に優れています。また，当該価格が当事者間の合理的な期待に基づき適正に形成されていることを前提とするならば，マーケット・アプローチは企業の将来キャッシュ・フローに関する期待値を間接的に反映する手法と位置付けられます。

特に，多数の取引主体が参加する市場において形成された価格は合理的に形成されているとみなしうることから，上場企業の評価においては市場株価の分析が事実上不可欠なものとなります。

一方，マーケット・アプローチ，とりわけ倍率法においては，類似企業や類似取引の選定に主観が介入しやすいという問題点があります。また，倍率法においては，評価対象企業や対象取引が，比較対象となる類似企業や類似取引と同質であることが前提となりますが，評価対象企業が設立直後の段階にあり類似企業と成長段階が異なる場合などにおいては，適切な評価となりません。

Ⅱ　評価手法

(3) 主な評価手法

(1)前段のアプローチに基づく主な評価手法としては市場株価法および取引事例法，(1)後段のアプローチに基づく手法としては類似企業比較法および類似取引比較法などがあります。

3　ネットアセット・アプローチ（コスト・アプローチ）

「企業価値評価ガイドライン」でいうネットアセット・アプローチは，一般にコスト・アプローチともいわれます。以下では，コスト・アプローチと称して解説します。

(1) 意義

コスト・アプローチに基づく評価手法としては，事業の継続を前提にする「再調達時価純資産法」と清算を前提とする「清算処分時価純資産法」とが挙げられます。

① 再調達時価純資産法

評価対象企業を取得するのに必要なコストを積算することにより企業価値を評価する手法です。具体的には，貸借対照表上の資産および負債を再調達コストで評価し，評価後の資産から負債を差し引いた純資産価額をその企業の価値とします。また，貸借対照表に計上されていないのれんなどの無形資産を別個に評価して，企業価値に加算する場合もあります。このように事業を行うことを前提にして，資産および負債を再調達コストで評価する方法を，「企業価値評価ガイドライン」では，再調達時価純資産法と呼んでいます。

② 清算処分時価純資産法

清算を前提にして個別資産の処分価額を用いて評価を行う方法です。

「企業価値評価ガイドライン」では，単に時価純資産法という場合は，この「清算処分時価純資産法」を指すことが多いと説明されています。

企業価値の評価アプローチと特徴

(2) 特徴

　コスト・アプローチは，ストックとしての資産および負債の価値に着目することから静態的アプローチとも呼ばれます。なお，将来にわたるフローとしての利益やキャッシュ・フローに基づき企業価値を評価するインカム・アプローチは動態的アプローチと呼ばれます。

　前述のとおり，企業価値は理論上企業の生み出す将来の期待キャッシュ・フローに依存して決まりますが，コスト・アプローチは，実質的には一時点における企業の清算価値や売却価値によって企業価値を評価する手法であり，継続企業の評価を前提とするインカム・アプローチやマーケット・アプローチとは前提となる考え方が異なります。そのため，コスト・アプローチは，継続企業の評価手法として適合せず，業績が低迷し，回復が見込まれない企業など，将来の収益に基づいて評価することが適さない場合に限って妥当する手法です。

　しかしながら，実務上は，実体としての資産および負債の価値を基礎とする点で客観性に優れており，インカム・アプローチやマーケット・アプローチに固有の不確実性や恣意性を排除する目的で，これらの手法と併用される場合もあります。

(3) 主な評価手法

　コスト・アプローチには，採用する資産および負債の価値の測定方法について，帳簿価額を用いる簿価純資産法と，時価を用いる時価純資産法とがあります。

　しかしながら，国税庁の「財産評価基本通達」では，時価純資産法を採用しています。そのため，簿価純資産法を採用することは，税務リスクがあることに留意が必要です。また，時価概念の違いにより，時価純資産法は再調達時価純資産法と清算処分時価純資産法に分けられます。

Ⅱ　評価手法

[各評価アプローチの意義，特徴]

分類	意義	特徴
インカム・アプローチ	評価対象企業から期待される利益ないしキャッシュ・フローに基づいて価値を評価する方式	将来の収益獲得能力を価値に反映させやすく，評価対象企業がもつ固有の価値を示す。
マーケット・アプローチ	評価対象企業の市場株価の分析，類似企業や類似取引事例などとの比較によって価値を評価する方式	市場において成立した価格や取引価格に基づく評価アプローチであり，市場の取引環境を反映するとともに客観性に優れている。
コスト・アプローチ	主として評価対象企業の貸借対照表上の純資産に着目した方式	貸借対照表を基に評価する静態的な評価アプローチであり，客観性・確実性に優れている。

[インカム・アプローチに属する主な評価手法]

評価方式	意義	特徴
DCF法	将来のフリー・キャッシュ・フローの期待値を加重平均資本コストで割り引いた現在価値に基づき事業価値を評価する方式	インカム・アプローチの中で最も広く利用されている評価方式である。
モンテカルロDCF法	DCF方式の一種であり，将来の業績に影響を与える変数が一定の確率分布に従い変動するものとみなして，乱数によるシミュレーション結果から事業価値の期待値を算定する方式	事業計画に不確定要素が含まれる場合に適している。
調整現在価値法（APV法）	将来のフリー・キャッシュ・フローの期待値を，企業が負債を利用していないと仮定した場合の株主資本コストで割り引くことによって事業価値（無負債事	将来の資本構成が現状に比べ大きく変化すると予想される場合に適している。

64

	業価値）を算定し，これに負債の節税効果（支払利息の損金算入による節税効果）の現在価値を加算することにより事業価値を算定する方式	
残余利益法	営業活動に利用している総資産の帳簿価額に対し，将来における営業残余利益の現在価値合計を加えることによって事業価値を算定する方式	予測が整合的である限り，DCF法と同様の事業価値となる。
配当還元法	株主への配当の期待値を一定の割引率で割り引くことによって株主価値を直接計算する方式	株主に帰属する利益に着目した評価方式であり，受取配当のみを果実とみる少数株主の保有する株式の評価に適している。
収益還元法	会計上の利益を一定の割引率で割り引くことによって事業価値または株主価値を計算する方式	会計上の利益が将来も継続することを前提とした評価方式である。
リアル・オプション法	事業価値に影響を及ぼす意思決定をオプションの一種としてとらえ，オプション価格理論に基づき事業価値を評価する方式	将来の不確実性や経営者の意思決定の柔軟性を反映させるのに適している。

Ⅱ　評価手法

［マーケット・アプローチに属する主な評価手法］

評価方式	意義	特徴
市場株価法	評価対象企業の市場株価を参照する方式	上場企業の株主価値としては最も客観的である。
類似企業比較法	事業内容や規模等が類似する上場企業の市場株価に基づき，上場企業の経営指標と評価対象会社の経営指標との倍率を利用して評価する方式	類似性の高い上場企業が存在するか，類似上場企業が多数存在する場合に適している。
類似取引比較法	類似の M&A 取引において成立した売買価格に基づいて評価する方式	破綻ゴルフ場やパチンコホールの売買など，同時期に一定数の取引がなされる場合に適している。
取引事例法	評価対象企業の株式について過去に売買がある場合に，その取引価額をもとに株式を評価する方式	過去の取引事例価額が合理的に決定されている場合には，当該価額に依拠することにより客観的な評価となり得る。

［コスト・アプローチに属する主な評価手法］

評価方式	意義	特徴
簿価純資産法	会計上の純資産価額に基づいて算出した1株当たりの純資産価額をもって株主価値とする方式	会計上の帳簿価額を基礎としており，客観性，確実性に優れている。
時価純資産法	貸借対照表の資産負債を時価で再評価して純資産価額を算出し，1株当たりの時価純資産価額をもって株主価値とする方式　　時価概念の違いにより，再調達時価純資産法と清算処分時価純資産法とがある。	各資産および負債の時価が帳簿価額と乖離している場合に適している。

企業価値の評価アプローチと特徴

Q17 評価アプローチはどのように使い分ければよいのか？

　増資や株式譲渡など企業価値の評価を必要とする取引の大半は，企業の将来の収益力に着目して行われるのが一般的である。そのため，取引目的による企業価値評価の手法としては，企業の収益力を評価するインカム・アプローチが最も適合している。

　マーケット・アプローチは，市場や第三者間において成立する価格をもとに企業価値を評価するという点で，企業の収益力を間接的に反映しており，インカム・アプローチを補完する役割を果たしている。

　コスト・アプローチは，清算を予定している企業の評価など限定的な場合に適合する。

1　基本はインカム・アプローチ

　企業価値は，その企業が生み出すキャッシュ・フローの現在価値によって決まると考えられています。このような考え方からは，インカム・アプローチを第一に適用すべきです。特に，株式譲渡や組織再編など取引目的での価格算定においては，当事者は企業の継続性を前提として取引するのが通常であり，その価格決定にはインカム・アプローチによる評価が最も適合すると考えられます。

　ただし，インカム・アプローチは，将来のキャッシュ・フローが相応の確度をもって予測可能であること，割引率の算定に際して評価対象企業のリスクが合理的に定量化できることが前提となります。例えば，経営環境が不確実で事業計画の合理性が確保できない場合には，インカム・アプローチによる評価が必ずしも適合しません。また，評価対象企業が非上場企業でかつ類似企業が存在しない場合など，資本コストの定量化が困難である場合もインカム・アプ

Ⅱ　評価手法

ローチの採用が難しくなります。

　また，インカム・アプローチは企業の継続性を前提とした評価手法であり，企業の継続性に問題がある場合には適合しません。なぜなら，企業が存続するだけのキャッシュ・フローを獲得する将来予測ができないからです。

2　インカム・アプローチを補完するマーケット・アプローチ

　事業計画の策定が困難であるなど，インカム・アプローチの適用が難しい場合には，マーケット・アプローチを適用します。市場株価や，それを元に算出される類似企業の倍率には，企業のキャッシュ・フローに関する投資家の予想が織り込まれており，市場株価や倍率が企業の収益力を間接的に表していると考えられるからです。

　また，インカム・アプローチにはキャッシュ・フローや割引率の見積りによって大きく結果が変動する性質があるのに対し，マーケット・アプローチは市場において成立した価格を基礎とする手法であり，一定の客観性を有しているという特質があります。よって，インカム・アプローチにおける見積りが妥当かどうかを検証する目的で，マーケット・アプローチを採用し，インカム・アプローチの結果とマーケット・アプローチの結果とを比較・検証することが一般的に行われています。

　マーケット・アプローチは，市場価格が投資家の将来に対する期待を織り込んで合理的に形成される前提のもとで成り立つ評価手法です。そのため，現在の市場価格が異常な要因によって歪められている場合には，マーケット・アプローチによる評価は妥当なものとなりません。

　また，評価対象企業の事業が革新的な新規事業であり適切な類似企業が存在しない場合や，評価対象企業の規模や成長段階が類似企業と異なる場合にも，マーケット・アプローチの採用はできません。

企業価値の評価アプローチと特徴

3　コスト・アプローチの採用は限定的

　コスト・アプローチは，主として貸借対照表の資産および負債の価値を基礎として企業の静的価値を評価するものであり，将来の収益力を直接または間接的に反映するインカム・アプローチおよびマーケット・アプローチとは前提が異なります。

　この点，コスト・アプローチにおいても，個別の資産および負債の時価を算定するとともに，将来の超過収益を見積もり，のれんを認識することにより，将来の収益力を反映した継続企業の価値を求めることは可能です。しかし，将来の超過収益を見積もるには，インカム・アプローチおよびマーケット・アプローチを採用せざるを得ず，コスト・アプローチを採用する意味は希薄です。

　したがって，実務上は貸借対照表の資産および負債を基礎として必要な評価替えや修正を加えることにより純資産価額を算定し，これをもって企業価値を評価する場合が大半となっています。

　このような場合，コスト・アプローチは実質的に企業の清算価値を求める手法として位置づけられ，次のような限定された状況にのみ適合します[9]。

　コスト・アプローチが適合する場合
　①　企業が清算手続中である場合，又は清算を予定している場合
　②　企業経営が順調でなく，利益が少ないか又は赤字体質である場合
　③　過去に蓄積された利益に比し，現在又は将来の見込利益が少ない場合
　④　資産の大部分が不動産であり，かつ，清算が容易に行えるような場合等

（出所）　日本公認会計士協会「株式等鑑定評価マニュアル」

　9　日本公認会計士協会「株式等鑑定評価マニュアル」25頁

Ⅱ　評価手法

　「株式等鑑定評価マニュアル」は，清算を前提とする①以外に，３つの状況
を挙げています。
　②は，利益確保の目途がつかないことから，インカム・アプローチおよび
マーケット・アプローチの採用ができず，適用が可能なコスト・アプローチを
採用する例です。
　③は，利益水準が低い場合，将来収益の獲得能力を評価した事業価値が低く
なることから，過去に蓄積された純資産に基づいて評価するコスト・アプロー
チのほうが望ましいとの立場に基づいているようです。しかしながら，このよ

[評価アプローチが適合する場合と適合しない場合]

	適合する場合	適合しない場合
インカム・アプローチ	• 取引目的での価格算定 • 将来のキャッシュ・フローが相応の確度をもって予測可能 • 評価対象企業のリスクが合理的に定量化することが可能	• 経営環境が不確実で事業計画の合理性確保が困難 • 評価対象企業が非上場企業でかつ類似企業が存在しない場合等，資本コストの定量化が困難 • 評価対象企業が継続して損失を計上している場合等，企業の継続性に問題がある
マーケット・アプローチ	• 評価対象企業の事業に類似する複数の類似上場企業が存在 • 評価対象企業と類似上場企業の収益性や成長性が類似	• 市場株価が異常な要因によって歪められたり，短期的に大きく変動することが存在 • 評価対象企業の規模や成長段階が同様の類似企業の不存在 • 評価対象会社または類似上場会社が損失を計上
コスト・アプローチ	• 企業が清算手続中，または清算を予定 • 企業経営が順調でなく，利益が少ないかまたは赤字体質	• 企業の収益力を考慮すべき場合

企業価値の評価アプローチと特徴

うな現象は，事業価値に対して過大な非事業資産を有することを原因とする場合が少なくありません。この場合，事業価値が低くとも，非事業資産を含めた企業価値まで低くなるとはいえず，インカム・アプローチが明らかに不合理とまではいえません。コスト・アプローチに一定の合理性がある①および②の場合と異なり，③の場合はむしろインカム・アプローチのほうが適合する可能性もあります。

なお，③および④の場合，事業を継続するよりも清算するほうが合理的という場合も起こり得ます。この場合，コスト・アプローチによる評価額はインカム・アプローチによる評価額より高くなります。④についても③と同様のことがいえます。

4　評価アプローチの適否の具体例

日本公認会計士協会の「企業価値評価ガイドライン」は，客観性，市場での取引環境の反映，将来の収益獲得能力の反映，固有の性質の反映という4点に着目して，それぞれの評価アプローチの適否をまとめています。

[3つの評価アプローチの一般的な特徴]

項目	インカム・アプローチ	マーケット・アプローチ	コスト・アプローチ
客観性	△	◎	◎
市場での取引環境の反映	○	◎	△
将来の収益獲得能力の反映	◎	○	△
固有の性質の反映	◎	△	○

◎優れている　○やや優れている　△問題となるケースもある

（出所）「企業価値評価ガイドライン」図表Ⅳ-3を一部修正

71

Ⅱ 評価手法

Q18 評価アプローチの選定を実際の算定事例から説明してほしい。

A ①インカム・アプローチのみ採用した事例、②マーケット・アプローチのみ採用した事例、③コスト・アプローチのみ採用した事例、④インカム・アプローチとマーケット・アプローチを採用した事例を以下の解説で確認いただきたい。

1 インカム・アプローチのみ採用した事例

＜事例1＞評価対象企業が安定して収益を計上している場合

評価対象企業は設立以来順調に業績を伸ばしており、一定水準の利益を獲得できるビジネスモデルを構築しています。中期経営計画においても、過去の業績や市場の動向から極端に乖離した予測はなされておらず、事業計画には相当の合理性が認められます。このような事情から、将来の収益獲得能力を反映する最も理論的かつ一般的な評価方式であるDCF法が、対象企業の評価手法として最も適合すると判断しました。

一方、マーケット・アプローチは、類似上場会社の選定が困難であること、評価対象企業は、中長期的に成長することが見込まれており、目先の業績見込みに着目したマーケット・アプローチでは、長期的な収益力が反映されにくいことなどの理由により、採用しないこととしました。

> ポイント
> ・過去数期間にわたり安定して収益が計上されていること。
> ・今後も業界の成長に歩調を合わせた安定的な成長が期待できること。
> ・そのような傾向が事業計画の中に適切に織り込まれていること。

企業価値の評価アプローチと特徴

- マーケット・アプローチでは評価対象会社の長期的な収益力が反映されないこと。

<事例２>評価対象企業の事業再構築目的での価格算定

　評価対象企業が属する外食産業の業績は，ビジネスモデルの成熟化や過当競争によって，長らく頭打ちの傾向にあります。このような経営環境にあって，評価対象企業は市場占有率の拡大を企図したM&Aや積極的な出店を継続して行っていましたが，近年の少子高齢化や原材料価格の高騰の影響で業績が急速に悪化し，抜本的な事業再構築の必要性に迫られています。しかしながら，同業他社の業績には下げ止まりの傾向もみられており，成熟化した市場環境に適応した安定的な成長を実現する余地は残されています。

　このような経営環境のもと，評価対象企業は不採算店舗の閉鎖や他業態への転換，諸経費の削減，購買活動の最適化などを柱とした新事業計画を策定し，長期的な市場動向に歩調を合わせた安定成長路線への転換を模索しています。

　以上のような前提条件のもとにおいては，企業の将来の収益性を基礎とするインカム・アプローチが評価対象企業の企業価値の把握に最も適合すると判断しました。

ポイント

- 直近の業績は低迷しているものの，市場がある程度成熟化しており，将来的には一定程度の成長が見込まれていること。
- 長期的な市場動向に歩調を合わせた安定的な成長が事業計画に織り込まれていること。
- 直近の業績が低迷しており，マーケット・アプローチでは企業価値が過小に評価されること。

73

Ⅱ　評価手法

2　マーケット・アプローチのみ採用した事例

＜事例１＞企業買収の予備的評価を目的とした価格算定

　依頼者は評価対象企業の買収を計画していますが，具体的な交渉開始前の段階のため事業計画などの内部資料を入手しておらず，適時開示情報や「会社四季報」などの公表情報のみを手がかりとして企業価値を評価する必要がありました。そのため，類似企業比較法により評価対象企業の企業価値を推定することになりました。

> ┌─────┐
> │ポイント│
> └─────┘
> ・インカム・アプローチの前提となる将来のキャッシュ・フローが入手資料からは予測できない。
> ・複数の類似上場企業が選定できる。

＜事例２＞資本提携関係にある会社間の公開買付価格の算定

　買付者と対象者はすでに業務資本提携を結んでおり，本件は資本関係のさらなる強化を目的とした公開買付けのための価格算定です。当事者間ではすでに友好的に資本業務提携が結ばれており，人材交流などを通じて双方がそれぞれの事業内容や経営戦略に関する認識を共有しています。このような状況においては，時間と費用をかけてインカム・アプローチによる評価を実施するよりも，市場株価を基礎として一定のプレミアムを考慮することによって買付価格を設定することが，迅速な意思決定に結びつく場合があります。そのため，本事例においては市場株価法と類似企業比較法をもとに買付価格を算定しました。

> ┌─────┐
> │ポイント│
> └─────┘
> ・既に資本提携が締結されているなど，売り手側の企業と買い手側の企業が友好的な関係にあること。
> ・提携関係を通じて，双方の事業内容，リスク，経営戦略などに関する認識があらかじめ共有されていること。

企業価値の評価アプローチと特徴

3　コスト・アプローチのみ採用した事例

＜事例＞連続して損失を計上している場合の企業価値評価

　評価対象企業は過去連続して損失を計上しており，インカム・アプローチにより算定される事業価値もマイナスとなるなど，継続企業としての評価が適合するとは言いきれない状況にあります。このような状況においては，コスト・アプローチにより静的側面から企業価値を評価することが，客観性の点でも優れていると判断しました。

> ポイント
> ・評価対象企業が連続して損失を計上しており，企業の継続性に問題があること。
> ・インカム・アプローチにより算定される事業価値がマイナスまたは 0 に近い水準となっていること。

4　インカム・アプローチとマーケット・アプローチを採用した事例

＜事例 1 ＞上場企業が非上場子会社を完全子会社化する株式交換における価格（株式交換比率）算定

　本件は，上場企業である親会社が株式交換により非上場の連結子会社を完全子会社化する取引における価格算定です。株式交換は，連結子会社を完全子会社化することによるグループ企業の意思決定の迅速化，重複事業の整理統合などによる企業価値の向上を目的とするものであり，その取引価格も将来の収益力に基づき決定されるべきと考えられます。よって，インカム・アプローチを第一に適用すべきと判断しました。

　また，株式交換比率の算定は少数株主の利益に直結する問題であり，複数の評価アプローチにより異なる側面から企業価値をとらえることにより，算定結果の客観性，妥当性を担保する必要があります。この点，評価対象企業を含む企業集団の事業に対する市場の評価を反映させるうえで，マーケット・アプ

Ⅱ　評価手法

ローチも一定の意義を有すると判断しました。マーケット・アプローチの手法としては，上場企業である親会社については市場株価法と類似企業比較法を，非上場企業である子会社については類似企業比較法を採用しました。

> ポイント
> • 評価の前提となる取引が将来の企業価値の増進を目的としていること。
> • 利害関係者が多数に上り，算定結果の客観性，妥当性を担保する必要があること。
> • 評価対象企業に上場企業が含まれ，市場株価を斟酌する必要があること。

＜事例２＞完全子会社化を目的とした公開買付けにおける価格算定（類似企業比較法を採用しなかった事例）

　本件は，親会社が買付者となって，すでに子会社化している上場企業の株式を公開買付けにより取得し，その後の一連の手続とあわせて対象会社を完全子会社化するに際しての価格算定です。対象会社は過去４期連続減収減益となっており，直前事業年度においては上場以来初めて営業損失を計上し，現在も売上の減少傾向に歯止めがみられません。そのため，完全子会社化による非公開化を通じて抜本的な経営改革に着手する前提として，対象会社株式の公開買付けを実施することになりました。

　ここで，買付者が評価対象企業の将来の収益力に着目して公開買付けを行うことからすると，インカム・アプローチが第一に適用すべき評価アプローチと考えられます。また，評価対象企業は上場企業であり，市場株価を一定程度斟酌する必要があることから，マーケット・アプローチのうち市場株価法を採用することとしました。

　一方，類似企業比較法については，評価対象企業の業績または企業価値を類似企業の株価に関連した倍率に対応させることによって株主価値を評価する手法であることから，本件のように評価対象企業の業績が低迷している場合への適合性が問題となります。この点，類似企業の倍率は，通常の場合，類似企業の現在の株価を過去または近い将来の業績見込の経営指標と対比することによって求められるものであり，現在の株価が比較的近い時点の業績見込の経営

指標を織り込んで形成されるということを暗黙の前提としています。しかし，評価対象企業の直近の業績が低迷している場合（特に評価対象企業が損失を計上している場合）には，市場はそのような状態が継続することを想定していないのが通常です。このような場合，評価対象企業の株価は足下や目先の業績よりも先の時点の業績回復シナリオを織り込んで形成されており，評価対象企業の目先の低い業績を類似企業の倍率に対応させたとしても，算定結果としては意味のないものになります。

本件においても，評価対象企業は直前事業年度の実績，当事業年度の予想ともに損失の計上を予想しており，類似企業比較法により有益な算定結果を得ることは困難と判断したため，同手法は採用しないものとしました。

> ┃ポイント┃
> ・評価対象企業の業績が低迷しているものの，市場株価に将来の業績の回復が織り込まれており，目先の業績と株価の間に適切な対応関係が存在していないと考えられること。

インカム・アプローチ

Q19 DCF 法とはどのような評価手法か？

DCF 法とは，将来のフリー・キャッシュ・フローを一定の資本コストで割り引いた現在価値によって事業価値または，株主価値を評価する手法である。

DCF 法は，株主および債権者に帰属するキャッシュ・フロー，すなわちフリー・キャッシュ・フローを割り引くエンタプライズ DCF 法と，株主に帰属するキャッシュ・フローを現在価値に割り引くエクイティ DCF 法に大別されるが，単に DCF 法という場合には前者のエンタプライズ DCF 法を指すことが一般的である。

1 DCF 法の意義

DCF 法（Discounted Cash Flow 法）とは，将来のフリー・キャッシュ・フローを，期待収益率，すなわち資本コストで割り引いた現在価値によって事業価値または株主価値を評価する手法です。DCF 法は，割り引かれる将来のフリー・キャッシュ・フローと，それに適用される資本コストの関係により，エンタプライズ DCF 法，APV 法（Adjusted Present Value 法），エクイティ DCF 法の 3 つに大別されます。

これらのうち，事業会社の評価に際して最も一般的に用いられるのはエンタプライズ DCF 法であり，単に DCF 法という場合にはこの手法を指す場合が通常です。

(1) エンタプライズDCF法

利払前税引前営業利益（Earnings Before Interest and Taxes; EBIT）に基づき算定されたフリー・キャッシュ・フローを加重平均資本コスト（Weighted Average Cost of Capital; WACC）で現在価値へ割り引くことによって事業価値を求める手法です。

株主価値は，事業価値に非事業資産の時価を加算して求めた企業価値から，有利子負債および負債類似物を控除することにより算定されます。

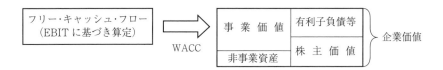

(2) APV法

エンタプライズDCF法と同様のフリー・キャッシュ・フローを，有利子負債の利用がなかったとみなした場合のアンレバード株主資本コスト（Return on Equity; ROE）で割り引いた無負債事業価値に対し，有利子負債の節税効果を予想調達金利で割り引いた現在価値を加算することによって事業価値を算定する方法で，調整現在価値（Adjusted Present Value）法とも呼ばれます。有利子負債の節税効果は，各事業年度の支払利息に実効税率を乗じることにより算定されます。また，事業価値から株主価値を求める過程についてはDCF法と同様です。詳細についてはQ46を参照してください。

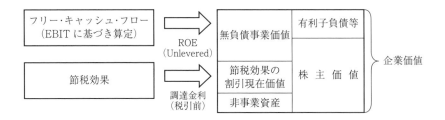

Ⅱ　評価手法

(3) エクイティDCF法

当期純利益に基づき算定されたフリー・キャッシュ・フローを，一定の資本構成に対応したレバード株主資本コストで現在価値へ割り引くことにより，株主価値を直接算定する手法です。詳細についてはQ44を参照してください。

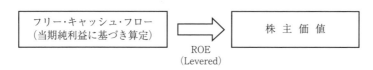

2　フリー・キャッシュ・フローの区分

フリー・キャッシュ・フローは，有利子負債の調達・返済・利払いに関するキャッシュ・フローを含まない場合と含む場合の2種類に大別されます。前者は，企業が有利子負債を利用しなかったとみなした場合のフリー・キャッシュ・フローに一致することから，アンレバード・フリー・キャッシュ・フローと呼ばれることがあります。また，後者はエクイティ・キャッシュ・フローまたは株主帰属フリー・キャッシュ・フローと呼ばれることがあります。アンレバード・フリー・キャッシュ・フローは，エンタプライズDCF法及びAPV法において，エクイティ・キャッシュ・フローはエクイティDCF法において用いられます。

エクイティDCF法には，前提となる株主資本比率の見積もりに応じ，割引率，ひいては株主価値の評価結果に大幅な差異を生じる余地があることから，事業会社の評価には適していないと考えられており，金融機関の評価など，株主資本比率を明示的に考慮すべき場合を除き，一般には適用されません。そのため，単にフリー・キャッシュ・フローという場合には，アンレバード・フリー・キャッシュ・フローを意味するのが通常です。

3　事業価値の構成要素

DCF法においては，将来のフリー・キャッシュ・フローを割引現在価値に

換算しますが，通常の場合，企業の存続期間は半永久的と仮定されます。もっとも，将来のフリー・キャッシュ・フローを永久に予測することは不可能であり，長期間にわたる予測も信頼性には乏しくなります。そこで，ある程度信頼性の高い期間を予測期間（Projection Period）として設定し，それ以降のフリー・キャッシュ・フローについては，継続価値（Terminal Value）として評価に反映させます。

　継続価値は，予測期間終了後のフリー・キャッシュ・フローを，予測期間終了時点における価値に換算したものであり，毎期一定のフリー・キャッシュ・フローが一定の成長率を伴って永続するという仮定に基づき算定されるのが一般的です。この場合，継続価値は一定のフリー・キャッシュ・フローを，割引率から成長率を控除した数値で控除することにより算定されます。

　エンタプライズ DCF 法を前提とした場合，事業価値は次のとおり予測期間のフリー・キャッシュ・フローおよび継続価値の割引現在価値を合計することにより算定されます。

$$EV = \sum_{t=1}^{n} \frac{FCF_t}{(1+r)^t} + \frac{FCF_{t+1}}{r-g} \times \frac{1}{(1+r)^n}$$

EV：事業価値
n：予測期間の年数
FCF_t：t期のフリー・キャッシュ・フロー
r：割引率
g：成長率

II 評価手法

 Q20 予測期間はどの程度の長さに設定すべきか？

 評価対象企業の業績が長期的に維持しうる状態に達するまでの期間に設定する必要がある。公表事例の多くは5年以下となっている。

1 予測期間の設定に関する基本的な考え方

DCF法においては，事業計画に基づいて一定期間のフリー・キャッシュ・フローを見積もるとともに，当該期間の経過後は毎期一定のフリー・キャッシュ・フローを前提に継続価値を算定します。したがって，継続価値は，評価対象企業の業績が長期的に維持しうる状態にあることを前提にしているといえます。

言い換えると，事業計画に基づいてフリー・キャッシュ・フローを見積もる期間，すなわち予測期間は，評価対象企業の業績が長期的に維持しうる状態に達するまでの期間に設定する必要があります。長期になればなるほど合理的な予測が困難になることを考えると，予測期間は長ければ長いほど望ましいというものでもありません。

2 事業計画との関係

予測期間は，基本的に事業計画の期間と一致します。ただし，事業計画の策定期間の終了後も繰越欠損金の節税効果が見込まれたり，税務上損金不算入となった項目が毎期損金算入される場合には，その影響が生じると見込まれる年度まで予測期間を延長する必要があります。この場合は，事業計画最終年度の業績を据え置く，あるいは最終年度の業績が毎期一定割合で成長するなどの仮定を別途設ける必要があります。

インカム・アプローチ

事業計画より長い期間に設定する場合だけでなく，事業計画より短い期間を予測期間に設定する場合もあります。具体的には，事業計画上きわめて高い成長が見込まれている場合です。特に，成長の大部分が実績の乏しい新事業によりもたらされている場合，事業計画の合理性は将来になればなるほど乏しくなります。このような場合には，事業計画のうち相応の確度を有すると認められる期間を予測期間として設定することも検討に値します。

ただし，特に第三者機関としての算定においては，事業計画の一部だけを考慮するという取扱いの客観性が問われる可能性もあることから，依頼者との対話を通じて慎重に検討する必要があります。

3　予測期間の実際

実際の算定において，予測期間はどの程度の長さに設定されているのでしょうか。

表は，平成28（2016）年に開示された公開買付けのうち，公開買付価格の算定にあたってDCF法が用いられた34件の開示資料に記載された予測期間の年数を示しています。該当する取引のうち，予測期間が開示されている取引は33件あり，そのうち25件が5年以下でした。

[平成28年の公開買付けにおける予測期間の年数]

予測期間	3年以下	3年超 4年以下	4年超 5年以下	5年超 10年以下	10年超	合計
件数	11	6	8	7	1	33

Ⅱ 評価手法

 DCF法の適用上，フリー・キャッシュ・フローの算定に利用する事業計画は，どのような形式で作成すればよいのか？

A 予想損益計算書，予想貸借対照表および予想キャッシュ・フロー計算書を作成できれば望ましいが，予測貸借対照表の作成にあたっては様々な見積もりが必要となり，合理的な予測が難しい。そのため，損益計算書のみ作成し，その他の調整項目を別途見積もることで対応する場合も多い。

1 予想損益計算書，予想貸借対照表および予想キャッシュ・フロー計算書があれば望ましい

Q22で述べるとおり，フリー・キャッシュ・フローは利払前税引後利益に対して償却費，資本的支出および運転資本の増減を調整することによって算定されます。これらのうち利益および償却費の金額は損益計算書から，資本的支出および運転資本増減の金額はキャッシュ・フロー計算書から取得することができます[10]。

2 最低限損益計算書があればよい

DCF法の適用にあたって必要となる利益は，営業利益とおおむね一致するものです。これは売上高，売上原価並びに販売費及び一般管理費を見積もることにより算定され，予測は比較的容易といえます。これに対して貸借対照表には，引当金，繰延税金資産を始めとして，複雑な見積もりを要する項目が含ま

---

10 キャッシュ・フロー計算書が間接法で作成されている場合を前提としています。直接法で作成されている場合には，貸借対照表の期末残高と期首残高の差額から求める必要があります。

84

インカム・アプローチ

れ，その全てを合理的に予測するのは困難です。そのため，実際の算定においては，損益計算書のみ予測し，利益に対する調整項目を別途見積もることで対応する場合も少なくありません。

この場合，減価償却費と資本的支出は，別途作成された設備投資計画に基づいて見積もります。また，運転資本については，売上債権，棚卸資産，仕入債務のうち主要なものについて，売上高または売上原価に比例する形で増減するものと仮定したうえで，各事業年度末における残高を予測し，その他の項目については一定額で推移するとみなすのが簡便です。具体的な方法については，Q28をご覧下さい。

第1部　企業価値評価の実務

85

Ⅱ　評価手法

 フリー・キャッシュ・フローはどのようにして算定されるのか？

A　フリー・キャッシュ・フローとは，事業活動を通じて生み出された，総資本提供者である株主および債権者に分配可能なキャッシュ・フローをいう。

　フリー・キャッシュ・フローは，利払前税引前利益から法人税等を控除するとともに，減価償却費等の非資金損益項目を加算し，資本的支出および運転資本の増減を調整することにより算定される。

1　フリー・キャッシュ・フローとは

　フリー・キャッシュ・フロー（Free Cash Flow；FCF）とは，事業活動を通じて生み出されるキャッシュ・フローで，総資本提供者である株主および債権者に分配可能なものをいいます。

　すなわち，フリー・キャッシュ・フローは，事業活動を通じて生み出されること，および総資本提供者に分配可能であることの2点をもって，他のキャッシュ・フローと区別されます。

(1) 事業活動を通じて生み出されること

　事業活動を通じて生み出されるということは，商品またはサービスの提供により生み出されるということでもあります。したがって，売上高，売上原価，販売費及び一般管理費に含まれる項目は，原則としてフリー・キャッシュ・フローの算定に含まれます。

　これに対し，事業活動に直接関連のない運用目的の資産からもたらされるキャッシュ・フローは，フリー・キャッシュ・フローの算定に含まれず，フリー・キャッシュ・フローの割引現在価値に対し別途非事業資産として加算さ

インカム・アプローチ

れます。また，資金の調達・返済に関連するキャッシュ・フローも，フリー・キャッシュ・フローには含まれません。

(2) 総資本提供者に分配可能であること

企業はその活動資金を自己資本または他人資本の形で調達し，事業活動に投下することにより利益を上げ，その一部を法人税等として納付します。また，税引後の利益の一部はさらなる利益の獲得を目的として再投資されます。残りについては配当，自社株買い，利息などの形で株主と債権者に分配可能な資金と位置付けることができ，これがフリー・キャッシュ・フローに相当します。

2　フリー・キャッシュ・フローの算定方法

上記の性格を反映させるため，フリー・キャッシュ・フローは，営業利益に対して次の項目を調整することによって算定されます。

(1) 営業外収益および営業外費用の一部

営業外収益および営業外費用の一部は，営業利益に対して加算または減算します。

たとえば，毎期営業外損益に含まれる賃貸用不動産に関する賃料と諸経費が安定して継続的に見込まれる場合には，賃貸用不動産の時価を非事業資産に含めるよりも，毎期の収入・支出をフリー・キャッシュ・フローの算定に含める方が合理性を有する場合があります。また，運用目的ではない有価証券について毎期利息または配当金を収受している場合も，当該有価証券を非事業資産とする代わりに，受取利息配当金をフリー・キャッシュ・フローの算定に含めることが考えられます。

営業利益に対して以上の調整を実施した後の利益を，利払前税引前利益（Earnings Before Interest and Taxes ; EBIT）といいます。

Ⅱ　評価手法

(2)　法人税等

原則として，EBITから実効税率相当の法人税等を控除します。ただし，控除可能な繰越欠損金，損金算入されないのれん償却費，資産調整勘定の益金・損金算入額などの存在により，利益と所得の乖離が見込まれる場合には，EBITに対して適宜調整する必要があります。EBITから法人税等を控除した後の利益を，みなし税引後営業利益（Net Operating Profit Less Adjusted Taxes；NOPLAT）といいます。

(3)　減価償却費等

損益とキャッシュ・フローを乖離させる項目の一つとして減価償却費等があります。減価償却費，のれん償却費，長期前払費用償却などは現金支出を伴わない営業費用であることから，フリー・キャッシュ・フローの算定にあたってNOPLATに加算します。ただし，損金算入されない連結のれんの償却費については，法人税等を控除する以前の段階でEBITに加算することにより利払前のれん償却前税引前利益（Earnings Before Interest, Taxes and Amortization；EBITA）を求め，これに対応する法人税等を控除してNOPLATを求める一方，NOPLATに対しては再度加算しない取扱いも考えられます。

なお，現金支出を伴わない費用の全てをNOPLATに加算するわけではなく，後述する運転資本の増減に伴って発生するものについては調整しません。たとえば，貸倒損失は売上債権の減少として，貸倒引当金繰入額は引当金の増加としてそれぞれ調整されるため，現金支出を伴わない費用として加算すると二重に調整する結果となるからです。

(4)　資本的支出

償却性資産を取得した場合には，償却費とは逆に，会計上の費用を伴わずに現金が支出されます。また，有形固定資産に対して大規模な修繕を行い，これに要した支出を有形固定資産の取得原価に含め，減価償却費として配分する場合にも，会計上の費用を伴わずに現金が支出されます。これらの項目については資本的支出として控除します。

なお，有形固定資産・無形固定資産の売却が見込まれる場合には，売却損益

インカム・アプローチ

に係る税効果を考慮した正味売却収入を負の資本的支出とみなして加算します。

(5)　運転資本の増減

償却性資産を除く事業用資産の増減です。資産が増加（減少）した場合には減算（加算）し，負債が増加（減少）した場合には加算（減算）します。

調整の対象となり得る資産および負債は様々ですが，予想貸借対照表を作成しない場合には，主な項目である売上債権，棚卸資産および仕入債務の増減を別途予測し，その他の項目については，実態を検討の上，重要な変動がある場合に限り考慮するのが現実的です。

3　その他のキャッシュ・フローとの関係

フリー・キャッシュ・フローの概念を理解するには，フリー・キャッシュ・フロー以外の企業のキャッシュ・フローについても理解し，それらの中におけるフリー・キャッシュ・フローの位置づけを把握するのが有益です。

企業のキャッシュ・フローは次の3つに区分して考えることができます。

(1)　フリー・キャッシュ・フロー（営業損益に関連するキャッシュ・フロー）

営業活動から生じたキャッシュ・フローであり，NOPLAT に対して現金支出を伴わない営業費用を加算し事業用資産の増減を調整することによって算定されます。

(2)　営業外キャッシュ・フロー（営業外損益・特別損益に関連するキャッシュ・フロー）

非事業活動から生じたキャッシュ・フローであり，営業外損益，特別損益など事業活動以外の損益かつ資金調達に関係のない損益に対して，事業活動に関係のない非資金損益と余剰資金以外の非事業資産の増減を調整することによって算定されます。

89

Ⅱ　評価手法

(3)　財務キャッシュ・フロー

　資金の調達返済に関するキャッシュ・フローであり，配当，支払利息など投資家への分配額と，株式の発行，自社株買い，借入金の調達返済，社債の発行償還などが含まれます。

　(1)と(2)の合計は資本提供者に分配可能な正味のキャッシュ・フローであり，(3)は資本提供者から調達した正味のキャッシュ・フローです。

　言い換えると，(1)から(3)のキャッシュ・フローを合計した金額は，余剰資金の金額に一致します。この関係を利用して，フリー・キャッシュ・フローと営業外キャッシュ・フローおよび財務キャッシュ・フローとの合計が余剰資金の増減と一致することをもって，フリー・キャッシュ・フローの計算の妥当性を確かめることができます。このことを次の設例で確認してみましょう。

【設例】フリー・キャッシュ・フローの算定

　日本公認会計士協会「企業価値評価ガイドライン」でインカム・アプローチの計算例に用いられているのと同様のデータを用いて，フリー・キャッシュ・フローを算定します。

［貸借対照表］

	1年目期首	1年目期末	2年目期末	3年目期末
流動資産	2,000	2,400	2,640	2,640
固定資産	10,000	12,000	13,200	13,200
合計	12,000	14,400	15,840	15,840
流動負債	1,000	1,200	1,320	1,320
固定負債	6,000	7,200	7,920	7,920
純資産	5,000	6,000	6,600	6,600
合計	12,000	14,400	15,840	15,840

インカム・アプローチ

[損益計算書]

	1年目	2年目	3年目
営業利益	3,300	3,960	4,356
支払利息	300	360	396
税引前利益	3,000	3,600	3,960
法人税等	1,200	1,440	1,584
当期純利益	1,800	2,160	2,376

[その他の情報]

① 配当，減価償却費，資本的支出の予測は以下のとおりである。

	1年目	2年目	3年目
配当	800	1,560	2,376
減価償却費	500	600	660
資本的支出	2,500	1,800	660

② 資産は全て事業用資産であり，非事業資産はない。

③ 流動負債は全て無利子負債である。

④ 固定負債は全て有利子負債である。

⑤ 法人税率は40％とする。

まず，NOPLATに対して必要な調整を加えることによりフリー・キャッシュ・フローを求めます。その前提として，貸借対照表を次のように再構成します。

	1年目期首	1年目期末	2年目期末	3年目期末
流動資産	2,000	2,400	2,640	2,640
流動負債	1,000	1,200	1,320	1,320
運転資本（差引）	1,000	1,200	1,320	1,320
固定資産	10,000	12,000	13,200	13,200
事業用資産（合計）	11,000	13,200	14,520	14,520
固定負債	6,000	7,200	7,920	7,920
純資産（差引）	5,000	6,000	6,600	6,600

91

Ⅱ 評価手法

その結果，運転資本の増減は次のように算定されます。

	1年目期首	1年目期末	2年目期末	3年目期末
運転資本	1,000	1,200	1,320	1,320
運転資本の増減	－	200	120	0

また，固定資産の増減は全て減価償却費と資本的支出によって生じていることが分かります。

	1年目期首	1年目期末	2年目期末	3年目期末
固定資産	10,000	12,000	13,200	13,200
固定資産の増減	－	2,000	1,200	0
うち減価償却費	－	△500	△600	△660
うち資本的支出	－	2,500	1,800	660

以上の結果，NOPLAT に対して減価償却費，資本的支出，運転資本の増減を調整することにより，フリー・キャッシュ・フローが算定できます。減価償却費は加算，資本的支出と運転資本の増加は減算の調整となります。

	1年目	2年目	3年目
営業利益	3,300	3,960	4,356
法人税等（40%）	1,320	1,584	1,742
NOPLAT（差引）	1,980	2,376	2,614
減価償却費	500	600	660
資本的支出	△2,500	△1,800	△660
運転資本の増減	△200	△120	0
フリー・キャッシュ・フロー	△220	1,056	2,614

ここで非事業資産（余剰資金）を0と仮定すると，営業外キャッシュ・フローと余剰資金の増減が0になります。したがってフリー・キャッシュ・フローと財務キャッシュ・フローの合計が0になります。すなわち，財務キャッシュ・フローは，フリー・キャッシュ・フローの符号のみを逆にしたものとなります。また，余剰資金の増減がある場合には，財務キャッシュ・フローとフ

リー・キャッシュ・フローとの差額が，余剰資金の増減になります。

　以下では，余剰資金が0であることを前提として計算します。

　まず，借入金の純増加額を求めます。ここでは，固定負債は，全て借入金と仮定します。

	1年目期首	1年目期末	2年目期末	3年目期末
固定負債	6,000	7,200	7,920	7,920
純借入額	−	1,200	720	0

　財務キャッシュ・フローは，純借入額から利息と配当の支払額を控除することにより算定されます。その際，支払利息は税効果相当額を控除した金額を用いることに注意してください。損益計算書の法人税は，支払利息控除後の利益に対して算出されていますが，フリー・キャッシュ・フローの算定においては，営業利益から法人税等が控除されています。そのため，支払利息に税率を乗じた額に相当する分だけ，法人税が過大に控除されています。そのため，財務キャッシュ・フローの算定においては，支払利息の税効果相当分を戻し入れる形で調整する必要があります。

	1年目	2年目	3年目
純借入額	1,200	720	0
支払利息	△300	△360	△396
支払利息の税効果（40%）	120	144	158
配当	△800	△1,560	△2,376
財務キャッシュ・フロー	220	△1,056	△2,614

　以上から，フリー・キャッシュ・フローと財務キャッシュ・フローの合計は0となります。

Ⅱ　評価手法

フリー・キャッシュ・フローの算定に用いる利払前税引前利益（EBIT）には，損益計算書の営業利益を用いればよく，営業外損益と特別損益は無視してよいのか？

A　EBITは会計上の営業利益におおむね相当する。しかし，営業外損益であってもキャッシュ・フローに影響を与える項目は，原則としてEBITの算定に含める。ただし，フリー・キャッシュ・フローは，負債資本と株主資本に分配できる額であることから，負債資本に分配される支払利息は，EBITの算定には含まれない。

特別損益は，事業から生じた損益とはいえず，原則としてEBITには含まれないが，特別損益に計上された非事業資産の処分等は，非事業資産の評価として企業価値算定上，考慮する。

　EBITは事業活動から獲得される損益を考慮する概念であり，会計上の営業利益におおむね相当します。EBITが営業利益におおむね一致する理由は，負債資本に分配される支払利息を除き，将来発生が見込まれる営業外損益は，ほとんど存在しないのが一般的だからです。しかしながら，支払利息以外の営業外損益で毎期継続的に発生するものについては，実質的に事業から生じる損益の一部とみなすことができるため，これらをEBITに含める必要があります。

　例えば，主要な事業ではないものの，不動産の賃貸を継続的に行う計画がある場合には，フリー・キャッシュ・フローに影響を与える収支と考えられ，不動産賃貸収入はフリー・キャッシュ・フローの算定上考慮されます。したがって，支払利息以外の営業外損益が見込まれる場合には，原則としてこれらを考慮してEBITを算定します。

　これに対して，特別損益は臨時・異常な要因や過年度の業績修正によって発生する損益であり，事業計画の策定において見積もられる特別損益は，原則としてありません。ただし，遊休不動産の売却等を計画している場合には，特別損益を事業計画に反映させることになりますが，このような非事業資産から得られるキャッシュ・フローは，フリー・キャッシュ・フローに反映させず，別

インカム・アプローチ

途非事業資産の価値として，企業価値に反映させるのが通常です。また，訴訟
等による損失については，将来の特別損失として支出することが見込まれるこ
ともありますが，この場合も確定する時期を見込むことは困難であり，一定の
前提条件に立った見積金額を企業価値から控除することによって株主価値を算
定するのが一般的です。

　なお，営業損益の計算に含まれる項目は，原則として EBIT にも含まれます
が，退職給付を有利子負債に準じて取り扱う場合，退職給付費用に含まれる利
息費用および期待運用収益の調整が必要となります。詳しくは Q39 をご覧下
さい。

Ⅱ 評価手法

 EBIT から控除される法人税等はどのようにして算定されるのか？

 EBIT から繰越欠損金を控除し，必要な税務調整を適用したうえで，実効税率を乗じることにより，当期の発生額を算定する。
　フリー・キャッシュ・フローの算定にあたっては，法人税等も発生額ではなく納付額を計上すべきではある。しかし，多くの場合は重要な差異が生じないことから，発生した期に納付がなされるものとみなす場合も少なくない。

1　発生額の算定

　利払前税引前利益（Earnings Before Interest and Taxes; EBIT）から繰越欠損金を控除し，必要な税務調整を適用したうえで，実効税率を乗じます。損金算入されないのれん償却費がある場合には，これを EBIT に加算した利払前のれん償却前税引前利益（Earnings Before Interest, Taxes and Amortization; EBITA）に対して，繰越欠損金およびのれん償却費以外の税務調整を適用する場合もあります。

(1)　繰越欠損金の控除

　税引前当期純利益ではなく EBIT を基準に法人税等を算定するのは，事業活動に関係のない損益の影響を除くためです。よって，EBIT から控除される繰越欠損金も，本来は事業活動から生じた金額だけを控除すべきですが，税務申告書に記載された繰越欠損金には，支払利息など事業活動に関係のない損益から生じた部分も含まれます。このことから，繰越欠損金は EBIT から控除するのではなく，別途非事業資産に準じて取り扱うべきといわれることがあります。しかしこの場合，営業外項目・特別項目を含む全ての損益だけでなく，税務調整の対象となる全ての項目の発生額および解消額を予測したうえで，繰越欠損

金の節税効果を算定し，これを現在価値に割り引かなければならず，算定がきわめて複雑になります。事業計画上，営業外・特別損益項目およびそれらに関連する税務調整の重要性が乏しいと見込まれる場合には，EBITから繰越欠損金を控除したほうが簡便です。

(2) 税務調整の適用

　税務調整の対象となる全ての項目の発生額および解消額を予測することは困難ですが，のれん償却費の損金不算入額，資産・負債調整勘定の損金・益金算入額など，金額的な重要性を有し，かつ差異の発生・解消時期を合理的に見積もることができるものについては，EBITに対し適宜調整する必要があります。そのため，法人税等の算定にあたっては，評価対象企業および子会社の税務申告書を閲覧し，主要な税務調整項目の内容および金額を確認しておく必要があります。

　EBITを基準に法人税等を算定する以上，税務調整についても全ての項目を調整する必要はありません。たとえば，有形固定資産の減損が行われた場合，減損損失は特別損失であってEBITに影響を及ぼさないことから，その損金不算入額をEBITに加算する必要はありません。また，減損された固定資産が売却された場合，減損損失は損金算入されますが，これをEBITから減算する必要もありません。ただし，売却収入を負の資本的支出としてフリー・キャッシュ・フローの算定に含める場合には，正味売却収入の算定にあたり，減損損失の損金算入による節税効果を考慮するのが合理的です。

(3) 子会社がある場合の取扱い

　子会社が存在する場合には，連結納税を採用している場合を除き，親会社と子会社の利益を区分し，それぞれの実効税率を適用するのが理論的です。ただし，子会社の数が多い場合は煩雑となりやすいため，重要な差異が生じない場合には，連結のEBITに必要な税務調整を適用のうえ，親会社の実効税率を乗じることも合理性を有します。ただし，親会社が純粋持株会社であり，利益の大部分が傘下の事業会社からもたらされている場合には，その事業会社に適用される実効税率を適用するほうが合理性をもつことがあります。

Ⅱ 評価手法

法人税等を個別の EBIT を基準に算定した場合と，連結の EBIT を基準に算定した場合で重要な差異が生じる例としては次のようなものが挙げられます。

① **多額の繰越欠損金が存在する場合**

親会社または子会社に多額の繰越欠損金が存在するものの，単体の利益だけでは控除しきれず，期限切れが生じると見込まれる場合には，法人税等を個別に算定した場合と一括で算定した場合の結果に重要な差異が生じる可能性があります。親会社または一部の子会社が継続して損失を計上し，今後利益を計上する見込みがない場合についても同様です。

② **国外の子会社が存在する場合**

親会社が国外の子会社を有しており，国内と現地の実効税率が異なる場合には，親会社の税率を一律に適用することによって，法人税等が過小または過大に算定される可能性があります。

(4) **複数の事業がある場合の取扱い**

評価対象企業が複数の事業を営む場合，フリー・キャッシュ・フローを事業別に算定し，それぞれにつき異なる割引率を適用して現在価値に割り引くことがあります。このとき，ある事業において利益が，他の事業において損失が計上される場合，各事業における法人税等をどのようにして見積もるかが問題となります。

この点，法人税等は個々の事業の利益ではなく全社の利益に対して生じることから，ある事業において発生した損失は，全社で利益が生じている限り，法人税等の負担を軽減する効果を有していると考えることができます。よって，当該事業からは負の法人税等が生じ，実質的には節税効果が生じているものとして取り扱うのが合理的と考えられます。

2 納付額の算定

法人税等は，会計上発生した事業年度ではなく，翌事業年度に納付されるものです。予定申告を採用する場合，その納付額は発生額から中間納付を差し引くことにより算定されます。よって，中間申告がある法人が納付すべき税額は，

インカム・アプローチ

次の2つの合計となります。

- 前期の確定申告における納付額
  前期の法人税等から前々期の法人税等の2分の1を控除した額
- 当期の中間申告における納付額
  前期の法人税等の2分の1

　ここで，当期，前期，前々期に発生した税額をそれぞれX，Y，Zとおきます。フリー・キャッシュ・フローの算定に反映される法人税等は，発生した税額がそのまま納付されるとみなす場合にはXですが，中間納付を考慮した支払額は$1.5Y - 0.5Z$となります。これを書き換えると$Y + 0.5 \times (Y - Z)$です。同様にして，翌期は$X + 0.5 \times (X - Y)$が納付されます。

　すなわち，当期の発生額はXですが，翌期納付されるのは$X + 0.5 \times (X - Y)$です。そして，評価対象企業の利益が成長している場合，XはYを上回ります。このとき，フリー・キャッシュ・フローの算定にあたり，法人税等の発生額をそのまま用いる場合と，実際の納付額を用いる場合を比べると，支出の時期が翌年に繰り延べられる代わりに，支出額が$0.5 \times (X - Y)$だけ増加します。したがって，評価対象企業が急成長しており，当期と前期の法人税等が大幅に異なる場合を除き，支出の繰延べによる効果と金額の増加による効果はおおむね相殺され，フリー・キャッシュ・フローの算定結果には重要な影響を及ぼさないことが予想されます。このような場合には，当期の発生額をEBITから控除することも許容されうるものと考えられます。

Ⅱ 評価手法

 Q25 NOPLATに減価償却費を加算して資本的支出を控除するのはなぜか？

A フリー・キャッシュ・フローの算定上，NOPLATに減価償却費を加算して資本的支出を控除するのは，会計上減価償却によって費用配分されている固定資産の取得に伴う支出を，実際のキャッシュ・フローに置き換えるためである。

減価償却費は，過去の支出を会計上費用として配分するものであり，NOPLATの算定に際して控除されているがキャッシュ・フローを伴わないため，フリー・キャッシュ・フローの算定上はNOPLATに対して加算する必要がある。

資本的支出は，固定資産に対する正味の投資額であり，損益には反映されないが支出を伴うため，フリー・キャッシュ・フローの算定上はNOPLATから控除する必要がある。

NOPLATは会計上の損益を基礎として算定されるものですが，会計上の損益の中にはキャッシュ・フローを伴わないものが存在します。逆に，キャッシュ・フローはあるもののNOPLATに影響を与えない項目も存在します。そのため，フリー・キャッシュ・フローの算定にあたってはその影響を調整する必要があります。

次の表は，フリー・キャッシュ・フローの算定にあたって，利益に対して調整を加える必要がある取引とそうでない取引を分類したものです。キャッシュ・フローがあり損益計算書にも反映されている取引と，キャッシュ・フローがなく損益計算書に反映されない取引は調整不要ですが，キャッシュ・フローを伴わない損益と，損益を伴わないキャッシュ・フローについてはそれぞれ調整が必要となります。次の項目の多くは，運転資本の増減としてまとめて調整されるのが実務上一般的ですが，減価償却費と資本的支出は重要性が高いことから，それぞれの発生額を見積もってNOPLATに対する調整を行います。

インカム・アプローチ

		損益	
		あり	なし
キャッシュ・フロー	あり	調整不要	資産の増加は減算調整（例：売上債権の増加，資本的支出） 負債の増加は加算調整（例：預り金，前受金の増加）
	なし	現金支出を伴わない営業費用は加算調整（例：減価償却費，のれん償却費）	調整不要

1　減価償却費

　キャッシュ・フローを伴わない損益のうち，最も重要性が高いものが減価償却費です。減価償却は，固定資産の取得に要した支出を取得時点で一度に費用として認識する代わりに，一定の期間にわたって費用配分することにより，損益計算を適正化する手続です。減価償却の手続が行われることにより，一時点における固定資産の取得に要した支出がその後一定の期間にわたり減価償却費として計上されるため，毎期の損益とキャッシュ・フローとの間に乖離が生じることになります。

　そのため，NOPLAT に減価償却費を加算し，さらに後述する資本的支出を控除することによって，会計上の損益を基礎に計算された金額を，キャッシュ・フローを基礎とした金額に修正します。

2　資本的支出

　資本的支出とは，固定資産に対する正味の支出額を意味します。フリー・キャッシュ・フローの算定における資本的支出は，新規の投資額から既存の固定資産の除却売却に伴い生じるキャッシュ・フローを控除した純額として算定されます。

Ⅱ　評価手法

【設例】

　営業利益（EBIT）：400
　うち減価償却費：50
　当期の資本的支出：100
　実効税率30％

　このとき，NOPLATと事業から獲得されるキャッシュ・フローはそれぞれ次のようになります。

- NOPLAT
  EBIT×（1 －実効税率)＝400×（1 －30％)＝280

- キャッシュ・フロー
  償却前営業利益（EBITDA)－法人税等－資本的支出
  　＝EBITDA(営業利益 400＋減価償却費 50)－400×30％－100＝230

　よって，NOPLATをキャッシュ・フローに修正するには，NOPLATに対して減価償却費 50 を加算し，資本的支出 100 を控除すればよいことになります。
　資本的支出を控除するときに問題となるのがファイナンス・リース取引です。ファイナンス・リース取引においては，取引開始日にリース料の総額から利息相当額を控除した残額をリース資産およびリース債務として計上し，支払リース料をリース債務の返済と支払利息に区分したうえで，リース資産については減価償却を行います。このとき，資本的支出となるのは，取引開始日に計上されるリース資産なのでしょうか。それとも支払リース料のうち利息を除く部分なのでしょうか。
　結論からいえば，ファイナンス・リースを資産の取得および資金の調達・返済としてとらえ，リース債務を有利子負債として取り扱うのであれば，取引開始日に計上されるリース資産の額を資本的支出とします。なぜなら，DCF法において用いられるフリー・キャッシュ・フローは，資金の調達・返済に関連するキャッシュ・フローを含まない無負債状態におけるキャッシュ・フローで

インカム・アプローチ

あり，リース資産も自己資金で取得したとみなすことが合理的だからです。

　もっとも，リース料の支払とは異なる時期に，資本的支出をまとめて認識することに対しては違和感を持たれるかもしれません。特に，毎期多額のリース資産を取得している場合には，リース取引を資金調達手段の選択肢の一つとしてとらえるよりも，事業活動の一環としてとらえたほうが実態に合致するともいえます。このような場合には，リース取引を資産の割賦購入ととらえ，リース料の総額を運転資本として取り扱うことも考えられます。

　具体的には，取引開始日には有形固定資産と長期未払金が両建てで計上されるとみなして，フリー・キャッシュ・フローに対する影響を中立的なものとして取り扱い，その後はリース債務の支払に応じ，長期未払金の減少額を運転資本の増加として処理します。この場合，支払利息に相当する部分も運転資本の増減に含まれますが，算定されるフリー・キャッシュ・フローは実際のキャッシュ・フローに近いものとなります。

　なお，リース料の総額を運転資本とみなす場合には，通常は有利子負債に含まれる既存のリース債務についても，運転資本として取り扱う必要があります。

第1部　企業価値評価の実務

Ⅱ 評価手法

 Q26 運転資本増減に含まれる「運転資本」とは何か？

A 　　運転資本とは，事業用の資産および負債のうち，流動項目に属するものの純額をいい，余剰資金及び有利子負債を除く流動資産および流動負債の大半が含まれる。ただし，一般的な算定では売上債権，棚卸資産及び仕入債務の増減だけを予測する。
　実務上は，「運転資本」の増減に影響を与える主要項目のみを考慮し，売上債権と棚卸資産の合計額から仕入債務を控除して「運転資本」とみなしてフリー・キャッシュ・フローを算定するほうが一般的である。

　運転資本の明確な定義はありませんが，「事業用の資産および負債のうち，流動項目に属するものの純額」と覚えておけば大筋で誤りはありません。すなわち，流動資産及び流動負債の大半は運転資本に含まれますが，非事業資産に含まれる項目と，資金の調達・返済に関連する項目は運転資本に含まれません。前者の例としては余剰資金と短期保有の有価証券，後者の例としては有利子負債とそれに関連する経過利息が挙げられます。
　固定項目は原則として運転資本に含まれませんが，長期未収入金，長期未払金，退職給付引当金など一部の項目を運転資本として扱う場合もあります。ただし，これらについては非事業資産または負債類似物として取扱い，事業価値または企業価値に対する調整項目とするほうが一般的です。
　このように，運転資本に含まれる項目は様々ですが，それらの増減を個別に見積もるのは困難です。そのため，一般的な算定においては，増減額の大きい売上債権，棚卸資産および仕入債務の増減だけを予測し，その他の残高は一定に保たれるとみなして運転資本を算定します。

インカム・アプローチ

 運転資本の増加額を NOPLAT から減算しなければならない理由は何か？

 運転資本が増加するということは、流動資産の増加やまたは流動負債の減少により、資金の減少が生じたことを意味する。
これは、発生主義で計上される損益の計上時期とキャッシュ・フローの発生時期との間に差異が生じていることを意味する。そこで、キャッシュ・フローに先行して計上されている収益または遅れて計上されている費用の影響を調整するため、運転資本の増加分を NOPLAT から減算する必要がある。

1 運転資本の増減とフリー・キャッシュ・フローの関係

運転資本を増加させるような変化、すなわち売上債権と棚卸資産が増加し、または仕入債務が減少した場合には、NOPLAT に対して減額する調整を行います。資産（負債）の増加（減少）がキャッシュ・フローの減少要因となる理由を、次のように理解することができます。

営業利益は、売上高から営業費用を控除することによって算定され、営業キャッシュ・フローは営業収入から営業支出を控除することによって算定されます。営業収入は売上高に、営業支出は営業費用におおむね一致しますが、相違する部分があります。主要な相違する部分とは、売上債権の増減、棚卸資産の増減、仕入債務の増減です。

全ての取引が現金により行われている場合、現金収支と損益は同時に発生するため、運転資本は発生しません。しかし、多くの企業において、現金収支と損益の発生時点は異なります。たとえば、後払いを前提にすると、損益が現金収支に先行して発生します。その結果、売上が収入に先行する場合は資金の流入が繰り延べられ、仕入が支払に先行する場合は資金の流出が繰り延べられます。このとき、繰り延べられた収入に対応する流動資産と、繰り延べられた支

Ⅱ　評価手法

払に対応する流動負債が計上され，運転資本の一部となります。

　ここで，流動資産が流動負債を上回る場合，すなわち運転資本が正の金額となる場合には，繰り延べられた収入が繰り延べられた支払を上回っていることを意味し，資金繰りには負の影響が生じます。逆に，運転資本が負の金額となる場合には，資金繰りには正の影響が生じます。このように，運転資本の額が正（または負）となる場合には，資金繰りに負（または正）の影響が生じるため，損益からフリー・キャッシュ・フローを求める際には適切な調整が必要となります。

　ただし，フリー・キャッシュ・フローを求める目的で調整するには，期末における残高ではなく，期首残高からの増減だけ考慮すれば足ります。これは，収入に先行する収益および費用に先行する支出を減算し，支出に先行する費用および収益に先行する収入を加算することを意味します。期首残高は過去の増減の累積であり，それらについては過年度のフリー・キャッシュ・フローを求める際に調整すべき項目です。

2　売上債権・仕入債務の増減とフリー・キャッシュ・フローの関係

　図は，期中の売上債権が増加した場合の売上高と売上収入の関係を示したものです。売上債権が増加した場合には，その分だけ売上高が売上収入を上回っています。そのため，会計上の金額である売上高を，キャッシュ・フローを基準とした売上収入に修正するためには，売上債権の増加分を営業利益から減算する必要があります。同様に，仕入債務が減少した場合には，その分だけ仕入支出が仕入高を上回ります。よって，会計上の金額である仕入高を，キャッシュ・フローを基準とした仕入支出に修正するためには，仕入債務の減少分を営業利益から減算する必要があります。

　以上のような考え方に基づき，運転資本が増加（減少）した場合には，NOPLATに対して減算（加算）の調整を施すことによってフリー・キャッシュ・フローを算定します。

インカム・アプローチ

債権・債務の増減とキャッシュ・フローの調整

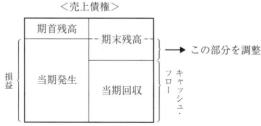

（注） 売上債権の期首残高と当期発生分の合計から，当期の回収高を控除することにより，期末残高が求められるという関係を示しています。売上債権が増加した場合，その分だけ収入が売上高を下回るため，当該増加分を NOPLAT から減算します。

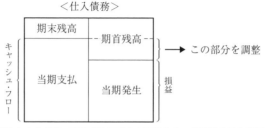

（注） 仕入債務が減少した分だけ，支出が仕入高を上回るため，当該減少分を NOPLAT から減算します。

3 棚卸資産の増減とフリー・キャッシュ・フローの関係

　棚卸資産が増加した場合は，考え方が少し異なります。損益計算書では，期首の在庫に対して当期の仕入高を加算し，期末の在庫を控除することによって，当期に売り上げた棚卸資産の原価を算定します。見方を変えると，期末の在庫が増加した場合には損益を増加させる影響が生じることになります。しかし，在庫の増減はキャッシュ・フローには直接影響を与えません。よって，営業利益をキャッシュ・フローに一致させるには，在庫の増加による損益を増加させる効果がなかったものとして，該当する金額を営業利益から差し引く必要があります。

II　評価手法

棚卸資産の増減とキャッシュ・フローの調整

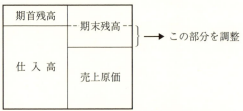

（注）　棚卸資産が増加することによって，売上原価が仕入高よりも少なくなり，その分の利益が増加しますが，キャッシュ・フローには影響がないため，当該増加分をNOPLATから減算します。なお，仕入高とキャッシュ・フローの差異は仕入債務の増減として調整します。

インカム・アプローチ

Q28 運転資本の増減はどのようにして予測するのか？

A 予想貸借対照表が作成されているときは、流動資産と流動負債の中から適切な項目を集計することにより、各年度末における運転資本の残高と期中の増減額を求める。

予想貸借対照表がなく、予想損益計算書のみ作成されている場合は、運転資本に含まれる主要な資産、負債の一定の回転率を仮定して運転資本の増減を見積もる。

1 予想貸借対照表が作成されている場合

事業計画の一部として予想貸借対照表が作成されている場合には、運転資本の増減を貸借対照表から直接算定します。

2 予想損益計算書のみが作成されている場合

予想損益計算書のみが作成されている場合には、全ての運転資本の増減を見積もることは困難であることから、運転資本のうち重要性の高い売上債権、棚卸資産および仕入債務について、一定の回転率を仮定することにより見積もります。

(1) 回転率とは

回転率とは、運転資本の回転の効率性を示す指標です。例えば、売上債権の対売上高回転率は、年間の売上高を売上債権の期末残高で除することにより算定されます。

回転率は、回転期間、すなわち債権債務ならば発生から回収支払までの期間、

Ⅱ　評価手法

在庫ならば入庫から出庫までの期間の逆数でもあります。回転期間を年単位で
表すならば，回転期間と回転率の積は1に，月単位で表すならば，回転期間と
回転率の積は12になるという関係があります。例えば，売上債権の発生から
回収までの期間が2ヶ月であったとすれば，年間で売上債権は6回転すること
になり，回転率は6となります。回転期間に回転率を乗じると12となります。

(2)　回転率を用いた棚卸資産の増減の算定

　以上の関係を用いて，期末の運転資本を予測することを考えます。売上債権
の回転率が6，すなわち回転期間が2ヶ月の場合には，期末には年間売上高の
2ヶ月分に相当する売上債権が計上されていると予想できます。よって，予想
年間売上高を回転率で除する形で売上債権を予測できることになります。

　同様に，仕入債務および棚卸資産の売上原価に対する回転率を求め，年間の
売上原価の予想値をそれぞれの回転率で割ることにより，仕入債務と棚卸資産
の推移を予測することができます。

(3)　回転率の算定方法

　回転率の算定方法としては，評価対象企業が想定する回収条件から見積もる
方法が基本となりますが，過年度の売上高，売上原価等の期末運転資本残高と
の比率として回転率を見積もる方法も考えられます。この場合は，数期間にわ
たる回転率の変動の影響を平準化するため，過去2年から3年程度の期間にわ
たる各年度の回転率を算出し，その平均値を運転資本の増減に用いるのが一般
的です。

　この方法は，過年度の回転率が一定の合理的な範囲内で変動していることを
前提とするものであり，例えば直前事業年度とその前事業年度で回転率が全く
異なっているような場合には，その原因を分析し，将来にわたって適用し得る
回転率として適正な水準を特定する必要があります。

　特に，評価基準日以降において評価対象企業の事業内容や入金形態，支払形
態が大きく変更され，運転資本の回転率が大きく変動したような場合には，過
年度の回転率を参考にすることはできず，新しい事業内容や入金，支払方法を
勘案した回転率を見積もる必要があることに留意してください。

インカム・アプローチ

また，評価対象企業の売上高に季節変動がある場合には，債権債務等の残高にも季節変動が生じると考えられます。このような場合，年間の損益と期末の残高の関係から算定した回転率は，期中の一時点における債権債務の残高の推定には適用できないことに留意する必要があります。

3　設例

評価対象企業の評価基準日現在の貸借対照表，予想損益計算書および主要な運転資本の回転期間が次のように与えられているものとします。このとき，運転資本の回転率を見積もることにより，各事業年度の運転資本の増減を求めてみましょう。売上債権は売上高に，棚卸資産と仕入債務は売上原価に比例して増減するものとします。

［評価基準日の貸借対照表（一部）］

売上債権　3,000 百万円

棚卸資産　1,440 百万円

仕入債務　960　百万円

［予測期間の各事業年度の損益計算書］

（単位：百万円）

	1 年目	2 年目	3 年目
売上高	20,000	22,500	24,000
売上原価	12,800	14,400	15,360
売上総利益	7,200	8,100	8,640
販売管理費	3,900	4,140	4,284
営業利益	3,300	3,960	4,356
支払利息	300	360	396
税引前利益	3,000	3,600	3,960
法人税等	1,200	1,440	1,584
当期純利益	1,800	2,160	2,376

111

Ⅱ　評価手法

[回転期間]

売上債権　　2ヶ月

棚卸資産　1.5ヶ月

仕入債務　　1ヶ月

[回転率]

売上債権　12ヶ月÷2ヶ月＝6回／年

棚卸資産　12ヶ月÷1.5ヶ月＝8回／年

仕入債務　12ヶ月÷1ヶ月＝12回／年

[各年度末の運転資本の算定]

　各年度末の売上債権，棚卸資産，仕入債務の残高を，各年度の予想売上高および予想売上原価と回転率の関係から求め，各年度末における運転資本の残高を予測します。運転資本の増減は，各年度末における運転資本の残高から前年度末における運転資本の残高を控除することにより算定されます。1年目については，期末残高3,867から評価基準日の残高3,480を控除することにより運転資本の増減が算定されます。

（単位：百万円）

	1年目	2年目	3年目	
売上高	20,000	22,500	24,000	予想損益計算書から転記
売上原価	12,800	14,400	15,360	予想損益計算書から転記
売上債権残高	3,333	3,750	4,000	売上高÷売上債権回転率
棚卸資産残高	1,600	1,800	1,920	売上原価÷棚卸資産回転率
仕入債務残高	1,067	1,200	1,280	売上原価÷仕入債務回転率
運転資本残高	3,867	4,350	4,640	売上債権＋棚卸資産－仕入債務
運転資本増減	387	483	290	当期末残高－前期末残高

インカム・アプローチ

Q29 減価償却費，資本的支出，運転資本の増減以外に調整しなければならない項目はあるか？

A 減価償却費は非資金損益項目の一部，資本的支出と運転資本の増減は事業用資産の増減の一部であり，理論上はその他の非資金損益項目や事業用資産の増減についても調整する必要がある。

ただし，非資金損益項目であっても，営業外損益，特別損益に計上される項目は，EBIT に影響を与えないため調整する必要はない。

また，EBIT に影響を与える非資金損益項目のうち，貸倒損失，棚卸資産評価損，引当金繰入額など，すでに運転資本の増減として調整されている非資金損益項目についても調整の必要はない。一般的には，償却費だけがEBIT に加算すべき非資金損益項目となる。

1 EBIT に関連した非資金損益項目と事業用資産の増減が調整の対象

理論的には，フリー・キャッシュ・フローは NOPLAT に非資金損益と事業用資産の増減を加減することによって求められます。減価償却費は主要な非資金損益項目の１つであり，資本的支出および運転資本の増減は事業用資産の増減の主要項目です。よって，減価償却費，資本的支出，運転資本の増減を加減してフリー・キャッシュ・フローを求める方法は，損益とフリー・キャッシュ・フローの乖離の原因となる主要な項目のみを考慮する方法と位置付けられます。正確性を期するならば，減価償却費以外の非資金損益項目や資本的支出，運転資本の増減以外の事業用資産の増減を考慮する必要があります。

しかし，それ以外の項目については重要性が乏しいため，減価償却費，資本的支出，運転資本の増減だけを調整する場合が一般的です。

特に，非資金損益項目については，後述するようにそのほとんどが運転資本

Ⅱ　評価手法

の増減として調整されます。そのため，運転資本の増減としての調整が適切に行われているという前提のもとでは，償却費以外の非資金損益項目については基本的にNOPLATに対して加算する必要がありません。

2　調整を要しない非資金損益項目

　フリー・キャッシュ・フローの算定にあたって調整を要するのは，原則としてEBITの算定に影響を与える非資金損益項目と，事業用資産の増減のみであり，あらゆる非資金損益項目と資産負債の増減を調整するわけではありません。

　また，EBITの算定に影響を与える非資金損益項目であっても，運転資本の増減として調整されるものについては，NOPLATに加算する形としては調整を要しません。以下でそれぞれの形態について確認してみましょう。

(1)　営業外キャッシュ・フローまたは財務キャッシュ・フローに関連した項目

　例えば，減損損失などの営業外・特別損益に属する非資金損益項目については，純損益とキャッシュ・フローを乖離させる要因にはなりますが，EBITの算定には含まれない損益項目であるため，フリー・キャッシュ・フローには影響を与えません。同様に，未払利息の増減など金利の受払により増減する項目については，財務キャッシュ・フローの算定において調整すべき項目であり，フリー・キャッシュ・フローの算定に際しては調整を要しません。

(2)　運転資本の増減として調整される場合

　EBITに関連する非資金損益項目であっても，事業用資産の増減として調整される場合には，別途調整をする必要はありません。具体的な例としては，貸倒損失，売上割引，仕入割引，為替差損益など，債権債務の増減によって生じる非資金損益項目，棚卸資産の評価損，減耗損など棚卸資産の増減によって生じる非資金損益項目と，引当金繰入額があります。

114

インカム・アプローチ

貸倒損失がある場合のフリー・キャッシュ・フローの調整計算

(注) 売上債権の期首残高と当期発生額の合計から，回収額と貸倒を除いたものが期末残高になるという関係を示しています。ここで，当期のキャッシュ・フローとして計上されるのは回収額に相当する部分で，当期の発生額に相当する部分から，売掛債権の増加分と貸倒分を減算することによって求められます。ここで，貸倒分は貸倒損失としてすでに利益から減算されているため，キャッシュ・フローの算定にあたって貸倒損失を調整する必要はありません。

貸倒引当金がある場合のフリー・キャッシュ・フローの調整計算

(注) 貸倒引当金の期首残高と当期繰入額の合計から，当期の使用分を除いたものが期末残高になるという関係を示しています（引当金の設定方法として差額補充法を前提にしています）。ここで，貸倒引当金繰入額はキャッシュ・フローを発生させないにもかかわらずEBITから減算されますが，その一方で貸倒引当金の増加分は運転資本の増減の調整にあたって加算項目となります。また，貸倒引当金の使用分は売上債権の減少として調整され，フリー・キャッシュ・フローの算定にあたって加算項目となります。そのため，繰り入れた額がEBITから減算される一方で，同額だけ運転資本が減少するため，通算ではキャッシュ・フローに対する影響が相殺され，実際のキャッシュ・フローに調整されます。

115

Ⅱ 評価手法

予測期間終了後の価値を継続価値として見積もるにはどのような方法があるのか？

継続価値とは，予測期間以降のフリー・キャッシュ・フローを予測期間終了時点の現在価値に割り引いたものである。

継続価値の算定方法として最も一般的な方法に永久成長率法がある。永久成長率法においては，フリー・キャッシュ・フローが一定の成長率をもって永続するものとみなして継続価値が算定される。その際，毎期のフリー・キャッシュ・フローは，予測期間最終年度のフリー・キャッシュ・フローに対して一定の調整を加えることにより標準化したものを採用する。最も簡便なのは予測期間最終年度のNOPLATを用いる方法であり，これは減価償却費に等しい資本的支出が行われ，運転資本の増減は生じないとみなして継続価値を算定することを意味する。

1 基本は永久成長率法

継続価値は，予測期間以降のフリー・キャッシュ・フローを予測期間終了時点での現在価値に換算したものです。将来のフリー・キャッシュ・フローを永久に予測するのは不可能であることから，継続価値の算定は単純化された仮定に基づいて行われるのが通常です。継続価値の算定方法は複数存在しますが，最も分かりやすく一般的な方法として永久成長率法があります。

永久成長率法とは，予測期間最終年度の標準化されたフリー・キャッシュ・フローが一定の成長率を伴って永続すると仮定する方法です。永久成長率法による継続価値は次式により求められます。

$$TV = \frac{FCF_{n+1}}{r-g} \tag{1}$$

インカム・アプローチ

ただし，FCF_{n+1} は，予測期間最終年度である n 年目のフリー・キャッシュ・フローを標準化したもの，r は割引率，g は永久成長率を示しています。

2　フリー・キャッシュ・フローの標準化：NOPLAT を用いる方法

　永久成長率法においては，基本的には予測期間最終年度のフリー・キャッシュ・フローが毎期一定割合で成長するという仮定の下で継続価値が算定されます。ただし，予測期間最終年度のフリー・キャッシュ・フローには，その事業年度の減価償却費，資本的支出，運転資本などの短期的な調整が加えられており，長期的に持続するフリー・キャッシュ・フローとは必ずしも一致しません。よって，継続価値の算定にあたっては，短期的変動要因を除外した長期的に持続しうるフリー・キャッシュ・フローを用います。そのための調整をフリー・キャッシュ・フローの標準化といいます。

　フリー・キャッシュ・フローを標準化するにあたってはいくつかの方法がありますが，最も簡便なのは，予測期間最終年度の NOPLAT を用いる方法です。このとき，継続価値は次式により求められます。

$$TV = \frac{NOPLAT_{n+1}}{r-g} \tag{2}$$

　フリー・キャッシュ・フローは，NOPLAT に減価償却費およびのれん償却費を加算するとともに，資本的支出を控除し，運転資本の増減を調整することにより算定されます。したがって，NOPLAT が永続するとみなして継続価値を算定するということは，次の 3 点を暗黙の前提としています。これらはいずれも企業の長期的な状態と整合的であり，継続価値の前提条件として一定の合理性を有します。

(1)　減価償却費と資本的支出は等しい
　減価償却費と資本的支出が等しいということは，減価償却により費用化された分を補うだけの資本的支出がなされることを意味します。これは，継続価値

Ⅱ　評価手法

の前提となる長期的な状態においては，拡張的な設備投資が行われないことを前提にしています。

(2)　のれん償却費は発生しない

　損金算入されるのれん償却費は，フリー・キャッシュ・フローの算定にあたって NOPLAT に加算されます。しかしながら，のれんは超過収益力を示すところ，一定のフリー・キャッシュ・フローが永続する長期的な状態においては，超過収益力が消滅すると考えるのが整合的です。

　この場合，継続価値の算定にあたっては，のれん償却費が発生しないとの想定を置くのが合理性を有します。そのため，予測期間最終年度の EBIT に対し，損金算入されるのれん償却費を加算し，当該調整を実施した後の EBIT から法人税等を控除することにより，NOPLAT を計算し直す必要があります。これは，該当するのれん償却費が予測期間経過後には発生しないと想定した場合，予測期間に生じていた償却費の節税効果が失われるためです。

(3)　運転資本の増減は生じない

　運転資本が増減しないということは，企業がおおむね一定の売上高，利益率，回転率を維持していくことを意味します。

3　NOPLAT を用いた場合の問題点

　利益はキャッシュ・フローを期間配分したものであり，長期的に見れば両者の差異は解消されていくと考えられます。このような観点からは，予測期間最終年度の NOPLAT を標準化されたキャッシュ・フローとして用いる方法は一定の合理性を持ちます。

　ただし，NOPLAT を標準化されたキャッシュ・フローとして用いる方法は，利益を全て投資家に分配可能な資金とみなし，拡張的な資本的支出も運転資本の増加も見込まないという点で，永久成長率が０％またはきわめて低い場合と整合的な方法です。企業が一定割合の成長を維持していく場合には，NOPLATの一部が資本的支出および運転資本の増加に充てられることから，標準化され

118

たフリー・キャッシュ・フローは予測期間最終年度の NOPLAT よりも低くなるのが通常です。したがって，予測期間最終年度の NOPLAT がそのまま成長していくと仮定した場合には，継続価値を過大に評価する結果につながります。

このような問題点を回避し，一定の成長率を実現するための再投資を明示的に考慮したモデルとして，後述するバリュードライバー法があります。

Ⅱ 評価手法

Q31 継続価値の算定に用いられるバリュードライバー法とは何か？

A バリュードライバー法は，永久成長率法の一種であり，企業がNOPLATの一定割合を再投資し，それがNOPLATを成長させるという前提に基づく算定方法をいう。

　バリュードライバー法では，永久成長率が投下資本利益率と再投資割合の積として求められる。投下資本利益率が割引率を十分に上回る場合は，少ない割合の再投資で一定の成長率を実現できる一方，投下資本利益率が低い場合には，同じ成長率を実現するために高い割合の再投資を要し，その分フリー・キャッシュ・フローが減少するため，継続価値は相対的に低くなる。

1 バリュードライバー法とは

バリュードライバー法は，次の算式によって継続価値を見積もるものです。

$$TV = \frac{NOPLAT_{n+1} \times \left[1 - \dfrac{g}{ROIC}\right]}{r - g} \tag{1}$$

ただしNOPLAT$_{n+1}$は予測期間最終年度であるn年目のNOPLATを標準化した利益を，gは永久成長率を，ROICは投下資本利益率を，rは割引率を示しています。

　(1)式において永久成長率を0％とした場合，継続価値は次のように求められます。

$$TV = \frac{NOPLAT_{n+1}}{r} \tag{2}$$

　(2)式は，Q30で紹介した永久成長率法の算定式において，NOPLATを標準

インカム・アプローチ

化されたフリー・キャッシュ・フローとし，永久成長率を０％に設定した場合と等しくなります。よって，バリュードライバー法は，成長に必要な再投資を考慮する形で，Q30 で紹介した永久成長率法を一般化したものと位置付けることができます。

2 投下資本利益率

(1)式には ROIC という概念が登場しています。ROIC は投下資本利益率（Return on Invested Capital）を意味し，NOPLAT を事業用資産で割ることによって求められます。

フローとストックを対応させた収益性の指標としては，他に総資本利益率（Return on Assets ; ROA），株主資本利益率（Return on Equity ; ROE）が知られています。しかしながら，総資本利益率および株主資本利益率の分子には経常利益または当期純利益が用いられ，分母には貸借対照表の総資産または株主資本が用いられます。その結果，総資本利益率および株主資本利益率は非事業資産から得られる収益や支払利息の影響を受けます。これに対して，投下資本利益率では事業から生み出された利益が事業用資産と対応付けられるため，非事業資産や有利子負債の影響を除いた事業の収益性が示されます。よって，DCF 法による分析においては，総資本利益率および株主資本利益率よりも投下資本利益率のほうが適しているのです。

3 バリュードライバー法による継続価値の導出

バリュードライバー法は，NOPLAT の一定割合を再投資し，それがフリー・キャッシュ・フローの成長に貢献する仕組みを，永久成長率法による継続価値の算定に採り入れたものです。以下では(1)式の導出過程を示すことで，バリュードライバー法により算定される継続価値が意味するところを明らかにします。

Q30 に示した永久成長率法による継続価値の算定式を再掲すると次のようになります。FCF_{n+1} は，予測期間最終年度である n 年目のフリー・キャッシュ・

Ⅱ　評価手法

フローを標準化したものです。

$$TV = \frac{FCF_{n+1}}{r-g} \tag{3}$$

　ここで，予測期間の終了後も永続的な成長を実現するため，予測期間最終年度のNOPLATの一部を再投資する場合，標準化されたフリー・キャッシュ・フローを次のように表すことができます。

$$FCF_{n+1} = NOPLAT_n \times (1-q) \tag{4}$$

　(4)式は，NOPLAT１単位につきqだけ再投資がなされることを意味しています。

　再投資から生み出される収益は，qにROICを乗じることにより求められますが，これはn年目から翌期にかけてのフリー・キャッシュ・フローの成長率に他なりません。したがって，永久成長率は次式により表されます。

$$g = ROIC \times q \tag{5}$$

　また，(5)式の関係を用いて(4)式からqを消去すると次のようになります。

$$FCF_{n+1} = NOPLAT_n \times \left[1 - \frac{g}{ROIC} \right] \tag{6}$$

　(6)式の右辺を(3)式に代入することによって(1)式が導かれます。

4　永久成長率と継続価値の関係

　読者の方は，永久成長率が高い（低い）企業では継続価値も高くなる（低くなる）とお考えかもしれません。しかし，バリュードライバー法を用いることにより，そのような関係が必ずしも成り立たないことが分かります。

　バリュードライバー法では，永久成長率が投下資本利益率と再投資割合の積として表されます。したがって，同じ成長率を目標とする場合でも，投下資本利益率が高い場合には少ない割合の再投資で足りる一方，投下資本利益率が低

い場合は高い割合を再投資しなければならず，算定される継続価値は異なってきます。

以下では，投下資本利益率と割引率について3通りの関係を想定したうえで，継続価値がどのように変わるかを確かめてみます。

⑴　投下資本利益率が割引率を上回る場合

予測期間最終年度のNOPLATは100，投下資本利益率は10％で割引率は8％とします。

まず，1％の成長を実現するためには，NOPLATの10％を再投資する必要があります。よって，予測期間最終年度のフリー・キャッシュ・フローは90であり，これが翌年度には1％成長して91となります。割引率から永久成長率を控除した値は7％となるため，継続価値は91を7％で除した1,299となります。

次に，永久成長率0％の場合は，再投資が行われないため，予測期間最終年度のNOPLAT100がそのままフリー・キャッシュ・フローとなり，継続価値はこれを割引率8％で除した1,250となります。

永久成長率が－1％の場合は，NOPLATの10％相当だけ投下資本が減少する形となり，フリー・キャッシュ・フローは予測期間最終年度には110，翌年度には109となります。割引率から永久成長率を控除した値は9％であることから，継続価値は109を9％で除した1,210となります。

	最小値	中央値	最大値
$NOPLAT_t$	100	100	100
割引率	8.00%	8.00%	8.00%
投下資本利益率	10.00%	10.00%	10.00%
再投資割合	－10.00%	0.00%	10.00%
永久成長率	－1.00%	0.00%	1.00%
還元率	9.00%	8.00%	7.00%
$NOPLAT_{t+1}$	99	100	101

Ⅱ　評価手法

FCF$_{t+1}$	109	100	91
継続価値	1,210	1,250	1,299

(2)　投下資本利益率が割引率に等しい場合

　投下資本利益率を割引率に等しい8％とし，その他の条件は(1)と同様に設定します。このとき，投下資本利益率が(1)の場合に比べて低下したことにより，±1％の永久成長率を実現するのに必要な再投資の割合が±10％から±12.5％に高まっています。その結果，継続価値の前提となる標準化されたフリー・キャッシュ・フローは，永久成長率1％の場合は91から88に減少，永久成長率−1％の場合は109から111に増加します。その結果，(1)では1,210から1,299だった継続価値の範囲が，1,238から1,263に狭まっています。

	最小値	中央値	最大値
NOPLAT$_t$	100	100	100
割引率	8.00％	8.00％	8.00％
投下資本利益率	8.00％	8.00％	8.00％
再投資割合	−12.50％	0.00％	12.50％
永久成長率	−1.00％	0.00％	1.00％
還元率	9.00％	8.00％	7.00％
NOPLAT$_{t+1}$	99	100	101
FCF$_{t+1}$	111	100	88
継続価値	1,238	1,250	1,263

　投下資本利益率が割引率に等しい場合，継続価値はNOPLATを割引率で還元したものとなります。これは，(1)式の投下資本利益率を割引率に置き換えることにより容易に確認できます。NOPLATを割引率で割り引くということは，Q30の(2)式で永久成長率を0％と置いた場合におおむね相当しますが，あちらと異なるのは，予測期間最終年度から翌事業年度にかけてのNOPLATの成長が反映されるため，わずかとはいえ継続価値が増加することです。投下資本利

124

インカム・アプローチ

益率は企業の収益性を，割引率は投資家の期待収益率をそれぞれ示しています。したがって，投下資本利益率は企業の収益性が割引率に等しいということは，企業の収益性が投資家の期待以上でもなければそれ以下でもないということを意味し，超過収益が生じない状態と解釈することができます。長期的には競争の激化により超過収益が消滅するという立場を採るならば，永久成長率をどれだけ引き上げようとも，そのために必要な再投資により毎期のフリー・キャッシュ・フローが減少してしまい，実質的には0％成長とほぼ同様の継続価値になることが分かります。

(3) 投下資本利益率が割引率を下回る場合

投下資本利益率を6％に，その他の条件は(1)および(2)と同様に設定します。継続価値の範囲は再び広がり1,202から1,283となりますが，−1％成長の場合の方が，1％成長の場合の価値を上回るという現象が起きています。

このような現象が起きる理由を次のように説明することができます。まず，永久成長率0％の場合は100のNOPLATをそのままフリー・キャッシュ・フローとし，8％の割引率で還元することにより継続価値が算定されます。これに対して永久成長率1％を実現するためには，NOPLATの16.67％に相当する再投資が必要です。これは，継続価値の算定式の分母となるフリー・キャッシュ・フローがほぼ同じ割合だけ減少することを意味します。一方，割引率から永久成長率を減じた値は7％であり，分子のNOPLATが再投資で16.67％減る一方，分母が8％から7％，つまり12.5％しか減らないため，結果として価値が下がるという趣旨です。8％で還元している永久成長率0％の場合に比べて，継続価値の分母は12.5％しか減少しません。0％成長の場合に比べて分子のフリー・キャッシュ・フローが減る一方，分母の変動幅がそれより小さいことから，かえって価値が下がるということです。

	最小値	中央値	最大値
NOPLAT$_t$	100	100	100
割引率	8.00％	8.00％	8.00％

Ⅱ　評価手法

投下資本利益率	6.00%	6.00%	6.00%
再投資割合	−16.67%	0.00%	16.67%
永久成長率	−1.00%	0.00%	1.00%
還元率	9.00%	8.00%	7.00%
$NOPLAT_{t+1}$	99	100	101
FCF_{t+1}	116	100	84
継続価値	1,283	1,250	1,202

　このような現象が起きるのは，投下資本利益率と割引率の関係を考えれば当然ともいえます。企業が価値を高めるためには，投資家の期待収益率以上の投資機会を実行し，それに満たない投資機会を棄却しなければなりません。そのため，投下資本利益率が割引率を下回るという前提で継続価値を求めると，成長率を高めることによって逆に価値が下がるという現象が起きるわけです。

5　バリュードライバー法における永久成長率の意味

　4の結果から分かるのは，バリュードライバー法における永久成長率は，投下資本利益率と再投資割合の関係から結果的に導かれるものに過ぎず，継続価値の水準とは直接の関連を持たないということです。これに対して，投下資本利益率が高いほど，一定の成長率でより高い継続価値が生み出されるということはできます。また，投下資本利益率が高いときは，永久成長率が1単位上昇したことによる継続価値の増加も大きくなります。言い換えると，バリュードライバー法においては，表面上の成長率ではなく，投下資本利益率が継続価値を決定付けているという解釈が成り立ちます。このような性格上，永久成長率の設定にあたり，単に表面上の成長率だけを見積もっても意味がなく，むしろ投下資本利益率をどのような水準に設定するかが重要であることが分かります。

インカム・アプローチ

Q32 継続価値の前提となる永久成長率の一般的な水準はどの程度か？

A 我が国の公表事例において，永久成長率は０％を含む狭い範囲に設定されている。その背景としては，企業の置かれた環境が安定的であることを前提とする永久成長率法の限界に加えて，永久成長率を０％に設定することが少なくとも簡便法としての合理性を有していることが挙げられる。

低成長の我が国において，０％を含む狭い範囲に永久成長率を設定することは直観にも合致する。一方で，高成長の経済において永久成長率を高く設定すべきということにはならない。なぜなら，永久成長率には評価対象企業固有の成長性が反映されるべきであり，経済成長率および物価上昇率とは異なる概念だからである。

Q31で解説したバリュードライバー法において，永久成長率 g は投下資本利益率 ROIC と再投資割合 q の積として表されます。この場合，表面上の成長率が継続価値と直接関連するわけではなく，永久成長率の大小だけを論じることに意味はないともいえますが，我が国で用いられている永久成長率の一般的な水準がどの程度なのかが気になるところではあります。

結論からいえば，開示された株式価値算定書から判明する限り，永久成長率は０％を含む狭い範囲に設定されることがほとんどです。以下では，実際の事例における永久成長率の水準を示すとともに，その背景について検討し，経済成長率および物価上昇率との関係についても明らかにします。

1　永久成長率の一般的な水準

継続価値の前提となる永久成長率を公表情報から調べる手段として，公開買付届出書に添付される株式価値算定書があります。経営者による自社株買収お

Ⅱ　評価手法

よび親会社による子会社の株券に対する公開買付けに際しては，公開買付者と
対象者の間に利益相反関係が存在することから，公正性を担保するための措置
として，金融商品取引法および関連する内閣府令の規定により，公開買付価格
の算定にあたり参考とした第三者による株式価値算定書の添付が義務づけられ
ています。開示された株式価値算定書の記載内容は，正式なものに比べ簡略化
されており，永久成長率の記載についても省略されているものがほとんどです
が，野村證券株式会社および大和証券株式会社による株式価値算定書には記載
がなされています。

　表は，平成26（2014）年から平成28（2016）年までの間に開示された公開
買付けのうち，開示された株式価値算定書に永久成長率の記載がある事例の一
覧を示したものですが，全ての案件で永久成長率の範囲に0％が含まれており，
最大値は0.5％でした。

[公開買付届出書の添付書類に記載された永久成長率]

届出日	公開買付者	対象者	算定機関	永久成長率
H26. 8.21	三井物産㈱	三井情報㈱	野村證券㈱	0％から0.5％
H26.11. 6	㈱N&C カンパニー	㈱コーコス信岡	野村證券㈱	0％を中心に±0.25％
H27. 5. 1	野村不動産 HD	株式会社メガロス	野村證券㈱	0％を中心に±0.25％
H27. 6. 2	㈱ツルハホールディングス	㈱レデイ薬局	野村證券㈱	0％を中心に±0.25％
H28. 5.12	大崎電気工業㈱	大崎エンジニアリング㈱	野村證券㈱	0％を中心に±0.25％
H28. 8. 4	㈱コロプラ	㈱エイティング	大和証券㈱	0％

2　永久成長率が低く設定される背景

　1の結果から分かるのは，我が国において開示された事例を前提とする限り，
永久成長率は0％を含む狭い範囲に設定されているという事実です。以下では

その背景を２つに分けて検討します。

(1) 永久成長率法の限界

Q30で紹介した永久成長率法は，NOPLATをフリー・キャッシュ・フローとみなし，投下資本の増加を考慮していない点で，永久成長率が０％またはきわめて低いことを暗黙の前提としています。

これに対し，永久成長率法の枠内で投下資本の増加を考慮したのが，Q31で紹介したバリュードライバー法です。しかし，バリュードライバー法でも，成長率は依然として０％またはきわめて低い水準に設定されているという現実があります。その理由として，毎期の利益の一定割合を再投資し，それがさらなる利益を生むことによって成長がもたらされるという，内生的な成長を前提にしている点が挙げられます。すなわち，バリュードライバー法を含む永久成長率法は，企業の置かれた環境が安定していると想定しており，業界が急速に成長，あるいは衰退していき，毎期の利益および投下資本利益率に著しい変動が生じうる状況にはそもそも適合していません。

以上のような性格から，永久成長率法は０％を中心とした比較的狭い範囲の成長を前提とする場合には有効なのに対して，その他の場合には必ずしも適合しないという限界を有しています。

(2) ０％成長の合理性

もう１つの背景として，永久成長率を０％に設定することが一定の合理性を有していることが挙げられます。

Q31の数値例では，投下資本利益率と割引率が等しい場合，NOPLATを割引率で還元することにより継続価値が求められることを示しました。すなわち，バリュードライバー法において，継続価値は次式により求められます。

$$TV = \frac{NOPLAT_{n+1} \times \left(1 - \dfrac{g}{ROIC}\right)}{r - g} \tag{1}$$

ここで，(1)式の投下資本利益率を割引率に置き換えて整理すると次式のよう

Ⅱ　評価手法

になります。

$$TV = \frac{NOPLAT_{n+1}}{r} \tag{2}$$

　(2)式で注目すべきは，投下資本利益率に依存しない形で継続価値が算定されていることです。実際の算定においては，全ての貸借対照表項目について詳細な予測ができず，損益計算書と主要な運転資本の増減のみの予測で対応せざるを得ない場合も少なくありません。この場合，投下資本利益率を合理的に予測できないことから，バリュードライバー法の適用も困難となります。しかし，永久成長率を０％に設定することにより，投下資本利益率を明示的に考慮することなく継続価値を求めることができます。したがって，永久成長率を０％に設定することは，少なくとも簡便法としての合理性を有しています。

3　経済成長率および物価上昇率との関係

　我が国の経済成長率は長年にわたりきわめて低い水準で推移してきたことから，０％を含む狭い範囲に永久成長率を設定することについては，直観的にも違和感がないように思われます。これに対し，経済成長率や物価上昇率が高い経済においては，永久成長率も高く設定すべきなのでしょうか。以下では永久成長率と経済成長率，物価上昇率の関係を検討します。

⑴　永久成長率と経済成長率との関係

　成長率といえば，まず思いつくのが経済成長率です。特に，経済成長率の高い新興国では，企業の成長性も高いことから，継続価値の算定にあたっても高い永久成長率が整合するようにも思われます。しかし，経済成長率は永久成長率の理論的な上限を画するものに過ぎず，評価対象企業固有の永久成長率とは区別されなければなりません。

　評価対象企業の永久成長率が経済全体の成長率を上回る場合，経済全体に占めるその企業の付加価値の割合が次第に高まり，やがては経済全体の付加価値をその企業が生み出すことになってしまいます。したがって，経済成長率は，

永久成長率の上限を画する意義を有しますが，個々の企業の永久成長率とは直接の関係がありません。そのため，「先進国の企業の永久成長率は低い」「新興国の企業の永久成長率は高い」と一概に言えるものでもありません。

高成長の経済においては，企業の投資意欲も活発になり，その結果投下資本利益率と再投資割合が高まって，永久成長率も高くなることについては予想に難くありませんが，それはあくまで間接的な影響です。高成長を続ける経済においては，新しい産業・企業が次々に生まれているのが通常であり，この場合，既存の企業の永久成長率は，経済成長率を大きく下回ることが予想されます。

(2) 永久成長率と物価上昇率の関係

次に考えられる指標が物価上昇率です。継続価値の前提となるフリー・キャッシュ・フローは，少なくとも物価上昇率以上に成長して然るべきだという考え方があります。通常の場合，フリー・キャッシュ・フローと割引率は物価上昇を含んだ名目値で算定されることから，継続価値の算定にあたっても，年々のフリー・キャッシュ・フローに物価上昇率を織り込むべきというのがその論拠です。このような立場からは，永久成長率を 0 ％に設定することは，フリー・キャッシュ・フローが年々目減りしていくことを意味し，不合理だとの主張がなされることがあります。

たしかに，長期的に物価が上昇していく場合，商品・サービスの生産に必要な諸費用も高騰することが予想されます。それを販売価格に転嫁しうる限り，フリー・キャッシュ・フローが物価上昇率に比例して成長するという考え方には一定の合理性がありそうです。しかし，物価上昇率は，様々な商品・サービスの価格変動率を平均したものに過ぎず，評価対象企業の成長性とは直接関係がないということに留意する必要があります。

表は，我が国の消費者物価指数を品目別に示したものですが，いわゆる衣食住に関連する指数が総合指数におおむね歩調を合わせる形で変動する一方，全く異なる変動を示しているものもあります。中でも教育娯楽用耐久財については，昭和 45 (1970) 年の指数が 1972.3 となっており，これは当時の価格が現在の約 20 倍であったことを意味しています。昭和 50 年代後半からは下落の傾向に転じ，平成 10 年代に入ってからは下落の傾向がとりわけ顕著になりまし

Ⅱ　評価手法

たが，これはいわゆる IT バブルによって情報通信産業が急速に発達し，消費
者の生活に電子機器が普及していった時期と重なります。この変化が示してい
るのは，かつて非常に高額だったテレビ，パソコンを始めとする教育・娯楽用
の耐久消費財の価格が，爆発的な普及に伴い下落していったという事実です。
これほど極端な変化ではないものの，通信についても，総合指数とおおむね同
様の変化を示すようになったのは平成 10 年代に入ってからです。

[我が国の消費者物価指数の推移]

年	総合	食料	住居	衣料	通信	教育娯楽用 耐久財
1970（S45）	32.0	30.8	27.0	27.0	79.3	1,972.3
1980（S55）	75.7	72.1	65.4	73.3	154.9	2,405.1
1990（H 2）	92.1	86.4	87.0	98.1	143.0	1,596.6
2000（H12）	99.0	87.7	101.8	103.7	124.8	899.0
2010（H22）	96.4	93.9	100.8	95.7	100.3	135.0
2015（H27）	100.0	100.1	100.0	100.4	100.3	102.0

　以上の事実から分かるのは，永久成長率として物価上昇率を用いることが正
当化されるのは，評価対象企業が生活必需品を製造・販売しているなどの理由
により，評価対象企業のフリー・キャッシュ・フローが物価上昇率におおむね
比例することが推定される場合に限られるということです。逆に，技術革新，
規制緩和によって競争環境が大きく変化しうる業界では，経済全体の物価上昇
率とは全く異なる成長を示す可能性があります。

4　現実的な算定方法：倍率法

　以上のとおり，永久成長率は経済成長率とも物価上昇率とも異なる概念です。
したがって，経済成長率や物価上昇率が高いからといって，永久成長率を低く
設定することが直ちに不合理というわけではありません。また，永久成長率法

は，企業の置かれた環境が安定していることを前提としており，予測期間の経過後に急速な成長または衰退が見込まれる場合にはそもそも適合しません。

　ただ，そうはいっても，現に成長している，あるいは衰退している企業が，予測期間経過後は０％またはわずかな割合の成長，衰退にとどまるという前提を貫いた場合，実態に合致しない結果が導かれてしまうのも事実です。このような現象を回避するための手法として，Q33 で解説する倍率法があります。

Ⅱ　評価手法

継続価値の算定に用いられる倍率法とは何か？

　　倍率法は，類似会社の事業価値に関連した倍率を用いて継続価値を算定する方法である。
　倍率法は，予測期間経過後の価値を実質的にマーケット・アプローチで評価することを意味し，機械的な適用はインカム・アプローチとマーケット・アプローチを混同した不合理な結果を導くおそれがある。それにもかかわらず，相当数の事例で倍率法が用いられているのは，永久成長率法は企業の置かれた環境が安定していることを前提とすることによる限界を有するところ，倍率法にはその限界を補う役割があり，評価対象企業の属する業界が成熟化している場合には特に有効だからである。

1　倍率法の意義

　倍率法による継続価値の算定は，後述する類似企業比較法における事業価値の算定とおおむね同様です。たとえば，EV/EBITDA 倍率を用いる場合，継続価値は評価対象企業の EBITDA に類似企業の EV/EBITDA 倍率を乗じることにより算定されます。

2　倍率法の適用にあたっての留意点

　倍率法の適用にあたって，留意すべき点が２つあります。まず，評価対象企業の業績としては，予測期間最終年度の業績をそのまま用いるのではなく，短期的変動要因を除外した長期的に持続しうる水準を用いる必要があります。
　また，評価対象企業の業績と，類似企業の倍率の算出時点を整合させる必要があります。なぜなら，類似企業の倍率には業界の成長性が反映されるところ，

インカム・アプローチ

高成長の業界であればあるほど，倍率は将来へ向かって逓減していき，評価時点と予測期間終了時点では大きく異なる水準となる可能性があるからです。

　もっとも，予測期間が長期になればなるほど，類似会社の業績予想の精度も低くなることを考えると，評価対象企業の業績と類似企業の倍率を求める時点が整合すればそれでよいというものでもありません。評価時点と将来とで類似企業の倍率が大幅に変動すると見込まれる場合には，評価時点から近い将来の業績と倍率を対応させる類似企業比較法は合理性を有するものの，継続価値の算定方法としての倍率法は適合しない可能性があります。このような観点からは，評価対象企業の属する業界が成熟化しており，類似企業の倍率が比較的安定していることが，倍率法を適用するための前提条件の一つといえます。

3　適用の実態

　表は，平成26（2014）年から平成28（2016）年に実施された公開買付けについて，公開買付届出書に添付された株式価値算定書の記載に基づき，継続価値の算定方法として永久成長率法と倍率法の採用状況を調べたものです。平成28年については，該当する12件のうち9件について継続価値の算定方法が記載されており，そのうち永久成長率法のみを採用したのは5件，倍率法のみ採用したのは1件で，その他の事例では永久成長率法と倍率法が併用されていました。

[公開買付け届出書の添付書類に記載された継続価値の算定方法]

年	全体の件数	継続価値算定方法		
		永久成長率法	倍率法	両者の併用
2014（H26）	9	1	1	2
2015（H27）	10	1	1	2
2016（H28）	12	5	1	3

Ⅱ　評価手法

4　倍率法の役割

　倍率法は，予測期間経過後の価値をマーケット・アプローチで評価すること
を意味します。したがって，算定された株式価値には，インカム・アプローチ
により算定された部分と，マーケット・アプローチにより算定された部分が混
在することになり，機械的に適用された場合，評価対象企業固有の価値を評価
するというインカム・アプローチの特徴が減殺されます。それにもかかわらず，
相当数の事例で倍率法が用いられているのは，倍率法に永久成長率法の限界を
補う手法としての役割が存在するためです。

　Q32でも指摘したとおり，永久成長率法は，毎期の利益の一定割合を再投資
し，それが一定の投下資本利益率に相当する利益を生むことによって成長がも
たらされるという，内生的な成長を前提にしています。これは，企業の置かれ
た環境が安定していると想定していることに他ならず，業界が急速に成長，あ
るいは衰退していき，毎期の利益および投下資本利益率に著しい変動が生じる
可能性は考慮されていません。このように，永久成長率法では明示的な分析が
困難な業界の環境の変化を，類似企業の倍率を通じて間接的に反映させること
が倍率法の最大の特徴といえます。

　2で述べた留意点との関連でいえば，倍率法は成長性の高い業界よりも成熟
化した業界に適しています。急速に成長している業界においては，成長が将来
的に鈍化して，予測期間終了時点における倍率も，評価時点に比べ大幅に低下
している可能性が高く，なおかつその低下の幅を合理的に予測することも難し
いからです。このような業界においては，成長が安定化するまでフリー・
キャッシュ・フローを予測するのが原則的な対応です。これに対して成熟化し
た業界では，類似企業の倍率が比較的安定していることから，倍率法による継
続価値の算定とは親和性が高いといえます。

5　永久成長率法の検証手段としての倍率法

　倍率法は，永久成長率法における成長率の妥当性の検証という役割も有して
いるといわれることがあります。企業価値評価においては，異なるアプローチ

または手法に基づく評価額の比較を通じ，それぞれの前提条件の妥当性を相互に検証することが効果的とされます。その考え方が継続価値の算定にも当てはまるとすれば，永久成長率法により算定された継続価値と，倍率法により算定された継続価値を比較することにより，それぞれの妥当性を相互に検証しうるという効果が期待できそうです。

もっとも，このような相互検証は，次の理由により必ずしも有効に機能しないのが実情です。

(1) 永久成長率法に限界があること

これは，永久成長率法は企業の置かれた環境が安定していることを前提としており，業界の急速な成長または衰退が見込まれる場合にはそもそも適合しないという限界を有するからです。これに対して倍率法では，業界の成長性が類似企業の倍率を通じて継続価値に反映されます。したがって，特に業界が成熟化し，将来的に衰退が見込まれる場合には，永久成長率法に基づく継続価値は高く，倍率法に基づく継続価値は低く算定される傾向があり，両者が大幅に乖離することがあります。この場合，永久成長率法が実態に合致しているとは言い難いため，相互検証の手段としては事実上役立ちません。

(2) 永久成長率自体には意味がないこと

倍率法の結果から永久成長率の妥当性を検証できるといわれることがあります。これは，倍率法で算定された継続価値を永久成長率法で求めようとした場合，どれだけの成長率になるかが計算上求められることから，これを永久成長率法で採用された成長率と比較することにより，それぞれの妥当性を検証できるはずだという考え方に基づいています。

しかし，Q31で示したとおり，表面上の永久成長率は継続価値と直接の関連を持ちません。すなわち，投下資本利益率が高ければ，永久成長率が高まることによって継続価値が大きく増加するのに対し，投下資本利益率が低ければ，永久成長率を引き上げても継続価値の増加は限定的となり，むしろ減少する場合もあります。よって，検証すべきは永久成長率そのものではなく，その前提となっている投下資本利益率および再投資割合ですが，倍率法により算定され

Ⅱ　評価手法

た継続価値を実現する投下資本利益率と再投資割合の組み合わせは一義的に定まらず，実質的にはその妥当性を検証することができません。

　以上の問題点は，バリュードライバー法による継続価値の算定式から示すことができます。倍率法により算定された継続価値から，永久成長率の妥当性を検証するということは，次式の左辺を倍率法により算定された価値とし，右辺のNOPLATおよび割引率rを所与としたうえで，式の左辺と右辺を等しくする投下資本利益率ROICと再投資割合qを求めることに他なりません。しかるに，1つの式に2つの変数が存在することから，等式を成立させる投下資本利益率と再投資割合の組み合わせを一義的に求めることはできません。

$$TV = \frac{NOPLAT_{n+1} \times (1-q)}{r - ROIC \times q}$$

　よって，永久成長率法と倍率法による結果の比較を通じて相互に検証を図る場合には，成長率ではなく倍率を比較する方が適切です。たとえば，永久成長率法による継続価値が，EBITDAの何年分であるかを求め，類似企業のEV/EBITDA倍率と比較することにより，永久成長率法による算定結果に実態が反映されているかどうかを検証することができます。

インカム・アプローチ

Q34 フリー・キャッシュ・フローの割引計算における期央主義とは，どのような考え方なのか？

A フリー・キャッシュ・フローの割引計算における期央主義とは，キャッシュ・フローが期央，すなわち事業年度の中間点に発生するものとみなして割り引くものである。

この考え方の趣旨は，キャッシュ・フローが期末時点に一括して発生するのではなく年間を通じて平均的に発生するという実態を反映させることにある。このような前提をおいた場合，フリー・キャッシュ・フローを割り引く期間は原則として半年分短くなる。

1 期央主義による現在価値係数の修正

通常の場合，各期のフリー・キャッシュ・フローを割り引く際の現在価値係数は，割引率に1を加算し年数を累乗したものの逆数となります。すなわち，次式において毎期のフリー・キャッシュ・フローに乗じられる部分が現在価値係数です。

$$PV = \frac{FCF_1}{1+r} + \frac{FCF_2}{(1+r)^2} + \cdots$$

PV：割引現在価値
FCF_t：t期のフリー・キャッシュ・フロー
r：割引率

この式に従えば，1年目のキャッシュ・フローは1年分，2年目のキャッシュ・フローは2年分という形で，割引計算が順次行われることになります。ただし，1年目のキャッシュ・フローは1年後，2年目のキャッシュ・フローは2年後に生じるかというと必ずしもそうではなく，それぞれの年度を通じて平均的に発生する場合が一般的です。このような実態を評価に反映させる方法

Ⅱ　評価手法

として，キャッシュ・フローが各期の中間点で発生するという仮定をおくこと
が考えられます。このように，キャッシュ・フローが期央に発生するものとみ
なして割り引く考え方を期央主義といいます。

　期央主義を採用する場合，それまで各年度の期末で発生するものと想定して
いたキャッシュ・フローが各年度の中間点で発生するという想定に変わるため，
各年度における現在価値係数が0.5年分短くなります。具体的には，現在価値
係数の算定に際して，（1＋割引率）を1乗，2乗，3乗，…とする代わりに，0.5
乗，1.5乗，2.5乗，…として割引計算を行います。

$$PV = \frac{FCF_1}{(1+r)^{0.5}} + \frac{FCF_2}{(1+r)^{1.5}} + \cdots$$

2　留意点

　期央主義は，キャッシュ・フローが年間を通じて平均的に発生するという前
提のもとではじめて合理的といえる手法であり，年に1回だけ配当を受ける金
融商品の評価や，売上が年度末に集中する企業の評価などにおいては，むしろ
期央主義が実態に合致しなくなる場合もありますので注意する必要があります。

3　「期ずれ」がある場合の割引計算

　以上は評価基準日が年度末と一致する場合，すなわちいずれの年度も1年間
である場合の考え方です。これに対し，評価基準日が事業年度の途中である場
合には，さらに修正を加える必要があります。

　例えば，3月決算の企業で評価基準日が9月末に設定されたとします。この
とき，評価基準日から期末までの期間は6ヶ月です。そのため，そこから3ヶ
月経過した時点，すなわち12月末に対応する現在価値係数を用いることにな
ります。2年目については，1年目終了時点から6ヶ月経過した時点で12ヶ月，
3年目については，その12ヶ月後で24ヶ月経過した時点に対応する現在価値
係数を用います。

期ずれがある場合の期央主義による割引計算

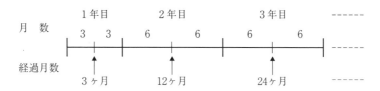

$$PV = \frac{FCF_1}{(1+r)^{0.25}} + \frac{FCF_2}{(1+r)^1} + \frac{FCF_3}{(1+r)^2} \cdots$$

評価基準日が年度末でない場合について期央主義による割引計算を一般化すると以下のような算式になります。

$$PV = \frac{FCF_1}{(1+r)^{(12-n)/24}} + \frac{FCF_2}{(1+r)^{(18-n)/12}} + \frac{FCF_3}{(1+r)^{(30-n)/12}} \cdots$$

$$= \frac{FCF_1}{(1+r)^{(12-n)/24}} + \sum_{t=2} \frac{FCF_t}{(1+r)^{(12t-6-n)/12}}$$

n：期首から評価基準日までの月数
t：年数

4　近似的な計算－現在価値係数を調整する方法

近似的な計算としては，期ずれがないものとして各年度のキャッシュ・フローを期央主義で割り引いた結果に対して，期首から評価基準日までの経過日数に応じて現在価値係数を調整する方法があります。

例えば，期首から評価基準日までに3ヶ月が経過しているとします。このとき，3に従い現在価値を計算すると次のようになります。

$$PV = \frac{FCF_1}{(1+r)^{0.375}} + \frac{FCF_2}{(1+r)^{1.25}} + \frac{FCF_3}{(1+r)^{2.25}} + \cdots \quad (1)$$

これに対し，期ずれがないものとして期央主義で割り引いた結果に対して，現在価値係数を3ヶ月分だけ調整した結果というものを考えます。具体的には，期ずれがない場合の現在価値の計算式に対して，割引率に1を加算した割合を4分の1乗します。このとき，現在価値は次のように表されます。

II 評価手法

$$PV = \left\{ \frac{FCF_1}{(1+r)^{0.5}} + \frac{FCF_2}{(1+r)^{1.5}} + \frac{FCF_3}{(1+r)^{2.5}} + \cdots \right\} \times (1+r)^{0.25}$$

$$= \frac{FCF_1}{(1+r)^{0.25}} + \frac{FCF_2}{(1+r)^{1.25}} + \frac{FCF_3}{(1+r)^{2.25}} + \cdots$$

(2)

(1)と(2)の式を比較すると，１年目の現在価値係数が割引率に１を加算した割合の８分の１乗，すなわち1.5ヶ月分違うだけで，２年目以降は全く同じであることが分かります。半永久的にフリー・キャッシュ・フローを見積もることを考えた場合，１年目の現在価値係数の誤差は無視できるほど小さい場合が多いため，計算の簡便化を図るうえでは，期ずれがないものとして算定した結果に対して現在価値係数を調整することで，期ずれの影響を補正するのが合理的と考えられます。

インカム・アプローチ

 企業価値を求める際に事業価値に加算すべき非事業資産にはどのようなものがあるか？

 フリー・キャッシュ・フロー獲得に貢献しない資産で，かつその処分につき事業上の制約がない資産を非事業資産とする。
具体的には，余剰資金や遊休固定資産等が非事業資産として挙げられる。

1 非事業資産を事業価値に加算する理由

事業価値に対し，事業に関係がなく，かつその処分につき事業上の制約がない資産の価値を非事業資産として加算し，その合計を企業価値とします。事業価値が企業の営業活動から生じる将来のフリー・キャッシュ・フローの割引現在価値であるのに対し，非事業資産は企業の営業活動に利用されておらず，現時点で処分し得る資産の時価と位置づけられます。事業価値と非事業資産の時価を合計することにより，財務活動以外の企業活動から生じるキャッシュ・フローの合計として企業価値が算定されます。

2 非事業資産の考え方

ここで，企業の主たる営業活動に関係のない資産の全てが非事業資産となるわけではなく，フリー・キャッシュ・フローの獲得に貢献しておらず，かつ処分につき事業上の制約がない資産が非事業資産となることに留意する必要があります。よって，現金預金の中でも運転資金として常時確保しておかなければならない部分については余剰資金に含まれず，逆に定期預金など余剰資金の運用と位置づけられるものについては原則として余剰資金に含まれることになります。

また，企業が遊休地を賃貸している場合で，当面売却の予定がない場合など

Ⅱ　評価手法

は，その賃貸料をフリー・キャッシュ・フローの算定に含めることによって企業価値に反映させます。一方，利用目的がなく売却について事業上の制約がないものについては，処分価値を見積もって非事業資産に含めることになります。

　有価証券については，売買目的有価証券など，容易に換金可能で売却につき制約のないものについては原則として非事業資産に含まれますが，関係会社株式のように長期保有が前提となっているものは，原則として非事業資産に含まれません。その他有価証券については，株式の保有目的や売却予定の有無を聴取したうえで，非事業資産に含めるかどうか個別に検討します。

3　非事業資産に準ずるもの

　非連結子会社および持分法適用関連会社の株式の評価額を，非事業資産に準じて事業価値に加算します。連結子会社と異なり，これらの子会社および関連会社のキャッシュ・フローは事業計画上フリー・キャッシュ・フローに反映されておらず，事業価値とは別個に評価する必要があるためです。

4　法人税等の取り扱い

　非事業資産は，評価時点における時価で評価し，売却損益が生じる場合には原則としてそれに伴う法人税等の影響を考慮します。

インカム・アプローチ

Q36 非事業資産として取り扱う余剰資金はどう考えるべきか？

A 余剰資金の範囲を決定することは，事業に必要な資金の範囲を決定することでもある。必要とする資金は，債権の回収条件，債務の支払条件などによって異なり，経営者の判断によって決定されるべきものといえる。

評価時点における現金預金のうち，運転資金を超過する部分は，余剰資金として非事業資産の一部を構成します。したがって，余剰資金を見積もることは，運転資金を見積もることと実質的に同義です。

しかしながら，運転資金の水準を客観的に見積もるのは困難です。運転資金を見積もる上は運転資本の残高が考慮すべき要素の一つとなりますが，あくまで一つに過ぎません。評価時点においてどれだけの資金を留保すべきかは，月中の取引金額，運転資本の回転期間だけでなく，回収および支払の期日，季節変動の大きさなどにも依存します。これらの要因を踏まえて運転資金の水準を合理的に見積もるためには，事業に対する詳細な理解が不可欠です。

したがって，財務デューディリジェンスと連携する形で株式価値算定が行われる場合を除き，運転資金の水準は経営者の見積もり・判断に依存する部分が大きく，算定者自身による見積もりが困難な項目の一つといえます。

Ⅱ 評価手法

Q37 企業価値から控除される有利子負債等の範囲をどのように考えるべきか？

A 株式価値を求めるにあたっては、有利子負債、非支配株主持分、新株予約権など、普通株主に帰属しない価値を時価評価して企業価値から控除する。

　企業価値は、最終的には全ての資本提供者に対して分配されます。企業価値のうち、有利子負債および負債類似物を控除した残額を株主価値といいます。また、株主価値から普通株主に帰属しない部分の時価を控除した残額を株式価値といいます。企業価値から控除される主な項目の内容は次の通りです。

1 有利子負債

　借入金や社債など有利子負債の時価を控除します。一般に借入金と社債には市場価格が存在しないため、理論上は、評価対象企業の長期の調達金利を見積もり、当該金利で借入金と社債に関するキャッシュ・フローを割り引くことによって時価を算定することになります。

　ただし、わが国においては、格付けを取得している大企業などを除いて、調達金利の合理的な見積もりは困難です。また、企業の返済能力に問題が生じていない限り、負債の時価と額面の間に重要な差が生じることはないと考えられます。そのため、時価が額面に等しいとみなす場合が一般的です。

　新株予約権付社債については、普通社債に相当する部分と新株予約権に相当する部分とに区分して評価する区分法と、これらを一体として新株予約権付社債の価値を評価する一括法とがあり、いずれかの方法によって評価した額を企業価値から控除して株主価値を算定します。詳細についてはQ38をご覧ください。

インカム・アプローチ

2 退職給付債務

退職給付債務を有利子負債と考える場合，あるいは有利子負債に類似した債務ととらえる場合には，株主価値の算定にあたって企業価値から控除する必要があります。詳細については Q39 をご覧ください。

3 リース債務

リース取引の実質は資産の割賦購入に類似しており，これにより生じるリース債務は借入金と同様の性格を有することから，原則として有利子負債と同様に企業価値から控除します。

4 非支配株主持分

非支配株主持分は，評価対象企業およびその子会社を連結した企業価値の中で，親会社株主以外の少数株主に帰属する価値をいいます。非支配株主持分は，評価対象企業の株主の支配が及ばない価値であり，株主価値の算定にあたってはその時価を見積もり，企業価値から控除する必要があります。詳細については Q40 をご覧ください。

5 新株予約権

新株予約権は，あらかじめ定められた行使価格で株式を取得することができる権利です。投資家が合理的である限り，新株予約権が行使されるのは株式の時価が行使価格を上回る場合です。このとき，時価を下回る価格で新株予約権者に株式が交付される結果，株式の希薄化が生じることになります。その希薄化効果を評価に反映させる方法はいくつかありますが，最も理論的な方法をとる場合には，オプション評価モデルにより評価した新株予約権の公正価値を企業価値から控除することになります。詳細については Q41 をご覧ください。

147

Ⅱ　評価手法

6　その他の債務

　訴訟による偶発債務から生じる損失，支払が確定した配当および退職金などの項目を，企業価値から控除する場合があります。

7　種類株式

　上記の項目を企業価値から控除したものが株主価値ですが，種類株式を発行している場合には，株主価値から種類株式の価値を控除したものが普通株式の価値となります。種類株式の価値については Q42 をご覧ください。

インカム・アプローチ

評価対象企業が新株予約権付社債を発行している場合，株主価値の評価にあたって企業価値から控除する金額をどのようにして算定すべきか？

評価対象企業が新株予約権付社債を発行している場合には，有利子負債などと同様にその時価を企業価値から控除する。新株予約権付社債の時価の評価方法には，新株予約権部分と社債部分を区分して評価する方法と一括して評価する方法がある。

新株予約権部分と社債部分を区分する場合，新株予約権部分についてはオプション評価モデルにより算定した公正価値を，社債部分については当該社債に係る元利金のキャッシュ・フローを割り引いて求めた普通社債としての公正価値をそれぞれ算定する。

新株予約権部分と社債部分を一括で処理する場合には，新株予約権付社債から得られる期待キャッシュ・フローに基づいて評価され，モンテカルロ・シミュレーション等の評価モデルを利用して公正価値を算定する。

評価対象企業が新株予約権付社債を発行している場合には，有利子負債などと同様にその時価を企業価値から控除します。ここで，新株予約権付社債の時価の評価方法には，新株予約権部分と社債部分を区分して評価する方法と，一括して評価する方法があります。

1　新株予約権部分と社債部分を区分して評価する方法

新株予約権と普通社債を発行しているものと考え，それぞれの時価を企業価値から控除することにより株主価値を算定します。

(1) 新株予約権部分の評価：理論的な方法

新株予約権の時価の算定方法として最も理論的なのは，オプション評価モデルを用いる方法です。この場合に問題となるのは，オプション評価モデルの基

Ⅱ　評価手法

礎数値の1つである「株価」をいくらにするかということです。オプション評価モデルにより新株予約権の時価を求めるには普通株式の時価が必要となりますが，普通株式の時価を求めるには新株予約権の時価が必要となります。そのため，理論上は新株予約権の価値と株主価値が循環計算によって同時に決定されることになります。

(2)　新株予約権部分の評価：代替的な方法

　以上のような問題点を解決するための簡便法としては，以下で述べる方法に従い社債部分の時価を見積もり，新株予約権付社債の発行価額（時価がある場合はその時価）との差額を新株予約権部分の価値とする方法があります。

　また，オプション評価モデルに入力する普通株式の株価として市場株価を採用したり，循環計算で得られる値の範囲で一定の値に株価を固定するなどの方法が考えられます。

　ただし，いずれの方法も，新株予約権の理論価値を求めるものではなく，あくまで簡便な方法であることに留意してください。

(3)　社債部分の評価

　新株予約権付社債は，新株予約権と一体で発行されるために，その価値の分だけ利回りが低めに設定されるのが通常です。したがって，社債部分の時価を求める場合には，社債部分のキャッシュ・フローを普通社債の利回りで割り引く必要があります。

　もっとも，普通社債の利回りを参照できる企業は限られています。また，仮に類似会社と同格付けの企業の普通社債利回りを参照するとしても，その前提として評価対象企業自身が格付けを取得している必要があり，あらゆる企業に適用可能な方法ではありません。普通社債の利回りを合理的に見積もることができない場合には，社債部分については簡便的に発行価額を企業価値から控除するという方法も検討する必要があります。

インカム・アプローチ

2 新株予約権部分と社債部分を一括で評価する方法

　転換社債型新株予約権付社債とは，社債と新株予約権がそれぞれ単独に存在し得ないことおよび社債を新株予約権行使時における出資の目的とすることを条件として発行される新株予約権付社債です。

　したがって，新株予約権部分と社債部分を区分して評価するのは簡便法と位置付けられ，両者を一括で評価するほうが理論的には適切です。

　一括法では，満期までの株価変動に応じ，利息を収受し元本の償還を受けるか，株式に転換するかを選択するとの想定で二項モデルまたはモンテカルロ・シミュレーションなどの評価モデルを構築することにより，元利金またはキャピタル・ゲインの期待値として転換社債型新株予約権付社債の価値を算定します。

Ⅱ 評価手法

 退職給付債務は株主価値の算定上，どのように取り扱うか？

退職給付債務とは，従業員の将来を含む総勤務期間に対応する退職金支給総額のうち現時点までの勤務期間に対応する部分の割引現在価値を意味する。

株主価値の算定にあたっては，将来キャッシュ・フローの見積もりの前提に対応し，退職給付債務の取扱いにいくつかの方法が考えられる。

1 退職給付に関する会計処理の概要

退職給付債務については，財務会計上の債務認識と費用処理の方法を理解した上で，株主価値の算定にあたっての取扱いを検討する必要があります。退職給付に関する会計処理は，企業会計基準第26号「退職給付に関する会計基準」（改正平成24年5月17日，企業会計基準委員会）により基準が改正されており，留意が必要です。

インカム・アプローチ

企業会計基準26号「退職給付に関する会計基準」（改正平成24年5月27日，企業会計基準委員会）による貸借対照表と対応損益の概念図

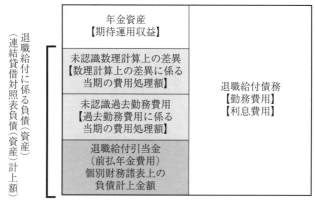

(注)【　】内は関連する損益計算書項目

(1) 貸借対照表

① 退職給付債務

退職時に見込まれる退職給付の総額を見積もり，合理的な方法によって各期に配分した上で，現時点までに発生していると見積もられる額を一定の割引率により現在価値に割り引いたものです。

② 年金資産

企業年金制度に基づき，将来の退職給付に充てるため，企業の外部に積み立てられている資産です。

③ 未認識数理計算上の差異

年金資産の期待運用収益と実際の運用成果との差異，退職給付債務の数理計算上用いた見積数値と実績との差異および見積数値の変更等により発生した差異を「数理計算上の差異」といいます。このうち，当期純利益を構成する項目として費用処理されていないものが「未認識数理計算上の差異」です。

④ 未認識過去勤務費用

退職給付水準の改訂等に起因して発生した退職給付債務の増加または減少部分を「退職給付費用」といいます。このうち，当期純利益を構成する項目として費用処理されていないものが「未認識過去勤務費用」です。

Ⅱ　評価手法

⑤　貸借対照表上の負債（資産）認識

　連結貸借対照表上は，退職給付債務から年金資産を控除した額（積み立て状況を示す額）が，そのまま「退職給付に係る負債（資産）」として資産または負債に計上されます。

　なお，改正前の貸借対照表上の負債（資産）認識においては，未認識数理計算上の差異および未認識過去勤務費用（以下，合わせて「未認識債務」といいます。）は，退職給付債務から控除され，控除後の額を退職給付引当金（前払年金費用）として負債（資産）認識しており，現在も個別財務諸表上は，従前と同様の処理が行われています。

(2)　損益計算書

①　勤務費用

　1期間の労働の対価として発生したと認められる退職給付です。

②　利息費用

　割引計算により算定された期首時点における退職給付債務について，期末までの時の経過により発生する計算上の利息です。

③　期待運用収益

　年金資産から生まれる収益であり，期首の年金資産の額に合理的に期待される収益率（長期期待運用収益率）を乗じて計算されます。

④　数理計算上の差異に係る当期の費用処理額

　数理計算上の差異は，原則として各期の発生額について，予想される退職時から現在までの平均的な期間以内の一定の年数で按分した額が毎期費用処理されています。

　なお，当期に発生した未認識数理計算上の差異は，連結財務諸表においては，税効果を調整の上，その他の包括利益を通じて純資産の部に計上されます。

⑤　過去勤務費用に係る当期の費用処理額

　過去勤務費用は，原則として各期の発生額について，予想される退職時から現在までの平均的な期間以内の一定の年数で按分した額が毎期費用処理されています。

　なお，当期に発生した未認識過去勤務費用は，未認識数理計算上の差異と同

インカム・アプローチ

様，連結財務諸表においては税効果を調整のうえ，その他の包括利益を通じて純資産の部に計上されます。

⑥　退職給付費用の構成

上記の，①勤務費用，②利息費用，③期待運用収益，④数理計算上の差異に係る当期の費用処理額，⑤過去勤務費用に係る当期の費用処理額が「退職給付費用」として当期利益を構成する項目に含まれて計上されています。

2　株主価値算定上の取扱方法

退職給付債務は一般に決済されるまでの期間が長期にわたる長期債務であること，現在価値に割り引かれるため退職給付費用に利息費用が含まれていること，一定の仮定に基づいた見積計算による債務であることに特徴があります。その点を踏まえていくつかの取扱いが考えられます。

(1)　退職給付に係る負債を有利子負債と考える方法

評価基準日時点の退職給付に係る負債を有利子負債と同等に考え，退職給付に係る負債を企業価値から控除する方法です。

退職給付に係る負債を有利子負債ととらえる以上，フリー・キャッシュ・フローからは退職給付費用に含まれる利息費用および期待運用収益を控除します。

なお，WACC の計算においては，純額の利子費用を負債資本コストに含め，負債比率においても退職給付に係る負債を他人資本に含めて考えることになります。

また，退職給付に係る債務には未認識数理計算上の差異および未認識過去勤務費用が含まれていることから，退職給付に係る負債全体を企業価値から控除する場合には，当該未認識項目の費用化額である数理計算上の差異に係る当期費用処理額および過去勤務費用に係る当期費用処理額がフリー・キャッシュ・フローに含まれていてはなりません。逆にいえば，将来のフリー・キャッシュ・フローにおいて未認識項目の当期費用処理額が含まれているならば，当該未認識項目を負債として企業価値から控除する必要はないことになります。

なお，退職給付に係る負債は計上時においては税務上損金算入が認められず，

155

II 評価手法

将来の年金掛金支出時や退職金支払時に損金算入が行われることから，将来の税効果が見込まれます。厳密には当該税効果については負債類似項目として評価基準日時点の現在価値相当額を企業価値に加えるか，将来のフリー・キャッシュ・フローの税金計算において考慮することが理論的です。

(2) 退職給付に係る負債を運転資本と考える方法

退職給付費用に含まれる利息費用および期待運用収益を将来のフリー・キャッシュ・フローに含めて考えるのであれば，評価基準日時点の退職給付に係る負債を有利子負債として企業価値から控除する必要はなく，運転資本として将来の残高増減によるキャッシュ・フローへの影響のみを株主価値の算定において見込むことになります。

この際に，退職給付に係る負債の残高が一定のまま将来も継続すると仮定するのであれば，将来キャッシュ・フローに与える影響はなく，結果として退職給付に係る負債は株主価値算定における控除項目とはなりません。

一方，退職給付に係る負債が近い将来に現金決済されるものと仮定するのであれば，運転負債の減少として，あるいは負債類似項目として株主価値から控除することになります。

退職給付に係る負債の税効果については，退職給付に係る負債の残高が一定と考える場合には特に考慮する必要はありません。一方，退職給付に係る負債が近い将来に現金決済されると考える場合には，当該決済時の損金算入を踏まえて税効果の影響の検討が必要となります。

評価基準日時点の未認識項目のフリー・キャッシュ・フローへの折込み方については，未認識項目の当期費用処理額として将来の退職給付費用に含めて考えるのか，退職給付費用には含めず運転資本の増減（もしくは負債類似項目）として考えるかが理論的な処理となります。

(3) 実務上の取扱い

以上のように，理論上の退職給付に係る債務の取扱いは複数考えられますが，そもそもフリー・キャッシュ・フローの予測において，利息費用や未認識項目の構成を踏まえた退職給付費用と退職給付に係る債務残高の見積もりが正確に

はできない場合が多く，重要性と合理性から，仮定をおいた簡潔な取扱いを行うことが実務的です。

　例えば，事業計画における退職給付費用に含まれる利息費用の分離が困難な場合には，退職給付に係る債務を運転資本ととらえることになります。この場合，運転資本の増減を考慮するか考慮しないかは状況によって異なるものの，少なくとも日本においては即時に現金決済される債務とはとらえられないことが多いことから，運転資本の増減を見込まない場合が合理的であるように見受けられます。ただし，保守的には負債類似項目として企業価値から控除する取扱いも考えられます。

Ⅱ 評価手法

 非支配株主持分はどのようにして算定すればよいのか？

 親会社とは別個に算定した子会社の株主価値から，親会社の所有割合に相当する金額を控除することによって算定する。

　非支配株主持分は，評価対象企業の株主の支配が及ばない価値であり，株主価値の算定にあたってはその時価を見積もり企業価値から控除する必要があります。

　非支配株主持分の算定にあたっては，原則として親会社と同様の手法により子会社単独の株主価値を求め，そこから親会社の所有割合に相当する金額を控除したものを非支配株主持分とするのが適切です。

　ただし，子会社が多数に上る場合や，子会社の重要性が乏しい場合には，親会社の株式と同じ評価手法を適用するのが費用対効果の観点から適切でない場合があります。そのような場合には，子会社の市場株価から求めた時価総額や子会社の純資産額などから非支配株主持分を算定する方法が考えられます。

インカム・アプローチ

 評価対象企業が新株予約権を発行している場合，その希薄化効果をどのようにして株主価値の評価に反映させればよいのか？

 　　理論的には，オプション評価モデルに基づいて算定した新株予約権の公正価値を企業価値から控除する。
　しかしながら，オプション評価モデルの採用が困難な場合もあることから，簡便な方法として，新株予約権が行使されたとみなして新株予約権の希薄化効果を1株当たり価値の算定に織り込む方法もある。後者の方法は，新株予約権の時間的価値を無視して本源的価値のみを考慮する方法であり，新株予約権がアット・ザ・マネーに近い場合には無視できない誤差を生じることがある。

　新株予約権が行使された場合，企業は時価を下回る金額で株式を交付する必要があります。新株を交付する場合，時価発行増資をしていたら得られたであろう調達額より低い額しか調達できないという意味で，時価と行使価格の差額が企業の機会費用となります。
　また，自己株式を交付する場合には，市場から時価で取得して行使価格で引き渡すことにより，やはり時価と行使価格の差が企業にとっての機会費用となります。このように，新株予約権には1株当たりの株主価値を希薄化させる効果があります。その効果を株主価値の算定結果に反映させるには，次の2通りの方法があります。

1　オプション評価モデルを用いる方法

　新株予約権の時価の算定方法として最も理論的なのは，オプション評価モデルを用いる方法です。この方法をとる場合，株主価値は企業価値から新株予約権を有利子負債などとともに控除することによって算定し，1株当たりの価値は株主価値を発行済株式数で割ることによって求めます。

159

II　評価手法

　オプション評価モデルを用いる場合に問題となるのは，基礎数値の1つである「株価」をいくらにするかということです。オプション評価モデルにより新株予約権の時価を求めるには普通株式の時価が必要となりますが，普通株式の時価を求めるには新株予約権の時価が必要となります。そのため，理論上は新株予約権の価値と株主価値が循環計算によって同時に決定されます。

　簡便な手法として，新株予約権が存在しないとみなした場合の株主価値をもとにオプションの公正価値を評価し，循環計算については無視するという方法も考えられます。ただし，この場合には循環計算を考慮していないため，最終的に算定される1株当たり株主価値とオプション評価モデルに入力される1株当たり株主価値は一致しないことになります。

2　自己株式法

　実務上用いられている代替的な手法として自己株式法（treasury method）と呼ばれる方法があります。これは，株価が権利行使価格を上回るイン・ザ・マネーの新株予約権が，現時点で一斉に行使されたとみなして，1株当たりの価値を算定する方法です。

　自己株式法は，払い込まれた資金をどのように扱うかによって以下の2つに分けられますが，いずれの方法を用いても，算定される1株当たり株主価値は同じになります。

(1)　新株予約権の行使によって払い込まれる資金を加算する方法

　新株予約権の行使によって払い込まれる資金を新株予約権考慮前の株主価値に加算し，これを行使によって増加した後の株式数で割ることによって，1株当たりの価値を算定します。新株予約権の行使によって，時価発行増資をしたならば払い込まれたであろう資金と実際に払い込まれた金額の差額が企業にとっての機会損失になります。したがって，新株予約権の行使によって払い込まれる資金を加算した後の株主価値は，新株予約権の行使による機会損失を考慮した後の株主価値になります。このようにして求めた株主価値を，行使後の株式数で割ることにより，新株予約権の希薄化効果が1株当たりの価値に反映

160

インカム・アプローチ

されます。

(2) 新株予約権の行使によって払い込まれる資金で自己株式を取得するとみなす方法

新株予約権の行使によって払い込まれる資金を用いて自己株式を時価で取得し，それを交付するとみなします。新株予約権者から払い込まれる1株当たりの金額は時価を下回りますので，その資金で取得できる自己株式の数は，当然ながら新株予約権者に交付すべき株式数を下回ります。よって，不足分については既存の自己株式を充当するか，新株発行によって対応する必要があり，いずれの場合でも1株当たり価値の分母となる株式数が増加します。このとき増加する株数は，時価より低い価格で株式を交付したことによって増加する株式の数であり，新株予約権の行使による機会損失を考慮した後の株式数になります。このようにして求めた株式数を分母とすることにより，新株予約権の希薄化効果が1株当たり価値に反映されます。

自己株式法には，オプションの本源的価値のみを考慮し時間価値を無視しているという問題点があります。その結果，後述するように，新株予約権の時間価値に相当する分だけ株主価値が高く評価される結果となります。そのため，新株予約権の時間価値が無視し得るほど小さい場合，すなわち新株予約権が大幅にイン・ザ・マネーであるか株価が権利行使価格を下回るアウト・オブ・ザ・マネーである場合には，適正な株主価値を近似的に求めることができる一方，株価と権利行使価格が等しいアット・ザ・マネーに近い場合には，無視し得ない誤差を生じることになります。

3　設例

次の条件で，新株予約権が存在する場合の1株当たり価値を算定します。新株予約権はプレーン・バニラであり，その公正価値はブラック＝ショールズモデルで評価できるものとします。ブラック＝ショールズモデルに入力する株価は新株予約権考慮前の株価とし，循環計算はさせないものとします。

Ⅱ　評価手法

(1)　新株予約権がイン・ザ・マネーの場合

> DCF法により算定された株主価値（新株予約権考慮前）4,000,000,000円
>
> 発行済株式数 40,000 株
>
> 1 株当たり株主価値（新株予約権考慮前）100,000 円
>
> 新株予約権の目的となる株式の数 2,000 株
>
> 新株予約権の 1 株当たり行使価格 50,000 円
>
> 予想残存期間 5 年
>
> ボラティリティ 50%
>
> 配当利回り 0 %
>
> リスクフリー・レート 1.5%

①　新株予約権の公正価値を控除する場合

　ブラック＝ショールズモデルにより新株予約権の公正価値を求めるために必要となる基礎数値は，行使価格，予想残存期間，株価，ボラティリティ，配当利回り，リスクフリー・レートの 6 つです。それぞれの数値をブラック＝ショールズ式に当てはめることにより，新株予約権の公正価値は 1 株当たり 63,807 円，総額にして 128 百万円と算定されます。よって，1 株当たり株主価値は 4,000 百万円から 128 百万円を控除し 40,000 株で除した 96,809 円です。

②　自己株式法(1)による場合

　新株予約権がすべて行使されたと仮定すると，100 百万円が払い込まれ，2,000 株が発行されます。よって，1 株当たり価値は 4,100 百万円を 42,000 株で除した 97,619 円です。

③　自己株式法(2)による場合

　新株予約権がすべて行使されたと仮定すると，100 百万円が払い込まれ，2,000 株が発行されます。このときの 1 株当たり価値は，4,100 百万円を 42,000 株で除した 97,619 円です。この株価で買い入れることができる自己株式の数は，100 百万円を 97,619 円で除した 1,024 株です。よって，調整後の株式数は，40,000 株に 2,000 株を加算し 1,024 株を控除した 40,976 株，1 株当たり価値は 4,000 百万円を 40,976 株で除した 97,619 円となります。

インカム・アプローチ

(2)　アウト・オブ・ザ・マネーの場合

DCF 法により算定された株主価値（新株予約権考慮前）4,000,000,000 円

発行済株式数 40,000 株

１株当たり株主価値（希薄化前）100,000 円

新株予約権の目的となる株式の数 2,000 株

新株予約権の１株当たり行使価格 105,000 円

予想残存期間 5 年

ボラティリティ50%

配当利回り 0 ％

リスクフリー・レート 1.5%

---

①　新株予約権の公正価値を控除する場合

ブラック＝ショールズ式の６つの基礎数値を当てはめることにより，新株予約権の公正価値は１株当たり 43,141 円，総額にして 86 百万円と算定されます。よって，１株当たり株主価値は 4,000 百万円から 86 百万円を控除し 40,000 株で除した 97,842 円です。

②　自己株式法による場合

現時点で時価が行使価格を上回るため，新株予約権は行使されないと考え，何の調整も行いません。よって，(1)の方法でも(2)の方法でも１株当たり価値は 4,000 百万円を 40,000 株で除した 100,000 円です。

新株予約権がアウト・オブ・ザ・マネーとなっている場合でも，オプション評価モデルでは新株予約権の公正価値が発生する結果となります。これは，現在の株価が権利行使価格を下回っていても，満期までに株価が権利行使価格を超える可能性が残っており，それによって新株予約権者が得る利益が公正価値に反映されるからです。これに対し，自己株式法では新株予約権がアウト・オブ・ザ・マネーとなっている場合には希薄化効果が一切考慮されないため，何の調整も行われないことになります。

Ⅱ　評価手法

4　自己株式法により生じる誤差

　既に述べたとおり，自己株式法は新株予約権の本源的価値のみを考慮し時間
価値を無視する方法であることから，算定される１株当たり株主価値はオプ
ションの公正価値を控除する方法に比べて時間価値の分だけ高くなります。こ
のことを数値例によって確かめてみましょう。

　次の図表は，主要な条件を上記の設例と同一に設定した上で，様々な権利行
使価格を想定した場合に得られる１株当たり株主価値を示しています。Ａは新
株予約権の公正価値を企業価値から控除した場合の結果，Ｂは自己株式法の結
果をそれぞれ示しています。なお，新株予約権の公正価値と株主価値は循環計
算により算定されるものとし，上記の設例についても同様の方法で再計算しま
した。

[新株予約権の権利行使価格が変化した場合の１株当たり価値]

（単位：円）

権利行使価格	１株当たり価値		差額
	Ａ	Ｂ	Ｂ－Ａ
1,000,000	99,870	100,000	130
500,000	99,584	100,000	416
150,000	98,395	100,000	1,605
100,000	97,851	100,000	2,149
50,000	97,037	97,619	582
1	95,238	95,238	0

（注）　Ａ：新株予約権の公正価値を企業価値から控除した場合の１株当たり株主価値
　　　　Ｂ：自己株式法を用いた場合の１株当たり株主価値

　表から明らかなように，権利行使価格が１円の場合にはＡとＢの結果は一
致しますが，それ以外の場合はＢがＡよりも高くなり，権利行使価格が株価
である100,000円と一致する場合にその差が最大になります。

　その理由は次のように説明できます。まず，権利行使価格が限りなく０に近
づいた場合には，オプションの公正価値は本源的価値のみとなり，したがって
ＡとＢの結果が一致します。しかし，権利行使価格が上昇するに従って本源

的価値は縮小し，その一方で時間価値が発生します。その結果，時間価値を考慮しないBの結果は常にAを上回ります。権利行使価格と株価が一致する場合，すなわち100,000円の場合には，オプションの公正価値がすべて時間価値となり，AとBの差が最大となります。しかし，権利行使価格がさらに上昇すると，本源的価値は負にはならない一方，時間価値が次第に縮小し，やがては0に収束します。その結果，権利行使価格が株価を超える状況では，AとBの差が次第に縮小します。

　以上のことから，新株予約権が極端なイン・ザ・マネーやアウト・オブ・ザ・マネーとなっている場合には，自己株式法でも重要な誤差が発生しないものの，アット・ザ・マネーに近い場合には，無視できない誤差を生じる場合があるという結果を読み取ることができます。

Ⅱ 評価手法

Q42 評価対象企業が種類株式を発行している場合，どのように評価すればよいのか？

A 理論的には，普通株式と異なる内容の価値を評価し，それを普通株式の価値に対して加減すべきであるが，非上場会社の場合，前提となる普通株式の価値が算定の目的そのものであることから，この方法は事実上適用できない。

非上場会社においては，株主価値から種類株式の価値を控除した残額を普通株式の価値とするが，両者の価値が連動する場合，実際の算定は循環計算により行われる。普通株式とは異なる複数の内容が付された種類株式の価値を算定するにあたっては，株主のキャッシュ・フローに及ぼす影響を合理的に定量化できるものとそうでないものに分け，前者を総合的に評価する必要がある。

1 原則的な評価方法

日本公認会計士協会経営研究調査会研究報告第 32 号「企業価値評価ガイドライン」では，種類株式が配当や残余財産分配などの権利において普通株式に優先している場合には，株主価値をまず種類株式に配分し，残余を普通株式に配分するという原則が示されています。また，一定の時期に一定額で償還される種類株式については債券の評価と同様に取り扱う一方，その他については普通株式の評価を基礎として，付与されている複数の権利を加減していくものとされ，そのための評価手法としてブラック＝ショールズ式を始めとするオプション評価モデルが例示されています。その後公表された経営研究調査会研究報告第 53 号「種類株式の評価事例」でも，基本的には同様の考え方が踏襲されています。

以上の考え方は正論ですが，問題点が 1 つあります。普通株式の評価を基礎

インカム・アプローチ

として，オプション評価モデルにより評価した権利の価値を加減していくということは，普通株式の価値が既知であることを前提にしており，基本的には上場会社が種類株式を単体で評価する場合を想定しています。これに対して，非上場会社が普通株式の価値を算定するにあたり，株主価値から控除される種類株式の価値を求めようとする場合には，当然ながら普通株式の価値を所与とすることはできません。種類株式の価値を決定付ける普通株式の価値こそ，算定の目的そのものだからです。したがって，種類株式の評価に先立ち普通株式の価値を知ることはできず，両者の価値は循環計算により同時に求めるしかありません。しかも，様々な権利が組み合わされた種類株式の価値を，ブラック＝ショールズ式のような1本の式で求めることは不可能です。

オプション評価モデルを用いた種類株式の評価については，優れた類書が存在するためそれらに譲り，以下では非上場会社を前提に，種類株式の価値をどのように評価するかについて検討します。

2　種類株式の評価の特質

種類株式の評価が普通株式の評価と決定的に異なる点として，付与された権利が種類株主のキャッシュ・フローに及ぼす影響を総合的に評価しなければならないという点が挙げられます。すなわち，評価対象企業が普通株式のみを発行している場合には，企業価値から有利子負債等を控除して株主価値を求めれば算定は終わります。これに対し，種類株式を発行している場合には，算定された株主価値を普通株式とその他の株式に分配しなければならず，そのためには普通株式とは異なる権利の内容を総合的に評価し，それが株主価値の分配に及ぼす影響を検討する必要があります。

総合的に評価するということは，権利の価値を個別に評価すればよいというものではなく，複数の権利を一体化してとらえるべき局面が存在するということを意味しています。たとえば，発行価額に相当する金銭を対価とする取得請求権が無議決権の配当優先株式に付された場合には，社債に類似する種類株式として評価すべきですが，さらに普通株式を対価とする取得請求権が付された場合には，株価の上昇時には普通株式への転換により値上がり益も享受しうる，

Ⅱ 評価手法

転換社債型新株予約権付社債に類似するものとして評価すべきです。

このように，種類株式の評価は，普通株式との内容の相違が株主のキャッシュ・フローに及ぼす影響を合理的に定量化できることを前提に行われます。しかしながら，種類株式の内容によっては，株主のキャッシュ・フローへの影響を合理的に見積もることができない場合も存在します。そのような内容については，株式価値に影響を及ぼさないものとみなして評価するほかありません。

例えるならば，種類株式の評価は実物を模型化するようなものともいえます。実物を縮小して模型にする場合，当然ながら全く同じものを作ることはできず，再現が困難な部分についてはある程度簡略化せざるを得ません。緻密に再現すべき部分と，簡略化すべき部分を適切に取捨選択できるかどうかが，作品の出来を左右するわけです。それと同様，種類株式の評価においては，様々な権利のうちキャッシュ・フローへの影響を合理的に定量化できるものを取捨選択した上で，評価対象とする権利の実質を総合的に評価する視点が重要となります。

3 個々の権利の評価に関する一般論

上記の通り，種類株式に付された権利は総合的に評価すべきですが，総合的な評価を可能にする前提として，個別に評価した場合の取扱いを検討しておくことには意義があります。以下では，種類株式に付される主な内容ごとに，評価上の一般的な考え方を示します。

(1) 会社法上の種類株式の内容

会社法第 108 条第 1 項第 1 号から第 9 号に列挙された権利です。

① 剰余金の配当（第 1 号）

他の内容が普通株式と同一であったとすれば，優先配当は種類株式の価値を高めると考えられます。しかし，配当優先権が単独で付される場合は少なく，議決権がなかったり，取得請求権，取得条項などと組み合わされたりするのが通常です。

優先配当がなされて議決権がなく，金銭を対価とする取得請求権が付されている場合には，社債に類似する株式として評価するのが適切ですが，さらに普

通株式を対価とする取得請求権が付されている場合には，転換社債型新株予約権付社債に準じて評価するのが適切と考えられます。

② **残余財産の分配（第2号）**

継続企業の評価を前提とする場合，残余財産分配の先後関係が株式価値に影響を及ぼすとは考えにくいため，通常は考慮する必要がありません。ただし，後述するみなし清算条項が付された株式については，残余財産分配額が評価額に影響を及ぼします。

③ **株主総会において議決権を行使することができる事項（第3号）**

いわゆる無議決権株式，議決権制限株式を想定したものですが，議決権が株主のキャッシュ・フローに及ぼす影響を合理的に見積もることは困難です。

この点，株式価値の評価上，支配権の有無に応じてコントロール・プレミアムまたはマイノリティ・ディスカウントを考慮する場合もあることから，議決権の有無が株式価値に一切影響を及ぼさないとまではいえません。しかし，それらは議決権が集積された結果としての支配権に着目した増額または減額なのに対し，ここで考慮すべきは種類株式の内容としての議決権が価値に及ぼす影響です。すなわち，他の内容が普通株式と同一であったとして，議決権の有無が価値に及ぼす影響を合理的に見積もることは困難です。

したがって，議決権は単体では価値を持たないものとして取り扱うのが相当ですが，優先配当，金銭を対価とする取得請求権と組み合わされた場合，社債に類似することについては上記で指摘のとおりです。

④ **譲渡制限（第4号）**

非公開会社における株式の譲渡制限（会社法第107条第1項第1号）については，非流動性ディスカウントとして考慮する実務が一般的に行われていますが，種類株式の譲渡制限まで同様に取り扱ってよいかが問題となります。なぜなら，譲渡制限のある種類株式に非流動性ディスカウントを適用して普通株式の価値を算定した場合，種類株主の価値の一部が普通株式に移転することとなりますが，そもそも非流動性ディスカウントは，非上場株式の売却に要する取引費用に起因する減額であり，普通株主が享受すべきものではないからです。

以上の立場からは，他の内容が同一である限り，種類株式の譲渡制限は株主価値の分配には影響を及ぼさないものとして普通株式及び種類株式の価値を算

Ⅱ　評価手法

定する一方，算定された種類株式の価値に対しては，必要に応じて非流動性
ディスカウントを適用するのが適切と考えられます。

⑤　取得請求権（第5号）

　理論上はオプションの一種として評価すべき内容ですが，単体で評価するの
ではなく，剰余金の配当，議決権，取得条項など他の権利と一体で，株主の
キャッシュ・フローに及ぼす影響を考慮する必要があります。

⑥　取得条項（第6号）

　取得請求権とおおむね同様ですが，形式上付与されているとみなしうる場合
には，価値に影響しないものとして取り扱うことも合理性を有します。たとえ
ば，無議決権株式に対して普通株式を対価とする取得条項を付し，普通株式の
上場時に取得条項が適用されるとする一方で，当面上場は見込まれないとしま
す。この場合，取得条項は将来的に種類株式を消滅させる余地を残すために付
され，実質的には形骸化していると評価できることから，その他の内容が同一
である限り，普通株式と種類株式の価値は等しいものと評価されます。

⑦　全部取得条項（第7号）

　実務上，非公開化に際しての強制取得の手段として用いられてきた条項であ
り，この場合強制取得に先立ち実施された公開買付価格と同額で評価されるの
が一般的です。したがって，価値の評価に関する問題は生じにくいといえます。

⑧　拒否権（第8号）

　いわゆる黄金株と呼ばれるものですが，議決権の価値を単体で評価するのが
難しいことについてはすでに述べました。「種類株式の評価事例」においても，
拒否権はコントロール・プレミアムとしての価値を有するとの見解を示しつつ
も，その価値を数値的に表すのはきわめて困難とされています。

⑨　役員選任権（第9号）

　拒否権と同様，概念上価値を有することは想定し得ても，それを合理的に見
積もることは困難であり，少なくとも評価上は考慮外として差し支えないもの
と思われます。

⑵　その他の内容

　会社法に定められた内容の他に，定款または株主間契約により，特定の種類

インカム・アプローチ

株式にさらなる内容を付加する場合があります。最もよく知られているのがみなし清算条項です。

みなし清算条項とは，発行会社に所定の事由が生じた場合，残余財産の分配に準じて種類株主に分配を行う旨の取り決めで，発動の事由としては主に支配権の移動を伴う合併，株式売却が想定されます。

みなし清算条項の価値を見積もる場合には，発動の条件となる取引の発生確率を何らかの方法で見積もり，発動されない場合の価値と，発動された場合の価値を発生確率で加重平均するのが基本的な考え方となります。

4　評価の実例

以下では，「種類株式の評価事例」に例示された転換権付配当優先株式について，オプション評価モデルに依存しない形での評価を検討します。

「種類株式の評価事例」では，種類株式の内容として，剰余金の配当および残余財産の分配で普通株式に優先する一方，議決権を持たず，普通株式を対価とする取得請求権が付されているとの想定が置かれています。この種類株式については，普通株式に転換のうえ，市場で売却することにより投下資金を回収するとの前提が置かれており，上場会社を想定していることが分かります。

この場合，普通株式の価値を市場株価により知りうることから，優先配当を受領し元本を回収する社債に類似した部分の価値と，オプション評価モデルにより求めた新株予約権の価値に区分することにより，種類株式の価値を算定できます。しかし，非上場会社では，オプション評価モデルの基礎数値の1つである普通株式の株価自体が算定の目的であることから，上記のような評価手法を採ることができません。

そこで考えられるのは，当該種類株式を転換社債型新株予約権付社債に類似するものとみなし，循環計算によりその価値を算定する方法です。具体的には，算定された普通株式の株価が，当初取得価額を上回る場合には，取得請求権を行使して普通株式に転換されるとみなし，その他の場合は発行価額のまま保有して優先配当を受領すると仮定します。これにより，取得請求権が行使された場合には，普通株式1株当たりの価値に対し，種類株式の対価として交付され

Ⅱ　評価手法

る普通株式の数を乗じた金額が株主価値から控除され，残りが普通株式の価値となります。一方，取得請求権が行使されない場合には，株主価値から種類株式の発行価額を控除した残りが普通株式の価値となります。

　この方法は，評価時点の株価を基準に取得請求権の行使が決定されるとみなし，種類株主が享受する価値を株主価値から控除するという点で，新株予約権に相当する部分の本源的価値だけを考慮した簡便な方法と位置付けることができます。

インカム・アプローチ

Q43 第三者割当増資の払込金額の前提となる株式価値の算定にあたり，どの時点の株式数を基準にすればよいのか？

A 評価対象企業が普通株式のみを発行している場合には，評価時点の発行済株式数を用いればよい。評価対象企業が種類株式を発行している場合には，払い込まれる金銭を株主価値に含めたうえで，増資後の株式数を基準として種類株式に配分する。

非上場会社の増資にあたって株式価値を算定するとき，誰もが一度は突き当たるのが，払い込まれる予定の金銭と，増加する株式数をどのように取り扱うかという疑問です。その根底には，株式数が増加する結果，1株当たり価値が希薄化するのではないかという考え方があるものと思われます。

結論からいえば，普通株式のみを発行している会社が新たに株式を発行する場合，払い込まれる金銭および増加する株式数を考慮してもしなくても，算定される1株当たり株式価値は変わらないため，払い込まれる金銭を考慮することなく，評価時点の株式数を前提に1株当たり株式価値を求めれば足ります。これに対し，種類株式を発行している会社が新たに株式を発行する場合には，種類株式間の株主価値の分配関係が変わるため，増加する株式数を発行済株式数に加算するとともに，払い込まれる金銭を株主価値に含めます。

1　普通株式だけを発行している場合

AまたはBによりされる1株当たり株式価値はいずれも等しくなります。これは，払い込まれる金銭を株主価値に含めた場合，株式数の増加に比例する形で株主価値も増加し，1株当たり株式価値は変わらないからです。

A　株主価値を評価時点の発行済株式数で除した額
B　aをbで除した額

Ⅱ　評価手法

    a　上記の株主価値に，増加する株式と引き換えに払い込まれる金銭を加
      算した額
    b　発行済株式数と増加する株式数の合計

2　種類株式を発行している場合

　企業が複数の種類の株式を発行している場合，新たに発行する株式数を考慮
するかどうかによって，算定される1株当たり株式価値が異なることがありま
す。これは，発行済株式数が増えた場合，それぞれの種類株式に配分される株
式価値が変わってくるためです。そして，新たに発行される株式の発行価額の
妥当性を検証するにあたっては，発行後の株式数を前提にすべきであることか
ら，上記Bの方法に準じて1株当たり価値を算定する必要があります。

　この方法を採る場合，注意すべき点が1つあります。払い込まれる金銭は，
新たに発行される株式1株当たりの価値に対し，発行を予定する株式数を乗じ
ることによって算定されますが，この「新たに発行される株式1株当たりの価
値」こそ算定の目的そのものであり，一定の金額には固定できないということ
です。そのため，実際の算定にあたっては，次のいずれかの方法による必要が
あります。

(1)　1株当たり株式価値を変数とする方法

　発行を予定する株式数を一定に保つ一方，増加する株式1株当たりの価値を
変数Xとして，その値を循環計算により求めます。すなわち，変数Xをある
値に設定のうえ，払い込まれる金銭を算定し，これに基づき算定した株主価値
を種類株式に分配し，1株当たりの価値Xを求めるという計算を，Xが一定値
に収束するまで繰り返すということです。

(2)　増加する株式数を変数とする方法

　上記の方法では，発行を予定する株式数を一定に保ちましたが，実際の資金
調達においては，所与の調達額を1株当たりの発行予定額で除することにより
発行される株式数を決めるという方法も考えられます。この場合，(1)の方法に

対して若干の修正を加える必要があります。

　払い込まれる金銭は，増加する株式1株当たりの価値に対し，発行を予定する株式数を乗じることによって算定されます。ただし，増加する株式1株当たりの価値は，算定の目的そのものであり，所与の値に固定することができません。そこで，払い込まれる金銭を新たに発行される株式1株当たりの価値で除した値，すなわち増加する株式数をYとし，これを変数として循環計算します。

　これは，調達額がたとえば500だったとした場合，500/X を循環計算で求めていることを意味します。よって，調達額が変動しても，最終的に算定されるXの値については変わりません。

Ⅱ 評価手法

Q44 エクイティDCF法と通常のDCF法とは何が異なるのか？

A エクイティDCF法とは，DCF法の一種で，株主に帰属するフリー・キャッシュ・フローを求め，そのキャッシュ・フローを株主資本コストで割り引くことにより株主価値を求める方法である。

エクイティDCF法は，事業面の意思決定と財務面の意思決定とが表裏一体で切り離して考えることができない金融機関の価値評価に適しているが，事業会社の価値評価には通常適用されない。

金融機関は，資金調達の方法も利益獲得のための事業戦略と一体で検討します。そのため，一定の資本構成が長期的に維持される仮定を設定することはできません。そのため，金融機関の価値評価にはエクイティDCF法が適用されます。

1 エクイティDCF法の意義

エクイティDCF法は，株主に帰属するフリー・キャッシュ・フローを株主資本コスト（Return on Equity; ROE）で割り引くことにより，株主価値を直接算定する方法です。通常の場合，フリー・キャッシュ・フローは企業活動から生じるキャッシュ・フロー全体を指しますが，株主に帰属するキャッシュ・フローは，そこから有利子負債の増減，支払利息など債権者に帰属するキャッシュ・フローを控除することによって算定されます。通常のフリー・キャッシュ・フローと株主に帰属するフリー・キャッシュ・フローを区別する場合，次のように呼称される場合があります。

インカム・アプローチ

通常のフリー・キャッシュ・フロー：FCFF（Free Cash Flow to Firm）
株主に帰属するキャッシュ・フロー：FCFE（Free Cash Flow to Equity）

FCFE は，次のような算式で求められます。

FCFE＝当期純利益＋減価償却費－資本的支出±運転資本増減
±有利子負債の増減

FCFE は，株主に帰属するキャッシュ・フローであり，そのリスクは株主資本のリスクと整合します。そのため，FCFE を割り引く際には株主資本コストを割引率として使用します。

2　エンタプライズ DCF 法との異同

一般的な DCF 法，すなわちエンタプライズ DCF 法とエクイティ DCF 法の本質的な違いは，有利子負債の影響をどのようにして株主価値の算定に織り込むかにあります。

エンタプライズ DCF 法においては，全ての投資家に帰属するキャッシュ・フロー，すなわちフリー・キャッシュ・フローを，企業全体の資本コスト，すなわち加重平均資本コストで割り引くことにより事業価値を算定し，非事業資産を加算して企業全体の価値を求めた後，普通株主に帰属しない有利子負債などの時価を減算することによって株主価値が算定されます。有利子負債は現在の企業価値から控除される形で，支払利息は節税効果として割引率に織り込まれる形で，それぞれ評価に織り込まれ，有利子負債に関する将来のキャッシュ・フローがフリー・キャッシュ・フローの算定において明示的に考慮されることはありません。

これに対して，エクイティ DCF 法においては，有利子負債の調達返済と利払に関する将来のキャッシュ・フローがフリー・キャッシュ・フローに直接影響を与えます。したがって，フリー・キャッシュ・フローを適切に算定するためには，将来の資金の調達返済に関するキャッシュ・フローを明示的に考慮する必要があり，そのためには損益計算書だけでなく貸借対照表に関する詳細な

Ⅱ　評価手法

予測が必要となります。

[エンタプライズ DCF 法とエクイティDCF 法の異同点]

	エンタプライズ DCF 法	エクイティDCF 法
FCF の内容	全ての投資家に帰属するキャッシュ・フロー	株主に帰属するキャッシュ・フロー
資本コスト	加重平均資本コスト（WACC)	株主資本コスト（ROE)
株主価値	企業価値から有利子負債等を控除	キャッシュ・フローから直接算定
現在の有利子負債	企業価値から控除	控除せず
将来の有利子負債の増減	明示的には考慮せず（企業価値の一定割合を目標に機動的に調達返済すると想定)	フリー・キャッシュ・フローに反映
支払利息	税効果相当分を資本コストから控除（フリー・キャッシュ・フローには反映させず)	フリー・キャッシュ・フローから控除（割引率には反映させず)

3　エクイティDCF 法の問題点

　企業の資本構成が常に一定であれば，エンタプライズ DCF 法の結果とエクイティDCF 法の結果は一致します。しかし，エクイティDCF 法は，一般的なエンタプライズ DCF 法に比べ，次のような問題点があります。

(1)　キャッシュ・フローと割引率の整合性を保ちにくい

　加重平均資本コストを用いるエンタプライズ DCF 法では，割引率は資本構成の影響をほとんど受けません。これは，負債比率が高まると，株主資本コストに比べて低い負債資本コストの組み入れ比率が上がり，加重平均資本コストを引き下げる効果が生じる一方，財務リスクの上昇を反映して株主資本コストが上昇し，加重平均資本コストを引き上げる効果が生じ，双方の効果が打ち消し合って，加重平均資本コストはおおむね一定に保たれるためです。これは，事業計画上のキャッシュ・フローに対応した負債比率と，割引率の前提となっ

インカム・アプローチ

た負債比率が多少乖離しても，キャッシュ・フローと割引率の整合性はおおむね保たれることを意味しています。

これに対して，株主資本コストを用いるエクイティDCF法では，割引率が負債比率に応じて変化します。したがって，株主資本コストの前提となった負債比率と，事業計画上のキャッシュ・フローに対応した負債比率が乖離した場合には，キャッシュ・フローと割引率が整合しなくなります。

表は，一定の条件の下で負債比率を0％から100％まで段階的に変化させた場合における株主資本コストおよび割引率の変化を示しています。加重平均資本コストは5.0％から5.2％に上昇するだけですが，株主資本コストは5.0％から9.0％に上昇します。

[負債比率と割引率の関係]

無リスク金利	1.0%	1.0%	1.0%	1.0%	1.0%	1.0%
Unlevered Beta	0.5	0.5	0.5	0.5	0.5	0.5
負債比率	0%	20%	40%	60%	80%	100%
Levered Beta	0.5	0.6	0.7	0.8	0.9	1.0
リスクプレミアム	8.0%	8.0%	8.0%	8.0%	8.0%	8.0%
株主資本コスト	5.0%	5.8%	6.6%	7.4%	8.2%	9.0%
負債資本コスト	1.4%	1.4%	1.4%	1.4%	1.4%	1.4%
株主資本比率	100.0%	83.3%	71.4%	62.5%	55.6%	50.0%
加重平均資本コスト	5.0%	5.1%	5.1%	5.2%	5.2%	5.2%

たとえば，評価時点は20％だった負債比率が，将来的に80％まで上昇する一方，割引率は評価時点の負債比率である20％を前提に算出し，それを全期間にわたって適用すると仮定します。このとき，エンタプライズDCF法では，評価時点で5.1％の割引率が，将来的にも5.2％までしか上昇しないため，評価時点の割引率をそのまま適用することも不合理とまではいえません。しかし，エクイティDCF法では，将来的に8.2％まで上昇するはずの割引率を，一貫して5.8％と見積もることになるため，価値が過大に評価されます。

Ⅱ 評価手法

　将来の各時点における負債比率を適切に見積もり，それに応じて株主資本コストを調整すれば，このような問題は起こりません。しかし，ここでいう負債比率とは，有利子負債および株主資本の帳簿価額ではなく，時価で測定されるため，将来の変動を適切に見積もることは容易でないのが実情です。

(2) 複数の事業をもつ企業の分析に適していないこと

　エンタプライズ DCF 法においては，個別の事業の価値を集計して求めた事業価値に非事業資産の価値を加算し，有利子負債等を控除することによって，複数の事業をもつ企業の価値を事業別に分析することができます。

　これに対し，エクイティ DCF 法においては，株主価値が直接算出されるため，企業価値がどの事業からどれだけ生み出されているかという関係が明確になりません。仮に，事業ごとの株主利益を算出すれば，各事業の利益が株主価値にどれだけ貢献するかを把握することはできますが，そのためには間接部門コストを含む全てのコストを各事業に対して適切に配分しなければならず，分析が複雑となります。

4　エクイティDCF 法が適合する場合

　以上のように，エクイティ DCF 法には，キャッシュ・フローと割引率の整合性を保つのが難しく，事業価値の分析にも適していないという問題点があるため，事業会社の評価には通常適用されません。

　これに対し，金融機関の評価には，エクイティ DCF 法が適合するといわれています。エンタプライズ DCF 法は，企業の資産および負債を事業に関連したものとその他に区分し，前者から生じるキャッシュ・フローをフリー・キャッシュ・フローとする一方，後者から生じるキャッシュ・フローについては，フリー・キャッシュ・フローを割り引いた事業価値に対する調整項目として取り扱います。これに対して金融機関では，通常フリー・キャッシュ・フローから除外される資金の調達・返済に係るキャッシュ・フローも，事業から切り離して取り扱うことができません。そのため，これらも含んだキャッシュ・フローを割り引くエクイティ DCF 法が適合するのです。

インカム・アプローチ

Q45 収益還元法(利益還元法)とはどのような評価方式か?

　　　　収益還元法は,会計上の利益を一定の割引率で割り引くことによって事業価値を計算する評価方式である。
　この評価方式は,一定の利益が永続し,かつ,利益とキャッシュ・フローが等しいことを前提にしており,この前提が成立している場合には,DCF法と同じ評価結果となる。
　しかし,DCF法の算定で利用する事業計画に基づくフリー・キャッシュ・フローと収益還元法で採用する予想利益とが大きく異なる場合には,収益還元法は不合理な評価結果を導くことになるため,採用すべきではない。

1　収益還元法の意義

　収益還元法(利益還元法)は,会計上の利益を一定の割引率で割り引くことによって事業価値を評価する方式です。DCF法が将来にわたるフリー・キャッシュ・フローを割り引くことによって事業価値を計算する方式であるのに対して,収益還元法は,一定の利益が永続し,かつ,利益とキャッシュ・フローが等しいことを前提として事業価値を評価する簡便な評価方式です。この前提が成立している場合には,DCF法と同じ評価結果となります。

(1)　事業価値の算定
収益還元法による事業価値は次のように求められます。

Ⅱ　評価手法

$$EV = \frac{E}{r-g}$$

　　　E：将来予想される利益
　　　r：割引率（資本コスト）
　　　g：成長率

(2)　収益還元法における利益とは

　企業の価値は将来のキャッシュ・フローの現在価値で決まるという理論上の考え方からすれば，収益還元法においても予想利益を用いるべきです。この場合の予想利益は，将来，永続的に見込まれる正常利益であり，単純な過年度の利益の平均ではありません。

　したがって，収益還元法で過年度の利益を用いる場合，異常な変動を平準化した持続し得る利益であるべきで，このような観点から，評価対象企業の過去数年程度の平均利益を用いるのが一般的です。

　ただし，過年度の利益を用いるのは，過年度の利益が継続することを合理的に主張できる場合に限られます。例えば，新規事業が立ち上がることにより，将来の利益水準が過年度の利益水準と大きく異なることが見込まれる場合には，過年度の利益を基礎にした予想利益を採用することは，不合理な評価結果につながります。過年度の利益水準と将来の利益水準が連続していない場合には，DCF法の採用を検討すべきです。

2　収益還元法とDCF法の関係

　DCF法では，事業計画の利益に基づくフリー・キャッシュ・フローの割引現在価値と，事業計画最終年度の利益に基づくフリー・キャッシュ・フローが永続すると想定した継続価値の割引現在価値によって，事業価値が算出されます。一方，収益還元法では，一定の予想利益が永続的に続くものと想定した割引現在価値として事業価値が算出されます。どちらの方式を採用しても，事業価値が将来得られるであろう利益またはフリー・キャッシュ・フローの割引現在価値として算定されるという点では一致します。

インカム・アプローチ

したがって，DCF法の算定で利用する事業計画に基づくフリー・キャッシュ・フローと収益還元法で採用する予想利益とが一致する場合には，DCF法の評価結果と収益還元法の評価結果は同じものになります。

しかし，DCF法の算定で利用する事業計画に基づくフリー・キャッシュ・フローと収益還元法で採用する予想利益とが大きく異なる場合には，収益還元法は不合理な評価結果を導くことになるため，採用すべきではありません。

3　収益還元法における成長率

収益還元法は，会計上の利益を還元する方法で，成長のために必要となる投下資本の増加が考慮されていません。したがって，収益還元法は，一定の利益が永続するか，きわめて低い割合でしか成長しない場合を前提にしているといえます。一定以上の成長が見込まれる場合には，Q31で紹介したバリュードライバー法に準じてモデルを修正すべきです。

もっとも，そのためには投下資本利益率と再投資割合を見積もる必要があります。それらの変数を合理的に予測できる場合は，DCF法の前提となる事業計画も作成可能と考えられるため，収益還元法を採用する意義は事実上存在しないといえます。

4　繰越欠損金の取扱い

評価対象企業が繰越欠損金を有する場合には，その節税効果を見積もり現在価値に割り引くことになります。ただし，収益還元法の性質上，DCF法と異なり事業年度ごとの節税効果を見積もることはできません。そのため，年間の利益水準から節税効果が生じる期間を見積もり，その年数に応じた年金現価係数を繰越欠損金の残高に乗じて実効税率を適用し，非事業資産に準じて事業価値に加算するのが適切です。

Ⅱ 評価手法

Q46 APV法とはどのような評価手法か？

A 　調整現在価値法（APV法：Adjusted Present Value method）とは，将来のフリー・キャッシュ・フローの期待値を，企業が負債を利用していないと仮定した場合の株主資本コストで割り引くことによって無負債事業価値を算定し，これに負債の節税効果の現在価値を加算することにより事業価値を算定する方式である。
　調整現在価値法は，負債利用企業の企業価値は無負債企業に比べ負債の節税効果相当分だけ高くなるというモジリアーニ＝ミラーの理論（MM理論）から導かれる。
　負債の節税効果を割引率に織り込むDCF法においては，全期間を通じて一定の資本構成を想定するため，予測期間に資本構成が大きく変化すると予想されている場合には負債の節税効果を正しく織り込むことができない。一方，負債の節税効果を無負債事業価値に加算するAPV法は，評価対象企業の資本構成が段階的に変化する場合に有効な評価方式である。
　なお，資本構成の変化が想定されていない場合には，APV法とDCF法の算定結果は一致する。

1　APV法とは

　APV法とは，負債利用がなかったとみなした場合の事業価値である無負債事業価値を算定し，これに負債の節税効果，すなわち支払利息の損金算入による節税効果の現在価値を加算することにより事業価値を算定する方式をいいます。無負債事業価値は，将来のフリー・キャッシュ・フローの期待値を，企業が負債を利用していないと仮定した場合の株主資本コストであるアンレバード株主資本コストで割り引くことによって算定されます。また，負債の節税効果

インカム・アプローチ

は，支払利息に税率を乗じて算定した負債の節税効果を，予想調達金利で割り引くことによって算定されます。

APV法による株主価値は次のように算定されます。

$$E = \underbrace{\frac{FCF_1}{1+r_u} + \frac{FCF_2}{(1+r_u)^2} + \cdots + \frac{FCF_n}{(1+r_u)^n} + \frac{TV}{(1+r_u)^n}}_{無負債事業価値} + \underbrace{\frac{TS_1}{1+r_d} + \frac{TS_2}{(1+r_d)^2} + \cdots}_{節税効果} + \underbrace{C - D}_{純有利子負債}$$

E：株主価値　　　　　　　　　　　　TS_t：t期の節税効果
FCF_t：t期のフリー・キャッシュ・フロー　　r_d：予想調達金利
r_u：アンレバード株主資本コスト　　　　C：評価時点の非事業資産
TV：継続価値　　　　　　　　　　　　D：評価時点の有利子負債

2　APV法の前提－MM理論

APV法の前提を理解するには，ファイナンス理論の中核をなすモジリアーニ＝ミラーの理論（MM理論）について理解する必要があります。MM理論の詳細な解説は別書に譲りますが，その中核となる概念は，「企業価値は資本構成にかかわらず一定である」というものです。法人税の存在を考慮しない完全競争市場下においては，同じリスクを有する企業の価値は，負債を利用しているかどうかにかかわらず完全に一致するものとされます。

しかし，法人税の存在を考慮した場合，株主への分配額は税引後の利益から支払われるのに対し，負債への分配額は支払利息として損金算入されるため，負債利用がなかった場合に比べて法人税の負担を軽減する効果があります。よって，法人税が存在する場合には，負債を利用している企業の価値は，そうでない企業に比べて負債の節税効果分だけ高くなるという結論が導かれます。

APV法は，以上の前提に基づき，無負債企業の事業価値に対して負債の節税効果を加えることによって対象企業の事業価値を求めようとするものです。

Ⅱ　評価手法

3　APV 法の特徴

　APV 法が DCF 法に比べて異なる点は，資本構成の違いが企業価値に与える影響を，割引率に織り込むのではなく節税効果として織り込むことにあります。その結果，DCF 法において全期間を通じて一定と想定される資本構成が，段階的に変化するようなモデルを構築することが可能となります。

　すなわち，DCF 法では株主資本コストと負債資本コストを一定の比率で加重平均した割引率である WACC が適用され，負債の節税効果は負債資本コストの算定に織り込まれます。しかし，これは負債の節税効果が全期間を通じて一定という想定に基づいています。したがって，予測期間に資本構成が大きく変化すると予想されている場合には，負債の節税効果を正しく織り込むことができないという問題点があります。

　これに対し，APV 法では，負債利用がないとみなした場合の割引率，すなわちアンレバード株主資本コストを用いてフリー・キャッシュ・フローが割り引かれ，負債の節税効果は支払利息の節税効果の割引現在価値として別途算定されます。そのため，予測期間において資本構成が段階的に変化する場合でも，それぞれの時点における支払利息の節税効果を見積もり現在価値に割り引くことで対応でき，節税効果を資本コストに織り込む DCF 法よりも有効な評価方式となります。

　一方，資本構成の変化が想定されていない場合には，DCF 法の結果と APV 法の結果はおおむね一致します。

4　APV 法が適合する場合

　APV 法は，評価対象企業の資本構成が段階的に変化する場合に適合した評価手法であり，具体例としてはレバレッジド・バイアウト（LBO）における企業価値評価や破綻企業の評価などが知られています。

　LBO とは，買収先のキャッシュ・フローを担保に負債を調達して企業を買収し，買収後のキャッシュ・フローを原資として負債を返済する企業買収の手法をいい，経営者による企業買収（マネジメント・バイアウト；MBO）も

インカム・アプローチ

LBO の一種です。LBO においては，買収者の当初の負債依存度はきわめて高いものの，買収後のキャッシュ・フローを原資として負債が圧縮されるため，資本構成が段階的に変化するという特質があります。そのため，LBO の現在価値を求めるには，APV 法が有効な評価手法となります。

また，破綻企業においては，株主価値が毀損して負債が過大になっている場合が多く，その後のリストラクチャリングを通じて財務内容の改善が図られる場合には，やはり資本構成が段階的に変化し，APV 法が評価方式として適合します。

もっとも，資本構成が段階的に変化する場合であっても，DCF 法に代えて APV 法を採用した場合の影響額は，必ずしも大きいものではありません。Q44 では，負債比率を段階的に変化させた場合の株主資本コストおよび加重平均資本コストの変化を示しました。その例に則していえば，アンレバード株主資本コストは 5 ％ですが，負債比率が 100％まで上昇した場合であっても，加重平均資本コストは 5.2％です。したがって，フリー・キャッシュ・フローの割引現在価値については大差がなく，実質的な違いは負債の節税効果しかないともいえます。したがって，APV 法は，LBO を実施した企業のように，当初の負債比率がきわめて大きい企業が，将来的に無負債となるなど，現在と将来の資本構成が全く異なる場合に限って有効な評価手法といえます。

5　有利子負債の返済額とフリー・キャッシュ・フローの関係

DCF 法では，事業活動から生じたフリー・キャッシュ・フローが現在価値に割り引かれ，資金の調達・返済に関連するキャッシュ・フローは明示的に考慮されません。その原則は APV 法においても基本的に変わりませんが，1 つだけ留意すべき点があります。

APV 法において，負債の節税効果を見積もるにあたっては，各年度における有利子負債の残高を見積もらなければならず，その結果有利子負債の調達・返済額が求められます。この調達・返済に係るキャッシュ・フローがフリー・キャッシュ・フローに含まれることはありませんが，ある時点における返済額が，その時点までに獲得されたフリー・キャッシュ・フローの累計額および評

Ⅱ　評価手法

価時点の余剰資金の合計額よりも大きい場合には，計算上資金が枯渇すること
を意味し，不合理な想定となってしまいます。したがって，APV法においては，
資金の調達・返済に関連するキャッシュ・フローを一切無視してよいわけでは
なく，返済額がフリー・キャッシュ・フローおよび余剰資金の範囲内でなされ
ているかどうかの検証が必要となります。

6　資本コストの見積もり：再論

　APV法においては，フリー・キャッシュ・フローに対してアンレバード株
主資本コストを，負債の節税効果に対して予想調達金利をそれぞれ適用して割
り引くのが基本となります。しかし，APV法が適合する状況においては，負
債の節税効果は，事業計画の想定が実現するかどうかに大きく依存しています。
すなわち，LBOにおける企業評価や破綻企業の評価においては，毎期安定し
た収益を計上している企業の評価と異なり，想定の実現度合いによって負債の
返済可能性に重大な影響が生じます。このことから，負債の節税効果のリスク
は事業のリスクに一致すると考え，負債の節税効果についてもアンレバード株
主資本コストを適用すべきという考え方があります。この場合には，予想調達
金利で割り引いたときに比べて負債の節税効果が少なく見積もられます。

　この考え方は，債権者も実質的に事業リスクを負担するという想定をおくこ
とにより，負債利用が過大な企業において財務リスクが高まり負債の節税効果
が減殺されるという実態を反映する趣旨と理解することができます。

インカム・アプローチ

Q47 残余利益法とはどのような評価方式か？

A 残余利益法とは，評価時点における事業用資産の帳簿価額に対し，将来における営業残余利益の現在価値合計を加えることによって事業価値を算定する方式である。ここでの営業残余利益は，期首事業用資産にWACCを乗じた正常利益をNOPLATから控除した超過利益をいう。

1 残余利益とは

残余利益法とは，評価時点における事業用資産の帳簿価額に対し，将来における営業残余利益の割引現在価値の合計額を加えることによって事業価値を算定する方式です。ここでの営業残余利益は，期首の事業用資産に加重平均資本コストを乗じて求めた正常利益をNOPLATから控除した超過利益をいいます。

営業残余利益 = $NOPLAT - 事業用資産 \times WACC$

ここで，投下資本利益率（ROIC）は次のように表されます。

$ROIC = \dfrac{NOPLAT}{事業用資産}$

よって，NOPLATを次のように表すことができます。

$NOPLAT = 事業用資産 \times ROIC$

この関係を用いることにより，営業残余利益を次のように表すことができます。

営業残余利益 = $期首事業用資産 \times (ROIC - WACC)$

Ⅱ　評価手法

　NOPLATは企業の営業活動からもたらされる事業用資産に対する利益であり，WACCはその企業に対して投資家が期待する平均的な収益率です。よって，ROICとWACCの差は，企業が投資家の期待を上回って獲得した収益率であり，これに事業用資産の残高を乗じたものが営業残余利益となります。

2　DCF法との関係

　営業残余利益は，その企業の期首事業用資産の帳簿価額に対して期待される利益を超えて獲得された利益の割引現在価値という意味で，会計上ののれんに相当するものです。したがって，これに評価時点の事業用資産の帳簿価額を合算することによって求めた事業価値は，予測が整合的である限り，DCF法により算定された事業価値と一致します。

　すなわち，DCF法においては将来のフリー・キャッシュ・フローの割引現在価値として事業価値を算出します。このようにして求めた事業価値が，会計上の事業用資産を超過する場合，当該超過分がのれんとして認識されます。これに対し，残余利益法においては，正味の事業用資産から期待される利益を超過して得られた営業残余利益が現在価値に割り引かれることによってのれんが算定され，これに評価時点の事業用資産を加算することによって事業価値が算定されます。両者は，のれんを事業価値と事業用資産の帳簿価額の差額として求めるか，営業残余利益の割引現在価値として求めるかという違いはありますが，のれんと事業用資産の帳簿価額を合算して得られる事業価値は理論上一致します。

3　残余利益法の特徴

　以上のように，DCF法と残余利益法の結果は理論上一致しますが，残余利益法を採用する意義が2つあります。

　第一に，企業の収益性と事業価値の関係を明示的に分析しやすいということです。DCF法では，会計上の利益に対して一定の調整を加えたフリー・キャッシュ・フローを基礎として事業価値が算定されるため，会計上の利益が正であ

インカム・アプローチ

るにもかかわらずフリー・キャッシュ・フローが負となる場合があります。特に予測期間においては，企業が拡張的な投資を続けると想定される場合が多いため，会計上の利益とフリー・キャッシュ・フローとの乖離が大きくなります。拡張的な投資は将来のフリー・キャッシュ・フローを成長させるために必要なものであり，フリー・キャッシュ・フローが負となること自体は問題ではありません。しかし，各事業年度のフリー・キャッシュ・フローからは，予測期間の拡張投資が企業価値に与える影響を明示的に読み取ることができません。また，ROIC が低下しても規模を拡大することによってフリー・キャッシュ・フローを増加させることは可能であり，フリー・キャッシュ・フローは企業の収益性に関する指標としては必ずしも有用でないという面があります。

これに対し，営業残余利益は各年度における ROIC と WACC の大小関係と連動しており，企業の収益率が WACC をどれだけ上回ったかが事業価値に直結します。その結果，各年度の営業残余利益が事業価値に与える影響を明示的に分析できるとともに，収益性の低下が事業価値の低下に直結します。

第二に，事業価値に占める継続価値の割合が小さいため，継続価値に関する見積もりの相違によって算定される事業価値が大きく変動するという現象が起こりにくいといわれることがあります。

すなわち，DCF 法においては，予測期間のフリー・キャッシュ・フローは資本的支出や運転資本増加の影響で会計上の利益に比して小さく算定される一方，継続価値の算定においてはそのような拡張投資が小さくなる（あるいは行われなくなる）と考えられ，会計上の利益とフリー・キャッシュ・フローの乖離が小さく（あるいは存在しなく）なります。その結果，事業価値のかなりの部分を継続価値が占めることとなり，継続価値の算定におけるフリー・キャッシュ・フローや成長率の見積もりに関するわずかな誤差によって算定結果に重要な影響が生じる場合があります。

これに対し，企業の超過収益力が次第に低下する傾向を考慮すると，残余利益法においては，予測期間終了後の残余利益は予測期間のそれに比して低くなるのが通常です。したがって，企業価値に占める継続価値の占める割合が小さく，継続価値の見積もりに依存する度合いの高い DCF 法の問題点を解決できる意義があります。

Ⅱ　評価手法

　ただし，繰り返しになりますが，予測が合理的である限り，DCF 法と残余
利益法からは理論上同一の結果が導かれます。したがって，残余利益法が
DCF 法より優れた方法であるとは必ずしもいえず，むしろフリー・キャッ
シュ・フローと営業残余利益という異なる角度から事業価値を分析することに
それぞれの意義があるといえます。

インカム・アプローチ

Q48 配当還元法とはどのような評価方式か？

A 配当還元法は，対象企業株式から将来受ける配当金の見込額に基づいて株主価値を算定する評価方式であり，非公開会社で株式の譲渡によるキャピタル・ゲインを期待することが想定されず，配当による経済的利益を期待するしかない非支配株主の価値評価に適合する。

1 配当還元法とは

配当還元法は，将来受ける配当金の見込額に基づいて株主価値を評価する手法です。具体的には，一定の予想配当を，株主資本コストで割ることにより株主価値が算定されます。

$$E = \frac{D}{r_e} \qquad E：株主価値 \qquad D：配当 \qquad r_e：株主資本コスト$$

このようにして算定された株主価値は，一定の配当を永久に受け取ると仮定した場合の株主価値を表します。そのため，配当還元法において参照すべき配当には，半永久的に持続可能な配当を用いる必要があることから，過去の数期間の実績を平均することにより求めた正常な水準の配当を用いるのが一般的となっています。

2 ゴードンモデル

ゴードンモデルは，配当還元法を応用したモデルであり，予想配当が一定の成長率を伴って永久に維持されるという前提で株主価値を求めるものです。

Ⅱ　評価手法

$$E = \frac{D}{r_e - g} \qquad g：配当の永久成長率$$

　ゴードンモデルにおいては，企業が利益の一部を配当し，残りを再投資するという前提のもとで，再投資が一定割合で利益を成長させ，結果として同じ割合で配当を成長させるという想定がおかれます。ゴードンモデルは，再投資を明示的に考慮するという点において，DCF 法の継続価値の計算におけるバリュードライバー法と同様の考え方に基づくものです。

　仮に，利益の一定割合を配当し，残りを再投資すると仮定します。このとき，利益 1 単位を再投資することにより得られる利益は q に ROE を乗じることにより求めることができ，これが再投資の仮定を設けた場合の利益の成長率となります。

$$g = q \times ROE \qquad q：再投資比率 \qquad ROE：株主資本利益率$$

　このようにして得られた利益成長分の一定割合が配当にあてられる結果，配当も同じ割合で成長することから，株主価値が上記のような算式で表されることになります。

3　配当還元法が適合する場合

　配当還元法は，株主の得る経済的利益が配当にほぼ限られる場合に適合する評価手法です。そのため，配当還元法は，一般的に，非公開会社の非支配株主が所有する株式の評価に適用されます。非公開会社の株式は，譲渡制限が付されていることから，売却が困難であり，値上がり益を目的とした保有が想定されない場合があります。特に，非公開会社の非支配株主は，配当による経済的利益を得ることを主眼として株式を保有することが一般的です。このような保有目的のもとでは，配当を株主にとっての経済的利益と同一視できることから，配当還元法が適合するといわれることがあります。

　また，このようなことから，相続税，贈与税の課税価格計算にあたっての株式評価を前提とした「財産評価基本通達」では，非公開会社の非支配株主が所有する株式に関する特例的評価方式として，「配当還元方式」による株式評価を認めています。

194

インカム・アプローチ

Q49 モンテカルロ DCF 法とは何か？

A モンテカルロ DCF 法は，DCF 法を基礎としつつ，金融工学において使用されるモンテカルロ・シミュレーションによる結果をDCF法の中に組み込む評価方式である。

モンテカルロ DCF 法とは，株価や利益水準など将来のキャッシュ・フローに影響を与える一定の変数の動きを幾何ブラウン運動（時間の経過とともに対数正規分布に近づく動き）としてとらえ，コンピュータで発生させた乱数により変数を仮想的に変化させた結果に基づき，将来に発生するキャッシュ・フローの割引現在価値を求めることにより，公正価値を算出する手法です。試行回数を増やすほど，算出される価値は理論価値に近づくことが知られています。

モンテカルロ DCF 法の概念を，次の設例を通じて考えてみましょう。

【設例】

不動産賃貸業を事業としているが，その賃貸収入は最近の経済不況により低水準となっており，赤字となっている企業があります。この企業が保有する物件の収益性は低下しているものの，土地には多額の含み益が発生しています。そのため，賃貸事業から撤退の上，更地を売却したほうがキャッシュ・フローは大きくなります。しかしながら，そのためには賃借人に多額の補償をしなければならず，即座に撤退できるわけではありません。

そこで，賃貸事業を継続する場合の株主価値を DCF 法により，撤退する場合の株主価値を純資産法によりそれぞれ算定したところ，その結果は次のようになりました。

Ⅱ　評価手法

	株主価値
DCF 法	5 億円
純資産法	20 億円

　通常の算定においては，企業が継続を前提とする場合には DCF 法を，解散を前提とする場合には純資産法を採用します。しかしながら，事業を継続するか撤退するかが確定しない場合には，それぞれの前提に基づいた株主価値に基づいて総合的に判断する必要があります。その際に有用となり得るのがモンテカルロ DCF 法です。

　ここでは，次の手順によりモンテカルロ・シミュレーションを行います。これにより，事業を継続するか撤退するかが確定しない状況下でも，撤退の確率を一定程度客観的に織り込んだ評価が可能となります。

- 過去の過去の業績の推移から，営業利益の標準偏差を算出
- 算出された標準偏差で事業計画上の営業利益が確率的に変動すると仮定
- 想定する確率分布に従う乱数を生成し，各事業年度の営業利益を算出
- 3 期続けて損失が計上された場合には，事業から撤退して土地を売却するとみなし，純資産法による評価額を採用
- その他の場合は事業を継続するとみなして DCF 法による評価額を採用
- 数万回程度の十分大きい回数にわたって試行を繰り返し，それぞれの試行における評価額の平均値を株主価値とする

マーケット・アプローチ

Q50 市場株価法とは何か？

A 　市場株価法とは，証券取引所に株式を上場している企業の市場株価の分析により株主価値を評価する方法である。市場株価法は，上場株式の評価手法としては最も客観的であり，上場企業の評価においては特段の事情がない限り市場株価を斟酌する必要がある。
　株式市場が完全に効率的ならば，評価基準日における市場株価は公正価値と一致する。しかし，株式市場の効率性には限界があり，一時点における株価は異常な要因によって歪められている場合もあることから，短期的な価格変動の影響を除外するため平均株価を参照する場合が多い。

1　市場株価法とは

　市場株価法は，市場株価の分析により株主価値を評価する方法です。ここで市場株価とは，証券取引所および組織された店頭市場において形成されている取引価格をいいます。わが国においては，平成16（2004）年にジャスダック市場が証券取引所に転換されたことに伴い，株式の店頭登録市場が存在しなくなったため，市場株価法は実質的に上場株式の市場株価を分析する方法と理解して差し支えありません。

Ⅱ　評価手法

2　市場株価の重要性

　多数の主体が参加して活発に取引が行われている市場を通じて形成された価格には，当事者の合理的な意思や，その背後にある様々な株価の形成要因が織り込まれます。そのため，市場株価は，株式の公正価値として最も高い客観性を有しています。よって，上場企業の評価においては，特段の事情がない限り市場株価を斟酌する必要があります。

3　市場株価の算出方法

(1)　平均株価の使用

　市場株価としては，評価基準日の証券取引所における終値を参照する場合のほか，評価基準日以前一定期間の平均株価を参照する場合があります。

　株式市場が完全に効率的と仮定するならば，評価基準日時点において株式価値を形成する情報は，当日の株価にすべて織り込まれ，市場株価と公正価値は一致します。しかし，株式市場の効率性には限界があり，一時点における株価は異常な要因によって変動する場合もあります。そのため，評価基準日当日の株価だけでなく一定期間の平均株価をあわせて参照するのが一般的です。

(2)　平均株価の算出方法

　平均株価としては，各取引日の終値の単純平均値と，各営業日に約定した価格を出来高で加重平均することによって求める出来高加重平均価格（Volume Weighted Average Price; VWAP）とが一般的に用いられます。

　終値の単純平均は，Web などの媒体を通じて容易に入手できる一方，前日終値から当日終値に至るまでの値動きと出来高の影響を無視しているため，特に短期間の平均株価をとる場合には，VWAP に比べ取引実態が反映されにくくなる可能性があります。

　VWAP は，終値平均に比べ取引実態を反映させやすい反面，取得には情報端末の設置などの費用が必要となるうえに，算定期間が長くなると単純平均と重要な差異が生じなくなるため，費用対効果の観点からはその必要性が問題とな

マーケット・アプローチ

ります。

終値平均と VWAP のいずれを採用すべきかの取り決めはありませんが，日本公認会計士協会会計制度委員会報告第 14 号「金融商品会計に関する実務指針」75 項においては，その他有価証券の期末時価の算定という局面における平均株価とは原則として「各日の終値または気配値の単純平均」を指すものとされています。このような会計上の取扱いの趣旨から類推すると，平均株価として終値平均を用いても特段の問題は生じないと解することができます。

(3) 複数の市場価格がある場合

複数の取引所に重複して上場されている株式については，いずれの市場価格を参照すればよいかが問題となります。この点，「金融商品会計に関する実務指針」49 項においては，1 つの金融資産が複数の取引所に上場されている場合には，当該金融資産の取引が最も活発に行われている取引所のものとするとされており，市場株価法においても同様の取扱いが望ましいと考えます。

4　市場株価法に依拠できない場合

通常の場合，市場株価は上場株式の価値として最も高い客観性を有しますが，これは多数の参加者による取引を通じて適切な価格調整がなされていることを前提としています。したがって，何らかの理由により価格の調整機能が失われ，または株価の形成要因が変質していると認められる場合，市場株価法に依拠することはできません。該当する例として次のようなものが挙げられます。

(1) 公開買付けの対象となった株式

株式の公開買付けが公表された場合，その株式の市場価格は公開買付価格に収斂する傾向があります。したがって，少なくとも公開買付期間が満了するまでは，適切な価格調整機能が失われているか，相当程度制限されていると考えられます。最終的に上場廃止が予定されている場合には，公開買付期間の満了後も価格調整機能は復活しないと考えるのが相当です。

Ⅱ　評価手法

(2)　株式交換完全子会社の市場株価

　上場会社同士の株式交換の公表後，子会社となる会社の市場株価は，親会社となる会社の市場株価に対して株式交換比率を乗じた価格におおむね連動する傾向があります。この場合，子会社の市場株価には統合後の親会社の株価形成要因が反映されており，子会社固有の株価形成要因は反映されていないと推定されます。

マーケット・アプローチ

 Q51 平均株価の算出期間はどのように決定すればよいのか？

A 　短期的な変動を除外する一方で、株価に織り込まれる情報の均一性を確保する観点から決定する必要がある。しかし、客観的な基準を設けることはできず、評価基準日以前１ヶ月から６ヶ月程度の異なる期間の株価を算出し、幅をもった形で市場株価をとらえるのが一般的である。

1　基本的な考え方

　株式市場が完全に効率的と仮定するならば、評価基準日時点において株式価値を形成する情報は、当日の株価にすべて織り込まれ、市場株価と公正価値は一致します。しかし、株式市場の効率性には限界があり、一時点における株価は異常な要因によって変動する場合もあります。そのため、評価基準日当日の株価だけでなく一定期間の平均株価をあわせて参照するのが一般的です。

　一定期間の平均株価を参照する場合には、その期間の長短が問題となります。参照期間が短い場合には、異常な要因の影響によって株価が歪められるという、一時点の株価のみを参照する場合と同様の問題が生じます。一方、参照期間が長い場合には、評価基準日と異なる情報に基づいて形成された市場株価が反映されることになり、やはり株価を歪める効果が生じます。よって、平均株価の算出期間は、短期的な変動を除外する一方で、株価に織り込まれる情報の均一性を確保する観点から、総合的に判断すべきです。

　もっとも、これらの相反する条件を満たす算出期間として一律の基準を設けることはできず、短期間の平均株価と長期間の平均株価それぞれの問題点を補完するため、複数の異なる期間の平均株価を求め、それらに基づいて判断するのが一般的です。

Ⅱ　評価手法

2　実務上の考え方

　算出期間の客観性，統一性を重視する考え方と，評価対象企業固有の事情を重視して算出期間を決定する考え方に大別されます。しかし，ある期間について算出された平均株価が，他の期間について算出された平均株価に比べて明確に優れているかどうかの判断は困難です。そのため，複数の期間の平均株価を求め，評価基準日の株価を含め，幅をもった形で市場株価をとらえるのが一般的となっています。

(1)　客観性，統一性を重視する考え方

　何ヶ月，何営業日といった，一定の月数，日数などを基準として，平均株価の算出期間を設定します。この方法においては，異常な変動の除外，情報の均一性の確保といった，平均株価の算定において理論上考慮すべき要素が必ずしも斟酌されているわけではありません。しかし，客観性，統一性の観点からは，一定の月数や日数で平均株価の算出期間を設定せざるを得ないため，大多数の事例においてこの考え方が採用されています。

　月数を基準とする場合には，評価基準日以前1ヶ月，3ヶ月，6ヶ月の平均値を求める場合が多くなっています。少数派ではあるものの，特に短期間の平均としては，20営業日平均，1週間平均など，日単位や週単位の平均値が用いられる場合もあります。明文化された取り決めはありませんが，最も一般に用いられる1ヶ月平均，3ヶ月平均，6ヶ月平均については，それぞれ次のような一定の論拠を有しています。

＜1ヶ月平均＞

　企業会計基準第10号「金融商品に関する会計基準」注解7は，その他有価証券の期末時価の算定について，継続適用を条件として，期末前1ヶ月の市場株価の平均に基づいて算定された価額を採用することができるものとしています。この取扱いは，売買目的有価証券と異なり，直ちに売却することを目的としていないその他の有価証券については，短期的な価格変動を反映させることが必ずしも妥当とはいえないとの趣旨に基づいています。

　したがって，この取扱いの趣旨が企業価値評価にそのまま妥当するわけでは

202

マーケット・アプローチ

ありませんが，短期的な変動を除外した正常な株価の基準として1ヶ月平均株価が一般に用いられることを示す事例の1つとなっています。

＜3ヶ月平均＞

わが国の上場企業は，四半期決算制度が義務づけられ，3ヶ月ごとに決算情報や業績予想が発表されています。言い換えると，3ヶ月という期間は上場企業から同一の決算情報等が提供される期間の上限を画しています。そこで，3ヶ月を1つの単位と考え，当該期間における平均株価を参照することに意味があります。

＜6ヶ月平均＞

旧レックスホールディングスの株式買取価格決定申立事件における東京高裁の決定（平成20年9月12日）では，評価基準日以前6ヶ月間の平均株価を基準に買取価格が決定されています。

東京高裁は，「日本証券業協会が定めた『第三者割当増資の取扱いに関する指針』によれば，『第三者割当増資等にかかる払込金額は，当該第三者割当増資等に係る取締役会決議の直前日の価額に0.9を乗じた額以上の価額を原則とし，ただし，直前日までの価額または売買の状況等を勘案し，当該決議の日から払込金額を決定するために適当な期間（最長6か月）をさかのぼった日から当該決議の直前日までの間の平均の価額に0.9を乗じた額以上の額とすることができる旨が認められている』こと」を根拠に最長の6ヶ月間を採用しました。

(2)　固有の事情を重視する考え方

決算発表，業績予想の修正，M&Aの契約締結など，株価に重要な影響を与えると考えられる事実が公表された日を基準として，同日以降評価基準日までの期間を平均株価の算出期間として設定します。すなわち，重要事実の発表前の株価と，発表後評価基準日までの株価については，明らかに異質な情報が織り込まれていると考え，重要事実公表後の期間のみを平均株価の算出期間とするものです。

M&Aの契約締結や，画期的な新製品の発表など，企業の長期的な業績に影響を与える事実が公表された場合には，当該企業の市場株価にも重要な影響が生じる場合が多いことから，それ以降の期間のみを平均株価の算出期間とする

Ⅱ　評価手法

ことは一定の合理性をもちます。ただし，何が重要事実にあたるかについて客観的な基準を設けることは困難であり，評価対象企業固有の事情に基づき平均株価の算出期間を設定する方法も万能とはいえないということに留意してください。

マーケット・アプローチ

Q52 平均株価の算出にあたって、株価の異常な変動を検出するにはどうすればよいか？

A 異常な変動を検出する方法には、騰落率を分析する方法、株価指数との相関関係を分析する方法、流動性を分析する方法などがある。
いずれの方法についても、評価対象企業について分析するだけでなく、類似上場会社についても同様の分析を行い、その結果を比較検討することによって、異常値の有無を検証する。

市場株価法による場合は可能な限り最近の情報が反映された株価を参照すべきですが、特定時点の株価は何らかの異常な要因を織り込んでいることもあります。

異常な要因の影響を除外するには2つの視点が必要です。1つは、評価基準日から遡って一定期間の平均株価を採用することにより、短期的な変動要因の影響を平準化した正常な株価を求めることです。もう1つは、過去の株価変動の中から異常な変動を検出し、その影響を除外することです。

異常な変動を検出する方法として、以下では騰落率を分析する方法、株価指数との相関関係を分析する方法および流動性を分析する方法の3つについて検討します。

1　騰落率の分析

二時点の株価を比較し、どの程度変動したかを示す割合を騰落率といいます。ここで、評価対象企業の株価の騰落率が、類似企業の株価の平均的な騰落率や、株価指数の騰落率と大きく異なる場合には、評価対象企業の株価がその企業固有の要因によって変動している可能性が高いということになります。

Ⅱ　評価手法

　ただし，「大きく異なる」かどうかを客観的に判断するには，一定の物差し
を用意する必要があります。万人が納得し得る物差しを設けることは不可能で
すが，以下では１つの例として統計的手法を利用した方法を紹介します。

【設例】
　不動産業に属するＡ社およびその類似企業の株価の評価基準日以前６ヶ月
の騰落率は，以下のとおりです。

[Ａ社および類似企業の市場株価の６ヶ月騰落率]

順位	名称	％
1	Ｂ社	38.39
2	Ｃ社	22.70
3	Ａ社（評価対象企業）	**7.58**
4	Ｄ社	6.00
5	Ｅ社	− 0.94
6	Ｆ社	− 3.69
7	Ｇ社	− 5.97
8	Ｈ社	− 6.24
9	Ｉ社	− 10.97
10	Ｊ社	− 11.78
11	Ｋ社	− 12.31
12	Ｌ社	− 12.85
13	Ｍ社	− 18.35
14	Ｎ社	− 67.90

（注）　平均−5.45％　標準偏差22.70％

　評価対象企業を含む全14社の騰落率の平均値は−5.45％，標準偏差は
22.70％と算定されます。
　ここで，騰落率が正規分布するものと仮定します。正規分布は，以下のよう
な確率密度関数で表される確率分布をいいます。

$$f(x) = \frac{1}{\sqrt{2\pi\sigma^2}} \exp\left[-\frac{(x-\mu)^2}{2\sigma^2}\right]$$　　　σ：標準偏差　σ^2：分散　μ：平均

マーケット・アプローチ

　正規分布は，平均値を中心に左右対称の釣鐘型の分布をもちます。このこと
は，平均に近い（遠い）値ほど発生確率が高い（低い）ことを示しています。
統計学においては，多数の独立した要因によって変動する確率変数は正規分布
に従うことが知られています。したがって，多数の上場企業について株価の騰
落率を集計した場合，それが正規分布に従うとの仮定をおくことは一定程度の
合理性をもちます。

　平均が 0 で標準偏差が 1 の正規分布を標準正規分布といいます。標準正規分
布に従う変数（Z）がある値以下となる確率を示したものは，「標準正規分布表」
として簡単に入手できます。次の表は標準正規分布表の一部で，表の行方向に
は Z の小数点以下 1 桁目が，列方向には小数点以下 2 桁目が配置されています。
小数点以下 1 桁目の行と 2 桁目の列が交わる箇所を参照することにより，Z が
ある値以下となる確率を求めることができます。例えば，1.0 の行と 0.00 の列
が交わる箇所は 0.8413 となっており，これは Z が 1 以下となる確率が 84.13％
となることを示しています。

　標準正規分布表を用いることにより，Z が一定範囲内に収まる確率を求める
ことができます。まず，Z が 1 以下となる確率は上記の通り 84.13％です。また，
Z が 0 以下となる確率は，同様に標準正規分布表から 50％と確認できます。
よって，Z が 0 以上 1 以下となる確率は 34.13％となります。ここで，標準正
規分布は左右対称のため，Z が平均を中心として ±1 の範囲内に収まる確率は
34.13％を 2 倍することで 68.26％となります。

[標準正規分布表（一部）]

Z	0.00	0.01	0.02	0.03	0.04	0.05	0.06	0.07	0.08	0.09
0.0	0.5000	0.5040	0.5080	0.5120	0.5160	0.5199	0.5239	0.5279	0.5319	0.5359
	…	…	…	…	…	…	…	…	…	…
0.8	0.7881	0.7910	0.7939	0.7967	0.7995	0.8023	0.8051	0.8078	0.8106	0.8133
0.9	0.8159	0.8186	0.8212	0.8238	0.8264	0.8289	0.8315	0.8340	0.8365	0.8389
1.0	0.8413	0.8438	0.8461	0.8485	0.8508	0.8531	0.8554	0.8577	0.8599	0.8621
1.1	0.8643	0.8665	0.8686	0.8708	0.8729	0.8749	0.8770	0.8790	0.8810	0.8830
1.2	0.8849	0.8869	0.8888	0.8907	0.8925	0.8944	0.8962	0.8980	0.8997	0.9015
	…	…	…	…	…	…	…	…	…	…

Ⅱ　評価手法

　また，平均 μ ，標準偏差 σ の正規分布に従う変数は，次式によって標準正規分布に従う変数に変換できることが知られています。

$$Z = \frac{x - \mu}{\sigma} \qquad Z : 標準正規変数 \qquad x : 正規変数$$

この式を書き換えると次のようになります。

$$x - \mu = \sigma Z$$

　ここで，Z が ±1 の範囲に収まる確率は約 68％のため，正規分布に従う変数からその分布の平均値を引いたものが，約 68％の確率で ±1 標準偏差の範囲に収まることを確かめることができます。

　以上のような関係を利用すると，騰落率が正規分布に従うと仮定することによって，ある企業の騰落率が，全企業の騰落率の平均値から上下 1 標準偏差以内の乖離にとどまっている場合，その企業の騰落率は，平均値を含む中央の約 68％の範囲に収まっていると結論づけることができます。このことをもって，評価対象企業の騰落率が異常でないという根拠の 1 つを得ることができます。
　以上の前提に基づいてＡ社および類似企業の騰落率を見てみると，Ａ社の騰落率は 7.58％であり，全 14 社中 3 位となっています。また，類似企業の平均騰落率との差は 13.03％であり，標準偏差よりも小さくなっています。よって，上記の基準に照らして，評価対象企業の株価は類似企業と比べて大きな変動がないと考えられることから，異常な変動がなかったものと判断することができます。なお，この判断は，絶対的な基準に基づく判断ではなく，あくまで一定の物差しをおいたうえでの判断であることに留意してください。
　仮に，評価対象企業の株価の騰落率と，騰落率の平均値との差が標準偏差よりも大きい場合，すなわち異常な変動の存在が疑われる場合には，後述するような他の手法による分析結果を併用するとともに，観察期間において株価に影響を与える重要な事実がなかったかどうかを検討することにより，異常な変動の有無とその原因を特定する必要があります。

208

マーケット・アプローチ

2 株価指数との相関関係の分析

相関係数とは，２つの確率変数の相関関係を示す指標です。

$$\rho_{xy} = \frac{\sum_{i=1}^{n} (X_i - \overline{X})(Y_i - \overline{Y})}{\sigma_X \, \sigma_Y}$$

$\overline{X}, \overline{Y}$：$X, Y$の平均値
σ_X, σ_Y：X, Yの標準偏差

XとYの値を平面上に描いたときに右上がりの直線上に並ぶ場合には，相関係数は１をとり最大となります。右下がりの直線上に並ぶ場合にはマイナス１をとり最小となります。X, Yが完全に不規則に散らばっている場合には，相関係数が０となります。

XとYの間に右上がりの直線に類似する関係が成り立つとき，XとYは正の相関をもつといいます。株価指数が継続的に上昇しているときは，株価指数の算出に組み込まれる個別銘柄の株価も上昇しているのが一般的であることから，株価指数の変動とある銘柄の株価変動との間には通常の場合正の相関があると考えられます。しかし，株価指数の変動とある銘柄の株価変動との相関関係が小さい場合，あるいは両者の間に負の相関が生じている場合，その銘柄には特殊な株価形成要因が作用している可能性があります。

よって，株価指数の変動と特定銘柄の株価変動との相関関係を検証することは，評価対象企業の株価に異常な変動がないかどうかを検証する有効な手法の１つになります。ここで第一に必要となるのは，株価指数の変動と評価対象企業の株価変動の相関関係ですが，それに加えて類似企業の株価変動についても同様に相関係数を求め，企業間比較をすることで，評価対象企業の株価変動に異常がなかったかどうかの判断に役立てることができます。

Ⅱ 評価手法

データの散らばり具合と相関係数

$\rho = 0$

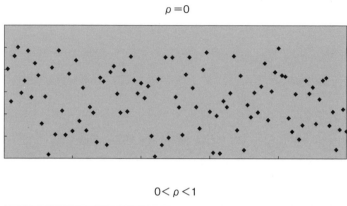

$0 < \rho < 1$

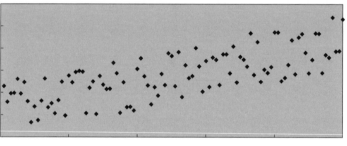

$\rho = 1$

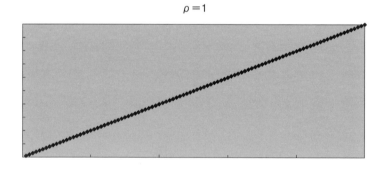

マーケット・アプローチ

3　流動性の分析

　流動性は，株価形成に影響を与える要因の１つです。流動性の高い銘柄については，多数の市場参加者の間で頻繁に取引が成立するため，市場株価は適正に形成されている可能性が高くなります。これに対し，流動性が極端に低い銘柄については，売買の機会に制約が出るうえに，約定する価格も安定せず，株価のボラティリティが高くなる傾向があります。よって，流動性の分析は，市場株価に異常な変動がないかどうかを確認する手段の１つになります。

　ここで，「流動性が低い」ということは「株価変動が異常である」ことに直結するのではなく，異常な変動を示唆する要因の１つに過ぎないことに留意してください。そもそもその株式の流動性が市場の平均に比べ恒常的に低くなっている場合には，流通単位の大きさなど，企業の実態とは直接関係のない要因によって価格変動が影響を受けている場合が多く，流動性の低さ自体は異常な現象ではないからです。そのため，流動性の分析においては，同一時点における類似企業との比較に加え，同一企業について時系列の比較をすることが有益です。例えば，ある期間の流動性が他の期間に比べて大きく異なっていないかどうかという期間比較を通じ，株価変動の異常性に関する情報を得ることができます。

　株式の流動性の指標としては出来高と浮動株比率が一般に知られています。以下ではこれらの指標を用いた分析手法を検討します。

(1)　出来高を用いた分析

　ある銘柄の売買出来高を，時系列で分析します。ある取引日の出来高が，他の取引日の平均出来高を大きく超える場合には，その銘柄の株価に影響を与える事実が発生していた可能性が高いと考えられるため，その原因を検証する必要があります。

(2)　浮動株比率を用いた分析

　浮動株とは市場で流通する可能性の高い株式であり，『会社四季報』では，１単位以上50単位未満の株主が所有している株式を浮動株とみなしています。

211

Ⅲ　評価手法

　浮動株は，主として長期保有目的以外で保有している株式と考えられることから，市場で売買されている株式の数を推定するにあたっての指標として一般に用いられています。

　浮動株比率の分析手法としては，まず評価対象企業の浮動株比率を類似企業と比較する方法が考えられます。また，浮動株比率は一定時点における流動性の指標ですが，これに対して一定期間における流動性の指標というものを考えることができます。具体的には，評価対象企業の特定期間内に取引された株式の数を，浮動株の数と対比することにより，株式が一定期間内にどの程度売買されたかについて，回転率を算出する方法です。

　公表されている浮動株比率を発行済株式数に乗じることにより，その時点での浮動株の数を求めることができます。市場で取引される株式の母集団が浮動株におおむね一致すると仮定するならば，対象期間の出来高の合計を浮動株の数で割った指標が，市場で取引される株式が一定期間内に何回売買されたかを示し，一定期間内における流動性の指標となります。

マーケット・アプローチ

 Q53 類似企業比較法とは何か？

A 類似企業比較法とは，評価対象企業と事業内容，規模，収益性，成長性などが類似する上場企業の株価または事業価値の財務数値に対する倍率を算出し，評価対象企業の対応する財務数値に当該倍率を乗じることにより，株主価値を分析する手法である。

分析に使用される倍率は，株主価値を直接求める倍率と，事業価値を求めたうえで純有利子負債等を控除することにより株主価値を求める倍率に大別される。

1 類似企業比較法とは

類似企業比較法とは，評価対象企業と類似する上場企業の株価または事業価値の財務数値に対する倍率を算出し，評価対象企業の対応する財務数値に当該倍率を乗じることにより，株主価値を分析する手法です。例えば評価対象企業の1株当たり利益が類似上場企業の1株当たり利益の2倍であるならば，評価対象企業の1株当たり株主価値は，類似上場企業の株価の2倍と評価します。この手法は，類似企業に市場株価が存在すること，すなわち類似企業が原則として上場企業であることを前提としています。そのため，「企業価値評価ガイドライン」ではこの手法を「類似上場会社法」と呼んでいます。また，この手法は，株価の財務数値に対する倍率を用いる手法であることから，マルチプル法，倍率法，乗数法などと呼ばれることもあります。

2 基本的考え方

倍率は，事業価値と財務数値を対応させたものと，株主価値と財務数値を対

Ⅱ　評価手法

応させたものの2つに大別することができます。ここでは，前者を事業価値マルチプル，後者を株主価値マルチプルと呼んで区別します。

また，それぞれについて，財務数値の実績値を用いて算定される実績マルチプルと，予想値を用いて算定される予想マルチプルがあります。

[マルチプルの類型]

　事業価値マルチプルについては，評価対象企業の財務数値と類似企業の倍率を乗じることによって事業価値が算定され，これに対して非事業資産を加算し有利子負債等の株主に帰属しない価値を控除することによって株主価値が算定されます。

　株主価値マルチプルについては，評価対象企業の財務数値と類似企業の倍率を乗じることによって株主価値が直接算定されます。前者は事業価値を求めてから株主価値を求めるという点で，インカム・アプローチにおけるエンタプライズDCF法に類似します。後者は株主価値を直接求めるという点で，インカム・アプローチにおけるエクイティDCF法に類似します。

3　「事業価値」と「企業価値」の関係

　インカム・アプローチにおいては，事業価値と非事業資産の合計が「企業価値」として定義され，そこから有利子負債等を控除することにより株主価値が算定されます。このように，事業から得られる価値と非事業資産の価値を合計し，そこから有利子負債等を控除することによって株主価値を求めるという手

マーケット・アプローチ

法は，事業価値マルチプルを用いた類似企業比較法においても同様となります。

　類似企業比較法の議論においては，評価対象企業の財務数値に類似企業の事業価値マルチプルを乗じたもの，すなわち非事業資産加算前の価値を「企業価値」と定義する場合も少なくありませんが，本書では，インカム・アプローチとの一貫性の観点から，非事業資産を加算する前の価値を「事業価値」と定義します。

第1部　企業価値評価の実務

II 評価手法

Q54 類似企業比較法に使用される倍率には主にどのようなものがあるか？

A 事業価値を評価する倍率としては EV/EBITDA, EV/EBIT, EV/EBITA が, 株主価値を評価する倍率としては PER, PBR, PSR が, それぞれ一般的に使用される。

1 事業価値マルチプル

(1) EV/EBITDA 倍率

EV/EBITDA 倍率は, 事業価値 (Enterprise Value; EV) を EBITDA で割ることによって算定されます。

$$EV/EBITDA = 事業価値 \div EBITDA$$
$$= (株式時価総額 + 有利子負債等 - 非事業資産)$$
$$\div (EBIT + 減価償却費及び償却費)$$

事業価値は, 普通株式時価総額に対して有利子負債, 非支配株主持分, 新株予約権, 種類株式などの時価を加算して求めた企業全体の価値から, 非事業資産を控除して求めた価値をいい, 理論上は DCF 法における事業価値と一致する概念です。

EBITDA (Earinings Before Interest, Taxes, Depreciation and Amortization) とは, 税引前, 利払前, 償却前の利益をいいます。事業から得られる利益に対して減価償却費等を加算したという点で, 事業から得られる税引前のキャッシュ・フローに近い概念となっています。EBITDAは, 税率, 資本構成, 減価償却やのれん償却方法の違いなどによる影響を受けないため, 収益性の企業間比較に関する指標として用いられています。

マーケット・アプローチ

(2) EV/EBIT 倍率

EV/EBIT 倍率は，EBITDA に代えて利払前税引前利益（EBIT）を用いた倍率です。

EV/EBITDA 倍率との違いは，減価償却費等の取扱いにあります。EBITDA は償却前の利益であり，キャッシュ・フローに類似した概念です。これに対して，EBIT は償却後の利益です。企業価値は将来のキャッシュ・フローに依存して決まることからすると，キャッシュ・フローに近い EBITDA のほうがより企業価値との関係が深いとも考えられます。しかし，企業が半永久的に存続することを前提とした場合，減価償却による利益とキャッシュ・フローの相違は，長期的には解消されると考えられます。減価償却資産の更新，拡張のために資本的支出が行われ，それがキャッシュ・フローを減少させるからです。そのため，半永久的な長期間を考えた場合，維持し得るキャッシュ・フローは EBITDA よりもむしろ EBIT に近くなります。以上のような理由から，一定の業績が長期的に持続するという前提をおく場合には，EV/EBIT 倍率のほうが合理的です。

(3) EV/EBITA 倍率

EBIT にのれん償却費を加算した利払前税引前のれん償却前利益（EBITA）を用いた倍率です。長期的には減価償却費と資本的支出が平準化し，利益とキャッシュ・フローの乖離が解消されるという考え方は EV/EBIT 倍率と同じですが，さらに突き詰めると，のれん償却費については長期的に発生するとは考えられないことから，これを EBIT に加算した EBITA が用いられます。評価対象企業または類似企業が多額ののれんを計上している場合には，EV/EBIT 倍率よりも EV/EBITA 倍率のほうが合理性を有します。

(4) 適用にあたっての留意点

事業価値と EBIT（DA）とをそれぞれ算定するには，非事業資産，企業価値からの控除項目，会計上の利益に対する調整項目などを考慮するため，DCF 法と同様の検討が必要となります。たとえば，事業価値を求めるには，株式時価総額に対して有利子負債等の時価を加減算します。また，EBITDA を求める

Ⅱ　評価手法

には，営業利益に対して支払利息以外の営業外損益などを加減算して EBIT を
求め，これに減価償却費を加算する必要があります。

　ただし，類似企業比較法は原則として複数の類似企業の公表情報を使用して
算定する手法であることから，評価対象企業に比べて限定された情報のもとで
分析せざるを得ず，EBIT に含まれる損益項目や事業価値に加算すべき非事業
資産の時価，企業価値から控除されるオプション価値等について，正確な情報
の入手が困難です。そのため，Bloomberg などの情報端末においては，EBIT
は営業利益に等しいものとし，非事業資産としても現金預金残高をそのまま用
いることにより，分析の簡易化が図られています。ただし，これらは情報が限
定されている状況下での簡便的な方法であり，本来は DCF 法と同様の配慮を
可能な限り行うべきです。

2　株主価値マルチプル

(1)　PER

　株価と財務数値の関係から求められる倍率として最もよく使用されているの
が株価収益率（Price Earnings Ratio; PER）です。PER とは，市場株価を 1 株
当たり当期純利益（Earnings Per Share; EPS）で除したもので，米国において
は，事業価値マルチプルと同様，分母と分子の関係から一般的に P/E と表記
されます。

　　PER＝株価÷1 株当たり当期純利益

　1 株当たり当期純利益は，普通株主に帰属する利益を普通株式の期中平均株
式数で割ることによって算定されます（企業会計基準第 2 号「1 株当たり当期
純利益に関する会計基準」12 項）。

　1 株当たり当期純利益には，新株予約権など潜在株式の影響を調整した「潜
在株式調整後 1 株当たり当期純利益」（同会計基準 21 項）と通常の 1 株当たり
当期純利益がありますが，企業価値評価に際しては潜在株式調整後 1 株当たり
当期純利益を用いるのが適当です。企業に潜在株式が存在する場合，株価はそ
の影響を織り込んで，潜在株式がない場合に比べ下落するため，潜在株式調整

218

マーケット・アプローチ

後1株当たり当期純利益と対応付けるほうが合理的だからです。

株式投資において，PERはある株式が割高か割安かを判断する指標として用いられます。仮に，同じ事業内容と資本構成をもつ2社が存在する場合，利益に比例する形で株価が形成されるため，PERも等しくなりそうに思われます。それにもかかわらずPERが異なる場合，PERが高い（低い）企業の株価は割高（割安）と判断されます。

もっとも，この判断は，現在の利益水準が一定に保たれることを暗黙の前提としています。利益の成長性をも織り込んで株価が形成される場合，成長性の高い（低い）企業の株価は現在の利益水準に比べて高く（低く）なるため，事業内容と資本構成が同一であっても，PERが異なることはあり得るからです。

したがって，PERは単に株価の割高，割安を示すものではなく，その背後にある企業の成長性を示すものと捉えたほうが適切です。成長性を織り込んで株価が形成されているとの立場を採るのであれば，PERが高い（低い）からといって株価が割高（割安）ということはできません。

(2) PBR

株価純資産倍率（Price Book-value Ratio; PBR）は，PERと並んで一般的に知られている倍率の1つです。PBRは，株価純資産倍率の略称をもつ指標で，米国では一般にP/Bと表記されます。

PBR＝株価÷1株当たり純資産額

1株当たり純資産額は，貸借対照表の純資産の部の合計額から，非支配株主持分や新株予約権など，普通株主に帰属しない部分を除くことによって求めた自己資本を，期末の発行済株式数で割ることによって算定されます（企業会計基準適用指針第4号「1株当たり当期純利益に関する会計基準の適用指針」34項，35項）。

PERと同様に，PBRも株価の割高，割安を判断する目安といわれることがあります。PERと異なるのは，業種にかかわらず1が目安とされていることです。これは，純資産が株価の下限を画するという考え方に由来しています。その背景にあるのは，株価が純資産に満たない場合，企業の継続価値が解散価

第1部　企業価値評価の実務

219

II 評価手法

値を下回ることから，解散した方が合理性を有するという考え方です。このような立場からは，企業の継続性に特段疑義がないにもかかわらず，PBRが1未満となっている企業については，株価が割安との判断が導かれます。

しかしながら，実際に企業を解散する場合，純資産には相当程度の毀損が生じ，貸借対照表上の金額をそのまま分配しうるわけではありません。PBRが1未満であることをもって株価を割安と判断する考え方は，そのような可能性を全く考慮していないという点で，単なる俗説といっても過言ではありません。

純資産額は企業の清算価値を示すものであり，株価と純資産額の対比により算定されたPBRは，企業の収益性や成長性を反映する指標ではありません。そのため，PBRは継続企業の評価に適合した指標とはいえません。

しかし，利益が負となった場合，利益に関連した倍率は，意味をもたなくなってしまうのに対し，純資産が負になることは債務超過の場合を除いてありません。したがって，評価対象企業が損失を計上している場合には，PBRが適用可能な数少ない倍率の一つとなります。そのため，その合理性の低さにもかかわらず，実務においては利益に関する倍率を補完する手段として用いられる場合があります。

(3) PSR

株価売上高倍率（Price Sales Ratio; PSR）は，市場株価を1株当たり売上高で割ることによって得られる指標です。

PSR＝株価÷1株当たり売上高

企業価値は，売上高よりも利益に依存するため，PSRを企業価値の評価に適用するのは必ずしも合理的とはいえません。PSRが合理性をもつのは，評価対象企業と類似企業の売上高営業利益率が類似する場合に限られます。

しかし，売上高は負となることが事実上あり得ないため，利益も純資産も負である企業にとっては，唯一適用可能な倍率となります。そのため，利益が出ておらず純資産の蓄積も進んでいない設立直後の企業の評価に適用される場合があります。

PSRは他の株主価値マルチプルとは異質です。売上高は株主だけに帰属する

マーケット・アプローチ

ものではない以上，株主価値ではなく事業価値に対応させたほうが本来は整合的だからです。しかしながら，売上高を用いた倍率は，利益も純資産も負である企業が唯一適用可能な倍率としての性格を有し，参考情報程度の位置付けにとどまるのが通常であることから，株主価値マルチプルである PSR が慣行的に用いられているものと推測されます。

第1部 企業価値評価の実務

Ⅱ 評価手法

Q55 倍率を算定するに際して、類似企業の業績には実績値と予想値のどちらを用いればよいのか？

A 株価は将来の業績に依存して決まることからすれば、類似企業の予想値を用いた予想マルチプルを優先すべきである。予想マルチプルの算定に用いる業績予想は、可能な限り長期的な業績を反映していることが望ましい。

しかし、多数の類似企業について長期的な業績予想を入手するのは困難であり、公表されている短期的な業績予想に依拠するのが一般的である。中長期の企業の成長性が高かったり、直近の業績が悪化している場合などは、株価と短期的な業績予想が対応していないため、算定される株式価値がインカム・アプローチにより算定される価値に比べ著しく低くなる。

1 基本は予想マルチプル

株価は将来のキャッシュ・フローを織り込んで形成されるというのがファイナンス理論の原則的な考え方です。そのため、現在の株価は企業の過去の業績ではなく、将来の業績に依存して形成されているものと考えます。このような観点からは、現在の株価と過去の財務数値を対応させた実績マルチプルよりも、現在の株価と将来の予想財務数値を対応させた予想マルチプルのほうが優れています。

2 どの時点の業績予想を用いるか

業績予想としては、評価基準日に比較的近い目先の事業年度の業績ではなく、長期的に持続し得る業績を用いるのが適当とも考えられます。

しかし、企業による業績予想として公表されているのは、通常の場合、当事

マーケット・アプローチ

業年度分のみであり，それよりも将来の時点についての業績予想は，『会社四季報』などが独自に分析した予測が翌事業年度分まである程度に過ぎません。それを超える将来の業績予想は，企業がIR情報の一環として自主的に公表していない限り入手が困難であり，その信頼性も限られます。そのため，業績予想は将来のものであればあるほどよいというものでもなく，当期または来期の予想値を用いることがほとんどです。金融業など業績予想が困難な業界においては，予想マルチプルより実績マルチプルのほうが高い信頼性を有する場合もあります。

3　当事業年度の業績予想を用いる場合の留意点

　当事業年度の業績予想を用いて倍率を算定する場合，株主価値の算定結果の解釈には留意する必要があります。当事業年度の業績予想など，短期的な業績予想に基づき企業価値を評価する場合，インカム・アプローチに基づく結果に比べて著しく低い結果となることがあるからです。

　その原因として，第一に，企業の中長期の成長性が短期的な業績予想には十分に反映されていないということが考えられます。評価対象企業の成長性が類似企業に比べて高い場合，評価対象企業の潜在的な倍率は，類似企業のそれに比して相対的に高くなるはずです。それにもかかわらず，評価対象企業の業績予想が類似企業の低い倍率に対応づけられるため，結果として株主価値が過小に評価されます。

　第二に，評価対象企業の直近の業績が悪化している場合，企業の業績回復後の収益性が短期的な業績予想に反映されていないことが考えられます。直前事業年度の業績が悪化した場合，当期の業績予想はその影響を受けて保守的に見積もられるのが通常です。しかし，短期的な業績悪化の株価への影響は限定的であり，市場株価は長期的に持続し得る業績を織り込んで形成されます。そのため，潜在的な収益力は高いにもかかわらず，短期的な低い業績予想が長期的な業績を反映した倍率に対応づけられ，株主価値が過小に評価される結果となります。

　このように，評価対象企業の成長性や収益性が類似企業と異なる場合，短期的な業績予想を機械的に適用することによって求めた類似企業比較法の結果は，誤った結論を導く可能性があります。

223

Ⅱ 評価手法

Q56 事業価値マルチプルと株主価値マルチプルのどちらを優先して使用すればよいのか？

A DCF法による企業価値評価との整合性を重視するなら，事業価値マルチプルを優先して用いるべきである。データの入手の容易さ，分析の容易さを重視するなら株主価値マルチプルにも合理性はある。

1 理論的に妥当なのは事業価値マルチプル

類似企業の倍率には，事業価値と財務数値を対応させたものと，株主価値と財務数値を対応させたものの2つがあります。前者にはEV/EBIT倍率，EV/EBITDA倍率などがあり，後者にはPER, PBR, PSRなどがあります。

財務分析には，PERを含む株主価値マルチプルに使用する財務数値が一般的に用いられますが，企業価値評価では，事業価値マルチプルのほうが適しています。事業価値マルチプルによる評価はエンタプライズDCF法，株主価値マルチプルによる評価はエクイティDCF法と整合的な手法であり，両者の違いは，エンタプライズDCF法とエクイティDCF法の違いに整合しています。したがって，事業価値マルチプルの長所は，エクイティDCF法に対するエンタプライズDCF法の長所と基本的に一致します。具体的には次のような利点を挙げることができます。

(1) **資本構成の影響を受けない**

企業価値は資本構成の影響を受けないという理論が，企業価値評価の前提にあります。この点，株主価値マルチプルは，株価と利息支払後の財務数値を対応させることによって算出されます。そのため，事業内容が全く同じでも，負債を利用するかどうかにより，算定される倍率の水準が変化するため，負債の利用度によって株主価値も変わる結果となります。これに対して，事業価値に

対応づけられる EBIT や EBITDA などの財務数値は，利払前の利益であることから，事業内容が同一であれば負債利用にかかわらず一定となります。そのため，負債利用度の違いによって企業価値が影響を受けることはありません。

株主価値に対して EBIT や EBITDA を対応させることによって倍率を算出する方法も考えられますが，EBIT と EBITDA には債権者に分配すべき利益が含まれており，分母の株主価値と整合しないという問題点があります。

(2) 複数の事業をもつ企業の価値評価に適している

事業価値マルチプルを用いた場合，個別の事業の価値を集計して求めた事業価値に非事業資産の価値を加算し，有利子負債等を控除することによって，複数の事業をもつ企業の価値を事業別に分析することができます。具体的には，それぞれの事業について類似企業を選定し，事業ごとの EBIT または EBITDA に，類似企業の EV/ EBIT 倍率または EV/ EBITDA 倍率を乗じることによって，それぞれの事業の価値を求め，これらを全ての事業について集計したものをその企業の事業価値とします。

これに対し，株主価値マルチプルを用いた場合，株主価値が直接算出されるため，企業価値がどの事業からどれだけ生み出されているかという関係が明確になりません。仮に，事業ごとの株主利益を算出すれば，各事業の利益が株主価値にどれだけ貢献するかを把握することはできますが，そのためには間接部門を含むすべての費用を各事業に対して適切に配分しなければならず，分析が複雑となります。

(3) 非事業損益や特別損益の影響を受けない

EBIT や EBITDA は，企業の事業活動の成果を表す指標であり，事業に関連しない損益や特別損益の影響を受けません。これに対し，株主に帰属する利益には，事業活動の成果とそれ以外の損益の影響が混在しています。特に，企業が減損損失など多額の特別損益を計上した場合には，株主価値マルチプルも大きく変動します。

Ⅱ　評価手法

2　簡単で分かりやすいのは株主価値マルチプル

　以上のように，株主価値マルチプルには理論上の問題点があります。しかし，実務においては株主価値マルチプル，とりわけ PER が用いられる場合も少なくありません。その理由としては，簡単で分かりやすく，算定に必要な情報が容易に入手できるということが考えられます。

　PER は，株式投資における収益性，成長性の指標として最も一般的に用いられており，計算要素である市場株価と 1 株当たり当期純利益，計算結果である PER のいずれについても，Yahoo! ファイナンスなど Web 上の媒体でも簡単に入手することができます。

　これに対して，事業価値マルチプルは，容易に閲覧可能な媒体においては通常公表されておらず，貸借対照表や損益計算書を入手して個別に計算する必要があります。一部の情報端末では EV/EBIT 倍率や EV/EBITDA 倍率を入手することもできますが，これらは多数の上場企業の情報を定型的に扱う観点から，一定の前提条件をおいて算定されているのが一般的です。そのため，EBIT の正確な計算や，非事業資産，新株予約権や種類株式の時価の算定など，見積もりや判断を伴う項目については，やはり個別に計算せざるを得ません。このようなことから，理論上適切な事業価値マルチプルを算定するには，使用する財務数値の選定に個別の判断を要することから，株主価値マルチプルと同様，一定の制約的な仮定を設けなければならない場合があります。そのため，理論上問題点はあるものの，実務上は株主価値マルチプルが用いられる場合も少なくありません。

226

マーケット・アプローチ

Q57 類似企業はどのようにして選定すればよいのか？

　　　　類似企業を選定するにあたっては，類似企業の選定基準と選定する社数をどのようにすべきかの2点を考えなければならない。
　類似企業の倍率を評価対象企業の株式評価に適用するには，財務数値と事業価値，株主価値の関係が評価対象企業と類似企業の間で近似していることが前提になるため，資本コスト，成長性，収益性が類似する企業を類似企業として選定すべきである。そのため，事業内容，事業規模，リスク要因，成長段階などの共通性をもとに類似企業を絞り込んだうえで，資本コスト，成長性，収益性という理論上の決定要因を踏まえて選定する。
　また，評価基準日における類似企業の倍率の水準が異常でないかどうかの検討も必要となる。このような観点から共通性の高い企業が選定できる場合は類似企業の数は少なくてもよいが，共通性の程度が低い場合には，類似企業の数を増加させることによって平準化するのが一般的である。

　類似企業を選定するにあたっては，どのような企業をどれだけ選定すればよいかという問題があります。

1　どのような企業を選ぶか

(1)　理論上考慮すべき要素——資本コスト・収益性・成長性
　類似企業比較法は，評価対象企業の業績予想による経営指標に類似企業の倍率を乗じることにより，評価対象企業の事業価値または株主価値を算定する手法です。類似企業の倍率は，類似企業の市場株価と財務数値の対応関係から導かれており，類似企業の市場株価そのものは企業の将来キャッシュ・フローを織り込んで形成されています。したがって，類似企業比較法には次のような暗黙の前提がおかれています。

Ⅱ 評価手法

- 投資家が企業の財務数値から将来キャッシュ・フローに関する情報を予測していること。
- 投資家の将来キャッシュ・フローに関する予測が株式価値に反映されること。
- 一定の財務数値からキャッシュ・フロー予測が導かれ,それをもとに株式価値が導かれるまでの関係が,類似企業と評価対象企業で近似していること。

次の図は,財務数値から事業価値,株式価値が導かれるまでの過程を示したものです。類似企業比較法は,評価対象企業と類似企業の倍率が近似しているという前提のもとで成り立つ評価手法ですが,その前提が成り立つためには,一定の財務数値から一定の事業価値・株式価値が導かれるような共通の過程を評価対象企業と類似企業が有している必要があり,その過程の共通性を数値で表現したものが倍率ということができます。

財務数値,事業価値・株主価値とマルチプルの関係

それでは,このような仕組みを決定づける要因は何なのでしょうか。結論からいえば,資本コスト,収益性および成長性に関する予測によって決まります。一定の財務数値から将来のキャッシュ・フローを予測するには,収益性と成長性に関する予測が不可欠です。また,収益性と成長性に加えて資本コストを考慮することにより将来キャッシュ・フローから事業価値・株式価値が導かれます。したがって,究極的には資本コスト,収益性および成長性が類似する企業を選ぶことにより,評価対象企業に適用すべき倍率を正しく算出することができます。

マーケット・アプローチ

(2) 事実上の考慮要素──事業内容・事業規模・リスク要因・成長段階

　理論上，倍率を決定づけるのは資本コスト，収益性，成長性に関する予測ですが，これらの要素だけに着目して類似企業が選ばれることはありません。仮にそのような手法をとるとすれば，膨大な数の企業についてそれぞれの要素を見積もらなければならず，しかもその見積もりは一定の幅をもって行われるのが通常であることから，類似企業の絞り込みが事実上不可能になります。そのため，理論上の考慮要素である資本コスト，収益性，成長性と関連性が深いと考えられる要素を考慮して，類似企業を絞り込むのが一般的です。代表的な要素としては，事業内容，事業規模，リスク要因，成長段階などが挙げられます。これらの要素の検討を通じて類似会社を絞り込んだうえで，収益性，成長性など理論上の決定要因を考慮して決定するというのが類似会社の選定基準となります。

　なお，「企業価値評価ガイドライン」では，類似上場会社選定の判断要素例として，次の8項目が例示されています。

---

a) 業界
　同じ業界団体あるいは同種類の産業分野に属しているかどうか。

b) 取扱商品，サービス
　商品製品やサービスが同種のものあるいは競合するものであるかどうか。

c) 営業などの許認可関係
　事業を行うために同種の許認可などが必要かどうか。

d) 事業規模
　売上高や総資産・従業員数などにおいて事業規模が同程度であるかどうか。

e) 成長性，新規性又は成熟度
　新規ビジネス分野あるいは新規製品を取り扱い，高い成長性が見込める業種かどうか，あるいは，既に成熟産業の分野となっているどうか。

f) 収益性

229

Ⅱ　評価手法

収益性において同程度の会社かどうか。

g)　地域性

地域色の強い会社の場合，同地域の経済環境にある会社かどうか。

h)　事業戦略

M&A を多用するなど事業拡大戦略などが似通っているかどうか。

（出所）「企業価値評価ガイドライン」44 頁

　これらの項目は，脈絡なしに列挙されているようにも見えますが，配列の順序には理由があります。筆頭に挙げられている「業界」については，共通していなければそもそも話にならないほど重要な要素ですが，最後に挙げられている「事業戦略」については，本来企業ごとに異なるものであり，必ず共通していなければならないというものではありません。したがって，列挙された項目のうち，上位に挙げられている項目を満たす企業を抽出のうえ，候補となる企業が多数存在する場合には，下位に挙げられている項目を基準にして絞り込むのが，選定の基準としては合理的です。

(3)　その他の考慮要因──財務数値と株価との対応関係

　類似企業比較法は，企業の財務数値と事業価値または株式価値との間に安定した関係があることを前提として成り立つ評価手法です。しかしながら，評価基準日において，倍率の算定に用いる類似企業の株価と財務数値が適切に対応していない場合には適合しないことに留意する必要があります。

　例えば，類似企業が他社との合併を発表しているとします。この場合，合併の影響を踏まえた業績予想の見直しが，合併の公表から一定期間経過後に開示されることがあります。業績予想の見直しが公表される以前の日を評価基準日として当該企業の倍率を算出する場合，株価と業績予想が適切に対応しない倍率が算定されます。すなわち，市場株価は合併の影響を一定程度織り込んでいるにもかかわらず，公開されている業績予想には合併の影響が反映されていません。その結果，合併による企業価値の向上を織り込んだ高い市場株価と合併前の低い業績予想が対応することによって，算定される倍率が非合理なものとなります。

マーケット・アプローチ

それ以外にも，類似企業が直近の事業年度に損失を計上しており，その影響を受けて当事業年度の業績予想も低く見積もられている場合などは，長期的な業績を反映した市場株価と短期的な業績予想が対応づけられることによって，倍率の合理性が損なわれることがあります。

よって，倍率を求める場合には，算定に用いる業績予想と，市場株価の背後にある類似企業の業績予想との整合性を確かめ，整合性が認められない企業については類似企業の候補から除外することも検討すべきです。

2　類似企業をどれだけ選べばよいか

理論上は，資本コスト，収益性，成長性が同一であれば倍率は同一となるはずですが，これらの要素の見積もりには幅があり，倍率が完全に一致する企業を特定することは不可能です。また，事業内容，事業規模などの考慮要素には主観が介入するため，多くの人々が納得し得る類似企業を1社に限定することは困難です。そのため，類似企業に複数の企業を選定し，それらの倍率の平均値または中央値を適用するのが一般的です。

類似企業をどれだけ選べばよいかについては，相反する要素を検討することによって決定すべき問題です。すなわち，類似性の高い企業を選定しようとすると，候補となり得る企業は自ずと限定されますが，それでは少数の類似企業の特異な株価変動要因が評価対象企業の株価に反映される可能性があります。一方，類似企業の数を増やそうとすると，類似性の低い企業が類似企業に組み込まれ，評価対象企業と同質の事業を行う企業の成長性，収益性などの実態が，倍率に正しく反映されなくなる可能性があります。

よって，具体的に何社程度の類似企業を選定すればよいかについて一律に示すことはできません。しかし，様々な観点から類似性が高いと判断し得る企業が存在する場合には，あえて類似性の低い企業を組み入れるよりも，少数の類似企業に限定することで類似企業の同質性を高めることが有益です。一方，ある一定の基準では類似するものの，それ以外の基準では必ずしも類似していない企業が存在する場合には，多数の企業を類似企業として組み入れることによって，それらの企業の倍率のばらつきを平均化するのが有益です。

Ⅱ 評価手法

 DCF法と類似企業比較法の結果が大きく異なる場合，評価対象企業の企業価値をどのように解釈すればよいのか？

A 　類似企業比較法は，DCF法において明示的に考慮される将来キャッシュ・フローの予測からその現在価値の算定に至る過程を，評価対象企業の財務数値と類似企業の倍率を用いて間接的に導くものであり，将来の収益力によって価値が形成されるという原理はDCF法と共通する。
　よって，全ての前提条件が適切に設定されれば，類似企業比較法の結果はDCF法の結果とおおむね一致する。双方の結果が大きく異なる場合には，いずれかの前提条件が適切でないことが疑われる。言い換えれば，DCF法と類似企業比較法の結果を対比することで，それぞれの手法における見積もりの合理性を検証することができる。

1　類似企業比較法は簡便法ではない

　類似企業比較法は，評価対象企業の財務数値を類似会社の倍率に対応させて株主価値を推定する簡便な方法と理解されがちです。しかし，類似企業比較法とDCF法などインカム・アプローチに属する手法は密接な関係にあり，全ての前提条件が適切に設定されれば，類似企業比較法の結果とDCF法の結果はおおむね一致します。
　類似企業比較法は，企業の財務数値が将来キャッシュ・フローに関する投資家の予測に織り込まれ，さらにその予測が市場株価に織り込まれることを暗黙の前提とした上で市場株価と財務数値の関係を倍率として定量化し，これを評価対象企業の財務数値に適用することによって事業価値，株主価値を求める手法です。言い換えれば，類似企業比較法は，DCF法において明示的に考慮される将来キャッシュ・フローの予測からその現在価値の算定に至る過程を，評価対象企業の財務数値と類似企業の倍率を用いて間接的に導くという形に置き

マーケット・アプローチ

換えたものと位置づけることができます。

2 異なる評価アプローチ間の相互参照が算定の合理性を高める

　以上のような関係からは，将来のキャッシュ・フローの予測，資本コストの見積もり，類似企業の選定など全ての前提条件が適切に設定された場合には，DCF法の結果と類似企業比較法の結果はおおむね一致することになります。

　双方の結果が大きく異なる場合には，いずれかの前提条件が適切でないか，そもそも評価手法として適していないことが疑われます。例えば，DCF法の算定に用いた将来のキャッシュ・フロー予測が，非現実的な高い成長を見込んでいた場合には，DCF法による算定結果は適切ではなく，類似企業比較法による算定結果はDCF法による算定結果よりも著しく低くなります。このような場合には，差異分析を行うことによってDCF法の前提条件に不適切な点があることに気づき，適切な評価へ修正するか，DCF法の採用自体を見送るという対応をとることができます。このように，安易にDCF法と類似企業比較法の結果をそのまま算定結果の幅としてとらえるのは妥当ではなく，双方の結果の違いが合理的な範囲となるように，前提条件を再検討するか，評価手法としての適合性を再検討する必要があります。

　このことは，DCF法と類似企業比較法の結果を相互参照することによって，それぞれの見積もりの妥当性を検証でき，それぞれの手法を単独で適用する場合よりも合理的な算定結果を導くのに有効であることを意味しています。

3 DCF法と類似企業比較法の評価額の関係

　以上の理解を踏まえ，DCF法と類似企業比較法の評価額を乖離させる具体的な要因と，乖離が生じた場合の対応について検討してみましょう。

⑴ 2つの要因

　DCF法と類似企業比較法の評価額を乖離させる要因を2つ挙げ，それぞれの論拠について検討します。

233

Ⅱ 評価手法

① コントロール・プレミアム

DCF法と類似企業比較法の評価額の関係について，次のような主張がなされることがあります。DCF法による評価額は支配株主の価値を示し，コントロール・プレミアムを含む一方，類似会社比較法による評価額は非支配株主の価値を示し，コントロール・プレミアムを含まないことから，前者は後者より高くなるというものです。

たしかに，DCF法による評価額が類似企業比較法による評価額を上回ることは少なくありません。しかしながら，Q63で述べるとおり，その原因をコントロール・プレミアムの有無で説明しようとする論拠には混乱が見られます。

Q57でも述べたとおり，市場が効率的である限り，類似企業の株価に関連した倍率には，業界の資本コスト，収益性，成長性に関する予測が織り込まれます。したがって，前提条件が適切に設定されれば，DCF法と類似企業比較法による評価額はおおむね等しくなるのであり，一方に含まれるプレミアムを他方が含まないということは，少なくとも理論上は考えられません。

② 経営改善効果

以上の理由から，筆者らはDCF法と類似企業比較法による評価額が乖離する原因をコントロール・プレミアムで説明する考え方には限界があると考えています。むしろ，評価額が乖離する原因として考えられるのは，DCF法による評価額に反映される中長期的な経営改善効果が，類似企業比較法では十分に反映されにくいことです。

すなわち，DCF法は，中長期的なフリー・キャッシュ・フローを現在価値に割り引くことによって価値を求める方法です。これに対し，類似企業比較法は，比較的短期の利益を類似会社の株価に関連した倍率に対応付けることによって価値を求める方法です。したがって，DCF法による評価額が類似企業比較法による評価額を上回るということは，DCF法の前提となる事業計画に，支配権の獲得により期待される中長期的な経営改善効果が反映される一方，類似企業比較法の前提となる短期的な利益には，中長期的な経営改善効果が十分に反映されていないことを意味しています。

この場合，DCF法による評価額を高めているのは，純然たる支配権の価値としてのコントロール・プレミアムというよりも，支配権の獲得によりもたら

マーケット・アプローチ

される経営改善効果と理解したほうが適切です。したがって，「プレミアムを
含むから高い，含まないから低い」という形で単純に整理できるものではあり
ません。

(2)　中長期的な経営改善効果が評価額に及ぼす影響

DCF法による評価額には，事業計画上見込まれる中長期的な経営改善効果
が織り込まれます。そのため，少なくとも予測期間については，評価対象企業
固有の成長率が反映されるといえます。これに対し，類似企業比較法による評
価額は，評価対象企業の短期的な利益を前提に，市場が期待する業界の成長率
を間接的に織り込んだものと解釈できます。そして，ある企業の経営権を取得
する場合には，市場の平均を上回る成長を目指すのが通常であることから，そ
のために必要な経営改善効果が事業計画に反映されている限り，DCF法によ
る評価額は類似企業比較法による評価額を上回るのが通常です。

ただし，以上はあくまで一般的な関係に過ぎません。それぞれの手法による
評価額の大小関係を決定付けるのは，DCF法の前提となる事業計画に織り込
まれた評価対象企業固有の成長性と，類似上場企業の倍率に織り込まれた業種
の成長性の大小関係です。したがって，評価対象企業が属する業種の成長性に
対する市場の期待が非常に高い場合には，類似企業比較法による評価額が
DCF法による評価額を上回る場合も考えられます。

(3)　評価額に乖離が生じた場合の対応

以上の結果，DCF法と類似企業比較法による評価額が著しく乖離している
とすれば，DCF法の前提となる事業計画上見込まれている成長が非現実的な
ほど高すぎる，あるいは倍率の前提となった類似企業の株価が正常な水準以上
に高騰しているなどの原因が疑われます。このような場合には，事業計画上の
成長性を妥当な水準に見直す，適切な類似会社を選定し直すという対応を図る
のが第一ですが，それによってもなお無視し得ない程度の乖離が生じる場合に
は，一方の評価手法を評価対象企業に適合していないものとして棄却すること
も検討する必要があります。

Ⅱ　評価手法

Q59　類似企業比較法の弱点とは何か？

A　①評価対象企業の固有の価値形成要因の無視，②倍率が市場状況に強く影響されること，そして③評価者による主観の介入の余地があり得ることの3点が挙げられる。

1　固有の形成要因の無視

1つめの弱点は，類似企業比較法は評価対象企業固有の価値およびリスクを無視して評価していることです。DCF法においては，企業の将来のフリー・キャッシュ・フローを，事業リスクを反映した割引率で現在価値に換算することによって事業価値が算定されます。しかし，類似企業比較法では，類似企業の市場株価と財務数値の関係から導かれる倍率に基づいて事業価値が評価されます。そのため，評価対象企業特有の収益構造やリスクなど，固有の価値形成要因の影響を明示的に検討することができません。

2　外的要因の影響

2つ目の弱点は，市場の状況に強く影響されることです。類似企業比較法は，企業の一時点における業績が一定の成長率をもって持続することを暗黙の前提としています。そのため，市場心理が強く株価が市場全体として上昇傾向にある時期においては，企業の収益性や成長性に関する市場の予測が上向く結果，類似企業の倍率に基づいて算出された評価対象企業の事業価値や株主価値も，本来の価値より過大評価される可能性があります。反対に，経済が不景気で市場心理が弱い場合には，評価対象企業の事業価値や株主価値が過小評価される可能性があります。

マーケット・アプローチ

3 恣意性の介入

　3つ目の弱点は，評価者の主観が介入しやすいことです。類似企業の選定に
あたっては，事業内容や事業規模など様々な要素が考慮されますが，万人が納
得し得る類似企業の選定基準はありません。その結果，評価対象企業とは必ず
しも類似性が高いとはいえない企業が選定され，評価対象企業のリスク，収益
性，成長性といったものが適切に反映されなくなる可能性があります。特に，
倍率が高い（または低い）企業を意図的に選ぶことによって，価格操作が行わ
れる余地があることは，類似企業比較法の重要な問題点の1つです。

第1部　企業価値評価の実務

Ⅱ　評価手法

 Q60　取引事例法とはどのような評価方式か？

A　取引事例法とは，評価対象企業の株式についてなされた過去の取引における価格を参照する手法である。その適用にあたっては，参照する取引がなされた時点と評価時点で評価対象企業の状況に著しい変化がないかどうか，取引の当事者，目的，数量などの属性が類似しているかどうか，取引価格が合理的に算定されているかどうかを検討する必要がある。

取引事例法とは，評価対象企業の株式についてなされた過去の取引における価格を参照する手法です。過去の取引価格を参照するだけであることから，実質的な「評価」はなされていないに等しいともいえますが，適用にあたっては検討すべき点がいくつかあります。

1　検討すべき事項

取引事例法の適用にあたって検討すべき事項は，次の3つに大別されます。

(1) 評価対象企業の状況に変化がないかどうか

過去の取引価格を参照するということは，その取引時点と評価時点とで，評価対象企業の置かれた状況が大きく異ならないことを前提としています。状況が異ならないかどうかの検討にあたっては，日本公認会計士協会の「企業価値評価ガイドライン」が例示する企業価値等形成要因に変化がないかどうかを検討することが有益です。

この点に関連し，法人税基本通達9-1-13では，非上場株式の価額として過去の取引価格を参照する場合，期末から6ヶ月以内という期間の目安が示されています。これは，法人が所有する有価証券について評価損を計上する場合の取扱いであり，一般の取引にまで適用されるものではありませんが，6ヶ月

マーケット・アプローチ

を大きく超える期間を遡って取引事例を参照する場合には，税務上のリスクについても慎重に検討する必要があるものと思われます。

＜法人税基本通達9－1－13（抜粋）＞

上場有価証券等以外の株式につき法第33条第2項の規定を適用する場合の当該株式の価額は，次の区分に応じ，次による。
(1) 売買実例のあるもの
　　当該事業年度終了の日前6月間において売買の行われたもののうち適正と認められるものの価額
(2) 公開途上にある株式
　　金融商品取引所の内規によって行われる入札により決定される入札後の公募等の価格等を参酌して通常取引されると認められる価額
(3) 売買実例のないものでその株式を発行する法人と事業の種類，規模，収益の状況等が類似する他の法人の株式の価額があるもの
　　当該価額に比準して推定した価額
(4) (1)から(3)までに該当しないもの
　　当該事業年度終了の日又は同日に最も近い日におけるその株式の発行法人の事業年度終了の時における1株当たりの純資産価額等を参酌して通常取引されると認められる価額

(2) 取引の属性が類似するかどうか

　たとえば，支配権の移動を伴う取引と，非支配株主との間でなされた小単位の売買では，取引の目的が異なるのはもちろんのこと，交渉の過程も異なり，決定される取引価格は異なるものになることが予想されます。したがって，参照しようとする取引と，評価の目的とする取引の間で，当事者，目的，数量などの属性が共通しているかどうかを検討する必要があります。

(3) 取引価格が合理的に算定されているかどうか

　参照しようとする取引価格がどのような根拠に基づき算定されたかを，過去の議事録，株式価値算定書などの閲覧により検証する必要があります。

Ⅱ　評価手法

2　取引事例法が適合する状況

取引事例法が適合する典型的な状況として，次のようなものが挙げられます。

(1)　従業員持株会の買取価格の算定

従業員持株会は，主として福利厚生を目的に設置され，通常の株式投資とは目的を異にするため，規約で定めた一定の価格で従業員に付与し，退会時も同一価格で買い戻すとの取り決めがなされるのが通常です。このように，取引の当事者，目的，数量が定型化した取引を継続して行う場合は，実質的に取引事例法による算定が行われているといえます。そして，6ヶ月以内の売買実例を参照しうるという税務上の取扱いを形式的に解すれば，それより短い頻度で取引が継続的になされている場合には，当初決定した価格を引き続き踏襲できることから，同一の価格を長年適用している企業も少なくないようです。

しかし，取引事例法は評価対象企業の状況が大きく変化しないことを前提とする評価手法であり，同一の価格を数年単位で適用する根拠は脆弱です。実際にも，当初の売買価格と実態を反映した株価が大幅に乖離した企業において，買取価格が争われる事例が散見されるため，過去の取引価格を無条件に踏襲し続けるのは好ましくないといえます。

(2)　代替的な評価手法が存在しない場合

設立直後で事業の収益化に至っていない企業が，新たに資金を調達する場合，事業計画の信頼性が十分でないことからDCF法を採用できず，当面利益の計上が見込まれないことから類似企業比較法も採用できず，さらに債務超過であることから時価純資産法も採用できないという場合がしばしばあります。このような場合でも，設立時には一定の価格で出資がなされていることから，設立時と評価時点とで状況が大きく異ならないことを条件に，それを取引事例として参照することは検討に値します。

240

コスト・アプローチ

コスト・アプローチ

Q61 純資産法とはどのような評価方式か？

A 純資産法は，貸借対照表の純資産に着目して株主価値を評価する手法であり，簿価純資産法と時価純資産法の2つに大別される。時価純資産法はさらに，時価の算定方法によって再調達時価純資産法と清算処分時価純資産法に区分することができる。資産負債の帳簿価額と公正価値は一致しないのが通常であり，簿価純資産法は限定的な状況でのみ妥当する。

純資産法は，貸借対照表の純資産価額に着目して株主価値を評価する手法であり，簿価純資産法と時価純資産法の2つに大別されます。時価純資産法はさらに，再調達時価純資産法と清算処分時価純資産法に区分することができます。

1 簿価純資産法

簿価純資産法は，貸借対照表の純資産の帳簿価額を株主価値とする方法です。企業会計基準適用指針第4号「1株当たり当期純利益に関する会計基準の適用指針」34項，35項では，1株当たり純資産額は，貸借対照表の純資産の部の合計額から，新株予約権，非支配株主持分など一定の項目を控除して算定した純資産額を，自己株式控除後の発行済株式数で除することにより算定するものとされています。

Ⅱ　評価手法

【参考】「1株当たり当期純利益に関する会計基準の適用指針」

> 34.　1株当たり純資産額は，普通株式に係る期末の純資産額（第35項参
> 　　照）を，期末の普通株式（普通株式と同等の株式（第8項参照）を含
> 　　む。以下同じ。）の発行済株式数から自己株式数を控除した株式数で
> 　　除して算定する。なお，連結財務諸表において1株当たり純資産額を
> 　　算定する際に控除する自己株式数には，1株当たり当期純利益の算定
> 　　と同様（会計基準第17項），子会社及び関連会社が保有する親会社等
> 　　（子会社においては親会社，関連会社においては当該会社に対して持
> 　　分法を適用する投資会社）の発行する普通株式数のうち，親会社等の
> 　　持分に相当する株式数を含めるものとする。
>
> 35.　第34項にいう普通株式に係る期末の純資産額は，貸借対照表の純資
> 　　産の部の合計額から以下の金額を控除して算定する。
> 　（1）　新株式申込証拠金
> 　（2）　自己株式申込証拠金
> 　（3）　普通株式よりも配当請求権又は残余財産分配請求権が優先的な株式
> 　　　の払込金額（当該優先的な株式に係る資本金及び資本剰余金の合計額）
> 　（4）　当該会計期間に係る剰余金の配当であって普通株主に関連しない金
> 　　　額
> 　（5）　新株予約権
> 　（6）　非支配株主持分（連結財務諸表の場合）

　簿価純資産法は，貸借対照表上の純資産額をそのまま株主価値とするため，
客観性，確実性には優れています。しかし，全ての資産と負債の帳簿価額がそ
れらの適正な価値と一致する場合は極めて稀です。よって，簿価純資産法が適
合するのは，設立から長期間が経過しておらず，貸借対照表が簡素であるうえ
に，資産負債の含み損益もほとんど発生していない会社を評価する場合などに
限られます。

コスト・アプローチ

2 時価純資産法（修正簿価純資産法）

時価純資産法とは，貸借対照表の資産負債を評価基準日の時価で再評価することによって，資産と負債の時価の差額として時価純資産額を求め，これを株主価値とする方法です。時価純資産法の適用にあたっては，全ての資産および負債を時価評価するのは実務上困難であることから，土地や有価証券など重要な含み損が発生している項目に限定して評価替えする場合が多く，このような場合には修正簿価純資産法と呼ばれることがあります。

時価純資産法は，時価の概念をどのようにとらえるかによって，再調達時価純資産法と清算処分時価純資産法に区分することができます。

(1) 再調達時価純資産法

企業が現在保有している資産と負債を再調達すると仮定した場合の時価をもって，純資産額を算定する方法です。この手法は，企業を再取得するのに要するコストを株主価値として見積もる手法であり，コスト・アプローチという名称もこのような手法の性質に由来します。

(2) 清算処分時価純資産法

個別資産の処分価額を用いて1株当たり純資産の額を算出する方法です。この手法は，企業の清算価値を求めるものであり，解散を予定している企業の評価に適合します。

以上のような前提の違いから，再調達時価純資産法と清算処分時価純資産法との間には次のような差異が生じます。

Ⅱ　評価手法

[再調達時価純資産法と清算処分時価純資産法の異同点]

	再調達時価純資産法	清算処分時価純資産法
資産の本質	将来の収益獲得または費用削減をもたらすもの	換金価値を有するもの
資産の時価	再調達原価＋取得費	見積売却価額－売却費用
将来の収益力	のれんとして反映	考慮せず
評価損益の税効果	スケジューリング可能なものについては考慮する場合あり	原則として考慮

(3)　その他の純資産法（残余利益法）

　貸借対照表上の純資産額に基礎をおく評価手法として，残余利益法があります。これは，貸借対照表上の純資産額から期待される利回りを企業の期待利益から控除することによって残余利益を求め，その割引現在価値を評価時点の純資産額に加算することによって株主価値を求める方法です。

　この方法は，適切な前提条件をおく限り，資産負債をどのように評価したとしても，算定される株主価値はインカム・アプローチによる結果と一致します。すなわち，資産負債の価値が低ければ，その分だけ残余利益が高く算出され，純資産額に加算される金額が増加します。逆に，資産負債の価値が高ければ，その分だけ残余利益が低く算出され，純資産額に加算される価値が減少します。その結果，貸借対照表から求めた純資産の価値と，残余利益の割引現在価値の合計は，期待利益をもとにインカム・アプローチで求めた結果と一致することになります。そのため，この手法はインカム・アプローチに属する方法として解説されるのが一般的です。

3　評価損益に対する法人税相当額の影響はどうするか

　時価純資産法においては，帳簿価額と時価の差額に対する法人税の影響をどうするかが問題となります。この点，清算処分時価純資産法においては，全ての資産負債を処分することが前提となっているため，評価損益から法人税等相当額を控除するのが妥当です。これに対し，再調達時価純資産法においては，

コスト・アプローチ

資産負債に含み損益が生じている場合でも，それらを売却することが必ずしも前提となっていないため，法人税相当額を控除するかどうかについては，評価の目的や資産の保有目的などに応じて個別に検討する必要があります。

4 「財産評価基本通達」における純資産価額方式

以上の方法のほか，「財産評価基本通達」においては，貸借対照表の純資産額を基準に必要な調整を加えることにより1株当たり株式価値を算定する「純資産価額方式」が定められています（財産評価基本通達185）。財産評価基本通達は，相続税，贈与税の課税価格の計算に必要な資産，負債の評価に関する指針ですが，同通達により算出される税務上の評価額が，法人税法，所得税法においても，株式の時価を算定するための一定の基準として用いられています（法人税基本通達9－1－14，所得税基本通達59－6等）。そのため，税務上のリスクが無視し得ない状況においては，財産評価基本通達の定める純資産価額方式が考慮される場合があります。

純資産価額方式は，資産および負債を時価評価し，評価差額に対する法人税相当額を控除して求めた純資産価額をもとに1株当たり価値を求めるという点で，時価純資産法と基本的には共通します。ただし，課税の公平や評価の安全性を考慮するため，以下のような点について通常の時価純資産法とは異なる考え方が用いられます。

	通常の時価純資産法	「財産評価基本通達」の純資産価額方式
帳簿価額	貸借対照表の帳簿価額	税務上の帳簿価額
資産の評価	評価の目的に応じて個別対応	換金価値のあるもののみ考慮
未確定債務	考慮する	考慮しない
評価差額に対する法人税額等	評価の目的に応じて個別対応	控除

245

その他の論点

Q62 非上場株式の評価に対して非流動性ディスカウントを適用する趣旨は何か？

A 非流動性ディスカウントの趣旨は，追加的な取引費用の負担など非上場株式の流動性の低さに起因する価値の低下を織り込むことにある。非流動性ディスカウントの本質は，株式の売買を成立させるための取引費用であり，買い手も，当該株式を売却する際の取引費用の予想額を減価の要因としてとらえる。

したがって，非流動性ディスカウントは，売却に係る取引費用の負担を株式価値から控除する交渉の結果から生じるものであり，理論的な算定によって確定されるものではない。このようなことから，非流動性ディスカウントの割合は，統計的データから推計するほかなく，実務上は30％程度のディスカウントを採用する事例が多い。

1 非流動性ディスカウントの意義

非流動性ディスカウントは，非上場株式の流動性の低さによる売買成立の困難性を評価に反映させるため，評価額の一定割合を減額することをいいます。

非上場株式は，市場を通じての売却が基本的に不可能であり，売却は相対取引を通じて行われます。その過程で，買い手を探すコストや価格交渉に要する取引費用が発生します。このように非上場株式の流動性の低さによって追加的に発生する取引費用が，非流動性ディスカウントの本質です。すなわち，非流動性ディスカウントは，株式の売買の困難さに起因する減価であり，本来的には売り手の側に生じるものといえます。しかし，買い手も，将来当該株式を売

その他の論点

却する際には取引費用を負担することから，その予想額を減価の要因としてとらえます。

したがって，非流動性ディスカウントは，売却に係る取引費用を株式価値から控除する交渉の結果から生じるものであり，理論的な算定によって確定されるものではありません。このようなことから，非流動性ディスカウントの割合は，統計的データから推計するほかないのが実情です。

2　非流動性ディスカウントの水準

非流動性ディスカウントの本質は，非上場株式の売却に要する追加的な取引費用であり，その割合はそれぞれの企業がおかれた状況，株主の状況を踏まえた当事者間の交渉によって決まります。

したがって，非流動性ディスカウントの割合を一律に決めることはできず，非上場株式の売買実例における取引価格や第三者による株主価値評価額と，実際に決定した売買価格との差額として，「結果的に」減額の割合が観察されるにすぎません。

このようなことから，非上場株式の売買データから，結果的に観察された減額割合の調査データを参考にして，非流動性ディスカウントの水準感を把握し，売買条件に反映するのが実務上の対応になります。

わが国では，このような調査データは十分に整備されていませんが，米国では，普通株式と特定譲渡制限付株式の価格差から推定されたデータが存在することから，「一般則としては，非流動性割引率は推定価値の20％から30％に設定されることが多く，企業間における差はほとんどまったくないように思える」[11]との見解もあります。

なお，わが国では，国税庁の財産評価基本通達における類似業種比準方式の適用にあたり，原則として30％を減額する取り扱いを採用しています。このような税務の取り扱いを参考にして，非流動性ディスカウントの割合を30％

---

[11]　アスワス・ダモダラン（著）山下恵美子（訳）『資産価値測定総論 3』パンローリング，2008年，42頁

Ⅱ　評価手法

程度とする事例が多いようです。

3　減額の方法

　非流動性ディスカウントの適用にあたっては，算定された株式価値から一定
割合を減じるのが一般的です。

　ここで，株式価値は事業価値に非事業資産を加算し，有利子負債を控除する
ことによって算定されます。そのため，株式価値から一定割合を減じる場合，
事業価値のみならず，非事業資産および有利子負債も減額しているとの理解が
成り立ちます。そのように考えると，非事業資産に含まれる現金預金の価値に
ついては，上場会社が保有しても非上場会社が保有しても変わるはずがない以
上，非流動性ディスカウントの対象に含めるのはおかしいのではないかという
疑問が起こります。有利子負債についても，非上場会社だからといって返済の
負担が軽くなるわけではない以上，やはり非流動性ディスカウントの対象とす
るのはおかしいようにも思われます。

　しかるに株式から一定割合を減じる取扱いが一般的に行われているのは，非
流動性ディスカウントは有価証券としての売却の困難性に起因した減額であり，
株式価値を構成する個々の要素の減額とは異なるためです。

4　非流動性ディスカウントが考慮されない場合

　実務上，非流動性ディスカウントが考慮されない場合として，支配株主が非
支配株主を排除するスクイーズ・アウト手続が採られる場合や，反対株主によ
る株式買取請求がなされた場合が挙げられます。

　このような場合には，非支配株主は株式売却による投資回収を望んでいるわ
けではありません。したがって，少数株主が株式売却を望んでいない以上，株
式売却を前提とした非流動性ディスカウントを考慮しないことも考えられます。

　実際に，カネボウ株式買取価格決定申立事件における東京地裁の決定（平成
20 年 3 月 14 日）においても，「事業の合併・買収取引に際して非公開会社を
評価する場合，当該会社の株式の流動性の欠如を理由とするディスカウントを

248

その他の論点

加味するのが一般的である。しかしながら，株式買取請求権の制度は，多数株主によって会社から離脱することを余儀なくされた少数株主の経済的損失を保護することを目的にしたものであり，少数株主は株式売却を意図していないにもかかわらず譲渡を余儀なくされたものであるから，株主が進んで株式を売却することを前提とした非流動性ディスカウントを考慮すべきではない。」として，株式売却を望んでいない少数株主が対象となる株式価値算定において，非流動性ディスカウントの適用を否定しています。

もっとも，非流動性ディスカウントの適用を否定する判例は，少数株主・非支配株主の保護という旧商法及び現行会社法の制度趣旨に合致する一方で，非流動性ディスカウントの趣旨とは必ずしも整合しない面があります。非流動性ディスカウントの本質を，非上場株式の売却に伴い生じる取引費用と考えるのであれば，非支配株主から強制取得する場合や，反対株主からの買取請求に応じる場合，少なくとも会社側には一定の取引費用が生じ，通常の売買と同様に価値が減じられる余地は存在するからです。また，判例の立場を採るのであれば，株主が売却の意図を有するかどうかによって価値が異なることとなりますが，株主による売却の意図と株式の流動性は本来別個の問題です。このことから，判例の立場に対しては批判的な見解も存在します [12]。

5　評価アプローチとの関係

非流動性ディスカウントは，市場性のない株式の売却の困難性に起因する減額です。したがって，市場性が反映された評価額に対しては非流動性ディスカウントが適用される一方，市場性を持たない評価額から減額するのは不合理ということになります。

この点，マーケット・アプローチによる評価額には市場性が反映されていることから，これに基づく評価額に対して非流動性ディスカウントを適用できることについては争いがありません。問題は，インカム・アプローチおよびコス

---

[12] 江頭憲治郎東京大学名誉教授は，「流動性がないことが原因で価値が低いのであれば減価すべき」として，判例の立場を批判しています（司法研修所論集第122号67頁）。

Ⅱ　評価手法

ト・アプローチに基づく評価額に対して非流動性ディスカウントを適用できる
かどうかです。

(1)　インカム・アプローチと非流動性ディスカウント

　インカム・アプローチと非流動性ディスカウントの関係は，平成27（2015）
年3月に下された最高裁判所の決定を機に問題となりました。当該判例におい
ては，類似企業比較法と異なり，収益還元法には市場における取引価格との比
較という要素は含まれないとして，収益還元法による評価額に対する非流動性
ディスカウントの適用が否定されました。このことから，非流動性ディスカウ
ントはマーケット・アプローチに基づく評価額に対して適用され，インカム・
アプローチに基づく評価額には適用されないとの認識が広まっているものです。

　しかしながら，当該判例は，反対株主による株式買取請求を前提としており，
反対株主に退出の機会を与え，企業価値を適切に分配することを主眼としてい
ました。この場合，株式の流動性が低いことは，企業価値の減価に直接結びつ
くものではないことから，非流動性ディスカウントを適用しないとの理解が導
かれます。

　このように，意図せざる株式売却がなされる場合，非流動性ディスカウント
は適用されないとするのが通説です。一方，株主が売却の意思を有している場
合には，通常の売買はもちろんのこと，譲渡制限株式の売買価格決定請求にお
いても，非流動性ディスカウントは許容されることになります。

　当該判例では，収益還元法には市場における取引価格との比較という要素は
含まれないとの判断が示されました。しかし，収益還元法を含むインカム・ア
プローチの適用にあたっては，市場のデータに基づき割引率が算定されるのが
一般的です。この場合，インカム・アプローチによる評価額は，マーケット・
アプローチによる評価額と同様に，市場における取引価格との比較という要素
を含んでいるとも考えられることから，判例の立場に対しては批判的な見解が
存在しています。

　以上の理由により，インカム・アプローチに基づく評価額は，原則として非
流動性ディスカウントの適用対象となります。ただし，配当還元法による評価
額は，非支配株主の享受しうる経済的利益が配当のみであることを前提に，そ

の割引現在価値を求めたものに他ならず，有価証券としての株式価値を示したものではないことから，非流動性ディスカウントの適用からは除かれると解するのが相当です。

⑵　コスト・アプローチと非流動性ディスカウント

非流動性ディスカウントは，有価証券としての株式に市場性がなく，売却が困難であることに起因する減額であるところ，コスト・アプローチは個々の資産・負債の価値を積算した純資産を株式価値とするものです。よって，コスト・アプローチに基づく評価額は，有価証券としての価値を直接示すものとは言い難く，なおかつ個々の資産および負債の評価額が，有価証券と同等の市場性を有しているとは考えられません。したがって，市場における取引価格との比較という要素が含まれない場合は減額しないという判例の立場からすれば，少なくとも制限株式の価格から推定された減額割合をそのまま採用することには問題があります。この場合，流動性の低さは個々の資産及び負債の評価を通じて反映させるほかありません。

6　マイノリティ・ディスカウントとの関係

マイノリティ・ディスカウントを積極的に肯定する立場から，支配株主の価値に対する非流動性ディスカウントの割合は，非支配株主の価値に対するそれより小さいといわれることがあります。これは，支配株主は会社の意思決定に影響を及ぼしうる以上，その保有する株式を比較的容易に売却できるのに対し，非支配株主は譲渡承認請求を拒絶される場合もあることから，売却がより困難と考えられるためです。上場会社においても，親会社が発行済株式の大部分を保有している場合には株式の流動性が低くなりやすいことから，支配株主の存在が非支配株主の株式の流動性を低下させるのは事実といってよさそうです。

しかし，流動性の低下のうち，株式が非上場であることに起因する部分と，支配株主の存在に起因する部分は区別されなければなりません。有価証券としての株式が非上場であることに起因する減価が非流動性ディスカウントの本質であり，この減価は株式の所有者が支配株主かどうかを問わずに生じると解す

Ⅱ　評価手法

るのが相当です。これに対し，支配株主の存在により生じる流動性の低下は，本来マイノリティ・ディスカウントに含まれるべきものです。しかるに支配株主の持分に低い割合の，非支配株主の持分に高い割合の非流動性ディスカウントを適用した場合，非支配株主に対する非流動性ディスカウントの中にはマイノリティ・ディスカウントに相当する部分も含まれることになり，減額を二重に適用する不合理な結果となります。

その他の論点

Q63 コントロール・プレミアムとは何か？

A コントロール・プレミアムとは，M&Aを行う際の企業評価において，対象株式の議決権の過半数や，3分の2以上を取得しようとする場合に，通常の取引価格に上乗せする形で考慮される経営支配権の対価のことをいう。

しかしながら，コントロール・プレミアムを評価する確立された理論はなく，支配権を取得する買い手が支払う対価と市場価格との差がコントロール・プレミアムとして事後的に把握しうるに過ぎない。

1 コントロール・プレミアムの意義

コントロール・プレミアムとは，支配権の移動を伴う企業買収において，買い手が市場価格に上乗せして支払うプレミアムをいいます。

支配権の移動を伴う企業買収が行われるのは，買い手が経営権を取得することにより，企業価値を高めることができると考えているからに他なりません。よって，買収による企業価値の増加分，すなわちシナジーの範囲内であれば，買い手には市場価格に上乗せする形で対価を支払う誘因が働きます。一方売り手には，株式の売却により失う将来の株価上昇に対する期待権と引き換えに，買い手が実現すると期待されるシナジーの分配を求める誘因が働きます。その結果として成立する市場価格に対する追加的な支払額がコントロール・プレミアムの本質です。言い換えると，買い手が考えるシナジーを配分したものがコントロール・プレミアムとなります。

ただし，支配権の移動を伴う企業買収において，常にコントロール・プレミアムが発生するわけではなく，市場株価に対してディスカウントされる場合も稀にあります。たとえば，従来の親会社が子会社株式を売却する場合，市場取

第1部　企業価値評価の実務

253

II 評価手法

引では一度に売却しきれないことから，買い手との間で公開買付けへの応募契約を締結することがあります。この場合，買い手が一般株主の応募を想定しないのであれば，公開買付価格は市場株価からディスカウントされた水準に設定されることになります。

2 コントロール・プレミアムの測定

上記の通り，コントロール・プレミアムは，企業価値を高めようとする買い手と，その分配を求める売り手との間で成立した取引価格が，市場価格を超過する部分です。したがって，のれんと同様，それ自体の価値を独立して評価することはできず，企業買収において成立した取引価格と市場価格の差額として事後的に把握しうるに過ぎません。

3 コントロール・プレミアムを考慮すべきではない場合

コントロール・プレミアムの源泉を，経営権の取得によって享受しうる個人的な便益に求める見解[13]があります。しかしながら，シナジーと個人的な便益は区別されなければなりません。前者をコントロール・プレミアムとして支払うことは，経営権の取得によって実現しうるシナジーを配分するという点で合理性を有しますが，個人的な便益の対価をコントロール・プレミアムとして支払うことは，少数株主の利益を犠牲にして買い手と売り手に分配することを意味するからです。

---

13 「コントロール・プレミアムに関する考察」（鈴木一功著，証券アナリストジャーナル JUL. 2005. VOL.43）では，このような考え方が示された論文として，Bradley, M.(1980), "Interim Tender Offers and the Market for Corporate Control," Journal of Business, 53:345-376 等が紹介されています。

その他の論点

4　コントロール・プレミアムに関する実務の問題点

「一般的」とみなされながら，根拠が明確でない実務の１つに，コントロール・プレミアムを論拠としたマイノリティ・ディスカウントがあります。これは，ある評価手法により算定された価値を，支配株主の価値，非支配株主の価値に区分の上，前者にマイノリティ・ディスカウントを適用することにより非支配株主の価値を算定するというものです。その際，マイノリティ・ディスカウントの割合はコントロール・プレミアムの割合から逆算しうるとされます。しかし，この実務には次のような問題点があります。

これらの問題点を措くとしても，実際に観察しうるコントロール・プレミアムにはシナジーが含まれるのが通常であり，純然たる支配権の価値を示すものではありません。コントロール・プレミアムをシナジーと区別し，純然たる支配権の価値ととらえるならば，算定された株式価値に対して一定のコントロール・プレミアムまたはマイノリティ・ディスカウントを適用するという実務は，少なからぬ問題点を含んでいます。

(1)　負担するリスクの相違を無視していること

コントロール・プレミアム及びマイノリティ・ディスカウントを積極的に肯定する立場の背景には，企業の経営方針の決定に関与できる支配株主が，自らの意のままに企業価値の最大化を図ることができるのに対し，非支配株主は，自らの意図に反する決定が支配株主らによりなされた場合も甘受するしかなく，その結果，機会損失が生じうるという理解があるようです[14]。

しかし，ファイナンス理論の枠組みからとらえるのであれば，そのような利得および損失は期待収益率の違いによって調整されると考えられます。なぜなら，自ら経営に関与し，企業価値の最大化を目指す株主は，企業固有のリスクを取って平均以上の収益を挙げようとする投資家と位置づけられる一方，経営に関与しない非支配株主は，固有のリスクを分散し，平均的な収益の獲得を目

14　このような機会損失の例として，非公開化により株主の地位を失う非支配株主が有していた将来の株価上昇に対する期待権のうち，公開買付価格に含まれるプレミアムで填補されない部分が挙げられます。

255

Ⅱ　評価手法

指す投資家と評価できるからです。両者の違いは，リスクを取って高い収益率を目指すか，リスクを回避し平均的な収益率を目指すかの違いに過ぎず，将来のキャッシュ・フローをリスクに応じた割引率で現在価値に換算すれば，支配株主と非支配株主の価値はおおむね等しくなると考えることができます。

⑵　インカム・アプローチとマーケット・アプローチの等価性を無視していること

　コントロール・プレミアムおよびマイノリティ・ディスカウントを積極的に肯定する立場からは，インカム・アプローチに基づく評価額は支配株主の価値を，マーケット・アプローチに基づく評価額は非支配株主の価値を示すものと評価されます。これは，企業のキャッシュ・フローを総体として評価するインカム・アプローチおよびコスト・アプローチは，会社のキャッシュ・フロー及び純資産に影響を及ぼしうる支配株主の価値と整合的である一方，市場株価は非支配株主による小単位の取引を前提とした価格であることから，非支配株主の価値と整合的であるとの理解に基づいているようです。

　しかしながら，前提条件が整合的に設定される限り，DCF法と類似企業比較法による評価額が理論上一致するという関係については，Q58で指摘したとおりです。すなわち，DCF法では評価対象企業のフリー・キャッシュ・フローを割引率で現在価値に換算することによって，類似企業比較法では評価対象企業の業績指標に類似会社の株価に関連した倍率を乗じることによって事業価値が算定されます。両者の違いは，フリー・キャッシュ・フローを割り引くことによって直接的に企業価値を導くか，業績指標と事業価値を関連付ける類似企業の倍率を介して間接的に導くかの違いに過ぎません。そして，フリー・キャッシュ・フローおよび業績指標には支配株主の影響が及ぶ一方，割引率および株価に関連した倍率には市場のデータが反映されており，これらの関係からもインカム・アプローチとマーケット・アプローチが等価性を有することが分かります。

　ところが，コントロール・プレミアムおよびマイノリティ・ディスカウントを積極的に肯定する立場からは，支配株主がフリー・キャッシュ・フローに影響を及ぼしうることを理由に，インカム・アプローチに基づく評価額は支配株

その他の論点

主の価値を示すとの認定がなされる一方，類似企業の倍率が市場株価から算定されることを理由に，マーケット・アプローチに基づく評価額は非支配株主の価値を示すとの認定がなされています。本来共通性を有する評価手法を異なる角度からとらえることにより，両者を異質なものとして取り扱う実務には，疑問が残るところです。

(3) シナジーとコントロール・プレミアムを混同していること

　仮に，経営権の取得によって実現しうるシナジーの全額が，コントロール・プレミアムとして市場価格に上乗せされるのであれば，シナジーとコントロール・プレミアムは完全に一致します。この場合，「非支配株主の価値」である市場株価にコントロール・プレミアムを上乗せすることにより，シナジー効果を反映した「支配株主の価値」を算定できるため，市場株価に対するコントロール・プレミアムの平均的な割合を求めれば，そこからマイノリティ・ディスカウントの割合も逆算できることになります。

　しかし，実際のコントロール・プレミアムはシナジーそのものではなく，その一部を分配することによって成立した取引価格と市場株価の差額に過ぎません。したがって，コントロール・プレミアムの割合からマイノリティ・ディスカウントの割合を逆算するという実務は，シナジーとコントロール・プレミアムを混同したものということができます。

Ⅱ 評価手法

Q64 ブロック・トレード・ディスカウントとは何か

A ブロック・トレードは，株式を大量に売却する際に，それが市場に影響を与える可能性を回避するために，市場外で行われる相対の取引であり，対象となる株式の取引量や市場での売買出来高などを考慮して，一定のディスカウントが設定された価格（すなわち，市場における時価より一定程度低い価格）で取引されるのが一般的である。このディスカウントのことを，「ブロック・トレード・ディスカウント」という。

しかしながら，ブロック・トレード・ディスカウントは対象株式の特性ではなく，株式保有者に固有のものであると考えられ，会計処理目的の評価において，ブロック・トレード・ディスカウントは禁止されている。

取引目的の評価においても，ブロック・トレード・ディスカウントは，対象株式の特性ではないことから，ブロック・トレードの取引価格の決定を評価目的とする場合を除いて，採用すべきではないと考えられる。

ブロック・トレードに関する画一的な定義は存在しませんが，日本取引所グループのWebサイトにおける用語解説では，「大口の注文を相対で行う取引のことをいいます。」と説明されています。

ブロック・トレードは，株式の大量売却による株価の下落の可能性を回避することを目的に行われるのが通常です。

大量の株式を保有する株主が当該株式を売却する場合，日々の出来高を超える大量の株式を市場で一度に売却しようとすると，売り注文が買い注文を大幅に上回ることとなり，株価が値崩れを起こす可能性があります。

そのため，市場を通さない相対取引として，第三者が当該株式を一旦まとめて引き受けることにより，売り手である株主は市場の値崩れを招かずに大量の株式を売却し，その対価として現金を手にすることができます。

また，大量の株式を購入した買い手は，当該株式を市場で順次売却し，若し

その他の論点

くは機関投資家等に小分けにして売却していくことで，保有ポジションを解消していくのが一般的です。

　ブロック・トレードを実施するにあたり，ブロック・トレードにおける取引価格は，株価が取得時（ブロック・トレード時）の株価よりも値下がりするリスクも考慮すると，取引時の市場価格と同額で取引されることは通常想定されません。ブロック・トレードの買い手は，取引価格の決定において，市場価格に対して一定のディスカウントを設定することで，上記オペレーションにより生じる株価下落リスクを回避することが常識です。このディスカウントのことを，「ブロック・トレード・ディスカウント」といいます。

　ブロック・トレード・ディスカウント率は，対象となる株式を取り巻く状況，たとえば発行済株式数に占める比率，市場での売買出来高に対する比率，価格変動性などにより個別に異なります。

　しかしながら，株式保有者のポジションの大きさによる流動性コストやいつどのように売却するのかはその対象株式の特性ではなく，株式保有者の意思によるものであり，ブロック・トレード・ディスカウントは株式保有者に固有のものであると考えられます。よって，日本の会計基準では，明示的には禁止されていないものの，米国会計基準及びIFRSでは，会計処理目的の評価において，ブロック・トレード・ディスカウントは禁止されています。

　取引目的の評価においても，プレミアムまたはディスカウントが対象株式の特性ではなく，株式保有者に固有のものである場合は，当該プレミアムまたはディスカウントを考慮することは認められないことから，ブロック・トレードの取引価格の決定を評価目的とする場合を除いて，ブロック・トレード・ディスカウントは採用すべきではないと考えられます。

第1部　企業価値評価の実務

Ⅲ 割引率の算定実務

一般理論について

Q65 DCF（Discounted Cash Flow）法で使用する割引率の基本的な概念とは何か？

A 割引率は，将来のキャッシュ・フローのリスクに応じて投資家が期待する収益率であり，これは企業にとっての資本コストを意味する。DCF法においても，フリー・キャッシュ・フローのリスクの相違に応じ，これと整合的な割引率を適用する必要がある。

1 割引率の役割

　割引率の役割は，直接的には将来のキャッシュ・フローの現在価値を求めることにありますが，より本質的には，将来のキャッシュ・フローのリスクに応じて投資家が期待する収益率を定量化し，これを現在価値の算定に反映させることにあります。また，割引率として定量化された投資家の期待収益率は，企業にとっては資本コストとしての役割を果たします。

(1) 投資家の期待収益率の定量化

　例えば，ある投資家が年間10％の収益率をもたらす投資機会を有しているのであれば，その投資家が現時点で有する100万円は，1年後には110万円，2年後には121万円となります。言い換えると，その投資家にとって，現在の

一般理論について

100万円と1年後の110万円および2年後の121万円は同じ価値を有しています。このように，時の経過に伴い変化する貨幣1単位の価値を貨幣の時間価値といいます。

DCF法においては，将来の異なる時点において発生するフリー・キャッシュ・フローに基づき価値を評価します。しかし上記のとおり，貨幣には時間価値があるため，現在受け取ることができるキャッシュ・フローと，将来受け取ることができるキャッシュ・フローでは貨幣1単位の価値が異なります。そこで，将来のキャッシュ・フローを現在価値へ換算することにより，異なる時点のキャッシュ・フローの価値を同一の尺度で測定する必要があります。割引率には，この現在価値を求めるにあたっての換算率としての役割があります。

このように，評価時点の価値に換算されたキャッシュ・フローを割引現在価値，または単に現在価値といいます。現在価値は，将来のキャッシュ・フローに現在価値係数を乗じることによって求められ，この現在価値係数を決定付けるのが割引率です。

上記の数値例を前提に，将来のキャッシュ・フローを現在価値に割り引いてみましょう。結論からいえば，割引率は投資家の期待収益率によって決まります。次式の通り，1年後の価値である110万円と，2年後の価値である121万円を，期待収益率である10％で現在価値に割り引くと，いずれについても100万円となるからです。このとき，期待収益率である10％を割引率と呼び，1に割引率を加算して累乗した値の逆数を現在価値係数と呼びます。

$$\frac{110}{1+0.1} = \frac{121}{(1+0.1)^2} = 100$$

それでは，投資家の期待収益率は何によって決まるのでしょうか。結論からいえば，期待収益率はキャッシュ・フローのリスクに応じて決定されます。合理的な投資家は，収益の期待値が全く同じであっても，リスクの高い投資機会にはより高い収益率を要求すると考えられます。リスクとは何か，リスクがどのようにして期待収益率に反映されるかについては，後ほど登場する設問で明らかにしていきます。

Ⅲ　割引率の算定実務

(2)　企業の資本コストの定量化

　投資家がある企業に出資して利益を得るには，その企業が投資家の期待を上回る収益率を上げる必要があります。例えば，投資家の期待収益率が10％で，企業の収益率が20％のとき，現時点で100万円を出資した投資家が1年後に獲得するキャッシュ・フローの現在価値は，次のとおり約109.1万円となり，投資家は正味約9.1万円の利益を得ることができます。

$$\frac{120}{1+0.1} = 109.09\cdots$$

　これに対し，企業の収益率が5％の場合には，1年後に獲得するキャッシュ・フローの現在価値が約95.5万円となるため，投資家は4.5万円の損失を被ります。

$$\frac{105}{1+0.1} = 95.45\cdots$$

　よって，企業が投資家から資金を調達するには，少なくとも投資家の期待を上回る収益率を上げる必要があります。このような観点から，投資家の期待収益率は企業にとっての資本コストを意味しています。

2　フリー・キャッシュ・フローと割引率の対応関係

　上記のとおり，割引率は，キャッシュ・フローのリスクを織り込んだ投資家の期待収益率および企業の資本コストです。したがって，DCF法において用いられる割引率には，対象となるフリー・キャッシュ・フローのリスクを適切に反映させる必要があります。

　以下では，まずフリー・キャッシュ・フローを大きく2つに分け，次にエンタプライズDCF法，APV法，エクイティDCF法のそれぞれにおけるフリー・キャッシュ・フローと割引率の対応関係について解説します。

(1)　フリー・キャッシュ・フローの区分

　フリー・キャッシュ・フローは，全ての投資家に帰属する利払前のキャッ

シュ・フローか，株主に帰属する利払後のキャッシュ・フローかによって2種類に分けられます。前者は，企業が有利子負債を利用しなかったとみなした場合のフリー・キャッシュ・フローに一致することから，アンレバード・フリー・キャッシュ・フローと呼ばれることがあります。

また，後者はエクイティ・キャッシュ・フローまたは株主帰属フリー・キャッシュ・フローと呼ばれることがあります。アンレバード・フリー・キャッシュ・フローは，エンタプライズDCF法およびAPV法において，エクイティ・キャッシュ・フローはエクイティDCF法において用いられます。

なお，エクイティDCF法は金融機関の評価などに限って適用される特殊な手法であることから，単にフリー・キャッシュ・フローという場合には，アンレバード・フリー・キャッシュ・フローを意味するのが通常です。

(2) DCF法における割引率とフリー・キャッシュ・フローの関係

エンタプライズDCF法では，全ての投資家に分配可能なキャッシュ・フローであるアンレバード・フリー・キャッシュ・フローを，加重平均資本コスト（Weighted Average Cost of Capital; WACC）で現在価値に割り引きます。このWACCは，株主資本コスト（Return on Equity; ROE）と負債資本コスト（Return on Debt; ROD）を，株主資本と有利子負債の時価の構成比で加重平均することにより算定されます。また，株主資本コストには，負債利用を前提にしたレバード株主資本コストを，負債資本コストには，調達金利から実効税率相当割合を節税効果として控除した，実質的な調達金利を用います。

これに対し，APV法では，アンレバード・フリー・キャッシュ・フローをアンレバード株主資本コストで，有利子負債の節税効果を税引前の負債コストで，それぞれ現在価値に割り引きます。税引前の値を用いるのは，節税効果が別個に求められており，これをさらに税引後の負債資本コストで割り引いた場合，節税効果を二重に考慮する結果となるためです。

エンタプライズDCF法とAPV法は，アンレバード・フリー・キャッシュ・フローを現在価値に割り引くという点で共通します。しかし，前者では有利子負債の節税効果が加重平均資本コストの中に織り込まれ，節税効果の金額自体は明示的に考慮されないのに対して，後者ではアンレバード・フリー・キャッ

シュ・フローと有利子負債の節税効果が区分され，それぞれに対応する割引率が適用されるという違いがあります。

エクイティDCF法では，エクイティ・キャッシュ・フローが株主資本コストで現在価値に割り引かれます。この株主資本コストは，一定の有利子負債の利用を前提としたレバード株主資本コストとなります。

(3) まとめ

エンタプライズDCF法，APV法，エクイティDCF法のそれぞれにおけるキャッシュ・フローと割引率の関係をまとめると次のようになります。

評価手法	フリー・キャッシュ・フロー	適用される割引率	フリー・キャッシュ・フローの割引現在価値	負債の節税効果
エンタプライズDCF法	アンレバード・フリー・キャッシュ・フロー	レバード株主資本コストと負債資本コストによる加重平均資本コスト	事業価値 (Levered)	割引率に反映
APV法	アンレバード・フリー・キャッシュ・フロー	アンレバード株主資本コストおよび税引前負債コスト	無負債事業価値 (Unlevered)	無負債事業価値に別途加算
エクイティDCF法	エクイティ・キャッシュ・フロー	レバード株主資本コスト	株式価値 (Levered)	フリー・キャッシュ・フローに反映

一般理論について

Q66 割引率の決定要因であるリスクはどのように定義されるか，また具体的にどのように計測すればよいか？

A リスクとはある予想された事象が発生する不確実性を指す。投資リスクでいえば，予想された収益率が達成される確度が高いほどリスクは小さくなる。リスクは株価の変動性と定義され，具体的には投資収益率の標準偏差の年率として算出される。合理的な投資家はリスクの高い投資対象には高い期待収益率を求める。

1　リスクが高いほど危険なのか

　仮に，「東京タワーの頂上」か「ビルの２階」，どちらからか飛び降りなければならないとしたら，どちらのリスクが小さいでしょうか。

　直感的には「ビルの２階」と考えるのが自然です。少々怪我はするでしょうが，よほど打ち所が悪くなければ最悪の結果からは間逃れることができるからです。しかし，ファイナンス理論では，「東京タワーの頂上」から飛び降りるほうが「リスク」は小さいと考えられます。

　なぜならば，予想される事象（この場合では最悪の結果）が発生する確率はほぼ100％であり，そこには不確実性はないからです。逆に２階から飛び降りるほうが，最悪の結果となる確率は低くなりますが，不確実性は高くなります。

　日本人の多くは，リスクについて２つの大きな誤解をしています。１つはリスク＝「危険」と認識していることです。リスク（Risk）の日本語の意味を尋ねると，高い確率で「危険」と回答されます。次に「危険」の英訳を問うと，「Danger」と返ってきます。

　この言葉遊びにより，「Risk」が「Danger」という全く違う英語に替わってしまいます。日本語にはRisk（不確実性）に対応する適当な言葉がなく，「危険」という意味に代替されていることに気づくことでしょう。リスクがあると

第１部　企業価値評価の実務

265

Ⅲ　割引率の算定実務

いうことは，決して「危険に遭遇する」という意味ではなく，「予測しづらい」「先が見えない」という意味で考えるべきです。

2つ目の誤解として「不確実性」と「発生確率」の同一化があります。

上記の例でいえば，東京タワーから飛び降りて「最悪な結果がおきる不確実性」は，「最悪な結果を免れる不確実性」と同じく，限りなくゼロに近いということです。その事象が発生する確率がゼロであっても100%であっても，「不確実性」はゼロと判断されます。ここでは予想する結果が発生する確率が50%のとき，「不確実性」が最も高くなると考えてもよいでしょう。

2　標準偏差とは何か

リスクは投資収益率の標準偏差と言い換えることができます。標準偏差とは概念的にはデータのばらつきです。標準偏差が小さいということは，期待収益率と実際の収益率のブレが小さく，標準偏差が大きいということは，両者のブレが大きくなることを意味します。

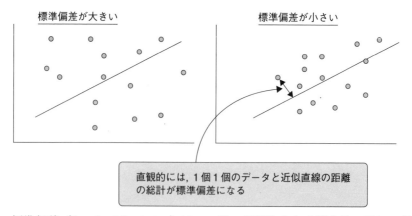

直観的には，1個1個のデータと近似直線の距離の総計が標準偏差になる

標準偏差（Standard Deviation）は，一群の観測値または測定値に対して使用される場合と，確率変数に対して使用される場合の2通りがあります。

前者の例として，次のようなものを考えます。n人のクラスであるテストが行われ，各人の点数を$x_1, x_2, ……, x_n$とし，算術平均を$\bar{x}$とします。

このとき

$$\frac{1}{n}\left[(x_1-\overline{x})^2+(x_2-\overline{x})^2+\cdots\cdots+(x_n-\overline{x})^2\right]$$

を分散といい，分散の平方根を標準偏差と呼びます。標準偏差の値が小さいときは，n 個の点数は1つの値の近くに固まった形となります（図の右側）。極端な場合として標準偏差がゼロであれば，各 x_i はすべて同じ値（つまり全員が同点であった）となります。また標準偏差の値が大きいとき，点数は全体として散らばった形となります（図の左側）。

　標準偏差を確率変数に使用する場合は，確率変数 X を離散型確率変数とする場合と連続型確率変数とする場合の2つに分けることができます。まず，X が離散型確率変数であったとしましょう。1年後のある株式の投資収益率 X の取り得る値が x_1, x_2, x_3……となるとき，X が x_i という値を取る確率 p_i と定義します。このとき p_i の総和は1となります。

　この株式の投資収益率の平均が確率変数 X の平均値であり，期待収益率です。算出式は次のとおりとなります。

$$\overline{X}=p_1 x_1+p_2 x_2+\cdots\cdots+p_n x_n$$

このとき，

$$V=p_1(x_1-\overline{X})^2+p_2(x_2-\overline{X})^2+\cdots\cdots+p_n(x_n-\overline{X})^2$$

を確率変数 X の分散といい，分散の平方根を確率変数 X の標準偏差と呼びます。

　もし X が連続型の確率変数の場合であったとしましょう。いま連続関数 $f(x)$ があって

$$f(x)\geqq 0,\ \int_{-\infty}^{\infty}f(x)dx=1$$

を満たし，X の値が区間 J に属する確率が

$$P(a\leqq X\leqq b)=\int_a^b f(x)dx$$

Ⅲ　割引率の算定実務

で与えられるとき

$$\overline{X} = \int_{-\infty}^{\infty} x f(x) \, dx$$

を確率変数 X の平均値と呼びます。また

$$V = \int_{-\infty}^{\infty} (x - \overline{X})^2 f(x) \, dx$$

を確率変数 X の分散といい，分散の平方根を確率変数 X の標準偏差と呼びます。

3　リスクの可視化

では，上記の式を用いてリスク量を実際に算出してみましょう。

株価の変動モデル，すなわち期待収益率のばらつきは連続型確率変数の場合に当てはまりますが，標準偏差に関する基本的な考え方は離散型確率変数と同じですので，以下の説明においては離散型確率変数を利用します。

ここに 2 つの株式があります。

株式 A および B の期待収益率は同じく 20％と考えられています。

ただし，1 年後の投資収益率の変動は次のとおり大きく異なります。

（ここではリスクの算出を容易にするために，上記の確率分布を次のとおり離散型に簡素化します。）

株式 A，B のリスクは投資収益率の標準偏差として定義され，それぞれ次のように計算されます。

結果として，株式 A のリスクは約 11％，株式 B のリスクは約 21％となり，予想どおり株式 B のリスクのほうが大きいことが証明されました。

リスクは標準偏差と同義語であり，平均の上下 1 標準偏差内に約 68％のデータが集まることを意味しています。

来年の投資パフォーマンスは神のみぞ知る世界ではありますが，一般の投資家は投資収益のハズレ具合を予想することができるということです。株式 A の投資家は来年の収益の見込みを 9 ％から 31％の間で見積もれば 100 回に 68

一般理論について

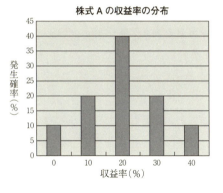

回は的中するということになります。リスクを算出することで，予想投資収益率を加重平均した期待収益率のみならず，投資収益のばらつきを知ることができ，投資家は一定期間の投資収益の損失の発生確率を管理することが可能となります。

4　ボラティリティとは何か

　標準偏差のうち，特に資産価格の変化率に関するものをボラティリティと呼びます。株式に関していえば，ボラティリティとは「年率で表示された株価の変動率の標準偏差」です。

　なぜ年率かといえば，異なる期間の株価の変動性の大きさを比べるためには，基準となる期間の設定が必要になるからです。

Ⅲ　割引率の算定実務

　ボラティリティは，時間の平方根に比例します。例えば，日次のボラティリティが1％で，年間の営業日数が225日であったとき，年率のボラティリティは，日次のボラティリティ1％に年間営業日数の平方根である15を乗じた15％となります。

　株価が1日5％上下するとしたら，1年後の株価の分布は図のとおり，裾野が右に広がった左右非対称の分布になりました。なぜこのような分布になるのかといえば，株価に上限はないのに対し，下限は0と決まっているためです。例えば現在100円の株が200円に上昇することと同じエネルギーをもつ下落幅は，0円になることではなく50円となることであることに気がつけば，この現象の理解も容易になるはずです。この株価の分布を一般の正規分布と区分けし，対数正規分布と呼んでいます。

1年後の株価

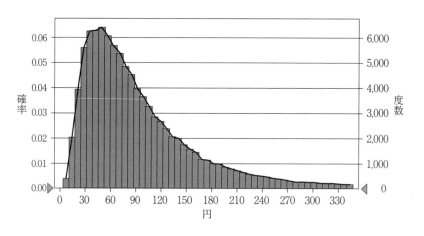

一般理論について

Q67 企業の収益性と割引率は関係があるか？

A 割引率は企業が生み出すキャッシュ・フローのリスクに応じて決定されるものであり，企業の収益性とは直接の関係はない。企業の収益性（キャッシュ・フロー）が一定として，割引率が高くなれば企業価値が低下し，割引率が一定で，企業の収益性が上がれば企業価値は向上する。

投資家が求める期待収益率は，その企業の営む事業のリスクに応じて決定されます。よく誤解されるのですが，投資家が求める期待収益率と企業の収益性との間に直接の因果関係はありません。

投資家の求める期待収益率は，企業の収益性ではなく，企業の生み出すキャッシュ・フローの変動性に影響を受けます。

例えば，A社とB社の今期の純利益は同じ10億円であったとしても，過去の純利益の推移が以下のとおりであった場合，A社の投資家の期待収益率は，B社に比べ，圧倒的に低くなります。

（単位：億円）

	2005	2006	2007	2008	2009
A	10	13	8	15	10
B	7	25	-10	-3	10

なぜならば，A社の投資家は今後も安定的に，A社の純利益が推移すると予測するため，A社に求めるリスクプレミアムはB社に比べ小さくなるからです。

したがって，将来において同等の収益予想がされる企業でも資本コストは異なり，結果として，企業価値にも差が出てきます。

企業価値の評価においては，将来のキャッシュ・フローだけではなく，資本コストも大きな要因となります。

この資本コスト（割引率）はどのように決める（または決まる）のでしょ

Ⅲ　割引率の算定実務

か。もちろん恣意的に決めてしまえばあるべき企業価値を歪めてしまうおそれ
があります。各企業が取るビジネスリスクは多種多様であり，1つの企業がリ
スクの異なる様々な事業を展開しているのが普通です。

　このように複雑極まる企業のリスクを，いかに正確に資本コストに反映させ
るかが現代ファイナンス理論の研究の中心でもあります。

一般理論について

Q68　WACCの考え方と実際の算出方法は？

A　WACCは，株主資本コストと負債資本コストを，株主資本と有利子負債の時価の比率で加重平均して求めた資本コストである。フリー・キャッシュ・フローが株主資本と有利子負債のいずれから発生したかを区分することはできないため，これを割り引くにはWACCを用いる必要がある。WACCは投資家の期待収益率であることから，企業はWACC以上の収益率をもつ投資機会のみを選択すべきであり，WACCは企業の投資意思決定におけるハードルレートとしての役割を果たしている。

1　WACCの考え方

　加重平均資本コスト（Weighted Average Cost of Capital; WACC）は，株主資本コスト（Return on Equity; ROE）と負債資本コスト（Return on Debt; ROD）を，それぞれの調達額に応じた割合で加重平均して求めた資本コストです。
　一般に，企業が調達した資金は，株主から調達した資金であるか，債権者から調達した資金であるかを問わず，企業の様々な事業活動に投下され，回収された資金のうち投資家に分配可能なものがフリー・キャッシュ・フローとなります。したがって，フリー・キャッシュ・フローが株主資本と有利子負債のいずれから発生したかを明確に区分することはできないため，これを現在価値に換算する割引率としては，株主資本コストと負債資本コストを，それぞれの調達額に応じた割合で加重平均したWACCを用いる必要があります。一方，後述するように，株主に帰属するフリー・キャッシュ・フローを割り引く場合には，株主資本コストを用いる必要があります。つまり，キャッシュ・フローを割り引くには，そのキャッシュ・フローを受け取る投資家の資本コストを用いる必要があるということです。

273

Ⅲ　割引率の算定実務

　WACC は投資家全体の平均的な期待収益率としての性格を有しています。これは，企業は WACC を上回る投資収益率をあげることによって初めて投資家の要求を満たすことができるということです。したがって，企業は WACC 以上の収益率をもつ投資機会のみを選択すべきであるということができ，このことから WACC は企業の投資意思決定におけるハードルレートとしての役割を果たしているといわれます。

2　実際の算出方法

　WACC の求め方は非常に明解です。

$$\text{WACC} = \text{ROD}(負債コスト) \times (1 - 税率) \times \frac{D}{D+E}$$
$$+ \text{ROE}(株主資本コスト) \times \frac{E}{D+E}$$

D：有利子負債額　　　E：株主資本（時価）

【設例】

　A 社の株主資本コストは 16％，銀行からの借入れ金利は 4％です。また借入れの総額は，500 億円，株式時価総額は今日現在で 4,000 億円，税率は 50％とします。

　これらの情報から加重平均資本コスト（WACC）を算出すると，次のようになります。

$$加重平均資本コスト（\text{WACC}）= \frac{500}{500+4,000} \times 4\% \times (1 - 50\%)$$
$$+ \frac{4,000}{500+4,000} \times 16\% = 14.4\%$$

一般理論について

 株主資本コスト(ROE)の考え方と実際の算出方法は?

 株主資本コスト(ROE)とは,株主が企業に求める期待利回りである。
ROE は企業の事業内容や資本構成になどにより決定される。リスクの高い事業を行う企業の ROE は安定した事業を行う企業の ROE に比べ高くなり,また同じ事業を行う企業でも,負債の比率が高い企業ほど ROE は高くなる傾向がある。

1 最後に残った変数 ROE

企業価値を求める上で必要な変数は,将来のフリー・キャッシュ・フローと WACC の2つであり,WACC はさらに株主資本コスト,負債資本コスト,株主資本比率という3つの変数に分けられます。ここで,将来のフリー・キャッシュ・フローは事業計画から所与であるものとし,負債資本コストも企業の調達金利と税率を所与とすれば容易に算出できます[15]。それでは,残る変数である株主資本コスト(Return on Equity; ROE)はどのように導き出せばよいのでしょうか。ROE さえ分かれば WACC が算定でき,フリー・キャッシュ・フローを WACC で割り引くことにより企業価値が算定できることになります。

2 2つの ROE

各企業の財務諸表を見れば ROE を知ることができます。手っ取り早く『会社四季報』をみれば一目瞭然ですが,注意すべきはアカウンティング(財務会

---

[15] その年の支払い金利を負債の残高等で割ることで算出できます。

III 割引率の算定実務

計）上の ROE とファイナンス上の ROE（今まさに求めようとしている企業価値を求める上で必要な変数）は全く別物だということです。

＜アカウンティング上の ROE ＞

ROE ＝当期純利益÷株主資本（簿価）

＜ファイナンス上の ROE ＞

ROE ＝（キャピタルゲイン＋インカムゲイン）÷投資額

要はその企業の株式に投資したときの期待収益です。

3　ROE の求め方

(1) 資本資産評価モデル（CAPM）

ではファイナンス上の ROE はどのように求めたらよいのでしょうか。

もし，いかなる手段も許されるとしたら，株主全員にアンケートをとって集まった数字をその株主の持ち分に応じて加重平均すれば出てくるでしょう。

もちろん，情報収集に対する莫大なコスト，また果たして全て株主が要求する ROE を意識しているかという疑問を鑑みるに，とても現実的手法とはいえません。

この難問を明解な手法で解決したのが，ウイリアム・シャープ博士です。その ROE を算出する資本資産評価モデル（Capital Asset Pricing Model; CAPM）は，簡単にいえば各企業の ROE を，リスクフリー・レート（国債等の金利）と市場ポートフォリオの収益率，β（ベータ）と呼ばれる市場ポートフォリオの収益率に対する個別株の感応度のみによって一次関数として導き出したものです。

CAPM によれば，株主資本コストは以下の一次式によって表されます。

$r_e = R_f + \beta \times \{E(R_m) - R_f\}$

r_e：株主資本コスト

R_f：リスクフリー・レート

β：リスク感応度

$E(R_m) - R_f$：マーケット・リスクプレミアム

一般理論について

　CAPM は，現代ポートフォリオ理論と呼ばれる投資家の資産選択に関する理論を背景としています。現代ポートフォリオ理論は精緻に構築されており，ここでの詳述は割愛しますが，その出発点は分散投資という概念にあります。

　Q66 で述べたとおり，リスクとは本来投資収益率の標準偏差を意味します。しかし，複数の銘柄に対し分散投資をすることによって，ある銘柄の値下がりと他の銘柄の値上がりが相殺される可能性が生じます。その結果，複数の銘柄からなるポートフォリオの収益率はそれぞれの収益率の加重平均となるのに対して，リスクはそれぞれの標準偏差の加重平均よりも小さくなります。これをポートフォリオのリスク分散効果といいます。リスク分散効果は，特に 10 銘柄程度までのポートフォリオでは顕著に表れるものの，銘柄数を増やすに従って追加的な効果は逓減し，市場に存在する全ての銘柄に投資することで最大化されます。

　現代ポートフォリオ理論によれば，全ての銘柄に分散投資することを前提とし，さらに無リスク資産の存在を考慮する場合，投資家は唯一の効率的なポートフォリオであるマーケットポートフォリオを選択します。ここでマーケットポートフォリオとは，市場の流通する全ての証券を，各銘柄の時価の構成比が市場全体における時価の構成比と等しくなるように購入することによって作成される仮想的なポートフォリオをいいます。マーケットポートフォリオでは，銘柄固有のリスクは分散投資によって減殺され，景気，金利，為替など様々な銘柄に共通するリスク要因だけが投資家の直面するリスクとなります。ここで前者のリスクをアンシステマティックリスク，後者のリスクをシステマティックリスクといいます。

　次頁の図は，分散投資によりポートフォリオのリスクが逓減し，マーケットポートフォリオにおいてはシステマティックリスクのみが残るという関係を示したものです。

　以上の前提を設けた場合，個別銘柄の超過収益率は，これをマーケットポートフォリオへ組み入れる際の追加的なリスクとして測定でき，マーケットポートフォリオの超過収益率であるマーケット・リスクプレミアムと，マーケット・リスクプレミアムに対する個別銘柄の感応度である β をかけ合わせることによって算定されます。これら 2 つの変数については Q71 以降で解説します。

277

Ⅲ 割引率の算定実務

システマティックリスクとアンシステマティックリスク

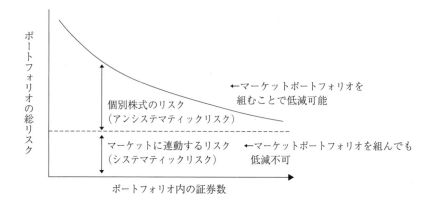

(2) その他のモデル

　株主資本コストを算出するモデルとしては，他にマルチファクターモデルが知られています。CAPM が現代ポートフォリオ理論から導かれるのに対して，マルチファクターモデルは裁定価格理論（Arbitrage Pricing Theory; APT）から導かれるモデルです。APT によれば，投資家の裁定行動を通じて，株式の超過収益率に影響を与える変数がすべて株主資本コストの評価モデルに織り込まれる結果，株主資本コストはマーケット・リスクプレミアムだけでなくその他の様々な変数によって決定づけられるものとされます。

　マルチファクターモデルの中で最も知られているのが，Q80 で説明するファーマ＝フレンチのスリー・ファクター・モデルです。APT の枠組みの中では，CAPM は，マーケット・リスクプレミアムを単一のリスクプレミアムとした特殊形として位置づけられます。

　マルチファクターモデル，とりわけファーマ＝フレンチのスリー・ファクター・モデルは，CAPM よりも高い説明力を有する場合が多いといわれます。ただし，CAPM が現代ポートフォリオ理論という確立された理論的背景を有しているのに対し，マルチファクターモデルにどのような変数を加えるかについての見解は確立しておらず，ファーマ＝フレンチのスリー・ファクター・モデルについても，なぜ3つの変数をモデルに組み込むかについての理論的根拠

一般理論について

が明確ではないといわれています。また，変数を増やすことによってかえって説明力が低下する場合もあることから，少なくとも実務の世界においては，マルチファクターモデルは一般的に利用されているとは言い難い面があります。そこで本書でも，株主資本コストの評価モデルとしては，特にことわらない限りCAPMを前提として説明を進めることにします。

4 株主コスト（ROE）ほど高いコストはない

未だ古い経営者は「株式」はコスト（金利）を払わなくて良い資金調達，調達コストはゼロと思っている傾向がありますが，これが大きな誤解であることはいうまでもありません。

すでにお分かりのように，株主資本コストはその期待収益に対するリスクの大きさから，負債資本コストに比べより高い収益率を要求します。

資本コストと同様の収益率では新たな企業価値の創造にはなりません。企業価値の創造は投下資本が機会費用であるROEを上回る収益率を上げることで初めて達成されるのです。したがって，企業の価値を上げるためには，ROE以上の収益率を上げるか，収益の変動性を安定化させて，株主の期待する収益を実現することが必要となってきます。

Ⅲ 割引率の算定実務

Q70 CAPM にはどのような限界があるのか？

A CAPM はいくつかの制約的な仮定に基づいており，それらが満たされないことにより，算定された期待収益率と実際の収益率が乖離する。両者の乖離は，CAPM で取り扱われるシステマティックリスクに関する部分と，CAPM では考慮されないアンシステマティックリスクに関する部分に分けられる。前者はβおよびマーケット・リスクプレミアムの算定方法の改善により，後者は CAPM の修正または代替的なモデルの採用により対応する。

1 CAPM の限界

株主資本コストの算定に用いられる資本資産評価モデル（CAPM）では，理論的な完成度が高く，直観的にも理解しやすいモデルですが，問題点がいくつかあります。その1つが，次のような制約的な仮定に基づいていることです。これらは市場均衡として単一のマーケット・ポートフォリオが選択されるために必要な前提条件ですが，現実の市場には必ずしも合致しないため，CAPM により推定された期待収益率と実現した収益率が乖離する原因の1つとなります。

(1) 完全競争に関する仮定

市場は競争的であり，投資家は市場価格を所与として行動するものとみなされます。

(2) 投資期間に関する仮定

全ての投資家の保有期間は等しいものとみなされます。

一般理論について

(3) 資金調達に関する仮定

投資家はリスクフリー・レートで無制限に借入れができるものとされます。

(4) 取引費用に関する仮定

税金を含む取引費用は一切存在せず，投資家は一定の市場価格で望むだけの数量を売買できるものとされます。

(5) リスクに対する態度

投資家は危険回避的であり，一定のボラティリティに対して最も高い期待収益率を有するポートフォリオを選ぶものとされます。

(6) 投資家の予想に関する仮定

情報の非対称性はなく，投資家はボラティリティ，期待収益率に関して同質の予想を持つものとされます。

2　CAPM の修正

上記のような CAPM の限界の修正を試みる場合，異なる角度からの接近が考えられます。CAPM は，単一のマーケット・ポートフォリオを市場均衡として想定することにより，企業固有のアンシステマティックリスクを排除し，市場に共通するシステマティックリスクだけを投資家の考慮すべきリスクとして扱うことを可能にしたモデルです。したがって，CAPM の限界の修正は，システマティックリスクに関するものと，アンシステマティックリスクに関するものに大別されます。

(1) システマティックリスクに関する限界

CAPM は投資家がシステマティックリスクに応じて期待する収益率を求めるモデルですが，実際に算定された割引率に，システマティックリスクが適切に反映されるとは限りません。マーケット・ポートフォリオは概念上の存在であって，現実には観察できないことから，株価指数の変動を代理変数として用

281

Ⅲ　割引率の算定実務

いるほかなく，リスク感応度であるβも，株価と株価指数の動きを回帰分析で定式化することにより推定されるからです。これらの問題については，主としてβおよびマーケット・リスクプレミアムの算定方法を改善することによって対応が図られます。

(2)　アンシステマティックリスクに関する限界

CAPM の枠組みにおいて，アンシステマティックリスクはそもそも考慮する必要のないリスクですが，CAPM の前提となる仮定が満たされないことにより，本来考慮不要のアンシステマティックリスクに投資家がさらされる可能性は残ります。この問題については２通りの対応が考えられます。

①　CAPM を修正する

CAPM を基礎としつつ，アンシステマティックリスクを織り込むための修正を行います。代表的なものの１つが，CAPM により算定された資本コストに付加されるサイズ・リスクプレミアムです。また，βに修正を加える方法もあり，代表的なものとしてトータルβが挙げられます。

②　異なる枠組のモデルに依拠する

CAPM に代えて，より現実に合致するモデルに依拠します。代表的なものとして挙げられるのが，ファーマ＝フレンチのスリー・ファクター・モデルです。

一般理論について

Q71 株主資本コストを求めるうえで必要となるβ（ベータ）とは何か？

A β（ベータ）とは、個別株式の収益率がマーケットのシステマティックリスクにどの程度影響されるかを表す指標である。βを求めることで、市場全体の動きに対し、個別株式の動きがどの程度連動しているのかが分かる。

1 βとは

βは、マーケットポートフォリオの収益率の変動に対する個別銘柄の収益率の感応度を示す係数です。具体的には、マーケットポートフォリオの超過収益率が1％変化した場合に、個別銘柄の超過収益率がどれだけ変化するかを示すのがβです。例えば、βが0.5（または1.5）の銘柄があるとすると、マーケットポートフォリオの超過収益率が1％変化した場合には、その銘柄の超過収益率は0.5％（または1.5％）変化するため、その銘柄のリスク感応度は低い（高い）といえます。

2 βの算出方法

βは回帰分析により算定することができます。回帰分析とは、ある変数の動きを他の変数の動きにより示すため、それぞれの変数間の関係を定式化した上で、その関係式のパラメタを実際のデータに基づき推定するための手法です。具体的には、個別銘柄の超過収益率が、マーケットポートフォリオの超過収益率により説明しうるという前提で、前者を後者の一次式によって表します。このとき、個別銘柄の超過収益率を被説明変数、マーケットポートフォリオの超過収益率を説明変数といいます。

Ⅲ 割引率の算定実務

　ここで，超過収益率は，マーケット・ポートフォリオまたは個別銘柄の一期間における収益率から，同一期間におけるリスクフリー・レートを控除することによって求められます。ただし，ごく短期のリスクフリー・レートは無視しうるほど小さいことから，実際の算定においては，リスクフリー・レートを控除しない収益率をマーケット・ポートフォリオまたは個別銘柄の収益率とし，超過収益率に代えて使用します。

　マーケットポートフォリオの超過収益率は直接観察することができないため，TOPIXなど，十分に分散化された流動性の高い市場における株価指数を代理変数として用います。このように，過去一定期間のデータから推定されたβをヒストリカルβといいます。

　次の図は，βの算定方法を直観的に示したものです。TOPIXの変化率を横軸，個別銘柄の株価の変化率を縦軸にとり，一定期間のTOPIXの変化率と株価の変化率を平面上に描いたうえで，これらのデータポイントに対して最も当てはまりのよい直線を引きます。この直線の傾きがβです。Q76では，実際のデータを用いた具体的な算出方法について解説しています。

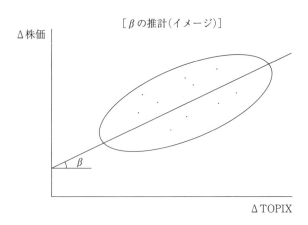

[βの推計（イメージ）]

3　回帰分析によるβの推定

　ある時点における株価及び株価指数をそれぞれY_t，X_tと表した場合，株価の収益率r_{it}と株価指数の収益率r_{mt}をそれぞれ次のように表すことができます。

$$r_{mt} = \frac{X_t - X_{t-1}}{X_{t-1}} \tag{1}$$

$$r_{it} = \frac{Y_t - Y_{t-1}}{Y_{t-1}} \tag{2}$$

配当を考慮した場合，(1)式および(2)式は以下のように修正されます。

$$r_{mt} = \frac{X_t - X_{t-1} + D_{mt}}{X_{t-1}} \tag{3}$$

$$r_{it} = \frac{Y_t - Y_{t-1} + D_{it}}{Y_{t-1}} \tag{4}$$

理論的には，配当も含む(3)式および(4)式を用いるべきですが，通常の場合，配当の及ぼす影響は無視しうるほど小さいことから，実際の推定にあたっては(1)式及び(2)式が用いられることも少なくありません。

βは，次式のように r_i を被説明変数，r_m を説明変数として回帰分析することにより求められます。

$$r_{it} = \alpha + \beta_i \times r_{mt} + u_t \tag{5}$$

(5)式の右辺のうち第1項および第2項は，前出の図に示した直線を表しており，αは切片，βは勾配に相当します。第3項は誤差項といい，実際に観測された株式の収益率と，直線による推定値との誤差を表します。図に即していうと，これは平面上に描かれた点と直線との乖離を縦軸方向で測ったものに他なりません。誤差項は平均が0で分散が一定の正規分布に従う確率変数と仮定されます。

回帰分析の推定方法はいくつか存在しますが，最も一般的に用いられるのは最小二乗法です。最小二乗法とは，観察された値と直線の乖離が最小となるようなαとβを求める方法です。これは，次式で定義される残差の二乗和を最小化するαとβを求めることを意味します。

III 割引率の算定実務

$$\sum_{t=1}^{n} e_t{}^2 = \sum_{t=1}^{n} (r_{it} - \alpha - \beta_i \times r_{mt})^2 \tag{6}$$

(6)式の右辺をαとβで偏微分し0と置くことにより，回帰方程式と呼ばれる二本の連立方程式が導かれ，これを解くことによりαとβは次式のように求められます。

$$\hat{\beta}_i = \frac{\displaystyle\sum_{i=1}^{n} (r_{mt} - \overline{r}_m)(r_{it} - \overline{r}_i)}{\displaystyle\sum_{i=1}^{n} (r_{mt} - \overline{r}_m)^2} \tag{7}$$

$$\hat{\alpha} = \overline{r}_i - \hat{\beta}_i \times \overline{r}_m \tag{8}$$

(7)式および(8)式で求められるαとβ_iは，(5)式のαとβ_iを，実際に観察されたデータから推定したものであり，誤差が含まれることから，「ハット」と呼ばれる記号を付して区別します。また，r_iとr_mに付された記号は，観察されたデータの平均値であることを意味しており，「バー」と呼ばれます。

4 βは何を意味するのか

(7)式の分子と分母を n で割ったものは，それぞれ r_m の分散，r_m と r_i の共分散になります。

よって，(7)式を次のように書き換えることができます。

$$\hat{\beta}_i = \frac{\sigma_{im}}{\sigma_m{}^2} \tag{9}$$

ここで，σ_{im} は r_m と r_i の共分散，$\sigma_m{}^2$ は r_m の分散を示しています。共分散は，相関係数を用いることにより次のように表すことができます。

$$\sigma_{im} = \sigma_i \times \sigma_m \times \rho_{im} \tag{10}$$

(10)式の右辺を(9)式の右辺に代入することにより，次の関係式が導かれます。

一般理論について

$$\hat{\beta}_i = \frac{\sigma_i}{\sigma_m} \times \rho_{im} \qquad (11)$$

　(10)式および(11)式で使用される相関係数ρとは2つの変数の間の相関性であり，－1から1の間で変化します。相関係数1は，2つの変数の変化が密接に連動しており，一方の変数が上がれば他方も上がることを意味しています。

　相関係数－1は，一方の変数が上昇したときには必ず他方は逆の動きをすることを意味しています。

　この式から，βは「個別株式の収益率とマーケットポートフォリオの収益率の相関係数」と「マーケットポートフォリオのボラティリティに対する個別株式のボラティリティの比率」を掛け合わせたものとなります。

　このことから，個別のリスクが高くとも（低くとも），マーケットポートフォリオの収益率との相関関係が低い（高い）銘柄のβは相対的に低くなる（高くなる）ということが分かります。すなわち，ある銘柄のトータルリスク，すなわち標準偏差は，分散可能なアンシステマティックリスクと分散不能なシステマティックリスクに分けられ，投資家が直面するリスクは後者のみであることから，βは単なるリスクの大きさを示したものではなく，システマティックリスクに対する感応度を示しているということです。

　次の表は，このようなβの性質を示したものです。最初の表に示した3社の株式はいずれも時価総額1兆円以上の大型株であり，株価の変動は安定しています。これに対して，二番目の表に示した4社の株価は低迷しており，なおかつ乱高下を繰り返しています。ところが，リスクが低いはずの大型株のβはかえって高くなっています。これは，大企業においてはトータルリスクが低い一方で，市場の値動きとの相関性が高い，すなわちシステマティックリスクの割合が大きくアンシステマティックリスクの割合が小さいため，当該銘柄をポートフォリオへ組み入れることによって減殺できるリスクが相対的に小さく，結果としてβが高くなることによります。

287

Ⅲ　割引率の算定実務

＜数値例 − ボラティリティが低く相関係数が高い場合＞

	値幅（平成 24 年）	ボラティリティ※	相関係数	β
キヤノン	2,457 円〜3,970 円	36.15%	0.768	1.214
本田技研工業	2,338 円〜3,275 円	39.35%	0.801	1.377
三菱商事	1,343 円〜2,010 円	40.10%	0.675	1.183

※1　平成 20 年 1 月 − 平成 24 年 12 月の週次収益率より算定。以下の設例においても同様。
※2　上記期間における TOPIX のボラティリティは約 22.87%，全上場企業のボラティリティの単純
　　平均は約 43.00%。

＜数値例 − ボラティリティが高く相関係数が低い場合＞

	値幅（平成 24 年）	ボラティリティ	相関係数	β
A 社（非鉄金属）	1 円〜 6 円	203.07%	0.104	0.894
B 社（建設業）	1 円〜 5 円	161.64%	0.077	0.531
C 社（不動産業）	10 円〜34 円	135.84%	0.115	0.665
D 社（卸売業）	10 円〜52 円	133.78%	0.080	0.511

　以上のように，βが高い（低い）からといってその銘柄のリスクが高い（低い）とは限りません。βは個別銘柄のリスクの大きさとマーケットポートフォリオとの相関性の 2 つにより影響を受けるということに留意してください。

一般理論について

Q72 マーケット・リスクプレミアムとは何か？

A マーケット・リスクプレミアムは，マーケット・ポートフォリオの収益率からリスクフリー・レートを差し引いた超過収益率であり，システマティックリスクの負担と引き換えに投資家が求める収益率を意味する。ただし，マーケット・ポートフォリオを実際に観察することはできないため，分散された株式市場の動きを代理変数として用いる。

1 リスクプレミアムとは何か

　株式の期待収益率はリスクフリー・レートよりも高くなります。この差をリスクプレミアムと呼びます。合理的な投資家は危険回避的であり，期待収益率がリスクフリー・レートよりも大きくなければリスクのある金融商品に投資しません。したがって，リスクプレミアムとは，リスクを負担するのと引き換えに投資家が求める収益率といえます。

2 マーケット・リスクプレミアムとは何か

　株主資本コストの算定にあたって，全てのリスクプレミアムを考慮する必要はありません。Q69で述べたとおり，CAPMでは単一のマーケット・ポートフォリオが投資家に選ばれる結果，考慮すべきリスクはシステマティックリスクのみとなります。したがって，マーケット・リスクプレミアムは，システマティックリスクを負担するのと引き換えに投資家が求める収益率といえます。
　マーケット・リスクプレミアムは，マーケット・ポートフォリオの収益率からリスクフリー・レートを控除することによって求められます。すなわち，リスク資産に投資することにより，国債などの無リスク資産に対する超過収益率

289

Ⅲ　割引率の算定実務

として期待されるのがマーケット・リスクプレミアムです。

3　マーケット・リスクプレミアムの算出方法

　マーケット・ポートフォリオは，株式のみならず不動産，実物資産などあらゆるリスク資産を含む概念上の存在であり，実際には観察することができません。そのため，実際の算定においては，分散された株式市場の動きをマーケット・ポートフォリオの代理変数として用い，その収益率からリスクフリー・レートを控除することによりマーケット・リスクプレミアムを求めます。

　その際の方法の違いにより，マーケット・リスクプレミアムはヒストリカル・リスクプレミアムとインプライド・リスクプレミアムに大別されます。それぞれの概要及び具体的な算出方法については Q74 および Q75 で説明します。

一般理論について

Q73 割引率に織り込まれないリスクはあるか？

A 資本資産評価モデルを用いた場合，システマティックリスクだけが考慮され，アンシステマティックリスクは割引率に織り込まれない。ただし，アンシステマティックリスクのうち標準偏差で測定できる部分は，βの修正により織り込むことができる。それ以外のリスクについては，事業計画に反映させるのが原則であるが，過去の取引から導かれた平均的な期待収益率を用いるのが現実的な対応となる。

Q66で見たとおり，割引率に織り込まれるリスクは，標準偏差，すなわち評価対象企業の実際の収益率が期待収益率の周りにどれだけ散らばっているかにより示され，基本的には上場会社の株価の変動から導かれることを前提にしています。また，Q69では，企業固有のアンシステマティックリスクが分散される結果，市場に共通するシステマティックリスクだけが割引率に反映されるという資本資産評価モデル（CAPM）の考え方を説明しました。したがって，非上場会社の評価を前提とした場合，割引率に織り込まれないリスクを，次の2つに大別することができます。

1 標準偏差で測定できるリスク

アンシステマティックリスクは，CAPMモデルにおいては考慮すべきリスクとならず，割引率に織り込まれません。ただし，アンシステマティックリスクのうち標準偏差で測定できる部分についてはQ81で紹介するトータルβを用いることにより，株主資本コストに織り込むことができます。

標準偏差で測定できるアンシステマティックリスクとは，具体的には特定の業界の株価を変動させる要因と言い換えることもできます。たとえば，特定の業界に対する規制が及ぼすリスクは，システマティックリスクには該当しませ

Ⅲ　割引率の算定実務

んが，その業界に属する企業の株価変動には影響を及ぼし，標準偏差で測定することが可能です。

2　標準偏差で測定できないリスク

1のリスクについては，類似企業の株価変動の標準偏差，すなわちボラティリティに反映されますが，非上場会社を前提とした場合，標準偏差では測定できない様々なリスクが存在します。特に，ベンチャー企業，経営再建中の企業など，事業計画の達成可能性に相当程度の不確実性が見込まれる場合において，事業計画の不達成により価値が毀損されるリスクは，看過することのできない要素です。これらのリスクの影響を織り込むには，割引率の評価モデルの修正では対応できず，次のうちのいずれかによることになります。

(1)　事業計画上の想定に一定の幅を設ける

DCF法を始めとするインカム・アプローチに属する評価手法の意義は，様々な変数がフリー・キャッシュ・フローに及ぼす影響を明示的に分析しうる点にあるといえます。よって，類似企業とも異なる評価対象企業固有のリスクについては，フリー・キャッシュ・フローの前提となる事業計画に反映させるのが原則です。

ベンチャー企業が提供する商品・サービスの市場の拡大速度など，将来の業績に対して決定的な影響を及ぼす変数が存在する場合には，一定の幅を持った形で当該変数を見積もり，それに応じて複数の事業計画を策定し，それぞれを前提としたフリー・キャッシュ・フローを現在価値に割り引くことで，主要な変数が価値に及ぼす影響を分析します。

(2)　平均的な期待収益率を用いる

割引率の本質は投資家の期待収益率であり，それらは資本資産評価モデルを始めとする市場のデータを用いたモデルによって算定されるのが通常です。これに対し，モデルでは取り扱えない評価対象企業固有のリスクを織り込むうえでは，事業計画に反映させるのが原則であることについてはすでに述べました。

292

一般理論について

　しかし，外部からの評価においては，特定の変数が将来の業績に決定的な影響を及ぼすと見込まれるにもかかわらず，評価対象企業からはそれらを一定と置いた単一の事業計画の提供しか受けられず，自ら独自に見積もることも困難という状況が少なからず生じます。このような場合には，過去の取引から導かれた平均的な期待収益率を用いるのが現実的な対応となります。

　たとえば，ベンチャーキャピタリストへの聞き取り調査を通じて集計された，成長段階ごとの平均的な期待収益率は，多くの場合，一般的なモデルでは説明困難な高い割合を示しますが，これは事業計画の不達成により価値が毀損されるリスクを始め，モデルでは織り込むことのできない様々な固有のリスクが反映されているためです。このようにして得られた期待収益率は，評価対象企業固有のリスクが織り込まれたものではなく，あくまで経験則に基づく割引率の相場観を示すものに過ぎませんが，一定の目安としての意義は有しています。

　なお，平均的な期待収益率を用いた場合，割引率には具体的な特定が難しい様々なリスクが織り込まれることになります。期待収益率に対して追加的なリスクプレミアムを考慮し，または算定された価値に対して非流動性ディスカウントを始めとする各種の減額を適用した場合には，同じ要因による減額を二重に適用する結果になりかねないという点に注意して下さい。

割引率の算出方法

Q74 ヒストリカル・リスクプレミアムとは何か，またどのように算出すべきか？

A ヒストリカル・リスクプレミアムとは，過去の株式市場の平均的な収益率からリスクフリー・レートを控除することにより算出されるマーケット・リスクプレミアムのことをいう。ヒストリカル・リスクプレミアムは，株主資本コストの推計モデルである CAPM におけるマーケット・リスクプレミアムとして最も一般的に使用されている。

　ヒストリカル・リスクプレミアムとは，過去の株式市場の平均的な収益率からリスクフリー・レートを控除することにより算出されるマーケット・リスクプレミアムであり，株主資本コストの推計モデルである CAPM におけるマーケット・リスクプレミアムとして最も一般的に使用されています。

　ヒストリカル・リスクプレミアムの特徴として，観察期間によって大きく変動するという性質があります。例えば，我が国における統計データを昭和 42（1967）年から平成 28（2016）年までの過去 50 年間観察すれば 6.04% となりますが，過去 20 年間とすれば -3.26% まで縮小します。

　この点，ヒストリカル・リスクプレミアムは，マーケット・リスクプレミアムが平均回帰的であることを前提にしています。これは，年ごとの超過収益率が短期的な要因により変動しても，長期的には一定の平均値に収斂する傾向があるということを意味します。このような観点からは，可能な限り長い期間にわたる超過収益率を平均すべきです。しかし，我が国の場合，50 年を超える長期の観測は戦後の高度経済成長の期間を含みます。そのため，現在の成熟した環境下でのリスクプレミアムを反映するには適切ではないという意見もあります。結論として，万人が納得するマーケット・リスクプレミアムの理論値を

過去のデータから算出することは事実上不可能であり，4〜10%程度のレンジで様々な見積もりが提示されているのが現状です。

1 ヒストリカル・リスクプレミアムの算出方法

　プルータス・コンサルティングでは，昭和27（1952）年から平成28（2016）年までの任意の2時点間にわたる，日本の長期株式投資におけるヒストリカル・リスクプレミアムを定期的に算出し配信しています。以下に記載した算出方法は，プルータス・コンサルティングが配信しているヒストリカル・リスクプレミアムの算出方法です。

(1) 算出方法

　ヒストリカル・リスクプレミアムは，過去の株式市場におけるトータル・リターンの平均値より，同期間にわたるリスクフリー・レートの平均値を差し引いた数値で表されます。以下は，プルータス・コンサルティングが平成29（2017）年1月に提供した平成28（2016）年12月時点のヒストリカル・リスクプレミアムの表です。過去の株式市場の平均トータル・リターンは，平成24（2012）年までは日本証券経済研究所の「株式投資収益率」を，平成25（2013）年からは東京証券取引所の「配当込みTOPIX」をもとに算出しています。また，リスクフリー・レートとしては期間10年の国債のインカム・リターンを参照しています。

		開始年									
		1952	1953	1954	1955	1956	1957	1958	1959	1960	1961
終了年	2016	8.76	7.09	7.22	7.46	7.07	6.62	7.00	6.42	5.97	5.35
	2015	8.89	7.20	7.33	7.58	7.18	6.73	7.12	6.52	6.07	5.45
	2014	8.85	7.13	7.26	7.51	7.10	6.64	7.04	6.43	5.97	5.33
	2013	8.83	7.08	7.21	7.47	7.05	6.58	6.98	6.37	5.89	5.24
	2012	8.09	6.30	6.43	6.67	6.23	5.74	6.14	5.49	4.99	4.31

2011	7.91	6.08	6.20	6.44	6.00	5.49	5.89	5.23	4.71	4.01
2010	8.31	6.46	6.59	6.84	6.40	5.89	6.30	5.63	5.12	4.41
2009	8.46	6.58	6.72	6.98	6.52	6.01	6.43	5.75	5.23	4.51
2008	8.49	6.57	6.71	6.98	6.52	5.99	6.42	5.73	5.19	4.46
2007	9.37	7.44	7.60	7.88	7.43	6.91	7.37	6.69	6.16	5.43

(2) 使用方法

算出基準日に対応する暦年を参照し，その時点から過去に遡った適当な期間のヒストリカル・リスクプレミアムを用います。本表の横軸方向には開始年が，縦軸方向には終了年がそれぞれ配置されています。ある開始年について表を縦方向にたどることにより，一定の開始年から任意の終了年までのヒストリカル・リスクプレミアムを把握することができます。また，ある終了年を選んで表を横方向にたどることにより，一定の終了年から任意の開始年までのヒストリカル・リスクプレミアムを把握することができます。ヒストリカル・リスクプレミアムを観測すべき期間が決まっている場合には，開始年を横軸方向より選択し，終了年を縦軸方向より選択すると，対応する行と列の交差する箇所の数値が，求めるべきヒストリカル・リスクプレミアムとなります。

2　異常値の取扱い

ヒストリカル・リスクプレミアムを求めるにあたっては，観察期間の長さだけでなく，異常値をどのように取り扱うかが問題となります。

我が国においては，旧カネボウ株式会社の営業譲渡における株式買取価格決定申請事件（カネボウ株式買取価格決定申立事件）の影響を受け，昭和20年代のデータを除くという考え方が採られることがあります。本事件では，東京地方裁判所により選任された鑑定人が，マーケット・リスクプレミアムとして昭和30（1955）年以降の超過収益率の平均値を採用しました。東京地方裁判所の決定では，これは昭和27（1952）年の超過収益率が異常値だからであり，

合理性があるとの判断が示されました。そして，マーケット・リスクプレミアム前提となる超過収益率の観察期間および異常値の取扱いについて具体的な判断が示されたのは，事実上本事件のみであることから，その後も長らく参照されてきたという背景があります。

しかしながら，この判例は，鑑定人が求めたマーケット・リスクプレミアムは高すぎるという申立人の主張を受け，データの観察期間を決定するにあたって実施した検討の合理性に関する判断を示したものであって，異常値の具体的な判断基準まで示したものとは考えられません。

東京地方裁判所による決定文の該当箇所には，次のような記載がなされています。

＜東京地裁決定文 39 頁(2)　本件鑑定に関する当事者の主張に対する判断＞

> 同申立人は，株式リスクプレミアムの算定にヒストリカルデータを利用する場合，データとして選択した期間が代表的な期間といえるかどうかを検討すべきところ，本件鑑定はその検討が不十分なため，高い数値となっていると主張するので，その主張の正否について検討する。
>
> （中略）
>
> 本件鑑定人の援用したヒストリカルデータの選択期間は，長期間のデータを参考としつつも，例外的な数値といえるものは排除し，代表的期間といえるか，例外的な数値によって歪められていないかという観点からも検討しており，上記文献（筆者注：『コーポレート・ファイナンス 第 8 版』）の基本的な考え方に反するものではなく，本件鑑定人の専門的学識と経験に基づき行った判断として十分合理性があり，不合理な点はないというべきである。

このように，東京地方裁判所の決定においては，「長期間のデータを参考としつつも，例外的な数値といえるものは排除する」という基本的な考え方に照らし，鑑定人の判断には合理性があるとされているのであり，「例外的な数値」の判断基準まで示したものではないと解することができます。

それでは，本事件において異常値とされた昭和 27（1952）年のデータはど

Ⅲ　割引率の算定実務

れほど異常な値だったのでしょうか。表は，同年以降平成28（2016）年まで
の65年間にわたる年次の超過収益率のうち，最も高いものと最も低いものを
それぞれ5年分示したものです。昭和27（1952）年の超過収益率は最も高く，
たしかに異常値といえそうですが，昭和47（1972）年にも100％近い超過収益
率が出現しています。また，平成2（1990）年の超過収益率は-45.90％となっ
ており，株価が2倍前後または2分の1前後となった年が，合わせて3回あっ
たことになります。約20年に一度の割合で起きることを異常とみなしてよい
かどうかについては，慎重に検討する必要があるものと思われます。

[超過収益率の高い年と低い年]

順位	高い年	超過収益率	低い年	超過収益率
1	昭和27（1952）	115.60％	平成2（1990）	-45.90％
2	昭和47（1972）	99.88％	平成20（2008）	-41.15％
3	平成11（1999）	58.04％	昭和48（1973）	-30.32％
4	平成25（2013）	53.67％	平成4（1992）	-27.74％
5	平成17（2005）	44.24％	平成12（2000）	-26.22％

　異常値の除外を検討するにあたり考慮すべき要素の1つとして，マーケッ
ト・リスクプレミアムの水準観から大きく逸脱していないかどうかという点が
挙げられます。
　表は，カネボウ事件における鑑定にあたって用いられたのと同じ平成17
（2005）年時点と，10年後の平成27（2015）年時点における超過収益率の平均
値を，昭和27（1952）年以降と昭和30（1955）年以降の各期間について求め
たものです。

[観察期間別の超過収益率の平均値]

	平成17（2005）年まで	平成27（2015）年まで
昭和27（1952）年から	9.94％	8.89％
昭和30（1955）年から	8.42％	7.58％

割引率の算出方法

平成 17 （2005） 年当時，昭和 20 年代の超過収益率も含む形で平均値を求めると 10％近くになりますが，これはマーケット・リスクプレミアムに用いられる値としてはかなり高いものです。しかし，平成 27 （2015） 年の時点では，昭和 20 年代の超過収益率を含んだ平均値である 8.89％が，昭和 20 年代の超過収益率を除いた平成 17 （2005） 年当時の結果とおおむね一致します。マーケット・リスクプレミアムは長期的に一定の平均値に回帰していくというヒストリカル・リスクプレミアムの前提からすれば，昭和 20 年代の超過収益率を異常値として除く必然性は，かつてに比べ乏しくなったともいえます。

3　市場にはヒストリカル・リスクプレミアムが反映されているか

多くの評価者，投資家が常に興味を抱く疑問の 1 つは，実際の市場株価に投資家が求めるマーケット・リスクプレミアムが正しく反映されているのかということです。こればかりは，神のみぞ知ることで，私たちが金融理論を用いて算出しても，ある程度の値まで絞り込んだり，その時点で合理的といえる値を決めることはできますが，結果として完全に正しい値を予知することはできません。しかし，もし市場株価が正しく投資家のリスクに対して価格形成されていると仮定すれば，現在の市場株価が反映している期待収益率およびリスクプレミアムを求めることが可能です。このような考え方で求めたマーケット・リスクプレミアムをインプライド・リスクプレミアムといいます。詳細は次の Q75 で解説します。

Ⅲ 割引率の算定実務

 Q75 インプライド・リスクプレミアムとは何か？

A インプライド・リスクプレミアムとは，市場全体が正しく価格形成されていると仮定した場合に，配当割引モデルのゴードン・モデル等から逆算して求める算出時点のリスクを反映したマーケット・リスクプレミアムである。

1 インプライド・リスクプレミアムの定義

配当割引モデルの1つ，ゴードン・モデルにおいて，株価は次式により求められます。

　　株価＝予想配当÷(期待収益率－期待成長率)

このとき，もし現在の市場株価および投資銀行のリサーチアナリスト等が予想する市場で受け入れられている予想配当および期待成長率が分かっていれば，これらの数値を上記の式に当てはめることで期待収益率を逆算することができます。すなわち，上記の式を期待収益率について表すと次のようになります。

　　期待収益率＝予想配当÷株価＋期待成長率

このようにして算出された期待収益率からリスクフリー・レートを差し引くことにより，インプライド・リスクプレミアムを求めることができます。

【設例】

例えば，リスクフリー・レートが2％のときに株価が500円，市場が予測する来期の予想配当が20円および期待成長率が5％の株があるとします。このとき，これらの数値を以上の式に当てはめ直すと以下のようになります。

割引率の算出方法

期待リターン = 20/500 + 5 ％

　　　　　　 = 9 ％

期待リターン = リスクフリー・レート + インプライド・リスクプレミアム

インプライド・リスクプレミアム = 期待リターン － リスクフリー・レート

　　　　　　　　　　　　　　　 = 9 ％ － 2 ％

　　　　　　　　　　　　　　　 = 7 ％

よって，インプライド・リスクプレミアムは 7 ％となります。

2　インプライド・リスクプレミアムの利点と欠点

インプライド・リスクプレミアムの利点
① 過去の長期間のデータを必要としない。
② 算出時点における市場がリスクに対して要求している超過収益率をリスクプレミアムに反映している。
③ インプライド・リスクプレミアムを算出する式には柔軟性がある。
インプライド・リスクプレミアムの欠点
① インプライド・リスクプレミアム算出に用いた割引モデルが妥当なものなのか最後まで疑問が残る。
② 算出に必要な情報が入手可能で，なおかつ信頼性あるのかという疑問。

(1)　利点

①　株価の推移等のヒストリカル・データを必要としない

　インプライド・リスクプレミアム算出には，長期に及ぶ株価の推移などのヒストリカル・データがいらないため，比較的に少ない情報量でリスクプレミアムを算出することができます。

②　算出時点における市場がリスクに対して要求している超過収益率をリスクプレミアムに反映している

　ヒストリカル・リスクプレミアムを使用する場合は，過去の超過収益率が長期的な平均値に回帰すると仮定して評価に用います。しかし，現実には市場が要求しているリスクに対する超過収益率がつねに同じだとは限りません。その

301

Ⅲ　割引率の算定実務

ような場合，現時点の市場状況を織り込んでいるインプライド・リスクプレミアムを用いたほうがより合理的な評価ができる場合もあります。

③　インプライド・リスクプレミアムを算出する式には柔軟性があり，算出式をマルチステージの配当割引モデルなどに拡張することができる

インプライド・リスクプレミアムの算出方法は，非常に柔軟で，先ほど述べたゴードン・モデルをベースにした式以外にも，マルチステージおよび様々な株式価値算出モデルに基づいてリスクプレミアムを算出することができます。

先ほどの設例では，配当割引モデルを用いてインプライド・リスクプレミアムを算出しましたが，配当割引モデルに代えて残余利益法，DCF法などインカム・アプローチに属する他の手法を用いることも考えられます。

(2)　欠点

①　インプライド・リスクプレミアム算出に用いた割引モデルが妥当なものなのか最後まで疑問が残る

インプライド・リスクプレミアムの最大の問題点は，算出に用いたモデルの妥当性の検証が困難であり，選択したモデルが適切なものかどうか最後まで疑問が残るということです。

しかし，どのようなモデルが適しているかは神のみぞ知ることで，実務上は，一定の前提条件を設けて合理的に見積もることしかできません。

②　算出に必要な情報が入手可能で，なおかつ信頼性あるのかという疑問

インプライド・リスクプレミアムを求めるうえで必要とする情報は，算出対象会社の現在株価とその企業の利益などの指標の将来予測値です。そのため，インプライド・リスクプレミアムを算出するにあたり，算出に用いる将来予測値の妥当性，合理性をつねに問われることになります。

なぜならば，算出に用いる数値は，あくまでまだ決まっていない「市場で受け入れられている将来の予測値」だからです。そのため，あまりにこれらの数値が，投資家が予測する数値からかけ離れてしまうと，その情報に基づいて算出したインプライド・プレミアムは何の意味ももたなくなります。

右上: 割引率の算出方法

3 インプライド・リスクプレミアムの算出方法

プルータス・コンサルティングでは，現在の市場状況を企業価値評価に用いるリスクプレミアムに織り込もうと試み，インプライド・リスクプレミアムを自社で算出して定期的に配信しています。プルータス・コンサルティングのインプライド・リスクプレミアムは，市場参加者が対象企業に要求している利回りである ROE（Return On Equity）を基に算出しています。

(1) 算出方法

プルータス・コンサルティングでは，次の手法でインプライド・リスクプレミアムを算出しています。

① ROE の算出

まず，投資家が将来的に期待する収益率を ROE の形で表します。

ROE ＝予想純利益÷時価総額

現時点の時価総額は，市場株価に発行済株式数を乗じることにより算定することができます。弊社の算出においては，日次で計算するときに起こり得る異常値を除くために，3ヶ月の平均株価に発行済株式数を乗じた額を現在の時価総額として計算しています。また，予想純利益は，各企業の決算短信における業績予想を参照しています。

② IRP（インプライド・リスクプレミアム）の算出

個別企業の ROE は CAPM で算出される期待収益率に等しいと仮定します。

ROE＝リスクフリー・レート＋β×MRP（マーケット・リスクプレミアム）

リスクフリー・レート＝算出基準日における 10 年国債の利回り

β＝週次観察した算出基準日より起算した過去 5 年間のβ

MRP（マーケット・リスクプレミアム）＝IRP（インプライド・リスクプレミアム）

したがって，IRP（インプライド・リスクプレミアム）は

Ⅲ　割引率の算定実務

$IRP = (ROE - リスクフリー・レート) \div \beta$

となります。

プルータス・コンサルティングのインプライド・リスクプレミアムでは，以上の計算を全上場株式について実施し，業界平均IRPは，その業界に属する企業のIRPの総和を企業数で除した単純平均値として算出しています。ただし，次の方法で異常値を除いています。

- 上場1年未満の企業
- 外国企業
- 当期純損失を予想している企業
- リスクプレミアムが20％超の企業と負の企業

(2)　使用方法

表は，プルータス・コンサルティングが集計した平成29（2017）年4月現在のインプライド・リスクプレミアムを示したものです。全業種のIRPを平均した7.89％が，マーケット・リスクプレミアムに相当する値となります。

[平成29（2017）年4月時点のインプライド・リスクプレミアム]

業種	IRP	採用数	会社数	業種	IRP	採用数	会社数
水産・農林業	10.97%	9	11	精密機器	6.73%	41	51
鉱業	6.54%	6	7	その他製品	8.70%	85	108
建設業	11.03%	126	179	電気・ガス業	7.77%	17	23
食料品	9.02%	92	131	陸運業	9.17%	41	65
繊維製品	7.82%	44	56	海運業	6.54%	6	13
パルプ・紙	8.34%	20	26	空運業	13.87%	2	5
化学	8.31%	170	212	倉庫・運輸関連業	9.74%	33	41
医薬品	6.32%	42	65	情報・通信業	5.91%	300	387
石油・石炭製品	13.24%	9	11	卸売業	9.51%	230	337
ゴム製品	8.92%	16	19	小売業	7.77%	263	348
ガラス・土石製品	8.37%	45	59	銀行業	8.72%	79	91
鉄鋼	7.57%	37	47	証券業	5.19%	7	42

割引率の算出方法

非鉄金属	7.35%	29	37	保険業	5.44%	11	12
金属製品	9.08%	62	92	その他金融業	8.10%	23	32
機械	7.29%	192	233	不動産業	9.67%	100	120
電気機器	6.16%	211	262	サービス業	7.10%	302	397
輸送用機器	7.57%	74	95	全業種	7.89%	2724	3614

4 インプライド・リスクプレミアムの性質

インプライド・リスクプレミアムは，算出基準日時点での市場株価と予想利益の関係から逆算されます。よって，企業の予想利益が一定のまま市場株価が下落（上昇）すればインプライド・リスクプレミアムは上昇（下落）します。もっとも，中長期的には，株価が上昇している局面では企業の予想利益も増加傾向にあり，株価が下落している局面では逆の現象が生じているのが通常です。そのため，インプライド・リスクプレミアムは短期的な市況の変化に応じて変動しながらも，中長期的には一定の範囲にとどまるものと考えられます。

プルータス・コンサルティングがインプライド・リスクプレミアムの提供を開始した平成21（2009）年1月以降のインプライド・リスクプレミアムは，おおむね7％台後半から9％台前半の間で推移し，平均値は8％台前半となっています。

305

Ⅲ 割引率の算定実務

 βはどのように算出すべきか？

 　　βは，企業の株価の収益率と株価指数の収益率を回帰分析して算出する。
　βには，企業固有の負債比率に応じたリスク感応度を示すレバードβと無負債状態におけるリスク感応度を示すアンレバードβがある。

1　レバードβ

(1)　必要な情報

　レバードβの算出に必要な情報は，企業の株価の収益率とマーケットポートフォリオの収益率の時系列データです。前者を被説明変数，後者を説明変数として回帰分析を行うことによりβが算出されます。しかし，CAPMが理論上想定している完璧なマーケットポートフォリオは現実の世界では存在しないため，実務上はTOPIXなど十分に分散化された市場における株価指数の収益率をマーケットポートフォリオの収益率の代理変数として用います。

(2)　算出期間

　βの算出期間は，評価機関および評価者によって異なります。一般的に妥当な期間といわれているのは5年間の株価推移です。なぜなら算出期間が極端に短いと，その短い期間に生じるノイズに左右されてしまい，長期間の企業本来のリスクを見失ってしまいます。反対に算出期間が極端に長すぎると，企業のリスク特性そのものがその期間内で変わってしまう可能性があります。プルータス・コンサルティングが提供しているβは，過去5年間を算出期間としています。

割引率の算出方法

(3) 測定間隔

株価データの入手は，日次，週次，月次，年次と会社が倒産もしくは上場廃止にならない限り，ほどの間隔でも可能です。しかし，βの算出においては，一般的に週次，もしくは月次間隔で測定するのが妥当といわれています。なぜなら，日次間隔で測定すると観測数は増えますが，取引のない日が測定期間にあった場合にβの推移の測定が困難だからです。特に小規模の企業の場合は，株式が取引されない日も多く，このような企業のβを日次で求めるのは非常に困難です。また反対に測定間隔を長くしすぎるのも問題があります。なぜなら同じ算出期間内に観測できる日数が少なく，データの数が極端に減ってしまうからです。

2 計算例

回帰分析によるβの推定方法については Q71 で説明したとおりですが，実際の計算は表計算ソフトで対応できます。以下では仮設の数値を用いて具体的な計算方法を解説します。

(1) SLOPE 関数を用いた計算

表は，βの計算に用いる表計算ソフトのワークシートを再現したもので，過去2年間の月末について，株価の終値を B 列に，TOPIX の終値を D 列に入力するとともに，ある月の終値を前月の終値で除し1を引くことにより求めた収益率を C 列，E 列に示しています。

Microsoft Excel の場合，βは SLOPE 関数により求められます。いずれの関数も引数は2つあり，まず被説明変数である株価の収益率を，次に説明変数である株価指数の収益率を選択します。表に示した例では，1つ目の引数には C2：C25 の範囲を，2つ目の引数には E2：E25 の範囲を選択するということです。これにより，レバードβは 0.9219 と算定されます。

なお，このデータは説明の便宜を図るために作成したデータです。月次のデータを前提とする場合には，十分な数のデータを確保する観点から，5年以上の期間にわたるデータを観察するのが望ましいとされています。

Ⅲ　割引率の算定実務

[βの計算に用いるワークシートの入力例]

行／列	A	B	C	D	E
1	日付	株価	収益率	TOPIX	収益率
2	12 月 31 日	7,765	15.69%	1,518.61	3.35%
3	11 月 30 日	6,712	1.67%	1,469.43	5.49%
4	10 月 31 日	6,602	1.23%	1,393.02	5.31%
5	9 月 30 日	6,522	−3.46%	1,322.78	−0.51%
6	8 月 31 日	6,756	18.46%	1,329.54	0.51%
7	7 月 31 日	5,703	−1.49%	1,322.74	6.17%
8	6 月 30 日	5,789	−7.05%	1,245.82	−9.71%
9	5 月 31 日	6,228	4.01%	1,379.80	2.93%
10	4 月 30 日	5,988	11.59%	1,340.55	−0.49%
11	3 月 31 日	5,366	−3.73%	1,347.20	3.80%
12	2 月 29 日	5,574	5.87%	1,297.85	−9.37%
13	1 月 31 日	5,265	−14.24%	1,432.07	−7.45%
14	12 月 31 日	6,139	−6.09%	1,547.30	−2.09%
15	11 月 30 日	6,537	−3.83%	1,580.25	1.42%
16	10 月 31 日	6,797	24.10%	1,558.20	10.42%
17	9 月 30 日	5,477	−22.46%	1,411.16	−8.19%
18	8 月 31 日	7,063	2.64%	1,537.05	−7.38%
19	7 月 31 日	6,881	−4.55%	1,659.52	1.79%
20	6 月 30 日	7,209	−3.20%	1,630.40	−2.58%
21	5 月 31 日	7,447	−0.77%	1,673.65	5.08%
22	4 月 30 日	7,505	7.52%	1,592.79	3.22%
23	3 月 31 日	6,980	−5.25%	1,543.11	1.26%
24	2 月 28 日	7,367	5.80%	1,523.85	7.69%
25	1 月 31 日	6,963	−3.43%	1,415.07	0.54%
26	12 月 31 日	7,210		1,407.51	

308

(2) LINEST 関数を用いた計算

SLOPE 関数を拡張したものとして LINEST 関数があります。これは，SLOPE 関数で用いられる被説明変数および説明変数に，TRUE または FALSE で指定する 2 つの引数を追加することにより，直線の勾配と切片を同時に求めたうえで，それらの推定結果の吟味に必要ないくつかの統計量を出力するものです。SLOPE 関数と違い，出力されるデータが複数存在することから，データが出力される範囲をあらかじめ選択のうえ，配列数式として入力する必要があります。しかし，SLOPE 関数の結果に対して付加される切片その他の結果を求めるには，後述する分析ツールを用いたほうが簡単であり，なおかつより詳細な分析結果が得られるため，LINEST 関数の有用性は高くありません。

なお，LINEST 関数の引数のうち，被説明変数および説明変数を除く 2 つについては省略することができます。この場合は直線の勾配だけが出力され，SLOPE 関数と実質的に同一の結果となります。

(3) 分析ツールを用いた計算

Microsoft Excel の分析ツールを用いることにより，推定値の信頼性の吟味を含む詳細な分析をすることができます。以下では操作の手順と分析結果の見方について説明します。

① 操作の手順

まず，「データ」タブの右端にある「データ分析」のメニューを選択し，表示されたボックスから「回帰分析」を選択します。

Ⅲ　割引率の算定実務

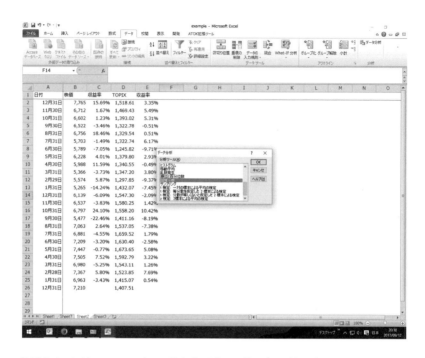

　表示されるボックスにある「入力元」の「入力Y範囲」には，被説明変数の範囲であるC2：C25を選択し，「入力X範囲」には，説明変数の範囲であるE2：E25を選択します。同じボックスでいくつかのオプションを選択できますが，そのままOKをクリックしても通常は問題ありません。

割引率の算出方法

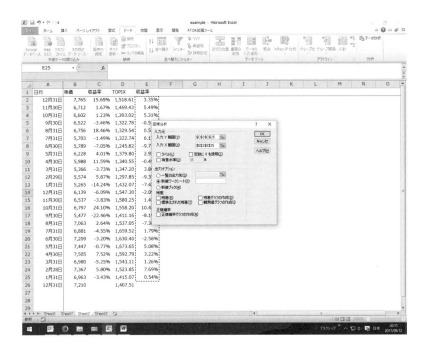

オプションを選択しなかった場合、分析結果は新規のワークシートに出力されます。表は、上記と同じデータを用いて、分析ツールによる回帰分析を実施した結果を示したものです。

[分析ツールによる結果の出力例]

回帰統計	
重相関 R	0.5061
重決定 R^2	0.2562
補正 R^2	0.2224
標準誤差	0.0891
観測数	24

Ⅲ　割引率の算定実務

分散分析表

	自由度	変動	分散	観測された分散比	有意F
回帰	1	0.0601	0.0601	7.5764	0.0116
残差	22	0.1745	0.0079		
合計	23	0.2346			

	係数	標準誤差	t	P−値	下限95%	上限95%	下限95.0%	上限95.0%
切片	0.0036	0.0182	0.1993	0.8438	−0.0342	0.0415	−0.0342	0.0415
X値1	0.9219	0.3349	2.7525	0.0116	0.2273	1.6165	0.2273	1.6165

②　分析結果の解釈

上記の表に示された様々な数値のうち，特に重要なものを網掛けで示しました。それぞれの正確な解説については統計学の教科書に譲りますが，以下ではβを推定するうえで最低限必要となる直観的な解説を試みます。

ⅰ）　係数の推定値

まず，左下に「X値1」の係数として出力されている0.9219は，SLOPE関数により出力された結果に一致し，これがβの推定値となります。その上にある「切片」の係数は，回帰直線の切片に相当するものです。したがって，ある時点における株価の収益率は，その時点における株価指数の収益率を用いることにより，次のように推定できます。

$$r_{it} = 0.0036 + 0.9219 \times r_{mt} \tag{1}$$
$$\phantom{r_{it} = }(0.1993)\,(2.7525)$$

なお，括弧内の数値は後述するt値を示しています。

ⅱ）　標準誤差

係数の隣の列には標準誤差が示されています。Q71で言及したとおり，回帰分析により求められたαとβは，実際のデータから導かれた誤差を含む推定値ですが，その誤差の大きさを示すのが標準誤差です。直観的には，推定値の上

下1標準誤差の範囲にβの採りうる値の約68％が含まれ，上下1.96標準誤差の範囲にβの採りうる値の95％が含まれるという形で，αとβが存在しうる範囲の目安を示す役割が標準誤差にはあります。

iii) t値

標準誤差の右隣にはt値が示されています。これは，t検定と呼ばれる統計的手法において用いられる統計量で，推定値を標準誤差で割ることにより導かれます。

t検定とは，推定された値が0である確率が一定未満であることの検証を通じ，推定された回帰直線に一定の信頼性があると推論する手続をいいます。このような手続が必要とされるのは，係数の推定値の誤差が大きい場合には真の値が0であり，変数間に直線的な関係が存在しない可能性が残るからです。そして，tがおおむね2以上の場合には，真の値が0である確率を5％未満と評価でき，推定値は有意，すなわち一定の信頼性を有すると結論づけられます。

算出されたt値を見てみると，αのt値は0.1993となっており，αが0である可能性は否定できないという結論になります。もっとも，αが0であるということは，株価指数が変動しないときには株価も変動しないということを意味するに過ぎず，特段問題視すべき結果ではありません。また，βのt値は2.7525となっており，βは一定程度信頼に値するとの結論になります。

iv) 決定係数

もう1つ重要なのが，出力例の冒頭にある「重決定R2」および「補正R2」です。これらはそれぞれ決定係数，自由度調整済決定係数という統計量を示しています。

決定係数とは，被説明変数の変動のうち，説明変数の変動により説明される部分の割合を指標化したもので，次式により定義されます。

$$R^2 = 1 - \frac{\sum_{t=1}^{n}(r_{it} - \hat{r}_{it})^2}{\sum_{t=1}^{n}(r_{it} - \bar{r}_i)^2} \tag{2}$$

決定係数は，観測された値が1本の直線上に並んだ場合は1をとります。た

Ⅲ　割引率の算定実務

だし，被説明変数の変動を二乗するため，相関係数とは異なり負の値にはなりません。

　決定係数は，推定された直線が観察されたデータにどれだけ当てはまっているかの指標と解釈することができ，高ければ高いほど信頼性が高いと理解されがちです。しかし，リスク感応度であるβの推定結果の良否を判断するうえで，決定係数を過度に重視することは，誤った判断につながる可能性があります。なぜなら，決定係数が高い（低い）ということは，株価変動のうち企業固有の要因によりもたらされている部分の割合が低い（高い）ということを意味しますが，それは本来企業の業種や規模によって異なるものであり，推定結果の信頼性に直結するものではないからです。推定値が信頼に値するかどうかを評価する上では，むしろ t 値のほうが有用です。

　算出された決定係数は 0.2562 となっており，これは株価変動の約 4 分の 1 が株価指数の変動により説明されていることを意味します。ただし，決定係数は，説明変数を増やすほど高くなっていく性質を持つことから，モデルの当てはまりのよさを評価するうえでは，説明変数の増加による影響を調整する必要があります。そのために導かれるのが自由度調整済決定係数で，実際の分析においてはこちらのほうが有用な情報となります。

3　修正β

　上記のとおり，βは回帰分析によって推定されますが，これは過去一定期間の株価変動から推定されたもので，評価時点が異なれば異なる値をとる可能性があります。

　ここで，βは平均回帰的，すなわち時間の経過とともに 1 に近づくという考え方があります。これは，時間の経過とともに企業固有のリスクは平準化され，長期的にはマーケット・ポートフォリオのリスクに収斂していくという考え方に基づいています。

　このような立場から，回帰分析により推定されたβに対して，次のような調整を加える場合があります。

$$\beta_{adjusted} = 0.67\beta_{raw} + 0.33 \tag{3}$$

$\beta_{adjusted}$ は一般に修正 β と呼ばれます。β_{raw} は回帰分析により求められた β であり，修正 β と区別する意味で未修正 β と呼ばれるほか，raw β ，回帰 β と呼ばれることもあります。

(3)式は，Blume により 1970 年代に行われた実証研究 [16] の成果を基に，将来の β の予測値を表したものです。この研究は，1930 年代から 1960 年代までの 35 年間を 7 年ごとの期間に区切り，同じポートフォリオの β をある期間と次の期間で比較することにより，β の時系列変化を一次式で近似することを試みたものです。

(3)式はその結果に基づき導かれた式を簡便化したもので，過去のデータから推定された回帰 β から，将来の β の予測値として修正 β が導かれることを示しています。すなわち，回帰 β が 1 より低い（高い）場合，修正 β は回帰 β よりも高く（低く）なるため，いずれの場合も 1 に近づくことになり，β が平均に回帰する傾向が反映されることになります。

将来のフリー・キャッシュ・フローを割り引くにあたっては，β も過去の実績値ではなく将来の予測値を用いるのが望ましいといえます。このような観点と，修正 β という名称から，修正 β が適切で，未修正 β は適切でないかのような理解がなされることがありますが，どちらが優れていると一概にいえるものではありません。修正 β の基礎となった研究は，1930 年代から 1960 年代の市場環境を前提としており，今日の環境に適合しているかどうかの検証がなされていないのに加え，回帰 β が非常に低く，信頼性が疑われる場合には，(3)式を適用しても適切なリスクの尺度としては役立たないからです。

4　アンレバード β

(1)　アンレバード β とは

レバード β は各企業固有の資本構成のもとで観測される β であり，それぞれの資本構成に依存したリスクが織り込まれています。そのため，企業価値評価

16　Blumme, M. E., (1971) "On the Assessment of Risk," *Journal of Finance*, 26, 1-10.

Ⅲ 割引率の算定実務

への適用に際しては，観測されたレバードβを，評価対象企業のリスク水準に応じて調整する必要があります。その際の基準となるのが，100％株主資本で資金調達がなされた場合のリスク水準であり，それに対応したβがアンレバードβです。アンレバードβは，一定の前提条件を設けることでレバードβから簡単な公式により求めることができます。

(2) アンレバードβの導出

アンレバードβを導出する前提となるのは，資本構成と企業価値の関係を示したモジリアーニ＝ミラーの理論（MM理論）です。MM理論の詳細な説明はファイナンス理論のテキストに譲り，本書では割愛しますが，その主な内容は次の2つの命題に集約されています。

- 完全市場を前提にすると，企業価値は期待営業利益に依存し，資本構成や配当政策の影響を受けない（第一命題）。
- 企業の負債利用度が上昇するほど，株主の期待収益率が上昇する（第二命題）。すなわち，期待収益率は，負債利用によるリスクの増加に見合った分だけ上昇するため，資本コストは資本構成によらず一定となる。ただし，法人税を考慮する場合，負債利用により支払利息の節税効果分だけ企業価値は増加する。

第一命題から，株主資本と負債の時価の合計は，負債利用がない場合の企業価値と負債の節税効果を合計したものに一致します。

$$V_u + V_t = E + D \tag{4}$$

E：株主資本の時価　　D：負債の時価
V_u：無負債事業価値　　V_t：負債の節税効果

このとき，レバードβとアンレバードβの間には次の関係が成り立ちます。

$$\beta_u \times \frac{V_u}{V_u + V_t} + \beta_t \times \frac{V_t}{V_u + V_t} = \beta_e \times \frac{E}{E + D} + \beta_d \times \frac{D}{E + D} \tag{5}$$

β_e：レバードβ　　　β_u：アンレバードβ
β_d：負債のβ　　　β_t：節税効果のβ

ここで，(4)の関係を利用し(5)の分子を払うと，次のように表すことができます。

$$\beta_u \times V_u + \beta_t \times V_t = \beta_e \times E + \beta_d \times D \tag{6}$$

(6)の関係を前提とし，有利子負債比率または有利子負債の総額を一定とおき，さらに有利子負債のβを0とおくことにより，次のようにレバードβからアンレバードβを導出することができます。

① 税効果のβがアンレバードβに等しい場合

税効果は利益が生じた場合に限り享受しうるという点に留意すると，税効果はフリー・キャッシュ・フローと同じリスクを有するとの仮定が成り立ち，このときβ_tはβ_uに等しくなります。この関係を利用して(6)からβ_tを消去すると，次のように表すことができます。

$$\beta_u \times (V_u + V_t) = \beta_e \times E + \beta_d \times D \tag{7}$$

ここで，$V_u + V_t = E + D$であることに留意すると，(7)を次のように表すことができます。

$$\beta_u \times (E + D) = \beta_e \times E + \beta_d \times D \tag{8}$$

(8)をβ_eについて表すと次のようになります。

$$\beta_e = \beta_u \times \frac{E + D}{E} - \beta_d \times \frac{D}{E} = \beta_u \times \left(1 + \frac{D}{E}\right) - \beta_d \times \frac{D}{E} \tag{9}$$

(9)で$\beta_d = 0$とおくことにより，次の関係が成り立ちます。

$$\beta_e = \beta_u \times \left(1 + \frac{D}{E}\right) \tag{10}$$

② 税効果のβが有利子負債のβに等しい場合

税効果は有利子負債と同じリスクを有するとの仮定を置くと，β_tとβ_dは等しくなります。この場合，(6)式でβ_tとβ_dをいずれも0とおき，β_eについて解くと次の式が得られます。

$$\beta_e = \beta_u \times \frac{V_u}{E} \tag{11}$$

Ⅲ　割引率の算定実務

(4)式の関係を利用し(11)からV_uを消去すると，次のようになります。

$$\beta_e = \beta_u \times (E + D - V_t) \div E \tag{12}$$

ここで，一定の有利子負債の金額Dに対して毎期r_dの利率で永久に利息が支払われるものと仮定すると，節税効果V_tを次のように表すことができます。

$$V_t = \frac{r_d t D}{r_d} = tD \tag{13}$$

これを(12)に代入して整理すると次式を得ます。

$$\beta_e = \beta_u (E + D - tD) \div E = \beta_u \{E + (1-t)D\} \div E = \beta_u \left\{ 1 + (1-t)\frac{D}{E} \right\} \tag{14}$$

(3) D/E レシオの算出における留意点

レバードβとアンレバードβの関係式には，有利子負債の時価と株主資本の時価の比率，すなわち D/E レシオが含まれています。

ここで，βは，評価対象企業の資本構成の変動により影響を受けています。よって，過去一定期間の株価および株価指数の変動からβを推計する場合には，D/E レシオについてもβの推計期間と対応する期間の平均値を用いるのが理論的です。もっとも，評価対象企業の資本構成が数年内に一変することは少ないため，通常は現在の資本構成が過去から将来にわたって不変であるとみなして差し支えありません。ただし，不動産業など有利子負債比率の高い業界においては，株式時価総額の変動により D/E レシオも大きく変動する場合があるため留意を要します。

また，有利子負債の時価については，余剰の現金預金と相殺後の純有利子負債を用いる考え方もありますが，筆者らは総額を用いることを推奨します。負債の節税効果は純有利子負債ではなく有利子負債の総額について発生するからです。

割引率の算出方法

第1部 企業価値評価の実務

5 βの算出に際しての留意点

(1) 流動性の低い株式のβ

流動性の低い株式については，取引が存在しない時点における値動きが反映
されないため，ボラティリティが過小評価され，ひいてはβの過小評価につな
がる場合が多くなります。

また，取引が成立しにくい銘柄において，いったん取引が成立すると，価格
が乱高下することがあります。これはボラティリティを高める効果を有します
が，一方でマーケットとの相関関係は低下し，結果的にはβを低くする効果が
顕著に表れるのが一般的です。

次の表は，流動性の低い株式の例を示したもので，取引成立日は平成28
（2016）年の営業日243日のうち取引が成立した営業日の数を示しています。
また，「出来高1」は取引成立日一日当たりの，「出来高2」は営業日一日当た
りの平均出来高を意味します。売買単位は東邦レマックが1,000株でその他が
100株です。また，ボラティリティ，相関係数およびβは，平成29（2017）年
10月以前5年間の週次データに基づき算出しました。

表からも分かるように，出来高のない営業日が頻繁に生じる株式については，
その株式のボラティリティも株価指数の変動との相関係数も低くなりやすく，
βが極端に低く算定される傾向があります。

[流動性の低い株式のボラティリティ，相関係数及びβ]

企業名	取引成立日	出来高1	出来高2	ボラティリティ	相関係数	β
秋川牧園	127	5,618	2,936	19.73%	0.097	0.096
不二硝子	138	8,372	4,755	23.47%	0.110	0.128
昭和鉄工	87	2,937	1,051	45.36%	0.009	0.020
東邦レマック	119	6,857	3,358	17.45%	0.156	0.136
ホテルニューグランド	157	1,015	656	23.81%	0.242	0.287
平和紙業	170	4,712	3,296	22.35%	0.250	0.279

319

Ⅲ　割引率の算定実務

(2)　負債比率が高い企業のβ

　4で示したとおり，アンレバードβは一般的には負債のβが0という前提の下で算出されますが，これは企業がリスクフリー・レートで無制限に借入れできるということを意味しています。実際，企業の負債比率が適正な範囲内にある場合，債務不履行リスクは無視しうる程度に小さいことから，この仮定は一定の合理性をもちます。しかし，負債利用度が適正な水準を超えて高まった場合，負債のβは債務不履行リスクや倒産リスクを反映して急上昇し，借入金利も上昇すると考えられます。ところが，実務上用いられるアンレバーの算式では，そのような効果を織り込むことができません。その結果，負債利用度が高企業については，アンレバードβがあるべき水準よりも過小に評価される可能性が高くなります。したがって，負債利用度が極端に高い企業が類似会社に含まれる場合には，その企業のアンレバードβが過小評価されていないかどうかについて慎重に検討する必要があります。

(3)　新興企業のβ

　評価対象企業の規模が小さい場合，時価総額の小さい新興市場の上場企業のほうが高い類似性を有していることから，これらの企業のβを参照して株主資本コストを算出すべきようにも考えられます。しかし，新興市場には流動性の低い株式や負債比率が極端に高い企業の株式も少なからず含まれます。そのため，評価対象企業と規模が近似していることを理由に新興上場企業のβを参照することが必ずしも適切とはいえません。むしろ，βについては十分に流動性の高い大企業のβを参照し，規模の違いによるリスクはサイズリスクプレミアムを考慮することによって補正するほうが合理的となる場合もあります。

6　実際のβの分布

　Q71では，ある株式のβが1より高ければ（低ければ），その株式のリスク感応度は相対的に高い（低い）と説明しました。このことからすると，βの平均値は1となりそうにも思えます。この考え方は半分正しく，半分誤っています。このことを実際の数値例で確かめてみましょう。

割引率の算出方法

国内上場企業のβの分布

β	企業数	相対度数	累積相対度数
～ 0.1	70	1.92%	1.92%
0.1 ～ 0.2	134	3.68%	5.61%
0.2 ～ 0.3	220	6.05%	11.65%
0.3 ～ 0.4	212	5.83%	17.48%
0.4 ～ 0.5	278	7.64%	25.12%
0.5 ～ 0.6	324	8.91%	34.03%
0.6 ～ 0.7	367	10.09%	44.12%
0.7 ～ 0.8	406	11.16%	55.28%
0.8 ～ 0.9	391	10.75%	66.03%
0.9 ～ 1.0	326	8.96%	74.99%
1.0 ～ 1.1	268	7.37%	82.35%
1.1 ～ 1.2	231	6.35%	88.70%
1.2 ～ 1.3	151	4.15%	92.85%
1.3 ～ 1.4	97	2.67%	95.52%
1.4 ～ 1.5	51	1.40%	96.92%
1.5 ～ 1.6	32	0.88%	97.80%
1.6 ～ 1.7	24	0.66%	98.46%
1.7 ～ 1.8	9	0.25%	98.71%
1.8 ～ 1.9	9	0.25%	98.96%
1.9 ～ 2.0	11	0.30%	99.26%
2.0 ～	27	0.74%	100.00%

第1部 企業価値評価の実務

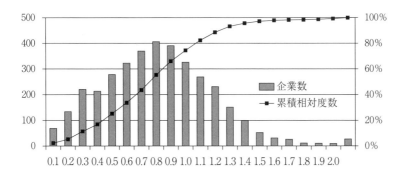

Ⅲ　割引率の算定実務

　前頁の図は，平成29（2017）年10月時点におけるわが国の上場企業のβがどのように分布しているかを示したものです。この数値例では，実に7割以上の企業のβが1以下となっており，全企業のβの単純平均は0.77となっています。

　このような現象が起きる理由を確かめるため，同じ母集団を時価総額別の低い順で10段階に分け，それぞれの階級におけるβの平均値を求めたのが次の表です。表から明らかなように，「時価総額が大きい企業はリスクが低い，だからβも低い」という直観は現実には当てはまらず，むしろ逆の関係が成立しています。これは，時価総額が高くなればなるほど，その銘柄の値動きが市場に与える影響が大きくなり，システマティックリスクの尺度であるβが大きくなるためです。

[時価総額階級別のボラティリティ，相関係数およびβの平均値]

階級	企業数	平均値		
		ボラティリティ	相関係数	β
1	364	50.26%	0.265	0.584
2	364	46.45%	0.295	0.644
3	364	44.00%	0.328	0.691
4	364	44.90%	0.345	0.721
5	364	41.18%	0.385	0.735
6	364	39.66%	0.420	0.765
7	364	37.53%	0.461	0.822
8	364	36.48%	0.495	0.860
9	363	33.73%	0.550	0.899
10	363	31.38%	0.621	0.963

　以上のことから，大半の企業のβが1以下であるにもかかわらず，時価総額の大きい一部の企業のβが高いため，これらを加重平均した市場全体のβは，少なくとも理論上は1となります。

割引率の算出方法

Q77　リスクフリー・レートの算出は，どのようにすべきか？

A　安全性の高い債券の利回り，具体的には10年国債の利回りを用いればよい。ヒストリカル・リスクプレミアムを求める場合と異なり，国債利回りには過去の平均値ではなく評価基準日の現在値を用いる。

　株主資本コストの前提となるリスクフリー・レートには，安全性の高い債券の利回り，具体的には長期国債の流通利回りを用いるのが一般的であり，該当するデータは日本証券業協会のウェブサイト等から採取することができます。

　わが国では，リスクフリー・レートとして10年国債利回りが最も多く用いられます。以下ではその理由について詳述します。

1　10年国債をリスクフリー・レートとして使用する理由

　投資家が確実に期待収益率を予測できる資産を無リスク資産といい，当該資産の期待収益率をリスクフリー・レートといいます。投資が無リスクであるためには，債務不履行リスクがないことのほか，再投資の収益率に不確実性がないという条件が満たされなければなりません。債務不履行リスクがないという条件は，国債など信用リスクが無視できるほど小さい債券の利回りを参照することで満たされます。しかし，利付債を前提とした場合，満期までに受け取るクーポンの再投資による利回りが金利変動の影響を受けてしまいます。そのため，リスクフリー・レートにはゼロクーポンの国債の利回りが一般に用いられます。ただし，株主資本コストの算出に関する限り，利付債とゼロクーポン債の利回りの差は誤差とみなせるほど小さいため，実務上は利付債の利回りを用いることも少なくありません。

　ここで，金利は投資期間の長短に応じて変動する性質（金利の期間構造）を有するため，理論上は，将来の各期間におけるスポット・レートを見積もるこ

323

Ⅲ 割引率の算定実務

とにより，それぞれの時点に対応したリスクフリー・レートを算出し，これを割引率に反映させる必要があります。

　しかし，企業が半永久的に継続することを前提とする場合，各期間のスポット・レートを個別に見積もるのは事実上不可能です。そのため，企業価値評価においては，評価時点における長期国債利回りを参照することにより，全期間についての同一のリスクフリー・レートを適用するのが一般的となっています。問題となるのは，長期国債利回りとして何を基準にすればよいかです。

　結論からいえば，我が国では10年国債利回りを用いるのが最も一般的です。その理由として，我が国の長期国債の中で最も活発に取引されている10年国債の利回りが，長期金利の代表的な指標とみなされていることに加え，割り引かれるキャッシュ・フローの「重心」が10年前後であることが挙げられます。

　キャッシュ・フローの「重心」というと，債券のデュレーションについて説明する際にしばしば用いられる表現ですが，ここでは，企業が全存続期間にわたって獲得するキャッシュ・フローを現在価値に割り引いた場合，前後の価値を等しくするような時点をいいます。

　期間に応じて金利が上がるという単純な期間構造を前提にすると，10年国債利回りを全ての期間にわたって適用する場合，9年目までは割引率が過大に，11年目以降は割引率が過小に見積もられることになります。言い換えると，9年目までの価値が過小評価された分と，11年目以降の価値が過大評価された分がおおむね等しいとき，それは10年国債利回りの適用を正当化する理由の1つとなります。そして，キャッシュ・フローの「重心」がおおむね10年であったとすれば，上記の関係が成り立つ可能性は高いといえます。

　毎期のフリー・キャッシュ・フローを一定とみなせば，キャッシュ・フローの「重心」に相当する時点を比較的簡単に分析することができます。フリー・キャッシュ・フローが一定ならば，ある年までの価値が全体に占める割合を，現在価値係数を用いて調べることができるからです。

　表は，割引率を5％から10％の範囲で段階的に変化させ，現在価値係数を1年目から累計した値が，全期間の累計の50％に達する時点を示したものです。たとえば，割引率が5％の場合，毎期一定のフリー・キャッシュ・フローの割引現在価値は年間のフリー・キャッシュ・フローの20年分にあたるため，現

324

在価値係数の合計は2000％となります。そして，1年目から15年目までの現在価値係数を合計すると1037.97％となり，この年までに事業価値の半分がもたらされることを確認できます。

[割引率と「重心」の関係]

割引率	全期間の 現在価値係数合計	左の50％	50％に 達する時点
5％	2000％	1000％	15年目
6％	1667％	833％	12年目
7％	1429％	714％	11年目
8％	1250％	625％	10年目
9％	1111％	556％	9年目
10％	1000％	500％	8年目

　表からも分かるとおり，割引率が5％から10％程度の一般的な水準であれば，おおむね10年前後で価値の約半分が生み出されることになり，このことからも10年国債利回りの適用は一定の合理性を有していることになります。

2　平均値の使用について

　リスクフリー・レートの見積もりにおいて誤りやすい点として，過去のリスクフリー・レートの平均値を用いるというものがあります。結論からいえば，株主資本コストの算出においてリスクプレミアムと合算されるリスクフリー・レートには，過去一定期間の平均値ではなく，評価基準日の現在値を用います。

　ヒストリカル・リスクプレミアムの算出に際して，「過去一定期間におけるマーケットポートフォリオの収益率の平均値から差し引かれるリスクフリー・レート」は，同一期間にわたる平均値となりますが，「リスクプレミアムと合算されるリスクフリー・レート」をこれと混同しないように注意して下さい。割引率は将来のフリー・キャッシュ・フローを現在価値に換算するためのもの

Ⅲ　割引率の算定実務

であり，現在から将来へ向かっての期待収益率を反映しなければならないことからすると，株主資本コストからリスクプレミアムを除いた部分としてのリスクフリー・レートは，評価基準日現在の値でなくてはなりません。

　この点，異常値を排除する観点からは，特定時点の値ではなく過去一定期間の平均値を求める必要があるようにも考えられます。しかし，株式の収益率などと異なり，リスクフリー・レートの変動幅は非常に小さく，平均値を求めることによって変動を平準化する意義はあまりありません。

3　国債利回りが負となった場合にはどうすればよいか

　平成28（2016）年1月に導入されたマイナス金利政策の影響により，10年国債利回りが史上初めて負の値を示すという現象が起こりました。同年11月の米国大統領選挙の結果を受けた金利上昇により，10年国債の利回りは正の値に転じましたが，本稿執筆中の平成29（2017）年9月には再び負の値に転じており，一過性の現象と看過することはできなくなっています。

　株主資本コストを構成する変数の1つとしてリスクフリー・レートをとらえた場合，マイナス金利の影響は大きいものではありません。株主資本コストの大部分はβおよびマーケット・リスクプレミアムによって説明されるからです。とはいえ，影響は軽微であっても，前提となる数値の根拠が不要となるわけではありません。以下では，関連する会計上の取扱いを紹介したうえで，割引率の算定にあたって留意すべき点について検討します。

(1)　実務対応報告第34号の考え方

　債券の利回りが負の値を示す場合の取扱いを示したものとして，企業会計基準委員会が平成29（2017）年3月29日に公表した実務対応報告第34号「債券の利回りがマイナスとなる場合の退職給付債務等の計算における割引率に関する当面の取扱い」があります。

　同報告第2項によると，安全性の高い債券の利回りが負の値を示した場合，利回りの下限として0を用いる方法と負の利回りをそのまま用いる方法のいずれかを選択できるものとされます。これは，現金を保有することによって現在

の価値を維持できる以上，リスクフリー・レートの下限は0になるとの考え方が存在する一方，市場金利の客観性を重視する立場からは，負の金利をそのまま用いることにも合理性が認められるためです。

(2) 割引率の算定にあたっての留意点

同報告は，退職給付債務の計算における割引率としての「安全性の高い債券の利回り」に関する取扱いを示したものです。ただし，安全性の高い債券の利回りを用いる点については，株主資本コストの基礎となるリスクフリー・レートも同様であることから，基本的には同報告の取扱いを踏襲し，0を下限にする方法と，負の利回りをそのまま用いる方法を選択して差し支えないようにも思われます。

もっとも，退職給付債務の計算に用いられる割引率は，原則として支払期間に応じて設定される[17]ため，全ての期間について負の割引率が適用されるわけではありません。これに対して，株主資本コストの算定にあたっては，通常の場合，全期間にわたって一定のリスクフリー・レートが適用されます。しかるにリスクフリー・レートとして負の国債利回りを用いることは，長期国債利回りが負の値を示すという歴史的・国際的に見ても異例な状況を，全期間にわたって想定することを意味します。このことを肯定する理由が特に見出せないのであれば，国債利回りの機械的な適用には慎重であるべきというのが筆者らの見解です。

---

17 「退職給付に関する会計基準の適用指針」第24項

Ⅲ 割引率の算定実務

 借入れコストの算出は，どのようにすべきか？

 借入れコストの算出方法は，いくつかあるが主な手法は次のとおりである。
① 評価対象企業の格付けおよび類似会社の格付けと，それら企業が発行する債券のスプレッドから推定する。
② 評価対象企業の過去の借入れ履歴から推定する。

1 格付けおよび社債のスプレッドから推定する方法

　借入れコストの推定方法の1つが，評価対象企業およびその類似企業の格付けとそれら企業が発行する社債スプレッドから推定する方法です。この手法は，評価対象企業およびその企業が発行している社債の格付けが類似企業のそれと似ており，なおかつ市場で類似企業の社債利回りを観測できる場合に使用可能です。各企業の格付けは，S&P，ムーディーズ，JCR等の格付け機関が行っており，各社債の市場利回りは，ロイターもしくはブルームバーグなどの情報端末から取得することができます。

　もし，類似企業と評価対象企業の格付けおよびそれらが発行する社債の格付けが等しい場合，これら2社の社債利回りからリスクフリー・レートを引いた金利スプレッドは，ほぼ等しいと見積もることができます。そうすると評価対象企業の借入れコストは，類似企業の金利スプレッドにリスクフリー・レートを足したものに類似すると見積もることができます。

【設例】
　仮に，評価対象企業とその類似企業の格付けが両方ともBBB+だとします。

そして，その類似企業が過去に発行した長期社債の現在市場利回りは5％とします。仮に，リスクフリー・レートが1％だとした場合，類似企業の社債のスプレッドは4％と見積もることができます。

もし，評価対象企業の格付けが類似企業のそれに等しいと仮定できるのであれば，評価対象企業の負債コストは類似企業の社債スプレッドの4％をリスクフリー・レートの1％に足した5％と見積もることができます。

ただし，実際には，評価対象企業と，類似企業の格付けおよび社債の格付けが等しいことは，ほとんどありません。そのため類似企業数社のスプレッドの平均を用いる，または格付けが1ノッチずれるごとに金利を1～2％上げるなどの調整が必要とされます。

	評価対象企業 A	類似企業 B
会社の格付け	BBB +	BBB +
長期社債の格付け	BBB	BBB
長期社債の利回り	？	5 ％
リスクフリー・レート	1 ％	
評価対象企業Aの負債コスト＝類似企業Bの社債スプレッド＋リスクフリー・レート 5 ％ ＝ 4 ％ ＋ 1 ％		

2　評価対象企業の過去の借入れ履歴から推定する方法

借入れコストの推定方法の1つとして，評価対象企業が実際に過去に払った支払利息と残っている負債額の推移から推定する方法があります。各企業の負債額の推移などは有価証券報告書の社債明細表および借入金等明細表などから見積もることができます。

この方法の利点は，公表データから推計できるため，その会社の社債が市場に出回っていない，もしくは会社およびその会社の社債が格付けされていなくても借入れコストを見積もることができる点です。

一方，この方法には問題点が2つあります。1つ目の欠点は，財務諸表上の支払利息と有利子負債残高から計算される借入れコストは，過去の信用リスク

Ⅲ　割引率の算定実務

を反映したものであり，現在の会社の状況や市況を織り込んでいないことです。

　もう1つの問題は，金利の期間構造が明示的には考慮されていないことです。すなわち，企業の有利子負債の調達期間には様々なものが存在するため，それらを平均して求めた借入れコストは，特定の期間を前提としたものではなくなります。その結果，例えば企業が短期借入れを借り換えることによって資金調達をしている場合，株主資本コストの前提となっているリスクフリー・レートよりも借入れコストのほうが低いという矛盾した結果になることがあります。ただし，借入れコストのとりうる範囲は株主資本コストに比べてはるかに狭く，金利の期間構造などで誤差が生じても結果に重要な影響が生じないため，財務諸表上の支払利息と有利子負債の関係から推定する方法も実務上は広く採用されています。

【設例】

過去借入れ履歴からの推定		
単位：百万円	事業年度1年目	事業年度2年目
長期債務	1,000	1,100
短期債務	500	450
負債合計	1,500	1,550
事業年度1年目と2年目の平均債務残高	1,525	
事業年度2年目の支払い利息	70	
事業年度1年目から2年目の平均債務残高に対する利子率	4.59%（注）	

（注）　70÷1,525＝4.59%

　以上のように，ある事業年度の支払利息をその事業年度およびその前年の事業年度の平均債務残高で割ることにより，平均債務残高に対する利子率を求めることができます。

330

割引率の調整項目

Q79 評価に用いる，資本構成（株主資本比率，D/Eレシオ）はどのように見積もるべきか？

A DCF法においては，原則として全ての期間にわたり一定のWACCが適用される。これは，評価対象企業の資本構成を一定とみなすことに他ならない。そのため，WACCの前提となる資本構成は，評価時点における状況に基づいて見積もるのではなく，長期的に収束すると見込まれる状況を前提にする必要がある。

1 資本構成の指標

企業の資金調達は，自己資本と他人資本を組み合わせる形で行われます。それぞれの構成比を示す指標として，次の2つを考えることができます。

(1) 株主資本比率

WACCを計算するにあたっては，次式により株主資本コストと負債資本コストを加重平均する必要があります。

$$\text{WACC} = R_e \times \frac{E}{E+D} + (1-t)R_d \times \frac{D}{E+D} \tag{1}$$

R_eは株主資本コスト，$(1-t)R_d$は負債資本コスト，EとDはそれぞれ株主資本，有利子負債の時価を意味します。$E/(E+D)$は，企業価値に占める株主資本の割合を示しており，これを株主資本比率といいます。このとき，$D/(E+D)$を「負債資本比率」あるいは「負債比率」と定義できそうですが，一般に負債比率というときは，後述するD/Eレシオを意味します。$D/(E+D)$を

Ⅲ　割引率の算定実務

一言で表す一般的な用語はなく，「1から株主資本比率を控除した割合」として理解する他ありません。

(2)　D/E レシオ

自己資本と他人資本の構成比を表すには，他人資本の自己資本に対する割合を求めるという方法も考えられます。たとえば，レバードβをアンレバードβに変換するにあたっては，次の関係式が用いられます。

$$\beta_U = \beta_L \div \left(1 + \frac{D}{E}\right) \tag{2}$$

β_U はアンレバードβを，β_L はレバードβを意味します。また，D/E は有利子負債の時価と株主資本の時価の比率であり，D/E レシオまたは負債比率と呼ばれます。

2　資本構成の見積もり

資本構成の見積もりに必要となる株主資本と有利子負債の時価の算定方法としては，次の3通りを考えることができます。

(1)　評価対象企業の現在値を用いる方法

評価対象企業の資本構成が，将来にわたって変わらないことを前提に，現在の時価から算定される比率をそのまま用いる方法です。たとえば，企業が有利子負債による資金調達をしておらず，将来的にも有利子負債を利用する見込みがない場合には，この方法が適合します。

(2)　類似企業の平均値を用いる方法

評価対象企業の資本構成が，長期的には類似企業の平均的な水準に等しくなるとの仮定に基づき，それらの企業の時価から算定される比率を用いる方法です。たとえば，情報通信業のように有利子負債への依存度が低い業界に属する企業と，不動産業のように有利子負債への依存度が高い業界に属する企業では，

将来的な資本構成にも違いが出てくる可能性が高いことから，それぞれの業界の平均的な資本構成に収斂するとの想定に基づき資本構成を見積もることには意義があります。

(3) 循環計算する方法

どのような資本構成がその企業の企業価値を最大にするのかを見積もりたい場合には，この手法を用います。この手法は，算定される企業価値に占める株式価値の割合が，WACC の前提となる株主資本比率と一致するまで繰り返し計算を行うことから，循環計算と呼ばれることがあります。株式価値を求めるには WACC を求める必要があり，また WACC を求めるには株主資本比率を求める必要があります。しかし，その株主資本比率は株式価値が判明しなければ算定できません。つまり，算定される株式価値と，その前提となる株主資本比率は，計算上相互に影響し合う関係にあることから，両者の関係が整合するまで繰り返し計算を行うというのがこの手法の考え方です。

この手法の欠点は，評価対象企業の実態を無視しているということです。たしかに，循環計算により算定された株主資本比率は，算定された株式価値と有利子負債の金額から導かれる値に一致しているという点で，少なくとも計算上は最適な値になっています。しかし，WACC が企業の全存続期間を通じて適用される割引率であることを考えると，その前提となる株主資本比率は，企業が長期的に維持しうる資本構成を反映している必要があります。このような観点からは，例えば，現在有利子負債による資金調達を行っていても，事業の性質上負債利用の必要性がほとんどない場合には，株主資本比率を 100％とみなして WACC を算定するほうが合理的といえます。しかるに，循環計算の手法では，現在の有利子負債の金額を所与のものとして株主資本比率が算定されるため，資本構成に影響を与える事業内容などの実態が考慮されないという問題点があるといえます。

III 割引率の算定実務

Q80 サイズ・リスクプレミアムとは何か？

A サイズ・リスクプレミアムとは，CAPM では説明できない超過収益率のうち，企業の規模に起因する部分を調整するための追加的なプレミアムをいう。サイズ・リスクプレミアムをモデルに組み込んだものとしては，ファーマ＝フレンチのスリー・ファクター・モデルが知られている。しかし，スリー・ファクター・モデルの適用は容易でないため，CAPM により算定された資本コストにサイズ・リスクプレミアムを付加することで，モデルでは説明できない規模に応じた超過収益率を調整する場合が多い。

1 サイズ・リスクプレミアムの本質

「規模の小さい（大きい）企業のリスクは高い（低い）」という認識は，多くの方々に共通するところではないでしょうか。後述するとおり，リスクをボラティリティで測定するならば，そのような関係はおおむね成立しています。

しかしながら，資本資産評価モデル（CAPM）に依拠する場合，リスクが高い（低い）からといって株主資本コストが高い（低い）とは限りません。株式の超過収益率は，マーケット・リスクプレミアムに対してβを乗じることによって算定されるところ，βはボラティリティの水準だけでなく，市場との相関係数にも依存するため，リスクが高く（低く）とも市場との相関性が低ければ（高ければ），資本コストは低く（高く）なるからです。

したがって，CAPM を前提とする限り，同じ事業内容を有するにもかかわらず，規模が小さい（大きい）というだけで株主資本コストが上がる（下がる）という単純な関係は成り立ちません。そして，規模の小さい（大きい）企業と市場との相関性は弱い（強い）のが通常であることから，規模の違いが株主資

割引率の調整項目

本コストに及ぼす影響は，βに織り込まれているといえます。そのため，少なくとも CAPM の理論上，サイズ・リスクプレミアムという概念は考えられません。

ただし，CAPM はいくつかの非現実的な仮定に基づいており，それらが満たされないことによって，CAPM により求められる期待収益率と，実際の収益率の間に乖離が生じます。乖離のうち，システマティックリスクに関する部分はβまたはマーケット・リスクプレミアムの算定方法の改善により対応すべきですが，アンシステマティックリスクに関する部分については，代替的なモデルの採用または CAPM の修正により対応する必要があります。

このような観点から，サイズ・リスクプレミアムの本質を一言で表すとすれば，「CAPM では説明できない超過収益率のうち，企業の規模に起因する部分を調整するための追加的なプレミアム」ということになります。

2 評価モデルとサイズ・リスクプレミアムの関係

表は，評価モデルとサイズ・リスクプレミアムの関係を視覚的に示したものです。CAPM では，市場に共通するシステマティックリスクのみが考慮され，本来サイズ・リスクプレミアムを考慮する必要はありませんが，モデルにより説明しきれない超過収益率に相当する部分を調整する目的で，追加的にサイズ・リスクプレミアムを考慮する場合があります。これに対し，投資家はアンシステマティックリスクをも考慮するとの想定を置くのが裁定価格理論（Arbitrage Pricing Theory; APT）であり，それらのうちサイズ・リスクプレミアムを含む 2 つの要素を追加したのがファーマ＝フレンチのスリー・ファクター・モデルです。

[株主資本コストの評価モデルにおいて考慮されるリスク]

リスクの内容	リスクの要因	モデル		
		CAPM	3Factor	APT
システマティックリスク	市場	○	○	○

アンシステマティックリスク	サイズ	△	○	○
	バリュー	−	○	○
	その他	−	−	○

スリー・ファクター・モデルでは，サイズ・リスクプレミアムもマーケット・リスクプレミアムと同様にリスク要因として考慮されることから，それに対する感応度をβとして推定する必要があります。これに対して，CAPM に対する修正としてのサイズ・リスクプレミアムは，モデルでは説明しきれない超過収益率を調整するための項目であり，感応度を考慮することなく適用されるのが一般的です。以下では，特に断らない限り，後者の目的で用いられるものをサイズ・リスクプレミアムと呼ぶことにします。

サイズ・リスクプレミアムを考慮する場合，株主資本コストは次のように修正されます。ただし，R_fはリスクフリー・レート，βはリスク感応度，$E(R_m)-R_f$はマーケット・リスクプレミアムです。

$$R_e = R_f + \beta \times \{E(R_m) - R_f\} + SRP \tag{1}$$

3 ファーマ＝フレンチのスリー・ファクター・モデル

スリー・ファクター・モデルでは，株式のリスクプレミアムを3つの要素に分けて見積もろうと試みており，時価総額規模の違いによる収益率の差もその要素の1つとして取り入れられています。

$$R = R_f + \beta_1 \times MRP + \beta_2 \times SMB + \beta_3 \times HML + \alpha \tag{2}$$

MRP：市場ファクター　（一般的な CAPM プレミアム）

SMB：サイズ・ファクター（small minus big; SMB）→小型株と大型株（時価総額の大小）の過剰リターンの差（ここで表されているのは，いわゆる「小型株効果」。小型株効果とは，「時価総額の小さな小型株ほど高い収益率になる」というもの）

HML：バリュー・ファクター（high minus low; HML）→バリュー株（簿価／時価比率）（PBR の逆数）の高い株式とグロース型（簿価／時価比率の低い株式）の超過収益率の差

割引率の調整項目

それぞれのリスクプレミアムは，感応度で調整されるようになっています。β_1 は，通常の CAPM と同じです。β_2 は 0 から 1 までの範囲で表されており，小型株の場合は $\beta_2 = 1$，大型株の場合は $\beta_2 = 0$ となります。また β_3 においても 0 から 1 までの範囲で表されており，バリュー株の場合は $\beta_3 = 0$，グロース株の場合は $\beta_3 = 1$ となります。

以上のように，ファーマ＝フレンチのスリー・ファクター・モデルは，小型株と大型株の差による超過収益率をサイズ・リスクプレミアムとして式に織り込んだ優れたモデルです。しかし欠点もあります。この式に至るまでの理論的な裏づけがない，すなわち，どうしてこれらのファクターが超過収益率に関わっているかの裏づけがない点です。ファーマ＝フレンチのスリー・ファクター・モデルは，理論的裏づけからではなく，実際の市場を検証した結果に基づき帰納的に作られています。

また，我が国のデータを用いてスリー・ファクター・モデルを適用しても，特にサイズ・ファクター及びバリュー・ファクターの係数が有意とならず，実質的に CAPM を適用するのと変わらない結果になってしまうことが少なからずあります。そのため，スリー・ファクター・モデルの利用は容易でないのが実情です。

4　サイズ・リスクプレミアムの算定方法

スリー・ファクター・モデルの適用が難しいという事情もあり，実務においては，CAPM により算定された資本コストにサイズ・リスクプレミアムを付加することで，モデルでは説明できない規模に応じた超過収益率を調整するという取扱いが行われています。その方法は次の 2 つに大別されます。

(1)　ヒストリカル手法

以下のように，CAPM により求められた期待収益率と実際の収益率の差を求め，長期にわたって平均する方法で，マーケット・リスクプレミアムの算定におけるヒストリカル手法とおおむね同様の考え方によります。代表的なものとしては，イボットソン・アソシエイツ・ジャパン株式会社が昭和 53（1978）

337

Ⅲ　割引率の算定実務

年以降のデータを用いて集計したサイズ・プレミアムが知られています。

　サイズ・リスクプレミアムは，企業別に求めるのではなく，市場に属する企業を時価総額別にいくつかの階級に分け，それぞれを1つのポートフォリオとみなして算出するのが一般的です。この場合，ある階級のサイズ・リスクプレミアムを次式で表すことができます。

$$SRP_j = R_j - \beta_j \times MRP \qquad (3)$$

　R_j は過去一定期間におけるその階級の収益率の平均値，β_j はその階級を1つのポートフォリオとみなした場合のマーケット・リスクプレミアムに対する感応度，MRP はその時価総額階級が属する市場のマーケット・リスクプレミアムを示しています。

　ヒストリカル手法によるサイズ・リスクプレミアムを利用するにあたり，留意すべき点が1つあります。(3)式からも明らかなとおり，ヒストリカル手法によるサイズ・リスクプレミアムは，集計の対象となった期間のマーケット・リスクプレミアムを所与として算出されています。たとえば，サイズ・リスクプレミアムが過去40年間の平均値として与えられているときは，その前提となるマーケット・リスクプレミアムにも過去40年間の平均値が用いられているということです。したがって，サイズ・リスクプレミアムとして過去40年間の平均値を用いた場合には，マーケット・リスクプレミアムについても過去40年間の平均値を用いるのが整合的です。

⑵　インプライド手法

　インプライド手法は，長期間のデータに依存することなく，現在の市場のデータからサイズ・リスクプレミアムを推定しようとするもので，マーケット・リスクプレミアムの算定におけるインプライド手法とおおむね同様の考え方によります。

　インプライド手法の形態には様々なものが考えられますが，プルータス・コンサルティングでは，次の方法により，時価総額階級別のボラティリティの相違に着目したサイズ・リスクプレミアムを求めています。

① 株式の超過収益率の算出

ある株式の超過収益率が，次式のように表されるものと仮定します。σ_iとはある企業のボラティリティを，σ_m はその企業と同じ市場に属する企業のボラティリティの平均値を，MRP はマーケット・リスクプレミアムを示しています。

$$R_i - R_f = \frac{\sigma_i}{\sigma_m} \times MRP \tag{4}$$

② 時価総額階級別の超過収益率の算出

我が国の株式市場に上場している国内企業を，時価総額を基準として10階級に分け，各階級に属する企業の超過収益率を平均することにより，次式のようにそれぞれの階級の超過収益率を算出します。

$$R_j - R_f = \frac{1}{n} \sum_{i=1}^{n} \left(\frac{\sigma_{ij}}{\sigma_m} \times MRP \right) \tag{5}$$

$R_j - R_f$ は第 j 階級の超過収益率，n は各階級に属する企業の数，σ_{ij} は第 j 階級に属する企業の株式のボラティリティを意味します。小型株のボラティリティは大型株に比べて一般に高いため，時価総額の低い階級では，(5)式を前提とした超過収益率も相対的に高くなります。

③ サイズ・リスクプレミアムの算出

(5)式で算定された階級の超過収益率の平均値から，前提となったマーケット・リスクプレミアムを差し引くことにより，その階級のサイズ・リスクプレミアムが算出されます。

$$SRP_j = \frac{1}{n} \sum_{i=1}^{n} \left(\frac{\sigma_{ij}}{\sigma_m} \times MRP \right) - MRP \tag{6}$$

(6)式を整理すると次式のようになります。

$$SRP_j = \frac{1}{n} \sum_{i=1}^{n} \left(\frac{\sigma_{ij}}{\sigma_m} - 1 \right) \times MRP \tag{7}$$

(7)式は，ある時価総額階級に属する株式のボラティリティの平均値が，全体の平均の何割増，または何割減であるかに応じ，相当する割合をマーケット・リスクプレミアムに乗じた値がサイズ・リスクプレミアムとなることを意味しています。したがって，ボラティリティの平均値が全体よりも低い階級については，プレミアムではなくディスカウントが適用されることになります。

また，(3)式と異なり，マーケット・リスクプレミアムは過去の平均値として一義的に決まるものではなく，任意の値をとりうるものと想定されています。たとえば，ある階級のボラティリティの平均値が全体の1.3倍であり，マーケット・リスクプレミアムが5％であったとすれば，1.5％がサイズ・リスクプレミアムとなります。同様に，階級のボラティリティの平均値が全体の0.9倍であり，マーケット・リスクプレミアムが6％であったとすれば，0.6％が株主資本コストから減じられます。

④　算出されたサイズ・リスクプレミアムの解釈

直観的にいえば，(7)式で表されるサイズ・リスクプレミアムは，CAPMで考慮されないアンシステマティックリスクのうち，企業の規模の違いに応じて発生する部分に相当します。

Q71では，マーケット・リスクプレミアムに対する感応度であるβが，以下のような式で表されることを示しました。

$$\beta_i = \frac{\sigma_i}{\sigma_m} \times \rho_{im} \tag{8}$$

(8)式は，マーケット・ポートフォリオの保有を前提とした場合，βはマーケット・ポートフォリオとの相関係数にも依存するため，株価指数との変動との相関性が弱い，すなわちアンシステマティックリスク（システマティックリスク）の割合が大きい（小さい）株式ほど，βは相対的に低くなることを示しています。そのため，ボラティリティが高い株式であっても，超過収益率が高くなるとは一概に言えません。

これに対して(4)式では，ボラティリティに比例して超過収益率が上昇しますが，これは(8)式の想定と異なりアンシステマティックリスクが分散されないとみなしていることを意味します。このようにして求めた超過収益率を時価総額

階級ごとに平均すると，時価総額の低い階級の平均値は全体の平均値を上回りますが，これはアンシステマティックリスクのうち企業の規模に起因する部分が存在する可能性を示唆しています。

ただし，以上の説明はあくまで直観的なものであることに留意して下さい。アンシステマティックリスクのうち企業の規模に起因する部分を正しく測定するには，規模だけが異なり，その他の要素が全て等しい企業の収益率を比べなければなりませんが，実際にそのような比較をすることは当然ながら不可能です。そのため，サイズ・リスクプレミアムの算出にあたっては，企業の規模に起因するアンシステマティックリスクの割合が，時価総額階級毎におおむね等しいとの仮定に基づき，階級ごとのボラティリティを平均する方法が採られています。

⑤　ヒストリカル手法との異同

⑶式により算定されるサイズ・リスクプレミアムを加算するということは，CAPM は正しくなく，過去の実績値が期待収益率を適切に表しているという前提の下，両者の差異を CAPM により算定された株主資本コストに対して調整することを意味しています。言い換えると，⑶式により求められたサイズ・リスクプレミアムは，実績値と理論値の差分であり，いわゆるアノマリーによって生じた追加的な収益率を示しているといえます。

これに対し，⑺式により算定されるサイズ・リスクプレミアムは，CAPM の妥当性を一応認めつつも，時価総額が低い階級のボラティリティの平均値が高い，すなわちリスクが高いという関係に着目し，それに応じた割合を CAPM により算定された株主資本コストに加算するものです。

⑥　数値例

表は，平成 29（2017）年 4 月現在のサイズ・リスクプレミアムを示しています。時価総額の列は，その時点で我が国の株式市場に上場していた国内企業を，時価総額の低いほうから 10 階級に等分のうえ，各階級に属する企業の時価総額の範囲を示したものです。データの利用にあたっては，表の縦軸から評価対象企業の時価に相当する階級を，横軸から株主資本コストの前提となるマーケット・リスクプレミアムの水準を選び，それぞれの交点に位置する値を適用します。たとえば，評価対象企業の時価総額を 15 億円，マーケット・リ

Ⅲ　割引率の算定実務

スクプレミアムを5％と想定する場合には，1.57％がサイズ・リスクプレミアムとなります。

[サイズ・リスクプレミアムの例]

階級	時価総額（百万円）			マーケット・リスクプレミアム（％）								
	最小値	～	最大値	4.00	4.50	5.00	5.50	6.00	6.50	7.00	7.50	8.00
1		～	2,947	1.26	1.42	1.57	1.73	1.89	2.04	2.20	2.36	2.52
2	2,948	～	4,990	0.62	0.69	0.77	0.85	0.93	1.00	1.08	1.16	1.24
3	4,991	～	7,570	0.28	0.31	0.35	0.38	0.42	0.45	0.49	0.52	0.56
4	7,594	～	11,467	0.05	0.06	0.07	0.08	0.08	0.09	0.10	0.10	0.11
5	11,504	～	17,533	-0.11	-0.13	-0.14	-0.15	-0.17	-0.18	-0.19	-0.21	-0.22
6	17,581	～	28,540	-0.24	-0.27	-0.30	-0.33	-0.36	-0.39	-0.42	-0.45	-0.48
7	28,567	～	47,917	-0.35	-0.39	-0.44	-0.48	-0.52	-0.57	-0.61	-0.65	-0.70
8	48,157	～	99,621	-0.44	-0.49	-0.55	-0.60	-0.66	-0.71	-0.77	-0.82	-0.88
9	99,734	～	296,506	-0.52	-0.58	-0.65	-0.71	-0.78	-0.84	-0.90	-0.97	-1.03
10	296,853	～		-0.58	-0.66	-0.73	-0.80	-0.88	-0.95	-1.02	-1.10	-1.17

Q81 サイズ・リスク以外のアンシステマティックリスクを株主資本コストに反映させる方法はあるか？

A アンシステマティックリスクのうち標準偏差で測定できる部分については，リスク感応度であるβに修正を加えることで，株主資本コストに反映させることができる。それ以外のアンシステマティックリスクを，資本コストの評価モデルに組み込むことは困難であり，フリー・キャッシュ・フローの前提となる事業計画に反映させるか，投資家の平均的な期待収益率の実績値を割引率に用いることによって対応する。

1 トータルβとは

アンシステマティックリスクのうち，企業の規模の違いにより生じる部分については，サイズ・リスクプレミアムとして株主資本コストに反映させることが可能です。しかし，アンシステマティックリスクの内容には様々なものが考えられ，サイズ・リスクはその１つに過ぎません。

リスクが標準偏差によって示されることについてはQ66で解説したとおりです。また，Q73では，資本資産評価モデル（CAPM）で考慮されるリスクはシステマティックリスクのみであることと，アンシステマティックリスクのうち標準偏差により測定しうるものについてはβの修正により株主資本コストに反映しうることについて述べました。ここで，システマティックリスクだけでなくアンシステマティックリスクをも反映したβを，企業の総リスクを反映したβという意味でトータルβと呼びます。

トータルβは次の式によって求められます。

$$\beta_i^{total} = \frac{\sigma_i}{\sigma_m} \tag{1}$$

Ⅲ　割引率の算定実務

　ただしσ_iはある企業の株価のボラティリティ，σ_mは株価指数のボラティリティです。
　これに対し，CAPMで用いられるβは次の式によって求められます。

$$\beta_i = \frac{\sigma_i}{\sigma_m} \times \rho_{im} \tag{2}$$

　ここで，ρ_{im}は株価変動と株価指数の変動の相関係数です。つまり，トータルβは，CAPMのβに含まれる相関係数を1とみなすことによって算定されます。

　Q52で説明したとおり，相関係数は，2つの変数間に存在する直線的な関係を指標化したもので，平面上に描いたデータが右下がりの直線上に並ぶときは最小値である−1を，右上がりの直線上に並ぶときは最大値である1をとり，その他の場合は両者の中間の値をとります。つまり，相関係数が1であるということは，株価指数が上がれば（下がれば）企業の株価も必ず上がる（下がる）ことを意味します。このとき，その株式をマーケット・ポートフォリオに組み込んでも，リスクを分散することはできません。そのため，トータルβはシステマティックリスクだけでなくアンシステマティックリスクをも反映した指標と解釈することができます。

2　トータルβの位置付け

　表は，企業のリスクを区分のうえ，それを評価に反映させるための方法を示したものです。システマティックリスクはβを通じて株主資本コストに反映されますが，アンシステマティックリスクはCAPMで算定される株主資本コストには反映されません。ただし，アンシステマティックリスクのうち標準偏差により測定可能なものについては，トータルβを通じて反映することができます。その他のリスクを一般的な資本コストの評価モデルに織り込むことは困難であり，フリー・キャッシュ・フローの前提となる事業計画に反映させるか，過去の取引から観察される平均的な期待収益率でフリー・キャッシュ・フローを割り引くかのいずれかにより対応する必要があります。

割引率の調整項目

　なお，**Q80** では，時価総額階級別のボラティリティの違いに着目してサイズ・リスクプレミアムを求める方法を紹介しましたが，このサイズ・リスクプレミアムは，標準偏差で測定可能なアンシステマティックリスクのうち，企業規模の違いに起因する部分を調整するものと位置付けることができます。したがって，トータルβと併用した場合には，アンシステマティックリスクのうち企業規模の違いに起因する部分を二重に考慮してしまう可能性があることに留意して下さい。

[リスクの区分に応じた反映の方法]

リスクの内容	要因	測定	対応
システマティック	市場	可能	βに反映
アンシステマティック	企業規模	可能	サイズ・リスクプレミアムに反映
	全て	可能	トータルβに反映
		不可能	事業計画に反映 平均的な期待収益率を適用

345

Ⅲ 割引率の算定実務

Q82 優先株式の資本コストはどう見積もるべきか？

A 優先株式は負債と株式の特性を併せ持つハイブリッド証券の代名詞ともいえる商品である。優先株式には様々な条件を加えることができ，その種類は今後増えていくと思われる。

通常優先株式の資本コストは次の式で求められる。

優先株式の資本コスト＝
　優先株式1株当たりの配当÷優先株式1株当たりの市場価格

1　従来型算出方法の限界

多くの評価に関する書籍には，企業価値評価時に使用する優先株式の資本コストは，次の式で見積もることができると解説されています。

　優先株式の資本コスト＝
　　優先株式1株当たりの配当÷優先株式1株当たりの市場価格

しかし，この方法には次のような限界があります。

(1) 優先株式の市場価格がない

上場されている優先株式としては，株式会社伊藤園の優先株式しかないため，わが国で発行されているその他の優先株式には，上記の式に用いる「市場価格」が存在しません。

割引率の調整項目

(2) 優先株式の引受者はベンチャー・キャピタルなどのファンドが多い

　最近の優先株式の積極的な引受者としてベンチャー・キャピタルが挙げられます。彼らは優先株式を自分の投資手法に適合するように設計します。

　そのため，彼らが株式公開やM&AによるExit以前に優先株式を誰かに売り渡す可能性は低いのです。そのためExit時まで優先株式の売買取引が行われず，実際の優先株式の取引に使われた優先株式の公正価値を見積もることは極めて困難だといえます。

(3) 今後，複雑な条件を織り込んだ優先株式が増える

　会社法施行以降は，それ以前よりも種類株式の設計が柔軟にできるようになったことから，以前では実現不可能であった条件を優先株式に織り込むことが可能になりました。会社法は，優先株式をより使いやすい資金調達手段としたものの，それと同時に優先株式の価値の算定・見積もりをより困難なものとしました。今後もより複雑な条件を織り込んだ優先株式が増えることと思われます。これらの複雑な条件を全て優先株式の公正価値の算定に織り込むのは，不可能と思われるため，優先株式の資本コストを市場価格に基づいて見積もることは困難を極めると思われます。

2　新たな算出方法

　それでは，どのようにして優先株式の資本コストを見積もればいいのでしょうか。

(1) 優先株式1株当たりの配当を優先株式の直近取引価格で除する方法

　もし直近の優先株式の取引価格が分かっているのであれば，配当をその価格で除する方法で算定します。この手法は，一般的にいわれている〈優先株式の資本コスト＝優先株式1株当たりの配当÷優先株式の1株当たりの市場価格〉の見積もり方と同様です。なぜならば，取引価格があったということは，そこに市場があり，市場価格が形成されていたと考えることができるからです。

Ⅲ　割引率の算定実務

(2)　優先株式を普通株式と普通社債の中間的な証券（ハイブリッド証券）と見なして資本コストを測定する方法

　もう1つの見積もり方として，優先株式を普通株式と普通社債の中間的な証券と考え，その優先株式を構成する普通株式および普通社債の割合を求め，それらに対する資本コストを求めることにより，優先株式の加重平均資本コストを求める方法があります。

　この方法を用いるうえで，優先株式を構成する普通株式・普通社債の割合（資本コストを計算するうえでの各証券の割合）を見積もる必要があります。これについては，株式会社格付投資情報センター（R&I）が，「ハイブリッド証券の資本性評価と格付けの視点」というレポートを出しています。

　このレポートによると，R&Iではハイブリッド証券を普通株式がもつ3つの特徴（①返済が義務ではない，②配当の支払いが義務ではない，③劣後性の観点）から，優先株式の普通株式への類似性の程度を5段階に分類しています。レポートによると一番普通株式に類似しているハイブリッド証券を普通株式と同等，その反対に普通株式から一番乖離している類似性をもつものを普通社債と同等とみなしています。ハイブリッド証券の1つである優先株式を類似性の観点から普通株式と普通社債に分けることができるのであれば，優先株式を構成するそれら普通株式と普通社債の割合に対するそれぞれの資本コストをかけ，加重平均により優先株式の資本コストを計算することができるものと考えます。

348

Ⅳ 海外企業の株式評価

 海外企業の評価において問題となる点は何か？

フリー・キャッシュ・フローの算定にあたっては通貨単位の取扱いが、割引率の算定に際しては株主資本コストの評価モデルの選択が問題となる。また、新興国の企業の評価にあたっては、主としてリスクフリー・レートおよびカントリー・リスクの取扱いが問題となる。

1 通貨単位の取扱い

海外企業の評価において、まず問題となるのが通貨単位の取扱いです。DCF法を前提とした場合、海外企業の価値を算定するには、次の2つの方法が考えられます。これらの方法についてはQ84で解説します。

(1) フォワードレート法

外貨建てのフリー・キャッシュ・フローをフォワードレートで邦貨建て、または基軸通貨建てに換算し、換算後の通貨単位に適合した資本コストで現在価値に割り引く方法です。

(2) スポットレート法

外貨建てのフリー・キャッシュ・フローに外貨建ての資本コストを適用して現在価値に割り引き、評価時点のスポットレートで邦貨建ての評価額に換算す

Ⅳ　海外企業の株式評価

る方法です。

2　株主資本コストの評価モデル

　通貨単位の問題は，フリー・キャッシュ・フローだけでなく割引率にも影響を及ぼします。国内企業の評価において，割引率の通貨単位が意識されることは稀ですが，金利も株価も株価指数も特定の通貨単位を前提としている以上，それらを用いて算定される割引率にも通貨単位は反映されており，フリー・キャッシュ・フローの通貨単位に適合した割引率を用いる必要があります。

　海外企業の株主資本コストの算定にあたっては，資本資産評価モデル（CAPM）を次のような形に拡張する必要があります。

(1)　グローバル CAPM

　資本市場は国際的に統合されているとみなし，グローバルな市場を基準に株主資本コストを求める方法です。ただし，全ての国・地域を包含する本来の意味でのグローバル市場を実際に観察することはできません。そのため，実際の算定にあたっては，最も規模が大きく分散された米国市場をグローバル市場とみなします。この場合，割引率はドル建てで算出されるため，原則としてフリー・キャッシュ・フローをドル建てに換算してから割引率を適用する必要があります。したがって，グローバル CAPM はフォワードレート法に整合的な方法といえます。グローバル CAPM については Q85 で解説します。

(2)　ローカル CAPM

　資本市場は国・地域別に分断されているとみなし，評価対象企業が属する国・地域の市場を基準に株主資本コストを求める方法です。この場合，割引率は現地通貨建てで算出されるため，ローカル CAPM はスポットレート法に整合的な方法といえます。ローカル CAPM については Q86 で解説します。

(3) その他のモデル

グローバル CAPM は，CAPM の前提となる分散投資の概念を国際間に拡張したモデルであり，理論的に一貫性を有しています。また，算定にあたっては米国市場のデータが用いられるため，データの信頼性は高いといえます。ただし，実際の適用にあたってはいくつかの問題点が生じることから，それらを修正するためのモデルがいくつか提唱されています。これらのモデルについては Q87 で解説します。

3　新興国の企業の評価

新興国の企業の評価にあたっては，主として次の点が問題となります。これらについては Q88 で取り扱います。

(1) リスクフリー・レート

株主資本コストの基礎となる変数の1つであるリスクフリー・レートには，通常の場合，長期国債の利回りを用いますが，新興国では国債を無リスクとみなせない場合が存在するため，リスクフリー・レートの見積もりに一定の修正を加える必要があります。

(2) カントリー・リスク

グローバル CAPM に基づく限り，ある国・地域に固有のリスクは分散されるため，株主資本コストの算定にあたってカントリー・リスクを考慮する必要はありません。しかし，CAPM は様々な仮定に基づいており，それらの仮定が現実には満たされないことによって，カントリー・リスクが十分には分散されない可能性があります。そこで，別途カントリー・リスクプレミアムを考慮するかどうか，考慮する場合にはどのようにして定量化するかが問題となります。

また，ローカル CAPM に依拠する場合，カントリー・リスクは各国のマーケット・リスクプレミアムに織り込まれることとなりますが，新興国にはマーケット・リスクプレミアムの算定に必要な市場データが整備されていないため，代替的な方法による必要があります。

Ⅳ 海外企業の株式評価

Q84 外貨建てのフリー・キャッシュ・フローを現在価値に割り引くにはどうすればよいか？

A 外貨建てのフリー・キャッシュ・フローをフォワードレートで邦貨建てに換算して邦貨建ての割引率を適用する方法と，外貨建てのフリー・キャッシュ・フローに外貨建ての割引率を適用しスポットレートで邦貨建てに換算する方法がある。一定の条件のもとで，両者は整合的な結果を導く。

1 フォワードレート法とスポットレート法

　資本コストは，キャッシュ・フローのリスクに応じて投資家が要求する収益率であることから，資本コストとリスクを適切に対応させる必要があります。例えば，フリー・キャッシュ・フロー，すなわち利払前の株主および債権者の双方に帰属するキャッシュ・フローには，株主資本コストと負債資本コストをそれぞれの時価の構成割合で加重平均した WACC（加重平均資本コスト）が適合します。利払後のキャッシュ・フロー，すなわち株主に帰属するキャッシュ・フローに適合するのは ROE（株主資本コスト）です。

　このようなキャッシュ・フローと資本コストの整合性は，海外企業の資本コストの推計においても保たれる必要があります。具体的には，邦貨建てのキャッシュ・フローには邦貨建ての，外貨建てのキャッシュ・フローには外貨建ての資本コストが適合するということです。このような観点から，外貨建ての金額を換算する方法を次の2つに分類することができます。

(1) フォワードレート法

　外貨建てのキャッシュ・フローをフォワードレートで邦貨建てまたは基準通貨建てに換算し，それぞれの通貨に対応した資本コストで現在価値に割り引く

方法です。外貨建てのキャッシュ・フローを，それぞれの発生時点における
フォワードレートで邦貨建てまたは基準通貨建てに換算することから，このような呼び名があります。

　フォワードレートは，金利平価説に基づき予測するのが一般的です。金利平価説とは，将来の理論為替相場であるフォワードレートは，現時点の為替相場であるスポットレートと二国間の金利差によって決定づけられるという仮説をいいます。例えば，自国の金利が１％で他国の金利が２％のとき，現時点で保有する邦貨を外貨に替えて１年運用し，その後邦貨に換算するとします。もし１年後の為替相場が現在と同じであれば，外貨で運用することにより，邦貨のまま運用した場合に比べて金利差の１％分だけ有利です。そこで，このような裁定取引の機会を消滅させるため，将来の為替相場は低金利通貨を高く，高金利通貨を安くするように変化すると考えられます。このような観点からフォワードレートの理論値を求めるのが，金利平価式と呼ばれる次の式です。

$$F_t = \frac{1 + R_f^d}{1 + R_f^f} \times S_{t-1} \tag{1}$$

　ここで F_t は t 期のフォワードレート，S_{t-1} は $t-1$ 期のスポットレート，R_f^d，R_f^f はそれぞれ邦貨建て，外貨建てのリスクフリー・レートを意味します。

(2) スポットレート法

　外貨建てのキャッシュ・フローを外貨建ての資本コストで現在価値に割り引く方法です。算定された株式価値を，スポットレートで邦貨建てに換算することから，このような呼び名があります。

2　フォワードレート法とスポットレート法の整合性

　金利平価説が成立する状況において，フォワードレート法とスポットレート法は整合的な結果を導くことが知られています。すなわち，外貨建てのキャッシュ・フローをフォワードレートで邦貨建てに換算してから邦貨建ての資本コストで現在価値に割り引いても，外貨建てのキャッシュ・フローを外貨建ての

Ⅳ　海外企業の株式評価

資本コストで現在価値に割り引いてからスポットレートで邦貨建てに換算しても，最終的に得られる邦貨建ての価値は一致するということです。以下ではこのことを数値例で確かめてみます。

(1)　前提条件

リスクフリー・レートはドル建てで2％，円建てで1％とし，将来にわたって変わらないものとします。また，為替のスポットレートは100円／ドルで，キャッシュ・フローは毎年200ドルずつ永久に発生するものとします。

(2)　スポットレート法

ドル建てのキャッシュ・フローをドル建ての金利で割り引き，スポットレートを掛けることで，現在価値 PV を算出できます。

$$PV = \left\{ 200 \times \frac{1}{1.02} + 200 \times \left(\frac{1}{1.02} \right)^2 + \cdots \right\} \times 100 \tag{2}$$

(3)　フォワードレート法

毎期のキャッシュ・フローである200ドルにフォワードレートを適用して邦貨に換算し，さらに邦貨建てのリスクフリー・レートである1％で割り引いた場合，キャッシュ・フローの割引現在価値 PV は次のようになります。

$$PV = 200 \times 100 \times \frac{1.01}{1.02} \times \frac{1}{1.01} + 200 \times 100 \times \left(\frac{1.01}{1.02} \right)^2 \times \left(\frac{1}{1.01} \right)^2 + \cdots \tag{3}$$

(4)　それぞれの手法による結果の一致

(3)式の右辺全ての項にスポットレートの100円／ドルが含まれていること，分数の分母と分子の双方に1.01が含まれることに注目すると，(3)は以下のように(2)と等しくなります。

$$PV = \left\{ 200 \times \frac{1}{1.02} + 200 \times \left(\frac{1}{1.02} \right)^2 + \cdots \right\} \times 100 \tag{4}$$

よって，フォワードレート法とスポットレート法の結果は一致します。

以上の数値例では各国の通貨建てのリスクフリー・レートを一定とみなしましたが，金利の期間構造を考慮した場合でも同じ結果が得られます。

3　資本コストの通貨単位の変換

フォワードレート法とスポットレート法の等価性を利用して，フリー・キャッシュ・フローを割り引く資本コストの通貨単位を変換することができます。以下では円建ての資本コストをドル建てに変換する方法を考えてみます。

(1)　スポットレート法

ドル建てのキャッシュ・フローをドル建ての資本コストで割り引き，スポットレートを乗じることで，キャッシュ・フローの現在価値を次のように求めることができます。S はスポットレートです。

$$PV = \frac{CF^{USD}}{1 + WACC^{USD}} \times S \tag{5}$$

(2)　フォワードレート法

ドル建てのキャッシュ・フローにフォワードレートを適用して邦貨に換算し，邦貨建ての資本コストを適用することで，キャッシュ・フローの現在価値を次のように求めることができます。

$$PV = S \times \frac{1 + R_f^{JPY}}{1 + R_f^{USD}} \times \frac{CF^{USD}}{1 + WACC^{JPY}} \tag{6}$$

(3)　それぞれの手法による結果の一致

市場が効率的であるとすれば，(5)式と(6)式により求めた現在価値は一致します。いずれの式でも共通している S と CF^{USD} を除いて比較すると，次の等式が満たされるということです。

Ⅳ　海外企業の株式評価

$$\frac{1}{1+WACC^{USD}} = \frac{1+R_f^{JPY}}{1+R_f^{USD}} \times \frac{1}{1+WACC^{JPY}} \tag{7}$$

(7)式を整理すると，次の関係式が成り立ちます。

$$\frac{1+WACC^{JPY}}{1+WACC^{USD}} = \frac{1+R_f^{JPY}}{1+R_f^{USD}} \tag{8}$$

　よって，日米両国のリスクフリー・レートさえ判明すれば，円建ての資本コストをドル建てに変換できることになります。

4　外貨建て資本コストの必要性

　(8)式の関係を利用すれば，円建ての資本コストをあらゆる通貨単位に変換できます。また，フォワードレート法を適用すれば，円建てに変換されたフリー・キャッシュ・フローを円建ての資本コストで割り引くことができます。よって，円建ての資本コストを求めれば，スポットレート法にもフォワードレート法にも対応できることになり，外貨建ての資本コストを求める必要はないようにも思われます

　しかし実際には，外貨建ての資本コストの算定が必要となる場面は多く存在します。なぜなら，(8)式は国際間の資本市場が効率的であることを前提としているところ，この仮定は満たされない可能性が高いからです。以降の設問では，外貨建ての資本コストを求めるための手法を解説していきます。

356

Q85 グローバル CAPM とは何か？

A グローバル CAPM とは，資本市場が国際的に統合されているとの前提に基づき，グローバルな市場を基準に株主資本コストを求める方法である。本来のグローバル市場とは，全世界の市場を包含した概念上の存在であり，実際に観察することはできないため，最も規模が大きく分散された米国市場をグローバル市場とみなす場合が多い。この場合，算定された割引率はドル建てとなるが，近似的にはリスクフリー・レートの差を調整することで他国の通貨建てに変換できる。グローバル CAPM は，国際的な資本市場が効率的に機能することを前提としているため，そのような前提が成り立たない新興国の企業の評価には必ずしも適合しない。

1 グローバル CAPM とは

資本資産評価モデル（CAPM）では，分散投資を通じて単一の市場均衡としてのマーケット・ポートフォリオが選択される結果，企業固有のアンシステマティックリスクは解消され，投資家がさらされるリスクは市場に共通するシステマティックリスクに限られるものとされます。このような CAPM の考え方を国際間に拡張したのがグローバル CAPM です。すなわち，国際的に統合された資本市場では，グローバルなマーケット・ポートフォリオが成立し，各国固有のリスクが解消される結果，投資家はグローバル市場のリスクだけにさらされるというのがグローバル CAPM の考え方です。

グローバル CAPM を前提とした場合，株主資本コストを次式のように表すことができます。

$$R_e^{global} = R_f^{global} + \beta^{global} \times \{E(R_m^{global}) - R_f^{global}\} \tag{1}$$

R_f はリスクフリー・レート，β はリスク感応度，$E(R_m) - R_f$ はマーケット・リスクプレミアムであり，global の添字はグローバル市場のデータに基づくことを意味します。

2 グローバル CAPM における通貨単位の取扱い

以上の考え方に従えば，株主資本コストはグローバルなマーケット・ポートフォリオのデータに基づき算定されるべきです。しかし，全ての国・地域を包含する本来の意味でのグローバル市場を実際に観察することはできません。そのため，通常は最も規模が大きく分散された米国市場をグローバル市場とみなします。

グローバル市場として米国市場を想定するのであれば，これらの変数はドル建てで測定されるため，算定される割引率もドル建てとなります。よって，他の通貨で測定されたフリー・キャッシュ・フローについては，フォワードレートによりいったんドル建てに換算してから現在価値に割り引き，スポットレートで各国の通貨に再換算するのが原則です。

ただし，グローバル CAPM は国際間の資本市場の効率性を前提としていることから，Q84 で紹介した関係式を用いることにより，ドル建ての資本コストを，各国の通貨単位に変換することができます。この関係式を再度示すと次のとおりです。

$$\frac{1 + WACC^{JPY}}{1 + WACC^{USD}} = \frac{1 + R_f^{JPY}}{1 + R_f^{USD}} \tag{2}$$

(2)式の関係が成り立つ場合，米国と他国の資本コストの違いは，両国のリスクフリー・レートの差におおむね等しくなります。表はこのことを数値例で示したものです。単純化のため，ドル建ての資本コストはドル建てのリスクフリー・レートにドル建ての超過収益率を加算した株主資本コストに一致し，超過収益率は 6 ％で一定，リスクフリー・レートは 1 ％から 5 ％まで段階的に変化するものと仮定します。また，円建てのリスクフリー・レートは 1 ％で一定とします。このとき，ドル建ての資本コストと(2)式を用いて計算した円建ての

資本コストの差が表の右端に，リスクフリー・レートの差がその隣に示されています。表からも分かるとおり，(2)式から推定したドル建てと円建ての資本コストの差は，ドル建てと円建てのリスクフリー・レートの差におおむね一致しています。

[通貨間のリスクフリー・レート及び資本コストの差異]

R_f^{USD}	$\beta \times MRP^{USD}$	$WACC^{USD}$	R_f^{JPY}	$WACC^{JPY}$	R_f の差	WACC の差
1.00%	6.00%	7.00%	1.00%	7.00%	0.00%	0.00%
2.00%	6.00%	8.00%	1.00%	6.94%	1.00%	1.06%
3.00%	6.00%	9.00%	1.00%	6.88%	2.00%	2.12%
4.00%	6.00%	10.00%	1.00%	6.83%	3.00%	3.17%
5.00%	6.00%	11.00%	1.00%	6.77%	4.00%	4.23%

　以上の結果から，ドル建ての資本コストを次式によって近似的に他の通貨単位へ変換することができます。

$$R_e^{JPY} \approx R_e^{USD} + (R_f^{JPY} - R_f^{USD}) \tag{3}$$

　(3)式の関係を利用すれば，(1)式のリスクフリー・レートを各国の通貨建てに置き換えることにより，グローバル CAPM による各国の通貨建ての資本コストを近似的に推定することできます。

　以上の関係を言い換えると，国際的に統合された市場では，通貨単位の違いによる資本コストの差は金利差におおむね一致するということであり，これは各国のマーケット・リスクプレミアムがおおむね等しくなるということでもあります。

3　グローバル CAPM の特徴および問題点

　グローバル CAPM は，分散投資を通じて市場均衡としてのマーケット・リスクプレミアムが成立するという CAPM の考え方を拡張したものであり，理

Ⅳ　海外企業の株式評価

論的には最も一貫性を有しています。また，グローバル市場として想定される米国市場のデータの信頼性は高く，入手も比較的容易です。算定された株主資本コストはドル建てであり，基本的にはフォワードレート法の適用を前提としていますが，近似的にはリスクフリー・レートの差を調整することにより他の通貨建てに変換でき，この場合スポットレート法も適用できるという拡張性があります。

　このように，グローバルCAPMは外貨建て資本コストの評価モデルの決定版ともいえる手法ですが，問題点がないわけではありません。なぜなら，グローバルCAPMは資本市場が国際的に統合され，効率的に機能していることを前提にしているところ，特に新興国の企業の評価においては，そのような仮定が満たされない場合も多いからです。

　また，グローバルCAPMの前提を受け入れるとしても，特に問題となりやすいのがβの算定です。βを求めるにあたっては，適切な類似企業を選定することになりますが，グローバルCAPMはグローバルな市場，具体的には米国市場のデータの利用を想定しており，類似企業も米国市場と一定の相関性を有する企業に限定されます。そのような条件を満たすのは世界規模の大企業である場合が多く，評価対象企業との類似性という観点から妥当とは言い難い場合も出てきます。

　表は，我が国の時価総額上位10社について，平成29（2017）年8月以前5年間の月次データに基づき，TOPIXおよびS&P500に対するβを求めたものです[18]。いずれの指数を用いてもおおむね同水準の結果が得られたところもありますが，日本電信電話株式会社および株式会社NTTドコモのβが，S&P500を基準とした場合には顕著に低下している点が注目されます。これは，グローバル市場として想定される米国の株式市場との相関性が弱いことを意味しており，その原因の1つとして海外売上高割合の低さが考えられます。

18　平成29（2017）年9月13日の終値を基準に時価総額を求め，上場から5年に満たない日本郵政株式会社および株式会社ゆうちょ銀行を集計対象から除きました。海外売上高割合は直前事業年度の有価証券報告書に基づいています。

[TOPIX 及び S&P500 を基準としたβの計算例]

企業名	β		海外売上高割合（%）
	対 TOPIX	対 S&P500	
トヨタ自動車	1.16	0.88	75.13
日本電信電話	0.42	0.23	16.11
NTT ドコモ	0.61	0.45	非開示
三菱 UFJ フィナンシャル・グループ	1.80	1.81	41.05
ソフトバンクグループ	1.00	1.55	51.02
KDDI	0.80	0.98	非開示
日本たばこ産業	0.93	1.14	58.49
キーエンス	0.79	1.15	49.09
三井住友フィナンシャルグループ	1.68	1.45	26.99
本田技研工業	1.29	1.16	84.89

　このように，我が国を代表する企業であっても，売上高の大半を国内の事業に依存している場合には，グローバル市場として想定される米国市場との相関性が弱く，算定されたβが適切なリスクの尺度となり得ない場合が存在します。類似企業として中規模，小規模の上場企業を選定すれば，上記のような問題はより顕著となることが予想されます。そのため，グローバル CAPM は，規模が十分に大きく，なおかつ売上高の相当程度の割合を海外事業に依存していて，国際間の競争にさらされている企業には適合するものの，その他の企業には必ずしも適合しないのが実情です。

Ⅳ　海外企業の株式評価

 ローカル CAPM とは何か？

A　ローカル CAPM とは，資本市場は国・地域ごとに分断され，自国内で完結しているとの前提に基づき，評価対象企業が属する国・地域の市場を基準に株主資本コストを求める方法である。一部の先進国を除き，現地の市場データの信頼性はグローバル市場に比べて劣るため，ローカル CAPM の適用は事実上難しい。しかし，代替的な評価モデルを検討する前提として，その考え方を理解しておくことには意義がある。

1　ローカル CAPM とは

　ローカル CAPM とは，資本市場は国・地域ごとに分断され，自国内で完結しているとの前提に基づき，評価対象企業が属する国・地域の市場を基準に株主資本コストを求める方法です。国内企業の評価にあたり，我が国のデータを用いて株主資本コストを算定するのはその一例といえます。
　ローカル CAPM を前提とした場合，株主資本コストを次式のように表すことができます。

$$R_e^{local} = R_f^{local} + \beta^{local} \times \{E(R_m^{local}) - R_f^{local}\}$$

　R_f はリスクフリー・レート，β はリスク感応度，$E(R_m) - R_f$ はマーケット・リスクプレミアムであり，local の添字は現地市場のデータに基づくことを意味します。これらの変数は現地通貨建てで測定されるため，算定される割引率も現地通貨建てとなります。よって，ローカル CAPM はスポットレート法と整合的です。

2 ローカル CAPM の問題点

ローカル CAPM では，評価対象企業が属する国・地域の市場のデータを用いて株主資本コストが算定されることから，評価対象企業の実態に最も適合した資本コストの算定を可能にするモデルのようにも思われますが，我が国以外の国・地域で一般的に適用するのは困難です。

その理由は2つに大別されます。まず，一部の先進国を除いては，株式市場の収益率に関して長期にわたる時系列データが存在しないため，ヒストリカル手法によるマーケット・リスクプレミアムを求めることができません。

もう1つの理由として，各国の株式市場にマーケット・ポートフォリオとしての性格が乏しい点が挙げられます。CAPM において想定されるマーケット・ポートフォリオとは，規模が大きく十分に分散された市場ですが，国別の株価指数はその条件を満たしていない場合がほとんどです。

表は，MSCI World Index 及びアジア各国の MSCI Index のドル建て指数について，作成者である MSCI Inc. が開示している平成 29（2017）年 8 月現在の情報に基づき，指数に組み入れられた企業の業種別の時価総額構成比，構成企業数および時価総額上位 10 社の構成比を示したものです。我が国以外の大半の国・地域については，時価総額上位 10 社の構成比が 50％を超えており，指数が少数の企業の株価変動により大きな影響を受けていることが分かります。また，香港，フィリピン，シンガポールなど一部の国・地域では，指数を構成する企業の業種にも偏りが出ています。

このような偏りをもつ市場においては，特定の企業・業種のリスクがその市場のリスクに強く反映されることから，そもそも CAPM の前提となる十分に分散化されたマーケット・ポートフォリオの要件を満たしているとは考えられません。このような株価指数を基準にして β を求めたとしても，リスクの尺度としての合理性には疑問が残ります。

Ⅳ 海外企業の株式評価

[MSCI指数の産業別時価総額構成比, 構成企業数および時価総額上位10社構成比]

	World	Japan	China	Hong Kong	Korea	Taiwan
金融	17.83%	12.31%	23.79%	33.57%	13.15%	15.50%
情報技術	16.38%	12.52%	39.58%	0.66%	44.80%	62.36%
ヘルスケア	12.40%	7.30%	1.88%	0.00%	2.62%	0.33%
一般消費財	12.15%	20.03%	9.55%	10.62%	11.03%	3.38%
工業	11.42%	20.67%	4.63%	14.13%	8.33%	1.88%
生活必需品	9.36%	7.89%	1.79%	1.68%	6.63%	2.78%
エネルギー	5.89%	0.90%	4.82%	0.00%	2.59%	0.79%
素材	5.11%	6.74%	1.26%	0.00%	8.47%	8.65%
不動産	3.23%	4.14%	4.69%	27.13%	0.00%	0.37%
通信	2.96%	5.59%	5.62%	1.45%	0.92%	3.95%
その他	3.27%	1.92%	2.38%	10.77%	1.48%	0.00%
合計	100.00%	100.00%	100.00%	100.00%	100.00%	100.00%
企業数	1,652	320	149	45	112	89
上位10社構成比	10.78%	18.84%	56.29%	58.95%	53.82%	57.64%

	Indonesia	Malaysia	Thailand	Philippines	Singapore	India
金融	36.01%	31.40%	21.42%	29.58%	43.75%	24.65%
情報技術	0.00%	0.00%	1.87%	0.00%	0.00%	13.83%
ヘルスケア	2.36%	3.48%	4.41%	0.00%	0.00%	6.36%
一般消費財	13.46%	9.60%	4.75%	3.64%	6.20%	12.01%
工業	2.32%	14.93%	11.15%	25.60%	15.26%	6.10%
生活必需品	14.52%	8.51%	11.83%	4.58%	3.23%	9.24%
エネルギー	5.05%	3.64%	21.01%	0.00%	0.00%	12.10%
素材	4.42%	3.56%	11.82%	0.00%	0.00%	10.69%
不動産	3.28%	0.68%	2.69%	24.60%	18.86%	0.00%
通信	17.08%	9.62%	6.97%	7.67%	12.69%	3.04%
その他	1.51%	14.57%	2.07%	4.32%	0.00%	1.99%
合計	100.00%	100.00%	100.00%	100.00%	100.00%	100.00%
企業数	31	41	36	23	27	78
上位10社構成比	73.88%	57.45%	66.93%	39.18%	72.29%	43.76%

3 代替的なモデルの必要性

以上のように，グローバル CAPM と異なり，ローカル CAPM を実際に適用するのは困難です。しかしながら，国際的な資本市場の効率性を前提とする CAPM が実態に合致しない状況が存在するのは事実です。このような状況においてもグローバル CAPM を一律に適用した場合には，本来考慮すべき各国固有のリスクが織り込まれず，株主資本コストを過小に評価する結果につながります。そのため，それぞれの問題点を回避しつつ，各国固有のリスクを考慮するための手法が提唱されています。Q87 ではそれらについて紹介します。

IV 海外企業の株式評価

Q87 グローバル CAPM 及びローカル CAPM の他にどのような評価モデルがあるのか？

A グローバル CAPM を基礎としつつ，国別のリスクを考慮する代表的なモデルとして，デフォルトスプレッドモデル，相対リスク比率モデル，およびこれらを組み合わせた Damodaran モデルがある。いずれの手法にも長短があるため，評価対象企業の実態，評価の目的に応じて適切なものを選択する必要がある。

1 グローバル CAPM の修正

ニューヨーク大学の Aswath Damodaran 教授は，グローバル CAPM を拡張し，国別のリスクを株主資本コストの評価モデルに織り込む方法を紹介しています[19]。

(1) デフォルトスプレッドモデル

次式の通り，グローバル CAPM により求められた資本コストに対し，国債の格付けに応じたデフォルトスプレッドを加算する方法です。

$$R_e^{local} = R_f^{global} + \beta^{global} \times \{E(R_m^{global}) - R_f^{global}\} + DS \tag{1}$$

デフォルトスプレッドは，同一の格付けを持つ国債の市場におけるスプレッドを平均することによって算定され，最上位の格付けのスプレッドは 0 となります。

デフォルトスプレッドは国債が不履行を起こすリスクに応じたスプレッドで

---

19 モデルの解説および算定に必要なデータを同教授の Web サイトで閲覧することができます。http://pages.stern.nyu.edu/~adamodar/

あり，株式のリスクに直接対応したものではありません。株式のリスクは債券に比べて高いという一般的な関係を想定した場合，デフォルトスプレッドモデルではカントリー・リスクプレミアムが過小に評価される可能性もあります。

しかし，国債の不履行を引き起こす要因は，グローバル CAPM により取り扱われるシステマティックリスクに近い性格を有しています。したがって，デフォルトスプレッドは，カントリー・リスクプレミアムの下限を画するものとして一定の意義を有しています。

このモデルはグローバル CAPM により求められた資本コストを前提としているため，算定された資本コストもドル建てとなります。この場合，Q84 に示した関係式を利用し，資本コストを現地通貨建てに変換できないかが問題となりますが，該当する式は国際間の資本市場が効率的であることを前提としたものであり，カントリー・リスクプレミアムが発生する状況には適合しません。よって，現地通貨建てのフリー・キャッシュ・フローをフォワードレートでいったんドル建てに換算してから，ドル建ての割引率を適用するのが原則です。

ただし，近似的には，(1)式で算定された資本コストに対して米国との金利差を調整することにより，現地通貨建ての割引率とみなすことも不合理とまではいえません。たとえば，低金利の我が国と高金利の米国を例に考えると，フォワードレートは二国間の金利差に応じて円高，ドル安の方向に推移するため，毎期一定のキャッシュ・フローが生じる限り，ドル建ての金額は将来的に高くなっていきます。したがって，ドル建ての資本コストに対して二国間の金利差を調整すると，フォワードレート法では高いキャッシュ・フローに高い割引率を適用し，スポットレート法では低いキャッシュ・フローに低い割引率を適用する結果となるため，計算上はおおむね等しい結果になります。

(2) 相対リスク比率モデル

CAPM を始めとする株主資本コストの評価モデルでは，リスクがボラティリティによって測定されます。相対リスク比率は，グローバル市場に対する各国市場のボラティリティの比率を求め，これをグローバル市場のマーケット・リスクプレミアムに乗じることにより，各国のマーケット・リスクプレミアムを求めるものです。このとき，株主資本コストを次式のように表すことができ

IV 海外企業の株式評価

ます。

$$R_e^{local} = R_f^{global} + \beta^{global} \times \{E(R_m^{global}) - R_f^{global}\} \times \frac{\sigma_m^{local}}{\sigma_m^{global}} \qquad (2)$$

ただし，σ_m^{local} と σ_m^{global} はそれぞれ現地市場，グローバル市場の株価指数のボラティリティであり，いずれもドル建てで測定されることを前提にしています。

相対リスク比率モデルは，各国の株式市場のリスクを明示的に考慮している点で，デフォルトスプレッドモデルよりも直観には合致する手法といえます。ただし，特に新興国の株式市場の流動性は低く，ボラティリティも過小に評価される傾向があることから，依然としてカントリー・リスクプレミアムに相当する部分が過小に評価される可能性は残ります。

また，一部の先進国を除き，各国の株式市場を構成する企業の時価総額，業種の分布は偏っています。そのため，ある国の株式市場のボラティリティがグローバル市場に比べて相対的に高かったとしても，それは特定の企業，または業種のリスクが反映された結果かもしれず，これは本来の意味でのカントリー・リスクと異なるリスクが混在してしまう可能性を示唆しています。

(3) Damodaran モデル

デフォルトスプレッドモデルに対して株式と債券のボラティリティの比を乗じ，これをカントリー・リスクプレミアムとするものです。

$$R_e^{local} = R_f^{global} + \beta^{global} \times \{E(R_m^{global}) - R_f^{global}\} + DS \times \frac{\sigma_m^{local}}{\sigma_b^{local}} \qquad (3)$$

ただし，σ_m^{local} と σ_b^{local} はそれぞれ現地市場の株価指数および国債指数のボラティリティであり，いずれもドル建てで測定されることを前提としています。(3)式は，投資家が国内株式と国内債券を代替的な投資対象とみなしている場合に適合するのに対し，(2)式は国内株式と外国株式を代替的な投資対象とみなしている場合に適合するといわれています。

2 カントリー・リスクプレミアムに対する感応度

上記で紹介したモデルのうち，デフォルトスプレッドモデルと Damodaran モデルでは，カントリー・リスクプレミアムに対する感応度がいずれも 1 と想定されています。これに対し，相対リスク比率モデルでは，カントリー・リスクプレミアムに対する感応度がβに応じて変化します。これは，(2)式が以下のように書き換えられることで確認できます。

$$
R_e^{local} = R_f^{global} + \beta^{global} \times \{E(R_m^{global}) - R_f^{global}\}
$$
$$
+ \beta^{global} \times \left(\frac{\sigma_m^{local}}{\sigma_m^{global}} - 1\right) \times \{E(R_m^{global}) - R_f^{global}\} \tag{4}
$$

このように，(1)式および(3)式は，カントリー・リスクプレミアムが業種に関わりなく全ての企業に等しく生じることを前提にしていますが，(4)式ではβに依存するとの前提が採られます。ただし，これは一種の仮定であり，デフォルトスプレッドモデルおよび Damodaran モデルのカントリー・リスクプレミアムに対してもマーケット・リスクプレミアムと同様の感応度を有するとみなして，これにβを乗じることも不合理とまでは考えられません。

Damodaran 教授は，上記の他，カントリー・リスクプレミアムについて 1 ともβとも異なる感応度を設定する方法を紹介しています。この場合，株主資本コストは，カントリー・リスクプレミアムに感応度λを乗じることによって算定されます。

λは，評価対象企業の海外売上高割合を，現地における平均的な海外売上高割合で除することによって算定されます。その結果，海外売上高割合が高いほど，カントリー・リスクプレミアムの影響は大きくなりますが，海外売上高が存在しない場合，株主資本コストはグローバル CAPM により算定される結果に一致します。

3 マーケット・リスクプレミアムに対する感応度

本問で紹介してきたモデルでは，マーケット・リスクプレミアムに対する感応度であるβがグローバル市場の変動を基準に推定されます。しかしながら，グローバル市場の変動を基準にすると，算定されたβが適切なリスクの尺度たり得ない場合があることを，Q85で指摘しました。言い換えると，グローバル市場と連動性を有する企業は世界規模で事業を展開する大企業に限られ，それらを類似企業として選定しても，評価対象企業との類似性に疑問符がつく可能性があるということです。このような問題に対処する方法は2つ考えられます。

(1) 業種別のβを利用する

Damodaran教授は，自身のWebサイトで，地域別・業種別に算出したβを公開しています。これは，世界を米国，欧州，日本，新興国市場および全世界の5つに区分し，それぞれの国・地域における主要な産業別のβを求めたものです。そのため，評価対象企業との類似性はある程度犠牲にせざるを得ませんが，網羅性の観点からは最も利用しやすいデータです。

(2) 相対リスク比率モデルを修正する

(2)式で与えられる相対リスク比率モデルによる株主資本コストのうち，マーケット・リスクプレミアムに相対リスク比率を乗じた部分を，現地の仮想的なマーケット・リスクプレミアムとみなせば，現地の類似企業の株価と現地の株価指数を用いてβを推定することにも一定の合理性はあり，この場合評価対象企業とより類似性を持つ企業を選定することができます。

もっとも，一部の先進国を除き，各国の株式市場は規模，企業数，業種の分布など様々な点において，十分に分散された市場たり得ておらず，そのような市場の指数をマーケット・ポートフォリオの代理変数として用いることについて，Damodaran教授自身は否定的な立場を採っています。筆者らとしても，特に新興国市場においては，算定されるβが異常とみられる値を示す場合が多いことから，現地市場のβの利用を積極的に推奨するものではありません。以上の問題点に鑑み，現地市場のβの利用は，グローバル市場には劣るものの一

定以上の企業数および流動性が現地市場にあり，類似性の高い企業が多数存在していて，それらのβがおおむね正常な値を示す場合に限るのが現実的と思われます。

　なお，相対リスク比率モデルの前提となるマーケット・リスクプレミアムはドル建てで測定されているため，βの算出にあたっては，原則として現地企業の株価と現地市場の株価指数をドル建てに換算すべきであることに留意してください。

Ⅳ 海外企業の株式評価

Q88 新興国の企業の評価において問題となる点は何か？

A 新興国の企業の評価においては，主にリスクフリー・レート，物価上昇率およびカントリー・リスクの取扱いが問題となる。リスクフリー・レートの取扱いが問題となるのは，現地通貨建ての資本コストを求める場合であり，理論的には金利平価式から求めるのが適切ではあるが，実際の適用は難しいため，米国債の利回りに物価上昇率の差を調整するのが現実的である。また，物価上昇率が著しく高い場合には，物価上昇の影響を除いた実質のフリー・キャッシュ・フローを用いるのが適切であり，この場合にはリスクフリー・レートにも名目値に代えて実質値を用いる。カントリー・リスクのうち，株式または債券のボラティリティに織り込まれるものについては，カントリー・リスクプレミアムとして定量化することもできるが，政治的なリスクを始め，新興国において無視しがたい固有のリスクが存在する場合には，フリー・キャッシュ・フローの前提となる事業計画に織り込むほかない。

1 リスクフリー・レートの取扱い

リスクフリー・レートの取扱いが問題となるのは，資本コストを現地通貨建てで求める場合です。株主資本コストの前提となるリスクフリー・レートには長期国債の利回りを用いるのが一般的ですが，これは国債を無リスクとみなしうることを前提としています。しかしながら，一部の新興国においては国債のデフォルトリスクを無視できないことから，代替的な方法によりリスクフリー・レートを推定する必要があります。

(1) 金利平価式から推定する方法

まず，Q84 で紹介した金利平価式から推定することが考えられます。日米両国間を例にすると，金利平価式は，スポットレートとフォワードレートの間に次のような関係が成立することを示すものでした。

$$F_t^{USD/JPY} = \frac{1 + R_f^{JPY}}{1 + R_f^{USD}} \times S_{t-1}^{USD/JPY} \tag{1}$$

スポットレート，フォワードレートおよび米国債の利回りを市場から取得することができれば，(1)式の両辺を等しくする金利をその国のリスクフリー・レートとして求めることができます。しかしながら，国債を無リスクとみなせない新興国においては，10年単位の長期のフォワードレートを市場から取得できない場合が多く，金利平価式を用いた推定を実際に適用するのは困難です。

(2) 物価上昇率の差を調整する方法

簡便的ではありますが，分かりやすく汎用性の高い方法として，米国債の利回りに対し，米国との物価上昇率の差を調整する方法が考えられます。この場合，現地のリスクフリー・レートを次式によって求めることができます。

$$R_f^{local} = R_f^{global} + (\pi^{local} - \pi^{global}) \tag{2}$$

ただし R_f^{local} は現地通貨建てのリスクフリー・レート，R_f^{global} はドル建てのリスクフリー・レート，π^{global} と π^{local} はそれぞれグローバル市場と現地市場の物価上昇率を示しています。(2)式は，名目金利が実質金利と物価上昇率により構成されること，および各国の実質金利が等しいことを前提とするものです。

2　物価上昇率の取扱い

通常の場合，フリー・キャッシュ・フローには物価の上昇も織り込んだ名目値が用いられ，割引率の前提となるリスクフリー・レートについても，物価上昇率を反映した名目値が用いられます。しかしながら，物価上昇率がきわめて高い国において，その物価上昇率が永続する前提でフリー・キャッシュ・フ

IV 海外企業の株式評価

ローを求めた場合，算定結果に歪みが生じる可能性が高くなります。このような国においては，物価上昇率の影響を補正した実質のフリー・キャッシュ・フローを用いるのが適切です。この場合，割引率の前提となるリスクフリー・レートについても，名目値に代えて実質値を用いる必要があります。(2)式により名目のリスクフリー・レートを推定する前提であれば，π^{local} を除くことにより実質のリスクフリー・レートを推定できることになり，これは米国債の利回りから米国の物価上昇率を控除することを意味します。

3　カントリー・リスク

カントリー・リスクのうち，デフォルトリスクスプレッドおよび株価指数のボラティリティに反映されるものについては，Q87 で紹介したモデルにより株主資本コストに織り込むことができます。これに対し，政治的なリスクを始め，新興国において無視しがたい固有のリスクが存在する場合には，フリー・キャッシュ・フローの前提となる事業計画に織り込むほかありません。具体的には，カントリー・リスクの要因として想定される環境，事象などについて異なる複数の想定を設け，それぞれに対応するフリー・キャッシュ・フローを割り引き，算定された価値を発生確率で加重平均します。このとき，割引率にカントリー・リスクプレミアムを加算すると，フリー・キャッシュ・フローと割引率のそれぞれについて，同じ要因によるリスクが二重に反映されてしまう可能性があることに留意してください。

V 企業価値評価に関連する主な裁判例

 裁判目的でどのようなときに株主価値の鑑定が必要となるか?

 裁判目的で株主価値の鑑定が必要となる主な場合は,次のように分類される。
① 会社法上の株式買取請求権および新株予約権買取請求権の行使に伴う,裁判所による株式,新株予約権の価格の決定(会社法第117条第2項,第119条第2項)。
② 会社更生法上の財産評定における更生企業が保有する株式の更生管財人による評価(会社更生法第83条第1項)。
③ 遺産分割審判における株式価値等の評価。

　裁判目的での株主価値(株式,新株予約権)の鑑定が求められる場合として,各種法律の規定に基づく場合があります。その中で代表的なものは,会社法における株主に重大な影響を与える定款変更,組織変更の他,合併,株式交換,事業譲渡を始めとする組織再編に反対する株主に,株式等の売却機会を保証するための,反対株主による買取請求を受けて裁判所が価格決定を行う場合です。

　なお,次の表に掲げたものの他,会社法上の現物出資において,当該現物出資の対象となる財産に市場価格のない株式が含まれている場合は,裁判所ではなく,検査役による調査または弁護士・公認会計士等の専門家による株式の評価が求められます。

V 企業価値評価に関連する主な裁判例

[会社法上, 裁判所による株式等の価格決定が明示的に予定されている場面一覧]

場面	条文	株式等保有者	法律が示す評価基準
譲渡制限や全部取得条項を株式に付する定款変更等	117条2項	反対株主	「公正な価格」
株式の併合	182条の4		
事業譲渡等	470条2項		
吸収合併, 吸収分割, 株式交換（消滅企業等）	786条2項		
吸収合併, 吸収分割, 株式交換（存続企業等）	798条2項		
新設合併等	807条2項		
譲渡制限や全部取得条項を株式に付する定款変更等	119条2項	反対新株予約権者	「公正な価格」
組織変更	778条2項		
吸収合併, 吸収分割, 株式交換（消滅企業等）	788条2項		
新設合併等	809条2項		
特別支配株主の株式等売渡請求	179条の3	売渡等株主	「売買価格」
譲渡等承認請求を受けた株式企業が承認しない旨の決定をしたとき	144条2項	譲渡制限株式保有者（取得者）	「譲渡承認請求の時における株式企業の資産状態その他一切の事情を考慮」
全部取得条項付種類株式の全部の取得	172条1項	全部取得条項付種類株主	（基準については述べられていない。）
相続その他の一般承継により取得された株式の売渡請求	177条2項	株主の相続人等	「請求の時における株式企業の資産状態その他一切の事情を考慮」
単元未満株主による買取請求	193条2項	単元未満株主	
単元未満株主による売渡請求	194条4項		

（出所）　公認会計士協会「企業価値評価ガイドライン」80, 81頁

Q90 株式評価を行うにあたり参照すべき主要な裁判例とは？

A DCF法による株式価値の算定方法が争われた事例として，旧商法下における反対株主からの株式買取価格をめぐる「カネボウ株式買取価格決定申立事件」がある。会社法の施行後は，企業買収における少数株主からの取得価格が争われる事案が増加し，代表的なものとしては「レックス・ホールディングス株式取得価格決定申立事件」，「ジュピターテレコム株式買取価格決定申立事件」などが知られている。

株式の価格が裁判で争われた著名な事例の一つに，旧商法の下で提起された「カネボウ株式買取価格決定申立事件」があります。会社法の施行後は，少数株主からの強制的取得を含む組織再編の手法が多様化されたことに伴い，株式の取得価格が争われる事案が増加し，「レックス・ホールディングス株式取得価格決定申立事件」で示された，株式の客観的価値に対して株価上昇の期待権を加算するという枠組が，その後の判例にも影響を与えました。しかしながら，「ジュピターテレコム株式取得価格決定申立事件」において，強制的取得に先立つ公開買付価格が公正な手続によって決定された場合には，その価格が裁判所の決定すべき「公正な価格」にあたるとの判断が示され，以降は同様の判断を踏襲する事案が支配的となっています。

1　カネボウ株式買取価格決定申立事件

営業譲渡に反対した株主による株式買取請求に関して，平成20（2008）年3月14日に東京地裁民事第8部が買取価格を決定した事案です。買取価格の決定にあたっては，裁判所から委嘱を受けた鑑定人が実施したDCF法による評価額が採用されました。その過程において，評価手法の選定，事業計画の取扱い，割引率を始めとする主要な変数の見積もりなどに関する裁判所の判断が

V 企業価値評価に関連する主な裁判例

示され，その後の実務に多大な影響を与えたことで知られています。

評価手法の選定に関して，後藤元学習院大学准教授は，「非上場株式の評価が問題となった下級審裁判例には，古くは国税庁の『相続税財産評価に関する基本通達』の影響を受けたものが多くみられたが，学説による批判を受け，近年は純資産方式，類似業種比準方式，配当還元方式，収益還元方式等の全部または一部を独自の算式で併用するものが中心となっていた。このような併用方式に理解を示す論者も存在するが，複数の方式を寄せ集めても信頼できる数値が算出できるものではないとして，継続企業の株式の価値は，理論的に DCF 方式によるべきであるとする見解が有力となってきているように思われる。継続企業における少数株主の保有株式の価値の算定について，併用方式を採らずに DCF 法のみによるべきであるとする本決定は，このような学説の傾向に合致するものであり，妥当であるといえよう。」[20] としています。

取引価格を決定するために行う株式評価では，複数の手法に依拠しつつ，幅を持った形で結果を示す折衷法が一般的であり，それらの結果の加重平均により1つの評価額を求める折衷法は通常採用されません。

これに対し，裁判所は一義的な価格を決定することが求められるため，その前提となる鑑定結果を導くにあたっても，折衷法が多用される傾向にありました。

しかしながら，折衷割合を客観的に見積もる理論は存在せず，実際の折衷割合は主観的に決定されていたのが実情です。これは，鑑定事例の多くが同族企業を対象としており，公正な価値算定よりも当事者間の利害調整が重視される傾向にあったためと考えられます。

したがって，上場企業や上場廃止企業など，多数の株主が存在する企業の鑑定にあたっては，主観が介入しやすい折衷法より，むしろ単独法が適合する場合もあり，裁判所も同様の立場を踏襲したものと考えられます。

---

20 後藤元「カネボウ株式買取価格決定申立事件の検討〔上〕」『旬刊商事法務』1837 号，2008 年，4-14 頁

2 レックス・ホールディングス株式取得価格決定申立事件

経営陣による自社株買収（MBO）の一環として行われた全部取得条項付種類株式の取得について，取得価格を不服とする株主が申立てた取得価格の決定請求に関する事案です。新会社法の施行後，MBO における株式の取得価格が裁判上初めて争われた例として知られています。

東京地裁が平成 19（2007）年 12 月に下した原々決定と，東京高裁が平成 20（2008）年 9 月 12 日に下した原決定では異なる結論が下されましたが，平成 21（2009）年 5 月 29 日に最高裁は会社側の抗告を棄却し，原決定が確定しました。

(1) 原決定と原々決定

原決定と原々決定は，いずれも一般論として，全部取得条項付種類株式の取得価格について，裁判所は，取得日における公正な価格をもって取得価格を決定すべきこと，および，会社法は取得価格の決定を裁判所の裁量に委ねたものと解するのが相当であることの 2 点を示しています。

その上で，取得価格の算定は，制度趣旨から，①取得日における当該株式の客観的価値（以下「客観的価値」という）に加えて，②強制的取得により失われる今後の株価の上昇に対する期待を評価した価額（以下「期待価値」という）を考慮するのが相当であるとしています。

原決定と原々決定との違いは，上記の①の客観的価値と②の期待価値との決定方法の違いにあります。

① 客観的価値

原決定および原々決定ともに，基本的に，客観的価値は原則として市場株価に反映されると考えています。この点について，原決定では，「一般に株式市場においては，投資家による一定の投機的思惑の影響を受けつつも，各企業の資産内容，財務状況，収益力および将来の業績見通しなどを考慮した企業の客観的価値が株価に反映しているということができ，本件取得日と上場廃止日がわずか 11 日しか離れていない本件株式の評価に当っては，異常な価格形成がされた場合など，市場株価がその企業の客観的価値を反映していないと認めら

V 企業価値評価に関連する主な裁判例

れる特別の事情のない限り，本件取得日に近接した一定期間の市場株価を基本として，その平均値をもって本件株式の客観的価値とみるのが相当である。」としており，原々決定も同様の考え方を示しています。

その上で，原決定および原々決定ともに，公開買付け公表後の株価が公開買付価格の影響を受けて形成されている場合，これを考慮することは相当でないとして，公開買付け公表日の前日から一定期間の終値の平均値を客観的価値としています。しかしながら，この平均値を算出する期間の起算日については，原決定と原々決定の間に違いが生じており，客観的価値を算定する際の市場平均株価の対象期間が争点となっています。

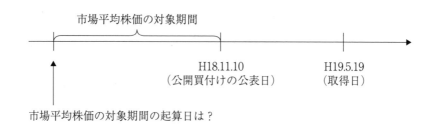

客観的価値としての市場平均株価に関して，原決定と原々決定とでは，次のような違いが生じています。

	原々決定（東京地裁）	原決定（東京高裁）
市場平均株価	202,000 円以下 (注)	280,500 円
算定方法	平成 18 年 10 月 10 日～同年 11 月 9 日までの終値の単純平均値 (注)	平成 18 年 5 月 10 日～同年 11 月 9 日まで（6 ヶ月間）の終値の単純平均値

(注) 一定期間の株価の終値の平均値は次のとおりであり，本件株式の客観的な時価 1 株当たり 202 千円を超えるものではないとして，旧レックスの主張を認める旨の決定をしています。

期間	算定方法	金額
平成 18 年 10 月 10 日～同年 11 月 9 日（1ヶ月間）	終値の売買高加重平均	201 千円
	終値の単純平均	202 千円
平成 18 年 8 月 22 日～同年 11 月 9 日	終値の売買高加重平均	191 千円
	終値の単純平均	189 千円

市場平均株価の算定期間の起算日については，次の違いが生じています。

	原々決定（東京地裁）	原決定（東京高裁）
起算日	業績下方修正等の発表がなされた平成18年8月21日の翌日を起算日とする。	公開買付けの公表日の前日である平成18年11月9日から6ヶ月間の期間を対象とし，起算日は平成18年5月10日とする。
考え方	株価形成に影響を与える情報が同質である期間を対象にすべきとの考え方を採る。	業績下方修正等の公表は，MBOの実施を念頭において，特別損失の計上に当たって，決算内容を下方に誘導することを意図した会計処理がされたことは否定できないため，これらの影響を排除し，6ヶ月間の市場平均株価を採用するとの決定をしている。

　原々決定の判断は，株価形成に影響を与える情報が同質である期間の株価を平均するという理論的な考え方に即したものでした。しかしながら，原決定は，減損損失等による業績予想の下方修正が，株価を下方に誘導した疑いを否定できないとして，6ヶ月の平均株価を採用しています。

ⅰ）　業績予想の下方修正公表以前の期間の株価を採用する意味

　東京高裁は，平成18（2006）年8月21に公表された業績予想の下方修正をもたらす特別損失の計上は，現に損失が生じ，企業価値が毀損されたことを意味するものではなく，損失を前倒しで計上するといった色彩が強いとの立場から，業績予想修正以前の市場株価も採用しました。

　しかしながら，減損損失の根拠となる「固定資産の減損に係る会計基準」では，ある資産について，減損の兆候（例えば，当該資産が使用されている営業活動から生ずる損益またはキャッシュ・フローが継続してマイナスとなっている場合等）が認められる場合に，当該資産を利用する事業が将来に生み出すと期待されるキャッシュ・フローを算定し，その額が帳簿価格に比べて著しい価値の下落が生じていると判断される場合に，特別損失を計上することとされて

V 企業価値評価に関連する主な裁判例

おり，この減損損失の計上は，「減損の存在が相当程度に確実な場合に限って」行うことが適当とされています。そのため，減損損失の計上がなされたということは，ある資産が将来に生み出すと期待されるキャッシュ・フローが著しく減少したことを意味し，この事実は正に企業価値の毀損を意味するものといえます。したがって，公表された業績予想修正の内容が虚偽であったなど特段の事情がない限り，それ以前の株価は採用すべきでないと考えます。

ⅱ） 6ヶ月間の意味

この6ヶ月の根拠は，「日本証券業協会が定める『第三者割当増資の取扱いに関する指針』によれば，第三者割当増資等に係る払込金額は，当該第三者割当増資等に係る取締役会決議の直前日の価額に0.9を乗じた額以上の価額を原則とし，ただし，直前日または直前日までの価額または売買の状況等を勘案し，当該決議の日から払込金額を決定するために適当な期間（最長6ヶ月）をさかのぼった日から当該決議の直前日までの間の平均の価額に0.9を乗じた額以上の額とすることができる旨が定められていることが認められ」ていることにあります。この指針は，四半期決算の開示が制度化される以前に制定されたものであり，最長6ヶ月としていたのは，中間決算と期末決算の開示がなされる決算の開示が6ヶ月間ごとであることを前提としたものと推察できます。このようなことから，「昔と違い，現在は，4半期報告の時代ですから，3ヶ月のほうが実態にあうようになるかもしれません。」[21] との考え方もあります。

② 期待価値

期待価値に関する判断には，次のような違いがあります。

	原々決定（東京地裁）	原決定（東京高裁）
期待価値	28,000円以下	56,161円
算定方法	公開買付価格を尊重し，公開買付価格と市場株価（複数の平均値）との比較をし，その乖離率を期待価値とみなした。	本件MBOに近接した時期においてMBOを実施し各社の例などを参考にして客観的価値の20％とした。

21　会社法であそぼ「MBOと株式価格決定」（葉玉匡美氏のブログの平成20年9月19日）

原決定および原々決定ともに，客観的価値の一定割合を期待価値とみなしています。原々決定は，「強制的取得により失われる期待権を評価するための評価方法においては確立された評価方法が存在しないことが認められる。また，本件においては何らの鑑定も実施されていないため，当裁判所が強制的取得により失われる期待権の具体的な評価額を算定するにつき，専門的知見を反映した具体的な金額を算定することはできないといわざるを得ない」としています。その上で「市場において一定の合理性を有するものとの評価を受けたと推認することができ」るものとし，上記のような判断を示しました。

原決定が示す通り，期待価値を直接評価する確立した評価方法はありません。そこで，公開買付価格の市場株価に対するプレミアムに期待価値が反映されているとの理解に基づき，客観的価値の 20 ％を期待権と認定したものです。

(2) 最高裁の補足意見

最高裁は，会社法第 172 条第 1 項に定める全部取得条項付種類株式の取得価格の決定が裁判所に申し立てられた初めての事案であることに鑑み，取得価格の意義等に関して補足意見を述べています。その要旨は次のとおりです。

① 取得価格の意義

会社法第 172 条第 1 項の取得価格とはいかなる価格を意味するかは，法は何らの規定も設けていないが，株式買取請求権行使の場合（第 469 条第 1 項，第 785 条第 1 項，第 806 条第 1 項）と同様，公正な価格を意味するものと解すべきである。

もっとも，その公正な価格を算定する上での考慮要素は，必ずしも株式買取請求権行使の場合と一致するとは限らない（②を参照）。

② 取得価格の決定

- 会社法第 172 条第 1 項各号に定める株主により取得価格の決定が申し立てられると，裁判所は，取得日（第 173 条第 1 項）における当該株式の公正な価格を決定する。
- 取得価格の決定は，制度趣旨を踏まえたうえでの裁判所の合理的な裁量によってされるべきものである。
- 経営者による MBO に伴いその保有株式を強制的に取得されることになる

V　企業価値評価に関連する主な裁判例

反対株主等の有する経済的価値を補償するものであることを鑑みれば，取得価格は，次の(ア)(イ)の価格とを合算して算定すべきものと解することが相当である。

(ア)　MBO が行われなかったならば株主が享受し得る価値

(イ)　MBO の実施によって増大が期待される価値のうち株主が享受してしかるべき価値

• MBO が経営陣による自社の株式の取得であるという取引の構造上，株主との間で利益相反状態になり得ることや，MBO においては，その手続上，MBO に積極的ではない株主に対して強圧的な効果を生じかねないことから反対株主を含む全株主に対して，透明性の確保された手続が要請されている（経済産業省の委嘱による企業価値研究会の「企業価値の向上および公正な手続確保のための経営者による企業買収（MBO）に関する報告書」平成 19（2007）年 8 月 2 日付け，以下「MBO 報告書」という。）。それゆえ，裁判所が取得価格を決定するに際しては，当該 MBO において上記の透明性が確保されているか否かとの観点をも踏まえたうえで，その関連証拠を評価することが求められる。

③　原決定と裁判所の裁量

レックス・ホールディングスには，次のように，第三者による評価書を開示しなかったこと，「強圧的な効果」に該当しかねない表現がありました。

ポイント	あるべき手続	事実認定
公開買付価格の参考とした第三者による評価書，意見書の開示	当該開示は，改正証券取引法で求められているが，本件 MBO は，改正前の証券取引法の適用である。しかしながら，MBO 報告書では，開示したうえで，買付価格の合理性について株主らに検討を与えることが望ましいとされている。	本件 MBO において第三者による評価書は開示されなかった。
強圧的な効果	MBO の実施に際しては，株主に適切な判断機会を確保することが重要であり，MBO に積極的ではない株主に対して強圧的な効果が生じないように配慮することが求められる。	「強圧的な効果」に該当しかねない表現が用いられている。

MBO の実施に際しては，株主に適切な判断機会を確保することが重要であり，MBO に積極的ではない株主に対して強圧的な効果が生じないように配慮することも求められるところ，本件 MBO における公開買付者のプレスリリースや抗告人（レックス・ホールディングス）に吸収合併された旧株式会社レックス・ホールディングスの株主宛のお知らせには，公開買付けに応じない株主は，普通株式の 1 株に満たない端数しか受け取れないところ，当該株式買取請求権を行使し価格決定の申立てを行っても，裁判所がこれを認めるか否かは必ずしも明らかではない旨や，公開買付けに応じない株主は，その後の必要手続等に関しては自らの責任にて確認し，判断されたい旨が記載されており，MBO 報告書において避けられるべきであるとされている「強圧的な効果」に該当しかねない表現が用いられています。

以上の点に鑑み，最高裁では原決定の取得価格の算定方法に裁量権の逸脱は認められないものと判断されました。

⑶　この事案から学ぶべきこと

MBO の過程で取得される全部取得条項付種類株式の価格が，取得日の公正な価格であることについては，議論の余地がありません。ただし，取得日において「公正な価格」を改めて算定する例は少なく，二段階買収に先立つ公開買付けにおける価格をそのまま取得価格とする場合がほとんどです。

しかしながら，本事案の決定を踏まえると，非公開化の一環として行われる株式取得価格の算定に関しては，次の点に留意すべきとの理解が導かれます。

①　取得日を基準とした第三者による評価書の入手

取得日を基準とした第三者による評価書を入手しておくことが本来のあり方です。

②　公開買付価格を取得価格とする場合の留意点

取得日を基準とした評価書を入手しない場合には，公開買付価格を取得価格とするのが一般的です。この場合，取得価格が争われる過程において，公開買付価格を求める際に参考とした評価書の開示が求められる場合があります。

公開買付け届出書に添付される評価書は，一般的には簡易な内容となっています[22]。このように簡易な評価書の開示に止まっているのは，評価に利用する

V 企業価値評価に関連する主な裁判例

事業計画が競合他社の目にふれると，多大な不利益を受けるおそれがある上に，専門的知見を有しない株主からいわれのない非難を受ける余地があるからに他なりません。しかしながら，この事案では，第三者による評価書を裁判所に提出しなかったことが，レックス・ホールディングス側に不利な決定が下された原因の1つとなっています。

したがって，評価書の詳細な内容の開示も検討すべきですが，実際の開示にあたっては，情報の流出を防止するため，株主側に対して秘密保持契約の締結を要請することが望まれます。

また，この事案では，業績予想の下方修正が株価を下方に導くことを意図したのではないかとの疑義が呈されるとともに，公開買付けにあたって応募しない株主に対する強圧的な表現があったとの認定がなされました。この事実は，取引の検討段階から株主の利益を尊重した情報開示が求められることを示唆しています。

---

22 日本公認会計士協会の「企業価値評価ガイドライン」では，『評価対象会社の情報を含んだ詳細な評価報告書ではなく，その要旨（結論，仮定，前提条件，実施手続，結論に至った経緯等）を記載した評価書を開示すれば十分と考える。』としています。

3 日興コーディアルグループ株式買取価格決定申立事件

　組織再編に反対する株主による買取請求に基づく価格決定として，新会社法の施行後公になったものとしては初めての事案です。

⑴ 株式交換の概要

　米シティグループ・インク（シティ）による株式会社日興コーディアルグループ（日興 CG）の買収およびその完全子会社化の過程で行われた，シティの発行する普通株式を対価とし，その100％子会社であるシティグループ・ジャパン・ホールディングス株式会社（CJH）を株式交換完全親会社，日興 CG を株式交換完全子会社とする，わが国初のいわゆる三角株式交換に際して，それに対する反対株主が，その保有株式につき，会社法785条1項に基づく株式買取請求権を行使したものです。

　株主は，a の株式の移転に反対し，日興 CG に株式の買取を請求したものです。

⑵ 株式交換比率の条件

　この事案における株式交換比率は，「（変動幅限定付）変動性交換比率」という条件を用いています。具体的には，日興 CG 株式の基準価格（交換基準価格）を1株当たり1,700円と固定したうえで，CJH を除く日興 CG 株主に対して交付されるシティの普通株式の数（交換株式数）を次のように算出します。

$$交換株式数 = \frac{1{,}700\text{円}}{\text{一定期間におけるシティの普通株式の1株当たり平均株価}} \times 為替レート$$

387

V 企業価値評価に関連する主な裁判例

三角株式交換

[株式交換前]

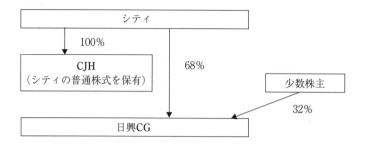

[株式交換]

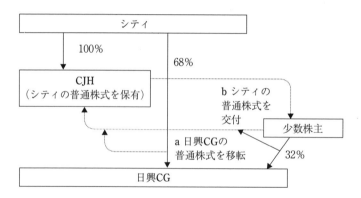

[株式交換後]

(3) 反対株主の買取請求価格

① 日興 CG が提示した買取価格

買取請求権の行使があった後の平成 20（2008）年 2 月 20 日付で日興 CG が提示した買取価格は，平成 19（2007）年 11 月 15 日（株式交換契約締結日の翌日）から平成 20（2008）年 1 月 22 日（日興 CG 株式の最終市場取引日）までの期間の VWAP（売買高加重平均価格）の 1,650 円でした。

しかしながら，日興 CG は裁判所の審問手続において，1,286 円を買取価格として主張していました。この 1,286 円は，株式交換に関する基本契約締結日である平成 19（2007）年 10 月 2 日時点における日興 CG 株式の「公正な価格」1,700 円を交換基準価格とした上で，当該価格から，平成 19（2007）年 10 月 2 日（基本契約締結日）から平成 20（2008）年 1 月 29 日（株式交換の効力発生日）までにおける客観的価値の減少分と考えられる約 25.42%[23] を控除した額を根拠にしています。

② 反対株主が主張する価格

反対株主が主張する価格については，2 種類の請求があり，次の 2 つの主張がありました。

- 日興 CG の粉飾決算が発覚する前の日興 CG 株式の市場株価を基礎として，それにスクイーズ・アウトを伴う MBO の場合に支払われるプレミアムの金額を加算した金額を主張
- 交換基準価格 1,700 円を主張

(4) 東京地裁の決定要旨

① 「公正な価格」の意義

東京地裁は，組織再編における「公正な価格」の意義を次のように示しています。

- 株式買取請求の前提となる組織再編の条件は，当該組織再編から生ずる相

23　日興 CG 株式の客観的価値として 10 月 2 日における日興 CG 株式の市場株価 1,459 円を採用のうえ，株価インデックス分析を適用することによって，効力発生日の客観的価値を 1,027 円ないし 1,088 円と算出し，その高いほうの価格である 1,088 円が 1,459 円から下落した幅を求めたものです。

V　企業価値評価に関連する主な裁判例

乗効果（シナジー）が当該組織再編の当事者間において適正に分配されることも含めて公正に定められる必要があり，株式買取請求に係る「公正な価格」も上記相乗効果を適正に反映したものである必要があるというべき。

- 裁判所による価格の決定は，客観的に定まっている過去の株価を確認するのではなく，新たに公正な価格を形成するものであって，価格決定に当たり考慮すべき要素は極めて複雑多岐にわたらざるを得ないが，会社法758条1項が買取価格の判断基準について特別規定していないことからすると，法は，価格決定を裁判所の裁量に委ねているものと解するのが相当。

②　二段階買収により完全子会社化した際の「公正な価格」

東京地裁は，①の考え方を踏まえて，「公正な価格」を決定しています。その要旨は次のとおりです。

- 株式交換の前に公開買付けが行われた場合において，公開買付価格と株式交換比率の算定の際の株式交換完全子会社の基準価格が同じ価格とされている場合には，当該価格は，その効力発生時において当該株式交換から生ずる相乗効果を織り込んだものとして設定されたものと推認するのが相当である。

- 上の論拠を前提にすると株式交換完全子会社の基準価格が決定された後に，株式交換完全子会社の株価が下落したとしても，当該株式交換に反対する同社の株主がした株式買取請求に基づく株式買取価格決定の際の「公正な価格」は，原則として，当該公開買付価格及び当該基準価格を下回ることはないと解するのが相当[24]。

- 日興CGの基準価格である1,700円という価格は，①第三者機関が算定した価格を踏まえ，日興CGとシティとの交渉を経て決定された価格であること，②株式交換の条件は，株式交換契約締結にあたって設置された特別委員会の答申書において合理的であるとされ，また，第三者算定機関の意見書において財務上の観点から見て公正であるとされていること，③承認総会において，株式交換契約が賛成多数により承認可決され，これに反対

24　同様の解釈は，「論点解説　新・会社法」（相澤哲，葉玉匡美，郡谷大輔編著，商事法務刊）の「Q918 株式買取請求における公正な価格」でも示されています。

390

した株主数及び議決権数は少数にとどまったこと，を理由に日興CGの基準価格である1,700円には，合理性がある。

- 以上によれば，本件株式の「公正な価格」は，本件効力発生日において本件株式交換から生ずる相乗効果を織り込んだものと推認される1株当たり1,700円とするのが相当。

(5)　この事案から学ぶべきこと

この事案での最大の争点は，基本契約締結後における株式市場全体の株価の下落を「公正な価格」の算定に際して考慮すべきかという点にありますが，裁判所は，株式市場全体の株価の下落要因は考慮しないという決定をしています。

しかしながら，「経営環境の急変によって組織再編の対象会社の業績や財務状態それ自体が悪化したような場合には，当該組織再編に伴う反対株主の買取請求に際しての『公正な価格』を，当該組織再編に際しての基準価格よりも（結果的に）低くすることも，まったく許されないわけではないように思われる。」[25] という意見もあります。

25　太田洋「日興コーディアルグループ株式買取価格決定申立事件東京地裁決定の影響」『旬刊商事法務』1869号，2009年，4-16頁

Ⅴ　企業価値評価に関連する主な裁判例

4　平成 20 年から平成 26 年までの企業価値評価に関連する主な裁判例

　株式価格が争われる裁判の多くは，通常の訴訟と異なり非訟事件として扱われ，裁判所がその広汎な裁量をもって株価（公正な価格）を決定します[26]。そのため，全部取得条項付種類株式を利用した強制的取得を伴う事案を中心に，様々な判断が示されています。以下ではその概略を紹介します。

(1)　価格決定の枠組み

　公正な価格に関する裁判所の考え方を示したものとして，前述のレックス・ホールディングス株式取得価格決定申立事件の最高裁決定における補足意見があります。それによると，取得価格は，MBO が行われなかったならば株主が享受し得る価値と，MBO の実施により増大が期待される価値のうち株主が享受してしかるべき部分とを合算して算定すべきとされます。

　レックス事件以降の裁判例においても，若干の表現や基準日などの違いはあれど，公正な価格に関する枠組みとしては上記の考え方が踏襲されています。

(2)　各裁判例による価格決定手法

　しかしながら，この枠組みだけで公正な価格が一義的に決まるものではなく，最終的には裁判所が事案を総合的に判断し，まさに裁量で決定することになります。

　このような性質上，各裁判例で用いられた最終的な株価の判断の手法は事案ごとに異なります。

　各事案において主要な争点や論理構成，基準日や株価の参照期間などは異なるものの，ここでは最終的に裁判所がどのように価格決定したか，その手法の大筋を整理します。

　前述のとおり，カネボウの事案では DCF 法による鑑定結果を採用しました（平成 20 年 3 月 14 日東京地裁決定）。一方で，レックスの事案では，平成 19

26　楽天対 TBS 株式買取価格決定申立事件（最高裁決定平成 23 年 4 月 19 日）等

（2007）年 12 月 19 日東京地裁決定の段階で上記のとおり公正な価格を客観的価値と株価上昇への期待に区分する枠組みが示され，客観的価値は市場株価の平均値とされました。平成 20（2008）年 9 月 12 日東京高裁決定でもこの大筋は変えられていません。この高裁決定に先立つ平成 20（2008）年 9 月 11 日に下されたサンスター事件大阪地裁決定，平成 21（2009）年 9 月 1 日にの同大阪高裁決定，および平成 21（2009）年 9 月 18 日のサイバード事件東京地裁決定，平成 22（2010）年 10 月 27 日の同東京高裁決定でも，同様の考え方が採用されています。

　しかし，平成 24（2012）年 4 月 13 日に大阪地裁で決定が出されたカルチュア・コンビニエンス・クラブの事案では，公正な価値を客観的価値と株価上昇への期待権に区分する従来と同様の枠組が採られたものの，「MBO 実施後の増大が期待される対象会社の企業価値を前提とした株式価値」の算定について「DCF 法は一つの合理的な評価手法である」とし結論として DCF 法の評価結果をもとに価格決定を行いました。

　また，コージツの事案においても，平成 25（2013）年 1 月 30 日東京地裁，同年 3 月 14 日東京高裁での決定において，「DCF 法により算定された株式価値は，それが市場株価を上回る場合には，将来株価がその価格まで上昇する可能性があるという意味において，本件取引の実施後に増大が期待される対象会社の企業価値を前提とした株式価値を示す重要な指標になる」とされ，DCF 法の評価結果をもとに価格決定がなされました。

(3)　各裁判例と実務上の意義

　レックス事案の高裁決定，サンスター事件高裁決定，サイバード事件高裁決定は，地裁決定を覆すかたちで，株価上昇への期待の評価額の算定において MBO を実施した他社事例を参考に，客観的価値の 20％と判断しています。これらの決定に対しては，M&A 実務から乖離しているとの批判もあります[27]。

　しかしながら，複数の判例で同様の枠組が採用された事実は斟酌せざるを得

27　旬刊商事法務第 1884 号「＜スクランブル＞サイバード HD 事件東京地裁決定と実務上の意義」平成 21 年 12 月 5 日，旬刊商事法務第 1921 号「＜スクランブル＞サイバード事件東京高裁決定の波紋」平成 22 年 12 月 5 日

V 企業価値評価に関連する主な裁判例

ず，平成22（2010）年から25（2013）年に公表された52件のMBOの中で，公表日前営業日を起算日とした1ヶ月平均値対比でプレミアムが20％を割っているのは5件のみであり，そのいずれもが債務超過で上場廃止のおそれがあった事案となっています。

　本来，期待価値とは，シナジーを織り込んで決定された取引価格と市場価格との差額として事後的に把握しうるものに過ぎず，それだけを評価することはできません。そのため，実際の企業買収においては，シナジーを織り込んだ事業計画に基づいて企業価値を算定し，それを前提とした交渉を通じて取引価格を決定するのが一般的であり，客観的価値を把握した後に期待価値を加算するということは通常ありません。

　このような観点からは，カルチュア・コンビニエンス・クラブの事案やコージツの事案において，裁判所が最終的にDCF法の算定結果に基づいて価格決定を行ったことについては，実務感覚に合致したものと評価できます。

(4) 裁判例が生んだ誤謬

　客観的価値に期待価値を加えることによって公正な価格を求めるという判例の枠組は，算定者の混乱を招きました。典型的なものとして，DCF法により算定された非上場株式の「客観的価値」に20％の期待価値を加味したものを公正な価格と主張する例が挙げられます。

　しかしながら，そもそもDCF法は，シナジーを含んだ事業計画に基づくキャッシュ・フローに基づき価値を算定する手法であり，算定された価値には期待価値が含まれているといえます。それにもかかわらず，期待権をさらに重ねて加算するのは不合理です。カネボウ事件決定においても，「DCF法は，……将来期待できる経済的利益を現在価値に引き直して株式価値を算定する方法であり，現在の株式価値は将来の株式が生み出すであろう価値を織り込んで評価している。そうだとすると，DCF法を採用した場合，現在の株式評価に加えて，将来における株価の上昇を考慮する必要があるとはいえない」として，インカム・アプローチを採用した場合の将来における株価上昇を根拠とする期待権価額の加算が否定されています。

(5) 各裁判例から学ぶべきこと

　裁判所が最終的にどのような手法で価格決定を行ったかについてはこれまで記載してきたとおりですが，裁判所がどの事案においても重視していることは，価格の決定が独立当事者間において第三者機関の株式評価を踏まえるなど合理的な根拠に基づいて交渉を経て行われたか，MBO・組織再編の目的・経緯や実施後の事業計画から予測される収益力や業績についての見通し，利益相反関係に配慮した措置が適切に情報開示されているかという点です。この点はサンスター事件地裁決定で明確化され，その後の裁判例でも踏襲されています。

　DCF 法が理論的かつ実務的であるとしても，恣意的または非現実的な事業計画に基づくものであったり，算定に基づく交渉が何らかの圧力のもとに行われたりしたのでは，無論その価格は公正とはいえず，むしろ日々取引されて値がついた市場株価がより客観的で参照すべき価格という結論になってしまいます。

　取引の実行に際しては，初期的な準備段階から極力恣意性が働きにくい手続を採ることが重要となります。

V　企業価値評価に関連する主な裁判例

5　ジュピターテレコム株式取得価格決定申立事件

　株式会社ジュピターテレコムの非公開化を目的とした公開買付けの実施後，全部取得条項を付された種類株式を少数株主から強制取得するにあたり，反対株主が取得価格の決定を申立て，回帰分析による客観的価値の補正を主張した事案です。

　上場会社の場合，株式の客観的価値は原則として市場株価に基づき算定されます。これに対し，本事案のように二段階買収がなされる場合，公開買付け公表後の市場株価は公開買付価格の影響を受け，適切な調整機能を失っていることから，少数株主から強制取得がなされる時点における客観的価値をどのように捉えるかが問題となります。

　この点につき株主側は，公開買付けの公表直前から，強制取得がなされる時点までの株式市況の変動に応じ，株式の客観的価値を補正すべきと主張しました。そのための手法として用いられたのが，マーケットモデルを用いた回帰分析です。

　一般に，株式市場が活況を呈しているときは，個々の企業の株価も上昇する傾向にあり，株式市場が低迷しているときは逆のことが起こると予想されます。そのような関係を定式化したものがマーケットモデルであり，そのパラメタを過去一定期間のデータに基づき推定する手法が回帰分析です。株主側は，公開買付けの公表後，株式市況は好転したため，対象となる株式が適切な価格調整機能を有していたとすれば，株価もそれに応じて上昇したはずであるとして，マーケットモデルで求めた取得日における株価の推定値を客観的価値とすべきである旨を主張したのです。

　このように事後的に株式市場全体が好転すると客観的価値も上昇するといった主張が認められるならば，公開買付価格が公正な手続により決定されたものであっても，事後的に補正を受ける可能性が常につきまとい，M&A 取引の安定性が著しく損なわれることになります。また，インカム・アプローチ，マーケット・アプローチおよびネットアセット・アプローチの3つの評価アプローチによる評価実務を排除する流れにもなりかねないという点で注目された事案でありました。

396

この事案の意義は，公開買付価格の決定が公正な手続によるものと認定ができ，取引の基礎とした事情に予期しない変動が生じたと認めるに足りる特段の事情がない限り，公開買付価格と同額の価格決定をすべきとの判断が最高裁判所により示されたことにあります。

(1) 東京地裁および東京高裁の決定

東京地裁民事8部は，平成27（2015）年3月4日，取得価格を，公開買付価格123,000円を上回る，1株につき130,206円とする決定を行いました。

本決定は，「客観的価値」の算定方法として従前の裁判例にないマーケットモデルを用いた回帰分析を採用し，次のように示しています。

「本件株式の客観的価値を評価するための基礎として本件報道（公開買付の憶測報道平成24年10月20日）後の株価を用いることは相当ではなく，評価基準時点に最も近接した本件報道の前日である同月19日以前の市場株価を基礎として評価すべきである[28]。」

「一方，評価基準日時点は，本件取得日と解されるところ，本件株式の客観的価値を評価するための基礎として用いることのできる市場株価が評価基準日時点よりも9か月以上も前のものであり，その間に本件株式にも影響を与えるものと推認されるような事情により市場全体の株価の動向を示す指標が大きく変動（ジャスダック指数は74.9％，日経平均株価は60.7％上昇）したのであるから，本件においては，平成24年10月19日以前の市場株価そのものをもって本件株式の客観的価値と認めることは好ましいといえず，同日から本件取得日までの市場全体の株価の動向を踏まえた補正を行うことが可能であればこれを行うことがより正義に適うというべきであり，補正を行うための手法としては，本件における当事者の主張，証拠において，回帰分析の方法が示されており，そのほかに合理的な方法は見当たらないとした[29]。（以下略）」

28　旬刊商事法務 No.2063　94頁
29　旬刊商事法務 No.2063　94頁

V 企業価値評価に関連する主な裁判例

上記については，取得日の市場株価は上場廃止により存在しないところ，取得日における株式市況の好転を勘案すると，本件株式の平均株価も取得日に置き換えたならば上昇していると思われるとの心証をもっていたことがうかがえます。

また，「期待価値」については，「増加価値分配価格」と称して次のように示しています。

「一方，増加価値分配価格については，まず，裁判所が認定するに当たっては，会社の非公開化の目的や非公開化実施後の事業計画から想定される収益や業績の見込み等の諸事情を総合的に考慮して決するのが相当であるとした。

その上で，本件取引は，特に不当な目的を有するものではなく，利益相反関係を抑制するための措置が講じられていたこと等を認定し，また，本件公開買付けの公開買付価格は，類似の公開買付けにおけるプレミアムに比しても不当に低いものとはいえず，本件公開買付け開始当時において，少なくとも適正な増加価値分配価格を織り込んだものであったと認めるのが相当であるとしたが，本件株式の本件取得日における客観的価値について補正を行う必要のない場合を前提として公正な価格と認められる公開買付価格を，補正後の客観的価値を基に相応の増加価値分配価格が付加されたものとしてそのまま採用することはできないとした。

そして，株式の取得日において前記のとおりその客観的価値が補正された場合，補正後の株価を前提として取得価格を検討，交渉したとすればそこで決定される金額において付加されるべきプレミアムは，公開買付価格の決定時の差額ないしその割合と同じであるとは当然にはいえず，かえって，取得日において補正後の株価を前提とした検討・交渉が行われるとすれば，その後の株価上昇による利得の期待分を含むものとして定められるであろう株式の価格と市場価格との差額ないし割合は，当初公開買付時のそれよりは低額ないし低率になるのが通常と考えられるとした上，本件に現れた諸般の事情にかんがみると，増加価値分配価格は，本件株式の客観的価値に対して25％と認めるのが相当であるとした[30]。」

398

すなわち，全部取得条項付種類株式の取得による上場廃止がなかったと想定した場合の回帰分析により推定した「客観的価値」に対し，その25％を「期待価値」（増加価値分配価格）として加え，取得価格を，1株につき130,206円とする決定が行われたことになります。

しかしながらマーケットモデルを用いた回帰分析は，市場株価と株価指数の過去の連動性を数値化し，仮にその連動性が維持されたならば，株価はこうなっていたであろうという推測を示すものに過ぎず，特に長期の推測を行うことは困難であり，これを「客観的価値」ととらえるのは，およそ合理的とは言い難いものです。よって，東京地裁で採用された客観的価値に期待価値を加算する形での価格決定は，株式価値の評価アプローチによる検討を一切排除する流れになりかねない決定でありましたが，東京高裁もこの決定を是認していました。

(2) 最高裁の決定

最高裁は，平成28（2016）年7月1日に東京地裁及び東京高裁による公開買付価格123,000円を上回る，1株につき130,206円とする決定を取り消し，公開買付価格と同額の123,000円とする決定をしました[31]。これは，一般に公正と認められる手続により公開買付けが行われた場合には，**原則として，裁判所は，その決定する取得価格を当該買付け等の価格と同額とするのが相当であるものと判示した**ものです。

当該最高裁決定における小池裕裁判官の補足意見においては，次のようにM&Aにおける株式価値算定および価格決定の性質を述べたうえで，本件のような事案において，裁判所は価格形成に関わる手続の公正について的確に認定するという点で特に重要な機能を果たすものと述べています。

それゆえ，公開買付価格が公正な価格形成に関わる手続によるものと認定されたならば，認定する取引の基礎とした事情に予期しない変動が生じたと認め

30　旬刊商事法務 No.2063　94頁

31　当決定は，以下のサイトで公表されています。
　　http://www.courts.go.jp/app/files/hanrei_jp/989/085989_hanrei.pdf　平成29年11月30日アクセス

V 企業価値評価に関連する主な裁判例

るに足りる特段の事情のない限り，公開買付価格と同額の価格決定が相当である旨を示されています。

> 裁判所は合理的な裁量に基づいて株式の取得価格の決定をするが，その判断においては，まず，関係当事者間の取引において一般に公正と認められる手続が実質的に行われたか否か，買付価格がそのような手続を通じて形成された公正な価格といえるか否かを認定することを要し，それが認定される場合には，原則として，公正な手続を通じて形成された取引条件である買付け等の価格を尊重し，取引の基礎とした事情に予期しない変動が生じたと認めるに足りる特段の事情のない限り，当該買付け等の価格をもって取得価格とすべきものであると解するのが相当である。
>
> 株式価格の形成には多元的な要因が関わることから，種々の価格算定方式が存する。そのため，株式価格の算定の公正さを確保するための手続等が講じられた場合にも，将来的な価格変動の見通し，組織再編等に伴う増加価値等の評価を考慮した株式価格について一義的な結論を得ることは困難であり，一定の選択の幅の中で関係当事者，株主の経済取引的な判断に委ねられる面が存するといわざるを得ない。このような株式価格の算定の性質からすると，本件のような事案において，裁判所は，買付け等の価格という取引条件の形成に関わる手続の公正について的確に認定するという点で特に重要な機能を果たすものといえる。

さらに，マーケットモデルを用いた回帰分析について，次の補足意見があります。

> このような株式価格の算定の性質からすると，本件のような事案において，裁判所は，買付け等の価格という取引条件の形成に関わる手続の公正について的確に認定するという点で特に重要な機能を果たすものといえる。そして，公正な手続等を通じて買付け等の価格が定められたとは認められない場合には，裁判所が取得価格を決定することになるが，その算定方法は市場株価分析[32]によらざるを得ないこともあろう。ただし，裁判所が

裁量権の行使に当たり，関係当事者等の経済取引的な判断を尊重してこれに委ねるべきか否かを判断するに当たっては，**この方法が株式価格に関する多元的な要因を広く捉えるものとはいい難いという点も考慮する必要があろう。**

最高裁による補足意見は，マーケットモデルを用いた回帰分析に関する注意喚起であり，当該手法の限界を示したものに他なりません。すなわち，マーケットモデルを用いた回帰分析は，市場株価と株価指数の過去の連動性を数値化し，仮にその連動性が維持されたならば，株価はこうなっていたであろうという推測を示すものにすぎず，将来のキャッシュ・フローの獲得能力やそのリスク，対象企業の属する業界における市場の評価といった多くの株価の形成要因をとらえることができないのです。

(3) 最高裁決定が示唆すること

レックス事件東京地裁決定は，公開買付価格と同額の価格決定をしたものであり，本事案の最高裁決定は，この考え方を採用するものです。

そして，次の事実を認定できる場合には，公開買付価格と同額の価格決定をすべきことを示唆しています。

- 関係当事者間の取引において一般に公正と認められる手続が実質的に行われたか否か，買付価格がそのような手続を通じて形成された公正な価格といえるか否かを認定することを要し，それが認定される場合
- 取引の基礎とした事情に予期しない変動が生じたと認めるに足りる特段の事情のないこと

前者は，公開買付価格の決定が，第三者委員会による意見や第三者機関による価値算定の取得等による公正な手続を通じて決定されることであり，公開買付価格の決定が不公正でないことを意味します。後者は，公開買付価格決定後

32　市場株価分析は，マーケットモデルを用いた回帰分析を指すものと考えられます。

V 企業価値評価に関連する主な裁判例

に，株式価値に重要な影響を与える事象が生じていないことを意味します。

上記の認定ができない場合には，改めて株式価値の算定を要することになるものと考えられます。

本事案の最高裁決定は，上記2点が充足されるならば，公開買付価格と同額の価格決定をすべきことを示唆するのであり，レックス事案で示された公開買付価格を概念上，客観的価値と期待価値との総和としてとらえた分析について，これが独り歩きして，客観的価値と期待価値を裁量により決定することを否定したものと考えられます。

Q91 非流動性ディスカウントの採否について判示した裁判例とは？

A 非流動性ディスカウントの適用に当たり重要となる裁判例には旧カネボウ事件（東京地決 平成20年3月14日，東京高決 平成22年5月24日）とセイコーフレッシュフーズ事件（最決 平成27年3月26日）が挙げられる。

非上場株式の取引価格を決定する際には，非流動性ディスカウントを算定実務に考慮することは通例であるところ，旧カネボウ事件とセイコーフレッシュ事件は，それぞれの事案の性質から，いずれも非流動性ディスカウントを考慮するべきではないとの決定がなされている。

非流動性ディスカウントとは，非上場株式の流動性の低さによる売買成立の困難性を評価に反映させるため，株式評価額の一定割合を減額することをいいます（Q62 参照）。非流動性ディスカウントの適用にあたり重要となる裁判例には，旧カネボウ事件（東京地決 平成20年3月14日，東京高決 平成22年5月24日）とセイコーフレッシュフーズ事件（最決 平成27年3月26日）が挙げられます。

V 企業価値評価に関連する主な裁判例

1 カネボウ株式買取価格決定申立事件について

　カネボウ株式買取価格決定申立事件は，営業譲渡に反対した株主が株主の買取価格の決定を求めた裁判です。この判例では，「本件鑑定人は，本件株式買取価格の決定においては，株式売却を意図していない少数株主が会社から離脱することを余儀なくされた場合に少数株主に対する売却を前提とする非流動性ディスカウントを考慮する必要はないこと」から，非流動性ディスカウントを考慮しない価格決定がなされています。

　非流動性ディスカウントは非上場株式の流動性の低さによる売却の困難性に起因する減額であり，株式を売却する意図がない株主から強制的に買い取る場合には，考慮する必要がないとの考え方が採用されています。

　しかしながら，この判例に対しては，「この判旨は，あまり理由になっていない。株主に売却するつもりがあろうとなかろうと，保有する株式自体，流動性がないことが原因で価値が低いのであれば減価すべきであって，株主に売却する意図がないかは問題ではないと思います。[33]」として，スクイーズアウトによる株式の価格決定を求める裁判であっても，非流動性ディスカウントを考慮する旨の主張も存在します。

33　司法研修所論集 2012（第 122 号）67 頁の「講演　裁判における株価の算定－日米比較をまじえて－江頭憲治郎」

2　セイコーフレッシュフーズ事件について

セイコーフレッシュフーズ事件は，非流動性ディスカウントを考慮しない収益還元法による算定結果を採用し，株式の価格を決定した事案です。当該の決定を受け，収益還元法を採用すると非流動性ディスカウントを考慮できないとの理解が実務家の間で広まりました。

この事案は，合併に反対した株主が有する株式を公正な価格で買い取るよう請求したところ，その価格の決定につき協議が調わないため，反対株主が，会社法第786条第2項に基づき，裁判所に価格の決定を求めたものです。

最高裁判所の決定文には，「吸収合併等に反対する株主に公正な価格での株式買取請求権が付与された趣旨が，吸収合併等という会社組織の基礎に本質的変更をもたらす行為を株主総会の多数決により可能とする反面，それに反対する株主に会社からの退出の機会を与えるとともに，退出を選択した株主には企業価値を適切に分配するものであることをも念頭に置く」との説明があり，自らの意思で株式の売却を望んだのではないことから，カネボウ事案のスクイーズアウトと同様に，非流動性ディスカウントを考慮しない決定がなされた点は妥当な考え方といえます。

しかしながら，「非上場会社の株式の価格の算定については，様々な評価手法が存在するが，どのような場合にどの評価手法を用いるかについては，裁判所の合理的な裁量に委ねられていると解すべきである。しかしながら，一定の評価手法を合理的であるとして，当該評価手法により株式の価格の算定を行うこととした場合において，その評価手法の内容，性格等からして，考慮することが相当でないと認められる要素を考慮して価格を決定することは許されないというべきである。非流動性ディスカウントは，非上場会社の株式には市場性がなく，上場株式に比べて流動性が低いことを理由として減価をするものであるところ，収益還元法は，当該会社において将来期待される純利益を一定の資本還元率で還元することにより株式の現在の価格を算定するものであって，同評価手法には，類似会社比準法等とは異なり，市場における取引価格との比較という要素は含まれていない。」「したがって，非上場会社において会社法785条1項に基づく株式買取請求がされ，裁判所が収益還元法を用いて株式の買取

V 企業価値評価に関連する主な裁判例

価格を決定する場合に，非流動性ディスカウントを行うことはできないと解するのが相当である。」とあります。

これらを要約すると次のようになります。

- 収益還元法は，類似会社比準法等とは異なり，市場における取引価格との比較という要素は含まれていないため，同評価手法に要素として含まれていない市場における取引価格との比較により更に減価を行うことは，相当でない。
- したがって，非上場会社において会社法第785条第1項に基づく株式買取請求がされ，裁判所が収益還元法を用いて株式の買取価格を決定する場合に，非流動性ディスカウントを行うことはできないと解するのが相当である。

すなわち，上記の結論は次のように解釈せざるを得ません。

- 類似会社比準法は，時価と比較して算定する手法であり，その結果は流動性を前提とするため，非流動性ディスカウントを考慮すべきである。
- 収益還元法は，時価と比較する過程がない手法であり，流動性の有無を前提にしないため，非流動性ディスカウントを考慮すべきでない。

しかしながら，収益還元法は，対象企業の将来収益を割り引くことによって価値を算定するものです。したがって，収益還元法は，将来の収益が資本提供者に還元されることを前提にした評価手法であり，これは株式に完全な流動性があることを前提にしているといえます。そのため，非上場会社に適用される場合には，類似会社比準法と同様に非流動性ディスカウントの検討を要します。

以上の理由により，「裁判において，収益還元法を採用する場合は，非流動性ディスカウントを考慮すべきでない。」とする収益還元法に限定した解釈は適切でないと考えられます。

406

3 譲渡制限株式の譲渡承認請求に係る価格決定事件に関する考察

譲渡制限株式の譲渡承認を得られなかった場合の買取価格を求める裁判においては，売主が株式売却の意図を有しています。

自らの意思で株式を売却することを前提としたこのような取引は，通常の株式売買と同様の取引と考えられることから，非流動性ディスカウントを考慮する余地があるとの理解が妥当です。

このように整理しないと，現在の評価実務と整合性がとれなくなるだけではなく，評価理論の観点からも説明できません。

第2部

中小企業経営承継円滑化法に
おける株式評価

Q92 中小企業経営承継円滑化法における固定合意とは何か？

A 中小企業における経営の承継の円滑化に関する法律（以下「経営承継法」という）は、後継者が贈与により取得した自社株式について、「遺留分を算定する際の価額を合意の時における価額に固定する」ことを内容とする合意（経営承継法第4条第1項第2号）を行うことができる旨を規定している。経営承継法における固定合意とは、この取扱いを意味し、民法における「遺留分」の特例として位置づけられる。

民法における「遺留分」とは、配偶者や子などの一定の相続人に認められた権利であり、被相続人の死亡時の財産のみならず生前贈与された財産も含めた総額に基づいて算定した法定相続分に一定の割合を乗じた金額が「遺留分」となる。被相続人の死亡時の財産に比べて、生前贈与した株式価値の割合が大きい場合には、当該非後継者が遺留分減殺請求（侵害された自分の遺留分を取り戻すための請求）を行うことができ、後継者は株式の返還または金銭による価額弁償を行わなければならなくなり、後継者にとって、経営を継続することに支障を来すことになる。

そのようなことに備えて、「固定合意」を活用することで、後継者は、将来の企業価値の上昇に伴う遺留分額の増大を心配することなく経営に専念することができる。

1 経営承継法の固定合意

民法における「遺留分」の特例は、平成20（2008）年10月1日から施行された「中小企業における経営の承継の円滑化に関する法律（以下「経営承継法」という）」において規定されており、「経営承継法」における「遺留分」の特例に関する規定は、平成21（2009）年3月1日から施行されています。

この特例は，同族企業である中小企業の事業承継において，後継者に対する株式の贈与を支障なく遂行することによって，中小企業の安定的な経営を継続させることを目的としています。

2　民法における「遺留分」に対する問題意識

民法における「遺留分」とは，配偶者や子などの一定の相続人に認められた権利です。被相続人の死亡時の財産のみならず生前贈与された財産も含めた総額に基づいて算定した法定相続分に一定の割合を乗じた金額が「遺留分」となります。

したがって，被相続人の死亡時の財産に比べて，生前贈与した株式価値の割合が大きい場合，後継者以外の相続人が，自身の遺留分の侵害にあたるとして，遺留分の減殺を請求する可能性があります。この場合，後継者は株式の返還または金銭による価額弁償を行わなければならなくなり，円滑な事業承継に支障を来します。

また，「遺留分」を算定する際の財産の価額は，生前贈与された財産を含めて，すべて相続開始時を基準日として評価され，後継者の貢献によって上昇した場合であっても，その貢献は考慮されることはなく，単純に上昇後の価額で計算されてしまいます。このため，企業価値を上昇させればさせるほど，非後継者の遺留分の額を増加させることになり，企業価値を向上させようとする後継者の意欲を阻害するおそれがあります。

3　民法における「遺留分」の特例の意義

そこで，経営承継法は，後継者が贈与により取得した自社株式について，「遺留分を算定する際の価額を合意の時における価額に固定する」ことを内容とする合意（経営承継法第4条第1項）を行うことができる旨を規定し，経済産業大臣の確認と家庭裁判所の許可といった諸手続を経ることで当該合意の効果が生じることとしました（同法第7条から第9条）。この「固定合意」を活用することで，後継者は，将来の企業価値の上昇に伴う遺留分額の増大を心配する

ことなく経営に専念することができます[34]。

なお，経営承継法が対象とする中小企業は次のとおりです（資本金基準と従業員数基準はいずれも満たさなければならない）。

[経営承継法が対象とする中小企業]

	①製造業，建設業，運輸業その他の業種（②〜⑤の業種を除く）	②卸売業（⑤を除く）	③サービス業（⑤を除く）	④小売業（⑤を除く）	⑤その他
資本金	3億円以下	1億円以下	5,000万円以下	5,000万円以下	注1
従業員数	300人以下	100人以下	100人以下	50人以下	注2

（注1） ゴム製品製造業：3億円以下
　　　　ソフトウェア業または情報処理サービス業：3億円以下
　　　　旅館業：5,000万円以下
（注2） ゴム製品製造業：900人以下
　　　　ソフトウェア業または情報処理サービス業：300人以下
　　　　旅館業：200人以下

34　経営承継法では，生前贈与株式を遺留分の対象から除外する取扱いも規定されています。したがって，この除外を行う合意が整わない場合の選択肢として，固定合意を考えることになります。

Q93 固定合意における価額とは何か？

A 固定合意における価額は，弁護士，弁護士法人，公認会計士，監査法人，税理士又は税理士法人（以下，「評価専門家」という）が証明した「合意の時における価額」（以下「合意時価額」という）である（経営承継法第4条第1項2号）。

1 合意時価額の証明業務の意義

上場企業の公開買付けにおける株式評価やM&Aにおける株式売買価格を決定する際には，公認会計士等が価格決定の参考とするための株式評価を行うことが一般的です。評価にあたっては，評価対象企業を取り巻く環境，業種的な特性，その他各種要素を考慮し，適切な評価方法を選択します。その上で，様々な前提条件の違いにより評価結果が異なるため，前提条件の違いによる複数の評価結果を列挙することにより報告するのが一般的です。

経営承継法において評価専門家が行う「合意時価額」の証明においても，同様に対象株式の発行企業の業種，規模，資産，収益状況や株主構成等を勘案して適切な評価方法の選択を検討しますが，後継者と非後継者との間での合意形成を促しながら，一点の評価結果を導き出さなければならない側面もあります。したがって，評価専門家は，後継者および非後継者に対して，適用する評価方法についての理解を求めた上で，合意形成を促すことも要請されています。そのため，実際の手続においては，合理的な価額の幅を示した上で，最終的に合意形成した価額を証明することになります。

413

2 合意形成過程の留意点

　中小企業庁は，この証明の際の非上場株式等の評価方法についてのガイドラインを取りまとめ，平成21（2009）年2月に「経営承継法における非上場株式等評価ガイドライン」（以下，「非上場株式等評価ガイドライン」という）を公表しています。

　非上場株式等評価ガイドラインでは，上記の合意形成の過程についての留意点として，次の2つを挙げています。

　自社株式の合意時価額の算定に当たり，合意の当事者である後継者と非後継者との間で利害が対立する場合があり，その際，主に以下の2つの情報に係る格差の問題があるため，合意の前提として，利害の調整を図りつつ，情報の格差を是正する必要があると考えられる。

①　自社株式の価額に影響を及ぼす会社資産（例：多額の含み益を有する資産）の存在や，実現可能性が極めて高い収益の見通し等については，一般的には，実際に会社経営に携わっている後継者の方が多くの情報を有している。そのため，後継者が当該情報について恣意的な説明を行い，合意がなされた場合には，後日，紛争の要因となるおそれがある。このような事態が起きないよう，後継者と非後継者は，会社に関する情報を共有し，十分な時間をかけて，合意形成を行うことが必要である。

　　なお，実際に合意形成を成就させるには，関係当事者による十分な議論が必要であることから，信託銀行の事業承継コンサルタントなどの第三者と連携することも有効と考えられる。

②　株式の評価方式には，様々な方式が存在しており，どの評価方式を採用するかにより，価額に大きな影響を与え得る。この点に関しても，通常，「固定合意」の発意者が後継者であることを考えると，後継者の方が，非後継者に比べて，多くの情報を有していることが一般的である（評価方式に関する情報格差）。このため，後継者は，合意形成

414

に当たっては，本ガイドラインの記載している各種評価方式について非後継者に説明することが必要である。その際，実際に評価を行う弁護士，公認会計士及び税理士並びに各法人（以下「専門家」という）が，それぞれの評価方式の特徴などについて，専門的見地から説明を加えることが重要である。

（出所）「非上場株式等評価ガイドライン」

Q94 評価専門家にとっての留意事項は何か？

　　　　非上場株式等評価ガイドラインでは，評価を行う専門家が証明を行う際，後日，非後継者から錯誤，詐欺等の無効，取消事由の主張や損害賠償の請求を主張されないように，次の点に配慮しながら評価を行うことが望ましいとしている。
① 客観的な立場から証明する。
② 必要資料の漏れ・虚偽のない旨を書面等で確認を行う。
③ 提出を受けた資料の内容の真実性，正確性，網羅性については，原則として，検証等を行わず，それを前提として評価を行う旨を当事者へ説明し，株式鑑定評価書にその旨を記載する。但し，専門家の視点から明らかな誤りがある場合は一定の修正を行う必要がある。
④ 将来の予測に基づく評価を実施する場合には，予測の達成可能性について責任を負うことはできない旨を当事者へ説明，株式鑑定評価書にその旨を記載する。但し，専門家として，予測が明らかに不合理でないか否かの検討は行うべきである。
⑤ 合意をする当事者全員に対し，各種評価方式を提示し，それぞれの評価方式の特性を十分に理解させるべく説明を行い，評価方式により価額に差異が生じることへの理解も得ておく必要がある。
　その上で，実際の評価証明書等においては，用いた評価方式の採用根拠等の説明を行う。また，評価に使用した資料は，当事者全員に開示する。

（出所）「非上場株式等評価ガイドライン」

　非上場株式等評価ガイドラインでは，評価を行う専門家にとっての株式評価実施上の5つの留意事項を挙げています。以下では，非上場株式等評価ガイド

ラインに記載された5つの留意事項の趣旨を解説します。

> ① 専門家が評価を行うにあたっては、依頼者（多くの場合、後継者）にとって有利となる評価を行うことなく、客観的な立場から証明を行う。

　依頼者にとって有利な評価を行うことがないことを求めています。評価を行う専門家として当然のことであり、公認会計士監査の監査基準における独立性に相当するものとも考えられます。監査基準では、「監査人は、監査を行うに当たって、常に公正不偏の態度を保持し、独立の立場を損なう利害や独立の立場に疑いを招く外観を有してはならない。」としており、前者を精神的独立性、後者を外観的独立性といいます。経営承継法では、独立性の要件を定めていませんので、非上場株式等評価ガイドラインでは、精神的独立性を求めています。

　しかしながら、後継者または非後継者のいずれかと経済的な利害関係がある者による評価証明は、望ましくないのは明らかです。後継者の顧問税理士が評価証明する場合、非後継者が後継者に有利な評価を行うのではないかとの猜疑心をもつことはよくあることでしょう。

　したがって、当事者全員から経済的利益を得ていない専門家による評価証明があるべき姿です。

　なお、依頼者（多くの場合、後継者）が、評価証明の報酬を負担することが多いと想定されますが、上記の独立性を考慮すると、当事者全員で報酬を負担することが望ましいでしょう。

> ② 専門家は、評価を行うにあたって、計算書類のほか、会社の実態を把握するために必要な資料の提供を依頼者より受ける必要がある。また、当該資料に漏れ・虚偽のない旨を書面等で確認を行う。

　必要資料の提供を受けること、当該資料に漏れ・虚偽のない旨を書面等で確認を行うことを求めています。後日の紛争を避けるための当然の手続です。

③　提出を受けた資料に関しては，その内容の真実性，正確性，網羅性について，原則として，検証等を行わず，それを前提として評価を行う旨を，当事者に説明し，評価証明書[注1]に添付する付属書類[注2]への記載も行う。

　　ただし，

　　・専門家の視点から明らかな誤りがある場合，

　　・評価を行うにあたって，資産の含み損益の反映，引当金の追加計上又は経常損益と非経常損益の利益区分修正を行うことなどが，評価対象会社の実態を表すために必要と判断される場合，

においては，提出を受けた計算書類について，一定の修正を行う必要がある。

（注1）　ガイドライン30頁記載の〈〈参考1〉〉の証明書例を意味する。
（注2）　同じく〈〈参考1〉〉を参照。具体的には，株式鑑定評価書を意味する。

　本来であれば，評価証明に使用する資料の内容の真実性，正確性，網羅性を検証した上で評価すべきであり，依頼者もそのように期待することが想定されます。しかしながら，仮に計算書類の真実性，正確性，網羅性を検証するとなると，公認会計士が行う監査と同水準の検証が必要とされるところ，このような手続は時間と費用の観点から現実的ではありません。計算書類以外の資料についても同様です。したがって，このような検証を行わないことを前提として評価を行う旨を当事者に説明し，評価証明書に添付する付属書類への記載も行う必要があることに留意しなければなりません。

　ただし，専門家としての正当な注意を払った結果，明らかな誤りが認められる場合には，一定の修正をしなければならないことについても留意が必要です。

　評価証明の内容について訴訟が起きた場合，専門家の目から見て，明らかな誤りを見逃して証明した場合においては，専門家が敗訴するおそれもあることに留意する必要があります。

④　今後の収支見込みなど将来の予測に基づく評価を実施する場合には，専門家として，この予測が明らかに不合理でないか否かの検討は行うべきであるが，予測の達成可能性について責任を負うことはできないため，その旨を当事者へ説明し評価証明書等への記載を行う。

　将来の収益予測に基づく評価を実施する際には，いかなる者もこの予測の達成可能性について責任を負うことができません。予測に基づく評価を行う場合には，当事者全員がその予測自体を前提として評価することについて合意していることを確認すべきです。そのため，評価を行う専門家は，予測の達成可能性について責任を負わないことを当事者に説明し，評価証明書にも記載する必要があります。

　しかしながら，③で述べた正当な注意の趣旨に照らし，専門家は将来の予測が明らかに不合理でないか否かを検討する必要があります。例えば，過去数年間の売上高がほぼ同水準を維持していたのに，売上高の減少傾向を予測している場合や，売上高はほぼ変わらないのに，利益減少傾向の予測をしている場合等においては，その根拠を確認することが求められます。

⑤　専門家は，依頼者とともに，合意をする当事者全員に対し，本ガイドラインを活用して，各種評価方式を提示し，それぞれの評価方式の特性を十分に理解させるべく説明を行うことが必要である。また，評価方式により価額に差異が生じることへの理解も得ておく必要がある。そして，その上でなされた当事者全員の合意内容を踏まえ，実際の評価証明書等において用いた評価方式の採用根拠等の説明が必要である。

　また，評価を行うにあたって使用した会社の情報や計算書類等（上記③に記載したような実態を踏まえ修正を行った書類も含む。）を当事者に対して開示する。

　なお，当事者間において情報の格差が生じることがないよう，同一の場所に当事者を集めるなどの対応をとることも考えられる。

各種評価方式の違いや使用するデータの選定の違いにより，株式評価は一物百価ともいうべき結果となります。

　したがって，各種評価方式の特性や使用するデータ選定の意味等について，合意をする当事者全員に対して説明し，一定の理解を得られるようにしなければなりません。また，専門家が提供を受けた資料について一定の修正をした場合，当該修正の内容を説明する必要があります。

　いずれにしても評価は専門性の高い業務であるため，専門家は，当事者に対して評価の基本的な考え方や過程の理解を求める必要があることに十分留意すべきです。

Q95 非上場株式等評価ガイドラインでは,どのような評価方式を挙げているのか?

A 非上場株式等評価ガイドラインは,非上場株式の評価方式を5つに分類している。基本となる評価方式としては,収益方式,純資産方式および比準方式の3つになる。

	非上場株式等評価ガイドラインが説明している評価方式
収益方式	収益還元方式,DCF方式,配当還元方式
純資産方式	簿価純資産方式,時価純資産方式,国税庁方式
比準方式	類似会社比準方式,類似業種比準方式,取引事例方式

上記の評価方式に加えて,非上場株式等評価ガイドラインは,国税庁方式と複数の評価方式を併用し,一定の割合で按分する併用方式を示している。

非上場株式等評価ガイドラインは,一般的な評価方式として,次の5つを提示しています。

(1) 収益方式
　評価対象会社に期待される利益等を基にして評価する方式である。概念的には,将来にわたる収益の総額の現在価値を示しているといえる。
(2) 純資産方式
　評価対象会社の保有する純資産価額を基にして評価する方式である。概念的には,評価時点で,事業を新たに開始する際に同じ資産を取得するとした場合,または会社の資産全部を売却するとした場合に獲得できる金額を示しているといえる。
(3) 比準方式
　評価対象会社と類似する上場会社(類似会社または類似業種)の株式の市場価額や,評価対象会社の株式の過去の取引における価額を参考と

して評価する方式である。

(4) 国税庁方式

　　財産評価基本通達に基づく評価方式（所得税基本通達や法人税基本通達で，一部修正した方式にて算定する方式も含む）である。

(5) 併用方式

　　上記の複数の評価方式を併用し，一定の割合で按分する方式である。

1　収益方式

非上場株式等評価ガイドラインは，収益方式について，次の3つの方法を示しています。

・DCF方式
・収益還元方式
・配当還元方式

上記の評価方式の主な違いは，株式を保有することによって得られる果実の計算方法の違いにあります。DCF方式および収益還元方式は，評価対象企業が事業活動から得られるフリー・キャッシュ・フローを一定の割引率で割り引いて求めた事業価値に基づき評価する方式であり，事業価値は，株主以外の債権者[35]の請求権も含んだ価値を意味します。

株主が請求できる株主価値は次のように算定されます。余剰資金や事業に供されていない資産などは，非事業資産として事業価値に加算します。

　　株主価値＝事業価値＋非事業資産－有利子負債－非支配株主持分

なお，普通株式以外に種類株式を発行している場合には，株主価値を普通株式に帰属する価値と種類株式に帰属する価値とに配分しなければなりません。具体的には，種類株式の公正価値を別途算定し，株主価値から種類株式の価値

35　ここでの債権者は，資金を提供する金融機関等を意味し，仕入先に対する買掛金等の債権者は含みません。買掛金等は，運転資本の増減として，事業価値の算定において考慮されます。

を控除することによって普通株式に帰属する価値を算定します。

　非上場株式等評価ガイドラインは，事業価値の算定方法の違いによって，DCF方式と収益還元方式の2種類の評価方式を示しています。

　一方，配当還元方式は，株式の売却を想定しない配当目的で株式を所有する非支配株主の持分を評価する場合の評価方式として利用されています。したがって，固定合意の評価では，非支配株主としての視点に立たないため採用されることは少ないと考えられます。その一方で非上場株式等ガイドラインは，「還元率を適正にすることで，妥当な価額を得ることも可能であり，かつ，非後継者にとっては，現実の配当による評価の必要性もあるので，他の方式との併用として採用することは想定される。」ことを説明しています。なお，配当還元方式は，DCF方式と収益還元方式のように事業価値を求めることなく，直接的に株主価値を算定する手法です。

(1) DCF方式による事業価値

　DCF方式は，事業計画に基づいて次式によって算定されるフリー・キャッシュ・フロー（FCF）を一定の割引率で割り引いた現在価値を事業価値とするものです。

　　各事業年度のFCF＝営業利益－法人税額等相当額＋減価償却費
　　　　　　　　　　　　　－資本的支出（設備投資等）±運転資本の増減額

　フリー・キャッシュ・フローは，有期間の事業計画に基づいて見積もられ，当該期間を予測期間といいます。それ以降は，計画最終年度のフリー・キャッシュ・フローを基礎とした金額が永続するとの仮定に基づき継続価値を求め，予測期間の価値と合計することにより事業価値を算定します。

(2) 収益還元方式

　収益還元方式は，一定の利益が永続するとみなして価値を求める方式です。前提となる利益には，原則として税引後営業利益を用います。利益の見積もりにあたっては，過去3年から5年程度の実績値を平均し，短期的な変動を平準化するのが一般的です。

収益還元法は，税引後営業利益をフリー・キャッシュ・フローとみなし，減価償却費，資本的支出および運転資本の増減による調整を考慮しない評価方式であることから，それらが必要ない企業，具体的には業績が安定している企業に適合します。

なお，非上場株式等評価ガイドラインでは，収益還元方式の適用がなじまない場合として，次の事例を挙げています。

大手上場メーカーの部品を納入していたが，固定合意の時点では，当該メーカーは，その部品を利用した製品の製造を中止することを決定し，評価対象会社の将来の利益またはFCFは大きく減少することが見込まれている。

➡ 固定合意時に業績の落込みが認識されているにもかかわらず，過去の実績値のみを利用した収益方式では，実際の価額に比して高く評価されることになる。そのため，株式の評価を行うにあたって，将来の事業計画に基づく評価を行う収益方式による評価が望ましいと考えられる。

---

(3) 収益方式による割引率

収益方式では，将来の収益を現在価値にするため，一定の割引率を使用して株式評価を行います。非上場株式等評価ガイドラインでは，割引率について，一般的に用いられている加重平均資本コスト（Weighted Average Cost of Capital:WACC）を紹介しています。

WACCの算定方法については第1部Ⅲで詳述しています。

(4) 配当還元方式

配当還元方式は，株主が将来受け取ることが期待される配当金に基づいて株式の価額を評価する方式です。非上場株式等評価ガイドラインの解説では，次の計算式を示しています。

基本式：配当期待値÷株主資本コスト

将来の配当金の期待値を，株主資本コストを用いて現在価値に割り引くことにより算出します。また，配当金の期待値については，過去の実績値を採用します。

　　ゴードンモデル法：配当期待値÷(株主資本コスト－配当成長率)

基本式を発展させた方式であり，内部留保の再投資による企業の成長を織り込み，株主資本コストから配当成長率を控除した率を用いて配当期待値を割り引くことにより算定を行います。

2 純資産方式

純資産方式とは，貸借対照表上の資産から負債を控除して求めた純資産価額に基づいて，株式の価額を評価する方式です。

非上場株式等評価ガイドラインでは，具体的な評価方式として，評価対象企業の帳簿価額における純資産価額に基づいて評価する簿価純資産方式と評価対象企業の帳簿価額を時価に引き直した純資産価額に基づいて評価する時価純資産方式に大別されるとしており，一般的にもそのように分類されています。

しかしながら，純資産方式は，基本的に事業を解散することを前提にした評価方式であり，時価純資産方式が原則となります。

したがって，簿価純資産方式は，時価評価すべき資産および負債がない場合に限って採用できる方式と位置付けられます。

(1) 時価純資産方式の論点 1 ─評価益に対する法人税等の取扱い

時価純資産方式には，時価評価した場合の評価益に対する法人税額等相当額を控除する方式と控除しない方式とがあります。

時価評価した場合の評価益に対する法人税は，評価対象となる資産を売却した時点で発生します。したがって，対象資産の売却が見込まれる場合にのみ，評価益に対する法人税額等相当額を控除すべきと考えるのが理論的です。

純資産方式を採用する典型的な場合として，事業の解散が見込まれる場合を挙げることができます。そのような場合には資産の売却が見込まれるため，原則として評価益に対する法人税等相当額を控除する必要があります。それでは，評価益に対する法人税額等相当額を控除しない場合は，どのようなときに想定されるのでしょうか。

事業の継続を前提としつつも，収益方式や比準方式の採用が困難であることを理由に純資産方式を採用する場合には，評価益に対する法人税額等相当額を控除しない方式を採用することになります。このような場合には，資産売却は想定しない前提となるからです。

(2) 時価純資産方式の論点2─時価概念

時価評価に基づいた純資産方式には，「事業を新たに開始する際に同じ資産を取得するとした場合における価額を算定する」との考え方に基づく再調達時価純資産方式と，「企業を清算するとした場合における早期処分価額を算定する」との考え方に基づく清算処分時価純資産方式があります。

純資産方式は，基本的に事業を解散することを前提にした評価方式であることから，原則として，清算処分時価を採用します。清算処分時価純資産方式の採用は，収益方式や比準方式を採用することが困難であることを理由に純資産方式を採用する場合において妥当するものです。

第2部 中小企業経営承継円滑化法における株式評価

3 比準方式

非上場株式等評価ガイドラインは，比準方式について，(1)評価対象企業に類似する特定の上場企業の市場株価等を参考として評価する類似企業比準方式，(2)評価対象企業に類似する業種等の上場企業の市場株価等を参考として評価する類似業種比準方式，(3)評価対象企業の株式の過去の取引における価額を参考とする取引事例方式の3つを示しています。

(1) 類似会社比準方式

　類似会社比準方式では，まず，評価対象会社の業種，規模などを考慮し，類似する特定の上場会社を選定し，評価対象会社と選定した上場会社の純資産価額等の財務数値を比較して倍率を算出する。その上で，算出した倍率を，選定した上場会社の市場株価等に乗じることにより，評価対象会社の株価を算定する方式である。この方式は，株式を公開する場合の公開株価を決定する際に利用されている。

(2) 類似業種比準方式

　類似業種比準方式では，まず，評価対象会社と類似する業種の上場会社全部を選定し，評価対象会社と類似業種会社の純資産価額等の財務数値を比較して倍率を算出する。その上で，算出した倍率を類似業種会社の株式の市場株価に乗じることにより，評価対象会社の株価を算定する方式である。その代表的な例が国税庁方式の一つである。

(3) 取引事例方式

　取引事例方式とは，評価対象会社の株式について，過去に適正な売買が行われたことがある場合に，その取引価額を基に株式の価額を算定する方式である。過去の売買事例が複数回存在しているような場合には，基本的に直近の売買事例を用いることが一般的である。国税庁方式のうち，所得税および法人税の基本通達の中で利用されている。

4　国税庁方式

非上場株式等評価ガイドラインでは，いわゆる国税庁方式についても解説がなされています。国税庁方式は，相続税及び贈与税の課税価格の計算，有価証券の評価損の計上など特定の状況を前提にした株式の価額の算定方法を示したものであり，取引価格の算定に用いられることは通常ありません。しかしながら，非上場株式等評価ガイドラインは，遺留分を算定する際における非上場株式の価額を算定するための指針と位置付けられることから，税務上の評価方式も選択肢の一つに含まれています。

5　併用方式

非上場株式等評価ガイドラインは，複数の評価方式を併用し，それらの結果を一定の割合で按分して評価額とする併用方式についても解説しています。

併用方式を採用する場合の留意点について，非上場株式等評価ガイドラインは次のように説明しています。

> 併用方式を採用する場合，それぞれの評価方式による価額の按分割合が問題となるが，裁判例も参考にしつつ，各種評価方式の特徴と評価対象会社の業種，規模，資産，収益状況や株主構成などの諸要因を考慮し，適切な割合を決定する必要がある。一般論としては，収益性に比して，不動産等の処分価値のある資産を多く所有している会社であれば，純資産方式の割合を大きくし，いわゆるベンチャー企業のように所有資産はそれほど多くないが，収益性・成長性の高い会社であれば収益方式（収益還元方式又DCF方式など）の割合を大きくすることが考えられる。

上記の説明では，適切な割合を決定する必要があるとしていますが，一定の按分割合を合理的に算定する理論は，ファイナンス理論に存在しません。

したがって，当事者全員が各評価方式の特徴を理解の上，合意に至った按分

429

割合であれば，特段問題はないものと考えられます。

　なお，非上場株式等評価ガイドラインでは，「収益性に比して，不動産等の処分価値のある資産を多く所有している企業であれば，純資産方式の割合を大きくし」としています。このことを理論的に解釈すると，収益性が低く，保有する資産を処分したほうが利益の額が大きくなる場合には，事業継続をあきらめて保有資産を処分して利益を確定する可能性が高いことから，純資産方式の割合を大きくする趣旨と整理することができます。したがって，収益性に比して，不動産等の処分価値のある資産を多く所有している企業であっても，事業を継続する事情があり，不動産等を売却することができない場合であれば，純資産方式の割合を高くすることは不合理な取扱いとなります。

　また，「いわゆるベンチャー企業のように所有資産はそれほど多くないが，収益性・成長性の高い企業であれば収益方式（収益還元方式又はDCF方式など）の割合を大きくすることが考えられる。」とされるものの，このような企業については純資産方式がそもそもなじまないと考えられます。

Q96 評価方式の選択にあたって留意すべき点はあるか？

A 非上場株式の評価方式には様々なものがあることから、唯一絶対の価額は存在せず、評価方式の選択によりある程度の幅が生じうる。

固定合意にあたっては、発行会社の業種、規模、資産、収益状況や株主状況などを踏まえて価額を算定の上、当事者間で種々の交渉を経て合意時価額が形成されるべきとの立場を示し、そのような過程を通じて合意した価額であれば、原則として「相当な価額」ということができるものとしている。

しかしながら、当事者間で合意された価額を無条件に「相当な価額」として証明できるわけではない。交渉に際しては、専門家が当事者全員に対して、非上場株式の評価方式の特性と、評価方式の選定により価格に差異が生じることを説明の上、理解を求める必要がある。

非上場株式等評価ガイドラインは，非上場株式の評価方式には様々なものがあることから，唯一絶対の価額は存在しないとして，評価方式の選択によりある程度の幅が生じうる可能性を示唆しています。

　そのため，実際に固定合意を行うにあたっては，発行会社の業種，規模，資産，収益状況や株主状況などを踏まえて価額を算定の上，当事者間で種々の交渉を経て合意時価額が形成されるべきとの立場を示し，そのような過程を通じて合理的意思を有する独立した当事者間において合意した価額であれば，原則として「相当な価額」ということができるものとしています。

　しかしながら，当事者間で合意された価額を無条件に「相当な価額」として証明できるわけではありません。そのため，合意の形成に先立つ当事者間の交渉に際しては，専門家が当事者全員に対して，非上場株式の評価方式の特性と，評価方式の選定により価格に差異が生じることを説明の上，理解を求める必要があるとされます。

Q97 合意のときにおける価額が国税庁方式による評価額と乖離する場合，課税上，どのように取り扱われるか？

A 固定合意においては，後継者が株式を贈与により取得することになるため，贈与税に係る価額と合意時価額との関係が問題となる。
すなわち，合意時価額と国税庁方式による評価額との間に差異が生じることから，次の場合が考えられる。

> ① 「合意時価額＞国税庁方式」による評価額
> ② 「合意時価額＜国税庁方式」による評価額

非上場株式等評価ガイドラインは，①の場合について，「合意時価額が贈与税の計算における価額を上回ったとしても，従前の裁判例に照らして直ちに課税問題が生じるとも考えられない」とし，財産評価基本通達6項「この通達の定めによって評価することが著しく不適当と認められる財産の価額は，国税庁長官の指示を受けて評価する。」の適用について消極的に解した裁判例を紹介している。
②の場合について「合意時価額が贈与税の計算における価額を下回ったときには，いずれが相続税法上の「時価」として妥当であるか等を見極めて納税申告をすることが望まれる。」としている。

固定合意においては，後継者が株式を贈与により取得することが要件となっているため，贈与税に係る価額と合意時価額との関係が問題となります。
固定合意を利用する場合には，一括贈与を前提とした贈与税の納税猶予制度を適用する場面が多くなり，合意時価額と贈与税に係る国税庁方式に基づく価額との間の乖離が生じる場合が増加すると想定されます。
この場合に問題となる点が2つあります。まず，合意時価額が国税庁方式による評価額を上回った場合，合意時価額を基準に贈与税が課されないかという

点です。すなわち，贈与税の課税価格の計算は，原則として「財産評価基本通達」により行われますが，同6項に「この通達の定めによって評価することが著しく不適当と認められる財産の価額は，国税庁長官の指示を受けて評価する」とあることから，合意時価額が「相当な価額」と証明された場合には，対象となった株式が「この通達の定めによって評価することが著しく不適当と認められる財産」に当たるものとされ，「財産評価基本通達」ではなく合意時価額を基準に贈与税が課税されないかという懸念が生じます。逆に，合意時価額が国税庁方式による評価額を下回った場合，贈与税の申告にあたっても合意時価額を採用できるのかというもう1つの問題が生じます。

　非上場株式等評価ガイドラインは，このような課税上の疑義については，合意時価額が国税庁方式による評価額を上回ったとしても，従前の裁判例[36]に照らして直ちに課税問題が生じるとも考えられないし，合意時価額が国税庁方式による評価額を下回ったときには，いずれが相続税法上の「時価」として妥当であるか等[37]を見極めて納税申告をすることが望まれるとしています。

　すなわち，次のように整理することができます。

①　合意時価額が国税庁方式による評価額を上回る場合

　判例では，「財産評価基本通達」6項の適用範囲を限定的に捉えています。そのため，国税庁方式による評価額よりも高い合意時価額が相続税法上の「時価」と認定される可能性は低いといえます。

36　例えば，東京地裁平成17年10月12日判決は，非上場株式の譲受けについて，税務署長が相続税法第7条の「著しく低い価額の対価で財産の譲渡を受けた場合」に該当するとして，当該譲受けの対価と税務署長が独自に算定した当該株式の時価との差額に相当する金額を課税価格とする贈与税の決定処分等をした事案につき，財産評価基本通達による価額を上回る数件の取引価額があったとしても，財産評価基本通達6項の適用について消極的に解しています（判例評釈につき，品川芳宣「取引相場のない株式評価における総則6項の適用の限界」税研125号97頁）。

37　例えば，東京地裁平成15年2月26日判決（判時1888号71頁，税務訴訟資料253号順号9292）では，相続した宅地を財産評価基本通達（路線価）によらない価額に基づいて相続税の申告をしたことが一部適法と認められています。

② 合意時価額が国税庁方式による評価額を下回る場合

相続税法上の「時価」として妥当であるかの見極めが納税者自身に求められており，一定のリスクがあるとの見解が示されています。

したがって，合意時価額の妥当性を強く主張できないようであれば，国税庁方式による評価額をもって納税申告せざるを得ません。特に，併用方式による評価をもって合意時価額とする場合には，併用割合の妥当性を示す論拠が弱いため，合意時価額を相続税法上の「時価」とする場合は慎重な検討が望まれます。

第 3 部

無形資産

Q98　PPA (Purchase Price Allocation) とは何か？

Purchase Price Allocation (PPA) とは，企業買収成立後に買収価格を被買収側企業の資産および負債を時価を基礎として，それぞれの科目に適正に配分することを意味する。この配分によりのれんおよび個別の無形資産などを認識することによって，企業結合の会計取引を財務諸表に適正に反映させることができる。

PPAとは，企業結合に関する会計処理および開示を定める「企業結合に関する会計基準」（以下，「企業結合会計基準」という）に基づく取得原価の配分を意味します。「企業結合会計基準」の適用対象は，企業結合に該当する取引であり，「企業結合とは，ある企業又はある企業を構成する事業と他の企業又は他の企業を構成する事業とが1つの報告単位に統合されることをいう」ものと定義されており，具体的には合併や株式交換等の会社法上の組織再編行為等が対象となります。

企業結合取引では，まず，買収対象企業の取得原価が決定され，企業結合契約が締結された後に，一括して資産や負債の取得・移転が行われます。その後，この企業結合に関する会計取引を財務諸表に反映させます。その際，識別可能な個々の資産や負債は，時価を基礎として評価され，それぞれの科目に適正に配分されます。そして，取得原価と個々の資産・負債に配分された純額との間に差額が生じた場合，その差額がのれんとして，あるいは負ののれんとして識別されます。

すなわち，企業価値評価におけるPPA目的とは，企業結合に伴って取得・移転される個々の資産や負債を時価評価し，またのれんあるいは負ののれんを識別することで，企業結合の会計取引を財務諸表に適正に反映させる目的をいいます。PPA目的の評価においては，特に無形資産やのれんの評価が重要となります。

[PPAに関連する企業結合会計基準の該当規定]

取得原価の配分方法

28. 取得原価は，被取得企業から受け入れた資産及び引き受けた負債のうち企業結合日時点において識別可能なもの（識別可能資産及び負債）の企業結合日時点の時価を基礎として，当該資産及び負債に対して企業結合日以後1年以内に配分する(注)。

(注) 企業結合日以後の決算において，配分が完了していなかった場合は，その時点で入手可能な合理的な情報等に基づき暫定的な会計処理を行い，その後追加的に入手した情報等に基づき配分額を確定させる。

29. 受け入れた資産に法律上の権利など分離して譲渡可能な無形資産が含まれる場合には，当該無形資産は識別可能なものとして取り扱う。

30. 取得後に発生することが予測される特定の事象に対応した費用又は損失であって，その発生の可能性が取得の対価の算定に反映されている場合には，負債として認識する。当該負債は，原則として，固定負債として表示し，その主な内容及び金額を連結貸借対照表及び個別貸借対照表に注記する。

31. 取得原価が，受け入れた資産及び引き受けた負債に配分された純額を上回る場合には，その超過額はのれんとして次項（のれんの会計処理）に従い会計処理し，下回る場合には，その不足額は負ののれんとして第33項（負ののれんの会計処理）に従い会計処理する。

Q99 PPA目的の評価と取引目的の評価との違いは何か？

A　PPA目的の評価はあくまで会計処理目的の評価であり，この評価における評価対象は企業結合で取得・移転される個々の資産・負債（のれんまたは負ののれんの識別を含む）である。

PPA目的の評価は，通常企業買収後1年以内に行われる。

一方，取引目的の評価は，企業がM&Aや組織再編などを行うにあたって，意思決定に資する価格決定の参考値を提供するために行われる。取引目的の評価は通常企業および事業グループ単位で行われ，評価時期は，意思決定に資する材料となるため，企業結合取引の契約締結前となる。

1　取引目的の評価

企業結合会計基準が対象とするM&Aや組織再編等を成立させるための取引価格の決定を目的とする評価では，対象とする事業の総体価値を算定します。したがって，この取引目的の評価においては，対象事業のフリー・キャッシュ・フローに基づく事業価値を算定します。

また，この取引目的の評価は，契約条件の1つである取引価格決定の参考値を提供するために行われるため，企業結合取引の契約締結前に行われます。

2　PPA目的の評価

PPA目的の評価はあくまで会計処理目的の評価であり，企業結合取引後，当該取引を財務諸表に反映させる目的で行われます。

企業結合会計基準では，当該取引によって受け入れた資産および引き受けた負債のうち，企業結合日時点において識別可能なものを識別可能資産及び負債

と定義し，これを企業結合日における時価を基礎として財務諸表に計上するものと規定されています。

識別可能資産及び負債は，被取得企業の財務諸表に計上されていたものに限られません。法律上の権利など分離して譲渡可能な無形資産がある場合には，時価評価して財務諸表に計上します。識別可能資産及び負債の純額と取得原価の差額として計上されるのが，のれんまたは負ののれんです。PPA目的の評価では，このようにして計上される無形資産及びのれんの評価が中心となります。

3　PPA目的の評価の実施時期

取得原価の配分は，企業結合日後1年以内に行わなければならないとされていることから，PPA目的の評価も原則として買収後1年以内に行われます。

ただし，企業結合日以後の決算において，配分が完了していなかった場合は，その時点で入手可能な合理的な情報等に基づき暫定的な会計処理を行い，その後追加的に入手した情報等に基づき配分額を確定させます。

なお，暫定的な会計処理の確定が，企業結合年度ではなく企業結合年度の翌年度において行われた場合には，企業結合年度に確定したとみなして会計処理を行います。

PPA 目的の評価業務には，どのようなものが含まれるか？

 PPA 目的の評価業務は，企業結合契約締結後に行う買収価格を前提とした評価業務であり，被買収企業の個々の資産・負債の時価評価を行う。

特に，有形資産の中に含まれる不動産等の科目は時価と簿価が著しく乖離することがあり，細心の注意を払う必要がある。そして，全ての有形資産を評価した後，個別に認識できる無形資産は「のれん」とは別の資産として区別し認識・評価する。

最後に，買収価格から有形資産および無形資産の価値並びに時価評価に伴う税効果を引いた差額を「のれん」として識別・計上する。

これら不動産および無形資産等の時価評価は，企業価値評価以上に専門性が問われる評価業務であり，それぞれの評価において専門家に依頼するかを検討する必要がある。

企業結合取引の会計処理は，受け入れた資産および引受けた負債のうち企業結合日時点において識別可能なものを，企業結合日における時価を基礎として財務諸表に計上することによって行われます。したがって，PPA 目的の評価業務は識別と評価の 2 つに大別されます。

評価対象資産・負債の識別		評価対象資産・負債の時価評価

1　識別可能資産及び負債の範囲

PPA の対象は，被取得企業の財務諸表に計上されていた資産および負債に限られません。企業結合会計基準では，受け入れた資産の中に法律上の権利など分離して譲渡可能な資産が含まれる場合，当該無形資産は識別可能なものとして取り扱われます。このようにして識別された資産および負債の純額と取得原価の差額がのれんまたは負ののれんです。

2　「企業価値評価ガイドライン」による識別可能資産及び負債の分類

「企業価値評価ガイドライン」は，時価の測定可能性に着目しつつ，PPA における識別資産及び負債を次のように分類しています。

① 現金及び現金等価物
② 営業上・営業外の債権・債務
③ 観察可能な市場価格のある資産・負債
④ 市場参加者が利用する情報や前提等が入手可能な資産・負債
⑤ 利用可能な独自の情報や前提等をもとに見積もられる資産・負債
⑥ 簡便法適用による帳簿価額による評価対象資産・負債

③の観察可能な市場価格のある資産・負債については，「観察可能な市場とはいっても完全性や安定性が確保されているわけではないため，基準日時点の評価に際しては，時価として適用可能かの検討は必要である」と注意を促しています。

④の市場参加者が利用する情報や前提等が入手可能な資産・負債については，「市街地の土地のように，当該土地の近隣で独立第三者間での売買事例があり，公示価格や路線価も公表されている場合」のような情報が入手可能な資産・負債と例示しています。一方，「ゴルフ会員権の相場表のように，会員権ごとの売買実績が多いと言い難く，売買成立価格や取引件数が公表されていないものは，観察可能な市場価格には該当するとは言い難い」とも解説されています。

⑤の利用可能な独自の情報や前提等をもとに見積もられる資産・負債につい

443

ては,「化学工業用土地のように,売買実績が極めて少なく土壌汚染を含む場合,市街地の土地のように公正価格形成に有用な情報を入手することが困難である」場合に,相当すると述べています。その上で,「この分類に該当する科目は,合理的な見積りを要する。見積りが適正であったかは,後日会計監査人等が批判的に検討することになる。それに対応できるよう見積過程を明確にするなどの配慮が必要となる」とも述べています。

⑥の簡便法適用による帳簿価額による評価対象資産・負債については,帳簿価額と時価との差異が重要でないと見込まれる資産・負債を対象としています。

3 他者の業務への依拠

資産および負債を識別し時価評価する一義的な責任は算定者にありますが,一部の資産および負債については,算定者自身による評価が困難な場合もあります。「企業価値評価ガイドライン」でも,次のような分野では,評価の複雑性,専門性に鑑み,専門家の評価を必要とする場合が多いとしています。

① 不動産
② 産業用機械・設備
③ 美術品
④ 知的財産
⑤ 年金数理
⑥ その他

上記に準ずるものとして,偶発的な債務が存在する場合の対応が挙げられます。偶発的な債務が顕在化することにより,財務諸表に重要な影響を及ぼす可能性がある場合には,その影響額を負債として見積もる必要があります。偶発債務の影響額の見積もりを特定の専門家に依存することは難しいものの,顧問弁護士らの見解を聴取し文書化したうえで,負債としての計上額を見積もる必要があります。

4 基本事項の調査

「企業価値評価ガイドライン」では，PPA目的の業務の流れを次のように図示しています。

PPA目的の業務フロー

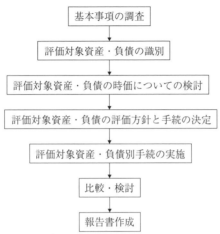

(出所)「企業価値評価ガイドライン」124頁

基本事項に含まれる項目と，それらの調査に要する資料および手続は，それぞれ次のとおりです。

(1) 基本事項に含まれる項目
結合当事会社を確認すること
企業結合合意に至る経緯を理解すること
評価業務の範囲等を確認すること
評価業務で留意すべき点をあらかじめ抽出すること

(2) 基本事項の調査に要する資料および手続
企業結合当事企業の企業結合前の登記簿謄本
依頼人との協議

デュー・デリジェンス結果の報告書

取引目的での評価書

企業結合契約書

結合に至るまでの公表資料

企業結合当事企業との交渉資料

企業結合当事企業の財務諸表，有価証券報告書等

企業結合当事企業の担当者に対する質問

Q101　PPA目的の評価に関連する企業会計基準には、どのような規定があるか？

A　取得原価は、原則として支払対価となる財の企業結合日における時価によって測定し、企業結合日の識別可能資産及び負債に配分する。取得原価が識別可能資産及び負債にされた純額を上回る（下回る）場合、その超過額（不足額）をのれん（負ののれん）として処理する。

「企業結合に関する会計基準」において、PPA目的の評価に関連する会計処理が示されているのは、第23項から第36項にかけてです。一連の会計処理は、次の2つに区分されます。
① 取得原価の算定 第23項から第27項まで
② 取得原価の配分方法 第28項から第31項まで

1　取得原価の算定

「企業結合に関する会計基準」は，取得原価の算定について次のように規定しています。

基本原則

23.　被取得企業又は取得した事業の取得原価は，原則として，取得の対価（支払対価）となる財の企業結合日における時価で算定する。支払対価が現金以外の資産の引渡し，負債の引受け又は株式の交付の場合には，支払対価となる財の時価と被取得企業又は取得した事業の時価のうち，より高い信頼性をもって測定可能な時価で算定する。

　現金を取得の対価とする場合には，支払額がそのまま取得原価となります。その他の場合は，支払対価となる財の時価と被取得企業または取得した事業の時価のうち，より高い信頼性をもって測定可能な時価で算定されます。

　その他の場合として最も典型的なのは，株式を対価とする組織再編です。第24項では，市場価格のある株式を取得対価として交付する場合，原則として企業結合日における株価を基礎にして算定する会計処理が定められています。

　なお，国際的な会計基準では，原則として，取得日の公正価値により直接的に測定するものとされています。しかしながら，企業結合日における時価とは公正価値と同義であり，国際的な会計基準との間に実質的な差異はないことから，特段の見直しは必要ないとされています[38]。

38　「企業結合会計の見直しに関する論点整理」（平成21年7月10日，企業会計基準委員会）27項

2 取得原価の配分方法

⑴ 企業結合会計基準に規定される取得原価の配分方法

「企業結合会計基準」に関する会計基準では，「取得原価の配分方法」として
次の規定が設けられています。

取得原価の配分方法

28. 取得原価は，被取得企業から受け入れた資産及び引き受けた負債のう
   ち企業結合日時点において識別可能なもの（識別可能資産及び負債）の
   企業結合日時点の時価を基礎として，当該資産及び負債に対して企業結
   合日以後1年以内に配分する[注]。

   （注） 企業結合日以後の決算において，配分が完了していなかった場合は，その時点
        で入手可能な合理的な情報等に基づき暫定的な会計処理を行い，その後追加的に
        入手した情報等に基づき配分額を確定させる。

29. 受け入れた資産に法律上の権利など分離して譲渡可能な無形資産が含
   まれる場合には，当該無形資産は識別可能なものとして取り扱う。

30. 取得後に発生することが予測される特定の事象に対応した費用又は損
   失であって，その発生の可能性が取得の対価の算定に反映されている場
   合には，負債として認識する。当該負債は，原則として，固定負債とし
   て表示し，その主な内容及び金額を連結貸借対照表及び個別貸借対照表
   に注記する。

31. 取得原価が，受け入れた資産及び引き受けた負債に配分された純額を
   上回る場合には，その超過額はのれんとして次項（のれんの会計処理）
   に従い会計処理し，下回る場合には，その不足額は負ののれんとして第
   33項（負ののれんの会計処理）に従い会計処理する。

　取得原価は，受け入れた資産および引き受けた負債のうち，企業結合日時点
において識別可能なものの時価を基準として，企業結合日以後1年以内に配分
されます。識別可能資産及び負債には，被取得企業の企業結合日前の貸借対照
表において計上されていたものだけでなく，分離して譲渡可能な無形資産，取

第3部 無形資産

449

得後に発生が見込まれる特定の費用又は損失を見越計上した負債が含まれます。

　このような負債の計上が求められるのは，その後の投資原価の回収計算を適切に行い得ると考えられるためです（99号後段）[39]。ただし，無制限な計上を認めると，かえって実態が歪められることから，計上にあたっては次の要件が設けられています（企業結合会計基準及び事業分離等会計基準に関する適用指針第63項及び第64項）。

企業結合に係る特定勘定に計上できる費用又は損失の範囲

63.「取得後に発生することが予測される特定の事象に対応した費用又は損失」（前項参照）は，企業結合日において一般に公正妥当と認められる企業会計の基準（ただし，当該企業結合に係る特定勘定に適用される基準を除く。）の下で認識される識別可能負債に該当しないもののうち，企業結合日後に発生することが予測され，被取得企業に係る特定の事象に対応した費用又は損失（ただし，識別可能資産への取得原価の配分額に反映されていないものに限る。）をいう（第374項参照）。

取得の対価の算定に反映されている場合

64.「取得の対価の算定に反映されている場合」（第62項参照）とは，次のいずれかの要件を満たしている場合をいう（第375項参照）。

　(1)　当該事象及びその金額が契約条項等（結合当事企業の合意文書）で明確にされていること

　(2)　当該事象が契約条項等で明確にされ，当該事象に係る金額が取得の対価（株式の交換比率など）の算定にあたり重視された資料に含まれ，当該事象が反映されたことにより，取得の対価が減額されていることが取得企業の取締役会議事録等により確認できること

　(3)　当該事象が取得の対価の算定にあたって考慮されていたことが企業結合日現在の事業計画等により明らかであり，かつ当該事象に係る金

39　「企業結合会計の見直しに関する論点整理」（平成21年7月10日，企業会計基準委員会）51項では，企業結合会計基準99項前段の原則的考え方の例外としています。

450

額が合理的に算定されること（ただし，この場合には，のれんが発生
しない範囲で評価した額に限る。）

負債計上する費用または損失の事例として，企業結合会計基準及び事業分離
等会計基準に関する適用指針第373項では次のようなものが挙げられています。
- 人員の配置転換や再教育費用
- 割増（一時）退職金
- 訴訟案件等に係る偶発債務
- 工場用地の公害対策や環境整備費用
- 資産の処分に係る費用（処分費用を当該資産の評価額に反映させた場合で，その処分費用が処分予定の資産の評価額を超過した場合には，その超過額を含む。）

(2) 識別可能な無形資産の取扱い
① 任意計上から原則計上へ

従来の会計基準では，「取得原価を当該無形資産に配分することができる」ものとされるに過ぎず，無形資産の計上は任意とされていました。しかしながら，平成20（2008）年の改正では，分離して譲渡可能な無形資産は識別可能なものとして取り扱うこととし，原則として識別・評価が行われることになりました。したがって，無形資産を受け入れることが企業結合の目的の１つとされた場合など，その無形資産が企業結合における対価計算の基礎に含められている場合には，無形資産が識別されます[40]。

② 研究開発費の取扱い

会計基準の国際的なコンバージェンスの観点から，平成20（2008）年に企業結合会計基準が改正され研究開発費の取扱いが変更されています。過去の企業結合会計基準においては，取得企業が取得対価の一部を研究開発費等に配分

---

[40] 企業結合により受け入れた研究開発の途中段階の成果についても資産として認識されることは，「企業結合会計の見直しに関する論点整理」（平成21年7月10日，企業会計基準委員会）51項で，企業結合会計基準99項前段の原則的考え方の例外としています。

した場合には，当該金額を配分時に費用処理するという取扱いでした。

これは，「研究開発費等に係る会計基準」（平成10年3月企業会計審議会）と整合する取扱いでしたが，国際的な会計基準においては，企業結合により受け入れた他の資産の取扱いとの整合性をより重視し，識別可能性の要件を満たす限り，その企業結合日における時価に基づいて資産として計上することを求めています[41]。

そこで，国際的な会計基準との調和かを図る観点から，平成20（2008）年の改正により，企業結合の取得対価の一部を研究開発費等に配分して費用処理する会計処理が廃止され，無形資産として計上する取扱いに変更されました。

(3) 「無形資産の評価実務—M&A 会計における評価と PPA 業務—」の公表

日本公認会計士協会が平成28（2016）年6月に公表した経営研究調査会研究報告第57号「無形資産の評価実務—M&A会計における評価とPPA業務—」では，公認会計士がPPA目的で無形資産を評価する場合の指針として，次の事項がとりまとめられています。

Ⅰ．無形資産評価の目的と留意点
Ⅱ．我が国の PPA の実務
Ⅲ．無形資産の価値形成要因
Ⅳ．無形資産評価における評価アプローチと評価法
Ⅴ．無形資産等の評価例
Ⅵ．無形資産等の評価を巡る個別論点
Ⅶ．無形資産の算定書

41　この取扱いも「企業結合会計の見直しに関する論点整理」（平成21年7月10日，企業会計基準委員会）51項で，企業結合会計基準99項前段の原則的考え方の例外としています。

当該研究報告に法的拘束力はありませんが，我が国においては，無形資産を評価する上での「基準」や「マニュアル」がないことから，PPA目的の評価を中心に無形資産の評価を行うにあたっての参考とされることが期待されています。

Q102 企業結合会計基準は，識別可能資産および負債の時価の算定方法をどのように規定しているか？

 識別可能資産および負債の時価とは，企業結合日における次の時価を基礎とする。
(1) 観察可能な市場価格に基づく価額
(2) (1)がない場合には，合理的に算定された価額
　合理的に算定された価額による場合には，市場参加者が利用するであろう情報や前提等が入手可能である限り，それらに基礎をおく。そのような情報等が入手できない場合には，見積もりを行う企業が利用可能な独自の情報や前提等に基礎をおく。

識別可能資産及び負債の時価とは，強制売買取引や清算取引ではなく，いわゆる独立第三者間取引に基づく公正な評価額を意味します。通常，それは観察可能な市場価格に基づく価額ですが，市場価格を観察できない場合には，合理的に算定された価額が時価となります（企業結合に関する会計基準第102項）。

1　「合理的に算定された価額」とは

「企業結合会計基準及び事業分離等会計基準に関する適用指針」第53項では，「固定資産の減損に係る会計基準の適用指針」第28項(2)を準用し，「合理的に算定された価額」をコスト・アプローチ，マーケット・アプローチ，インカム・アプローチなどによって見積もる方法が示されています。ただし，金融商品，退職給付引当金など，一般に公正妥当と認められる企業会計の基準において時価の算定方法が示されているものについては，当該方法に従うものとされます。

2 依拠すべき情報及び前提

「企業結合に関する会計基準」第102項では，原則として，市場参加者が利用するであろう情報や前提などに基礎をおくものとされます。ただし，そのような情報等が入手できない場合には，見積もりを行う企業が利用可能な独自の情報や前提などに基礎をおくものとされます。第103項には，典型的な場合として，次の事例が挙げられています。

> 大規模工場用地や近郊が開発されていない郊外地に代表される固定資産が考えられる。また，時価が一義的には定まりにくい土地をはじめとした固定資産等が識別可能資産に含まれている場合において，負ののれんが多額に生じることが見込まれるときには，その金額を当該固定資産等に合理的に配分した評価額も，ここでいう合理的に算定された時価であると考えることとした。

Q103 無形資産の計上要件は何か？

A 受け入れた資産に法律上の権利など「分離して譲渡可能な無形資産」が含まれる場合には，当該無形資産は識別可能なものとして取り扱われる（「企業結合に関する会計基準」第29項）。

「企業結合に関する会計基準」第29項では，受け入れた資産に法律上の権利など分離して譲渡可能な無形資産が含まれる場合には，当該無形資産は識別可能なものとして取り扱うものとされています。したがって，無形資産の識別にあたっては，分離して譲渡可能であることが要件とされます。

なお，国際的な会計基準では，わが国の基準と異なり，「法律上の権利」であれば識別可能として取り扱われ，分離して譲渡可能かどうかは要件とされません。

1 分離して譲渡可能な無形資産の意義

「分離して譲渡可能」であることの要件は,「企業結合会計基準及び事業分離等会計基準に関する適用指針」第59項に示されています。それによると,分離して譲渡可能かどうかは,客観的にみて売買可能かどうかによって判断され,実際に譲渡する意思があるかどうかを問いません。そして,売買可能であるためには,無形資産の独立した価格を合理的に算定できなければならないとされます。

「企業結合会計基準及び事業分離等会計基準に関する適用指針」第367項には,以上の要件を満たす無形資産が例示されています。一方,第368項には,認識要件を満たさず,無形資産として認識できないものが例示されています。

いわゆるブランドを識別可能な無形資産として認識できるかどうかについては,「企業結合会計基準及び事業分離等会計基準に関する適用指針」第370項において,次のように言及されています。

---

370. ブランドは,プロダクト・ブランドとコーポレート・ブランド(企業または企業の事業全体のブランド)に分けて説明されることがある。両者は商標権または商号として,ともに法律上の権利の要件を満たす場合が多いと考えられるが,無形資産として認識するためには,その独立した価額を合理的に算定できなければならない。このうち,コーポレート・ブランドの場合には,それが企業または事業と密接不可分であるため,無形資産として計上することは通常困難であるが,無形資産として取得原価を配分する場合には,事業から独立したコーポレート・ブランドの合理的な価額を算定でき,かつ,分離可能性があるかどうかについて留意する必要がある。

2　分離して譲渡可能とみなされる場合

　無形資産が分離して譲渡可能であるためには，その価格を合理的に算定できることが要件とされました。この要件に該当する場合に加え，「企業結合会計基準及び事業分離等会計基準に関する適用指針」第59-2項では，特定の無形資産に着目して企業結合が行われた場合など，企業結合の目的の1つが特定の無形資産の受入れにあると認められる場合には，当該無形資産を分離して譲渡可能なものとして取り扱うとされています。

　このような取扱いがなされる論拠を示したのが，企業結合会計基準及び事業分離等会計基準に関する適用指針第367-2項及び第367-3項です。

367-2　企業結合の目的の1つが，特定の無形資産の受入れにあり，その無形資産の金額が重要になると見込まれる場合には，取得企業は，利用可能な独自の情報や前提等を基礎に一定の見積方法（第53項参照）を利用し，あるいは外部の専門家も関与するなどして，通常，取締役会その他の会社の意思決定機関において，当該無形資産の評価額に関する多面的かつ合理的な検討を行い，それに基づいて企業結合が行われたと考えられる。このような場合には，当該無形資産については，識別して資産計上することが適当と考えられ，分離して譲渡可能なものとして取り扱うこととした。

367-3　企業結合により受け入れた研究開発の途中段階の成果について資産として識別した場合には，当該資産は企業のその後の使用実態に基づき，有効期間にわたって償却処理されることとなるが，その研究開発が完成するまでは，当該無形資産の有効期間は開始しない点に留意する。

3　無形資産に関する会計基準の整備状況

　我が国において，無形資産に関する取り扱いは「企業結合に関する会計基準」及び「企業結合会計基準及び事業分離等会計基準に関する適用指針」を中心とした会計基準の一部に組み込まれているに過ぎず，無形資産に関する包括的な会計基準は存在しません。

　無形資産に関する会計基準の整備に向けた取り組みとして，企業会計基準委員会は平成21（2009）年12月に「無形資産に関する論点の整理」を平成21（2009）年12月に公表するとともに，当該論点整理に寄せられた意見を踏まえて，平成22（2010）年3月には無形資産に関する包括的な会計基準に向けた審議を開始しました。その成果の一部は平成25（2013）年6月に公表された「無形資産に関する検討経過のとりまとめ」において明らかにされましたが，「企業結合時に識別される無形資産の取扱い」や「他社から研究開発の成果を個別に取得した場合の取扱い」を中心に，継続的な検討課題とすべき項目が存在するとして，会計基準の草案としての公表は見送られ現在に至っています。

Q104 のれんが減損処理されるのはどのような場合か？

A PPAを通じて計上されるのれんは、被取得企業の超過収益力を示す。したがって、取得した事業の収益性が低下した場合には、関連する他の固定資産とともに減損処理の対象となる。特に、国際財務報告基準の下では、多額の減損損失が計上される可能性がある。

　減損とは、固定資産についてその収益性が低下したことにより投資額の回収が見込めなくなった場合に、回収不能となった部分を損失として計上する会計処理をいいます。

　PPAを通じて計上されるのれんは、被取得企業の超過収益力を示しています。したがって、取得した事業の収益性が低下した場合には、関連する他の固定資産とともに減損処理の対象となります。

　のれんの減損がとりわけ問題となりうるのは、国際財務報告基準（IFRS）を採用している場合です。我が国の会計基準では、のれんを毎期償却するとともに、減損テストは減損の兆候が発生している場合に限って行われます。これに対し、IFRSの下ではのれんの償却が行われず、代わりに毎期減損テストが実施されます。そのため、取得した事業の収益性が低下した場合には、一時に多額の損失が計上される可能性があります。

　以下では、IFRSに基づく減損テストおよびその前提となる評価について概説します。

1 IFRS に基づく減損処理の流れ

IFRS に基づく減損処理は，次の 4 段階に区分されます。

(1) 会計単位の設定

IFRS では，減損の検討を個別資産または資金生成単位ごとに行うものとされます。ただし，のれんについては事業に付随するものであることから，事業を資金生成単位として検討するのが通常です。

(2) 減損の兆候

資金生成単位として設定した事業に，経営環境の著しい悪化など減損の兆候が認められるかどうかを検討します。

(3) 減損テスト

減損の兆候が認められる場合に行われる手続です。IFRS では回収可能価額と帳簿価額を比較することによって行われます。

(4) 減損損失の認識

回収可能価額が帳簿価額を下回る場合，帳簿価額を回収可能価額まで切り下げ，減損損失を認識します。

2 回収可能価額の基本的な考え方

回収可能価額とは，資産または資金生成単位の使用価値と処分コスト控除後の公正価値のいずれか高い金額をいいます（国際会計基準（以下，「IAS」という。）第 36 号第 6 項）。

ただし，使用価値と公正価値を常に求める必要はなく，いずれかが帳簿価額を超過すればもう一方の金額を見積もる必要はありません。

使用価値および処分コスト控除後の公正価値の算定方法は次のとおりです。

(1) 使用価値

　資金生成単位から生じると見込まれる将来キャッシュ・フローの割引現在価値として算定されます。

　具体的には，経営者の視点で資金生成単位に含まれる資産を利用することを念頭に，適切な社内承認に基づく事業計画を基礎として将来キャッシュ・フローを計算し，加重平均資本コスト（WACC）等を基礎とした割引率により割り引いた現在価値として算定されます。

(2) 処分コスト控除後の公正価値

　資金生成単位にかかる公正価値から，資産の処分に直接起因する費用を控除した金額として算定されます。

　使用価値が経営者の視点に基づき算定されるのに対し，公正価値は市場参加者の視点に基づき算定されるという違いがあります。

3　減損テストの実施時期

　毎期実施するのれんに関する減損テストは，毎年同じ時期に実施する限り，事業年度中任意の時点で実施することが許容されています。

　一般に減損テストにおいては，特に回収可能価額の評価に関し，監査人による監査も含め相当の期間を要することから，仮に減損テストを事業年度末に実施する場合には決算手続に重要な影響を及ぼす可能性があります。

　そのため，計画及び予算の策定時期や決算手続に与える影響を踏まえ，のれんに関する減損テストの実施時期を期中の適切な時期に設定することが一般的です。

Q105 無形資産の評価方式にはどのような方法があるか。また，企業価値評価との異同は何か？

A 　一般的な評価方式は，企業価値を評価する方法と同様にコスト・アプローチ，マーケット・アプローチおよびインカム・アプローチに大別できる。無形資産の評価では，無形資産の特性や収益環境等を考慮しつつ，各種アプローチの特性を考慮したうえで，適切な評価方式を選択する必要がある。

　無形資産の評価方法は，企業価値の評価方法と同様にコスト・アプローチ，マーケット・アプローチおよびインカム・アプローチの3つに分類されます。
　しかしながら，無形資産評価の特性を考慮すると企業価値評価とは別個に考慮すべき点があります。

1　コスト・アプローチ

　企業価値評価におけるコスト・アプローチには，個別資産の再調達時価を用いて評価する「再調達時価純資産法」と個別資産の処分価額を用いて評価する「清算処分時価純資産法」とがあります。無形資産の評価におけるコスト・アプローチは，前者の「再調達時価純資産法」に近い考え方であり，評価対象となる無形資産を創出する上で必要となるコストに基づいて評価します。
　このコスト・アプローチについては，他のアプローチと比べてデータの入手が容易であることや客観性に優れていることがメリットとして挙げられます。しかしながら，無形資産の価値は将来もたらされる便益によって決まるものであって，投資額とは必ずしも一致しないことから，コスト・アプローチによる評価には限界があります。

2　マーケット・アプローチ

マーケット・アプローチは，類似の取引事例を参照してその価値を推計する方法であり，企業価値評価における取引事例法と同様です。

無形資産の取引事例として開示されているものはきわめて少ないため，実際の適用例はそれほど多くないのが現状です。

3　インカム・アプローチ

インカム・アプローチは，将来得られるキャッシュ・フローに基づいて評価する手法です。企業価値評価におけるインカム・アプローチと同様に，将来の収益予測を基礎としますが，企業価値評価においては，企業が行う全ての事業から得られる総収益を対象とするのに対して，無形資産の評価における収益予測の対象は，無形資産から得られる収益に限定されます。

顧客リストという無形資産評価を例にとると，企業価値評価においては，新規顧客から得られる収益をも評価対象とするのに対して，無形資産としての評価においては，評価時点の顧客からもたらされる収益のみが対象とされます。

もう一つの違いは費用と収益の対応関係にあります。企業価値評価と異なり，無形資産からもたらされる収益を獲得するのに要した費用を直接算定するのは困難です。そのため，無形資産がその他の資産の利用によって享受したと推定される便益をキャピタルチャージとして算出し，これを収益から控除することによりキャッシュ・フローを算定します。

無形資産評価におけるインカム・アプローチには，無形資産が生み出す超過利益を見積もる「超過利益法」や無形資産を使用した場合としない場合のキャッシュ・フローまたは利益の差額に基づき無形資産を評価する利益差分法などがあります。

Q106 無形資産におけるコスト・アプローチとはどのような評価方式か？

A コスト・アプローチとは，評価対象無形資産を複製ための複製原価または，新たに調達するための再調達原価で評価する方式である。前者を複製原価法，後者を再調達原価法という。いずれについても，評価額は必要なコストに減額調整を適用することにより算定される。

1 コスト・アプローチの適用の前提

　コスト・アプローチは，評価対象無形資産の取得において，同様の価値の無形資産を代替取得するのに必要な額以上のコストは支払わないことを前提とした評価方法です。したがって，評価対象資産の使用期間が一定程度経過している場合で，価値の減耗が認められる場合には，新規再調達コストから経過年数分の減耗分を控除する必要があります。

　コスト・アプローチにより評価するためには，評価対象となる無形資産の取得およびその無形資産の維持のために要したコストに関連する情報が，すべて入手可能であることが前提となります。

　そのため，評価対象無形資産が商標や特許などの場合には，現在の商標の地位を確立するまでのコストや特許を開発するためのコストと同等の支出をした場合でも同様の経済的便益が得られるとは限らず，コスト・アプローチによる評価は適当でないことがあります。

2 複製原価法と再調達原価法

　コスト・アプローチの具体的な評価方法としては，複製原価法と再調達原価法とがあります。

(1) 複製原価法

複製原価法とは，評価対象無形資産と同じ複製物を作成するのに要するコストに基づいて無形資産の価値を評価する方法です。この方法に基づく評価を行う場合には，修復不能な陳腐化による価値減額の調整が必要です。

(2) 再調達原価法

再調達原価法とは，評価対象無形資産と同じ効用をもつ無形資産を複製する時のコストに基づいて無形資産の価値を評価する方法です。

3　陳腐化による減額調整

コスト・アプローチにより無形資産を評価する場合には，複製または再調達するためのコストに対し，陳腐化による減額調整を適用する必要があります。陳腐化は，無形資産固有の要因によるか外的要因によるかで，機能的・技術的陳腐化と経済的陳腐化に大別されます。前者はさらに，修復により正味の価値が上がるかどうかで修復可能なものと修復不能なものに分けられます。

複製原価は，取得当時の技術で全く同じものを複製するのに要する原価であることから，修復可能な陳腐化を考慮する必要はなく，修復不能な機能的・技術的陳腐化による減額調整だけが必要となります。これに対し，再調達原価は，現在の技術で同じ効用を有するものを製作する原価であることから，修復可能な機能的・技術的陳腐化による減額調整を適用する必要があります。時間の経過による経済的陳腐化が生じている場合には，それに応じた減額調整も必要です。

Q107 無形資産におけるマーケット・アプローチとはどのような評価方式か？

 マーケット・アプローチとは，類似した無形資産の売買取引価格から評価対象無形資産の価値を推計する方式である。
マーケット・アプローチに属する評価方法には，売買取引比較法，ロイヤリティ免除法，利益差分比較法等がある。

マーケット・アプローチは，類似した無形資産の売買取引価格やライセンス取引価格から評価対象無形資産の価値を推計する方式です。したがって，すでに実行されている類似の無形資産に関する売買取引やライセンス取引に関する取引を選定し，評価対象無形資産と比較検討する必要があります。

しかしながら，無形資産の公表された取引データはきわめて少なく，必要な情報の収集，検証は困難です。

マーケット・アプローチによる評価方法としては，次の方法があります。なお，ロイヤリティ免除法および利益差分比較法については，評価対象無形資産を保有することによって将来生み出されるキャッシュ・フローまたは利益に基づき評価する側面から，インカム・アプローチに属する評価方法とも考えられます。

(1) 売買取引比較法

類似する無形資産の売買取引価格に基づいて無形資産を評価する方法です。

(2) ロイヤリティ免除法

類似する無形資産のロイヤリティ支払額から，評価対象無形資産のロイヤリティを推計し，これを資本還元して評価する方法です。

(3) 利益差分比較法

評価対象無形資産を使用する場合の利益と使用しない場合の利益との差額を見積もり，これを資本還元して評価する方法です。

Q108 無形資産におけるインカム・アプローチとはどのような評価方式か？

A インカム・アプローチとは，評価対象無形資産を保有することによって将来生み出されるキャッシュ・フローまたは利益の現在価値に基づいて価値を評価する方式である。
　無形資産評価におけるインカム・アプローチと株式評価におけるDCF法とで異なる点は，キャッシュ・フローの算定方法，予測期間の考え方および割引率の3点にある。

　インカム・アプローチは，評価対象無形資産を当該無形資産が将来獲得すると期待される利益やキャッシュ・フローに基づいて評価することから，将来の収益獲得能力を評価結果に反映させる点で優れている方式といえます。
　DCF法との違いは，キャッシュ・フローの算定方法，予測期間の考え方および割引率の3点にあります。

(1) キャッシュ・フローの算定方法

　株式評価におけるDCF法では，企業が保有する事業用資産を活用して得られるキャッシュ・フローを見積もります。
　このように，事業活動から得られるキャッシュ・フローは，単独の無形資産によって獲得されるものではないことから，事業に投入された他の資産の貢献度をも考慮して，評価対象無形資産に帰属するキャッシュ・フローを見積もります。具体的には，対象事業のキャッシュ・フローのうち，他の資産の貢献によりもたらされた部分をキャピタルチャージとして控除し，残余を評価対象無形資産のキャッシュ・フローとします。

(2) 予想期間の考え方

DCF法では，合理的に予測可能な期間のキャッシュ・フローを見積もり，当該期間の経過後のキャッシュ・フローは継続価値として考慮します。これに対し，無形資産評価においては，総耐用年数または残存耐用年数にわたるキャッシュ・フローのみを予測し，キャッシュ・フローの永続を前提としません。

(3) 割引率

DCF法では，フリー・キャッシュ・フローがどの資産からもたらされたかを区別せず，総資本に対応する加重平均資本コスト（Weighted Average Cost of Capital; WACC）を割引率とします。これに対して無形資産評価では，資産固有の期待収益率を割引率とします。

Q109 無形資産におけるインカム・アプローチの評価方法には，どのようなものがあるか？

A 無形資産におけるインカム・アプローチの評価方法には，事業が生み出す将来のキャッシュ・フローのうち，当該無形資産に帰属する額の見積もり方法の違いによって，利益差分法，事業利益分離法などがある。

インカム・アプローチによる無形資産の評価は，対象となる事業から得られるキャッシュ・フローの総額から，評価対象無形資産に帰属する部分を見積もることによって行われます。そのための方法の違いによって，インカム・アプローチによる評価方法は，次の2つに分類されます。

1 利益差分法

利益差分法は，評価対象無形資産を使用した場合とその他の場合に生じるキャッシュ・フローの差分を，当該無形資産に帰属するキャッシュ・フローとする方法です。

2 事業利益分離法

事業利益分離法とは，評価対象無形資産が使用される事業全体のキャッシュ・フローから評価対象無形資産が寄与する額を分離して評価する方法です。この方法には，利益分割法，超過収益法などがあります。

(1) 利益分割法

利益分割法は，評価対象無形資産が使用される事業全体のキャッシュ・フローのうち，評価対象無形資産が寄与する割合を見積もることによって評価す

471

る方法です。この方法による寄与割合は，対象事業に使用される評価対象資産および他の資産の貢献度など一定の基準で決定します。

(2) 超過収益法

超過収益法は，評価対象無形資産が使用される事業全体のキャッシュ・フローの額から，他の資産に要求される期待利益を控除して評価する方法です。

評価対象無形資産が寄与するキャッシュ・フロー
　＝事業全体のキャッシュ・フロー
　　−運転資本×運転資本に対する期待収益率
　　−有形資産×有形資産に対する期待収益率
　　−評価対象以外の無形資産×期待収益率

上記において，事業全体のキャッシュ・フローから控除される項目は，事業全体のキャッシュ・フロー獲得に対して他の資産が貢献した部分であり，キャピタルチャージと呼ばれます。

各資産の期待利益率の水準は，リスクに応じて，一般的に次のような関係となります。

運転資本＜有形資産＜無形資産

各資産の期待収益率については，各資産が生み出すキャッシュ・フローのリスクの相対的な大小関係を踏まえつつ，買い手や投資家が要求する期待収益率と整合するように決定します。

例えば顧客リストを前提に，無形資産をインカム・アプローチで評価する場合，無形資産からの収益の見積もり，また，費用の見積もりはどのように行えばよいか？

A インカム・アプローチとは，評価対象無形資産から獲得される正味のキャッシュ・フローを現在価値へ割り引くことにより価値を算定する方法である。キャッシュ・フローを獲得するため費用には，評価対象無形資産に直接関わるもののほか，その他の資産の使用料に相当するキャピタルチャージが含まれる。

顧客リストは，一般に超過収益法により評価されることが多いと考えられます。超過収益法により，顧客リストの評価を行う場合のキャッシュ・フローまたは利益の見積もりは次のように行います。

1 収益の見積もり

① 顧客リストに記載されている契約内容に基づき，評価時点の顧客リストから生み出される予想収益を特定します。評価時点の既存顧客だけが対象であり，新規顧客に関連した収益は含めません。
② 予想収益に将来の顧客減少率を加味して，ほぼ全ての顧客との契約が終了すると見込まれる時点までの収益を見積もります。

2 営業費用の見積もり

① 顧客リストに関わる営業費用を見積もります。
② 顧客リスト以外の資産を用いて収益を生み出している場合，該当する資産について，使用料相当としてのキャピタルチャージを見積もります。

3 税引後キャッシュ・フロー

収益から営業費用および税金を控除し，税引後キャッシュ・フローを算定します。

上記の税引後キャッシュ・フローを見積もった後，適切な割引率で現在価値に割り引くことによって得られた現在価値が無形資産の評価額になります。

顧客リストに関わる費用について他の事業との切り分けが難しい場合は，企業全体の売上高と顧客リストに関わる売上高の比率を用いて，企業全体の費用から推計する方法も考えられます。

Q111 顧客リストを前提にした無形資産の耐用年数とは何か？

A 　無形資産の耐用年数とは，評価対象無形資産の価値が継続する期間であり，時間の経過とともに権利が消滅したり，数が減少することにより，無形資産の価値がほぼ失われるまでの期間である。顧客リストを例に挙げると，顧客リストの評価基準日からほぼ全ての顧客との契約が終了すると見込まれるまでの期間が残存耐用年数と考えられる。

　顧客リストを評価する際，顧客数は時間とともに減少することを織り込む必要があります。新規顧客を考慮しない場合，評価基準日のリストに記載されている顧客は，契約期間の満了または解約により次第に減少していくと予想されます。そこで，顧客リストの評価にあたっては，全ての顧客との契約が終了すると見込まれるまでの期間を耐用年数として設定します。

　残存耐用年数を見積もるにあたっては，過去の顧客推移から計算した年間平均顧客減少率を用います。仮に，評価日現在の顧客数の10％が毎年減少すると見積もる場合の耐用年数は，10年と計算できます。

Q112 無形資産のキャピタルチャージとは何か？

A 超過収益法では，無形資産を評価するうえで，当該無形資産により生み出されたキャッシュ・フローからキャピタルチャージを控除する。キャピタルチャージとは，無形資産に関連する収益の獲得のために利用したその他の資産の使用料である。

1 キャピタルチャージとは

キャピタルチャージとは，評価対象無形資産を使用して収益を生み出す際に，当該無形資産以外に必要とする資産の貢献を費用として認識したものです。

無形資産は，単体でキャッシュ・フローを創出するものではありません。無形資産を使用して獲得した収益の中にはその他の資産の貢献が含まれています。

無形資産評価におけるキャピタルチャージとは，評価対象無形資産がキャッシュ・フローを生み出すために企業内の他の資産からの貢献を受ける対価として支払う使用料を費用として認識したものです。

2　キャピタルチャージの算定

　キャピタルチャージは，評価対象無形資産が使用する各資産の価値に対し，それぞれに対応した期待収益率を乗じることで算定します。

　各資産の期待収益率は，各資産の流動性リスクおよび評価対象無形資産を含む各資産の期待収益率のバランスを考慮して見積もります。

　流動性リスクが高いほど期待収益率は高く，一般的には期待収益率の高さは無形資産，有形資産，運転資本の順番になると考えられます。

Q113　無形資産の評価において割引率をどのように見積もるか？

A　無形資産の評価において適用される割引率は，個々の資産が生み出すキャッシュ・フローのリスクの相対的な大小関係を踏まえつつ，無形資産を含む全ての資産の期待収益率を加重平均したWARA（Weighted Average Return on Assets）が，買い手や投資家が要求する期待利回りである加重平均資本コスト（Weighted Average Cost of Capital：WACC）や内部収益率（Internal Rate of Return：IRR）と整合するように決定する。

1　割引率

　無形資産の評価にあたっては，個々の無形資産が生み出すキャッシュ・フローを，それぞれのリスクに応じた期待収益率で現在価値に割り引く必要があります。

　この期待収益率を求めるにあたっては，個々の資産が生み出すキャッシュ・フローのリスクの相対的な大小関係を踏まえつつ，無形資産を含む全ての資産の期待収益率を加重平均した加重平均資産収益率（Weighted Average Return on Assets：WARA）が，買い手や投資家が要求する期待利回りである加重平均資本コスト（Weighted Average Cost of Capital：WACC）や内部収益率（Internal Rate of Return：IRR）と整合するように期待収益率を決定する必要があります。

2 WACC, WARA, IRR

WACC とは，加重平均資本コストのことであり，企業が調達した資本の期待収益率を調達資本の時価で加重平均したものです。

一方，WARA とは，加重平均資産収益率のことであり，企業が調達した資金を投下している資産の期待収益率を投下資本の時価で加重平均したものです。

他方，IRR とは，事業計画上のフリー・キャッシュ・フローと買収金額との関係から，正味現在価値が零となるように算出される収益率をいいます。

3 割引率，WACC，WARA，IRR の関係

WACC は，資金の調達源泉別の期待収益率を加重平均したものであり，貸借対照表の右側に対応する概念です。これに対して，WARA は資産別，すなわち資金の運用手段別の期待収益率を加重平均したものであり，貸借対照表の左側に対応する概念です。したがって，理論上 WACC と WARA は等しくなります。

ここで，内部収益率（Internal Rate of Return; IRR）は，回収が見込まれる資金の割引現在価値を投下した資金と等しくするような割引率をいい，期待キャッシュ・フローと投下資金の関係から逆算される投資家の期待収益率を示しています。したがって，特定の投資家が要求する期待収益率が市場に参加する投資家と同水準であれば，IRR, WACC, WARA は理論上等しくなります。

もっとも，WACC には原則として市場リスクが反映されるのみなのに対して，実際の買収金額は様々な固有リスクを踏まえた交渉を通じて決定され，それが IRR を決定付けます。したがって，WACC と IRR が一致するとは限りません。

IRR と WACC が大幅に乖離している場合には，どのような要因によって乖離しているかの検討が必要となります。たとえば，前提となる事業計画が，過度に楽観的または悲観的に作成されている結果，WACC と IRR が大幅に乖離していると認められる場合には，実態に即して事業計画を適宜修正することも検討する必要があります。

無形資産の割引率を決定するにあたっては，これらを考慮の上，個々の資産が生み出すキャッシュ・フローのリスクの相対的な大小関係を踏まえつつ，WARA が WACC および IRR と整合するように決定する必要があります。

Q114 無形資産の評価において節税効果をどのように反映するか？

A わが国の会計基準上，節税効果をどのように評価に反映するかについては明示されていない。インカム・アプローチによる評価については，米国基準の「計上される無形資産が，スキームの有無によって異なるべきではない」という考え方に基づき，評価対象無形資産の償却費が損金算入されるかどうかによらず，節税効果を考慮する場合が多い。

マーケット・アプローチまたはコスト・アプローチについては，市場価格または再調達原価に節税効果が考慮されていると考えられるため，あらためて節税効果を考慮しない場合が多い。

1 節税効果（Tax Amortization Benefit / TAB）とは

無形資産の評価における節税効果（Tax Amortization Benefit / TAB）とは，評価した無形資産の償却費が税務上損金算入されることにより，無形資産を保有する会社において生じる税金負担を軽減させる効果をいいます。将来において享受しうる節税効果を金額的に見積もり，無形資産の評価に反映することで，当該節税効果の現在価値分だけ，無形資産の評価が増加することになります。

2 わが国における節税効果に対する考え方

わが国の会計基準上，無形資産の評価における節税効果の取扱いについて，明文化された規定は存在していませんが，評価アプローチ毎に以下のような実務が行われているものと考えられます。

(1) インカム・アプローチ

インカム・アプローチに基づく評価においては，評価対象無形資産の償却費が税務上損金算入される場合に節税効果を考慮することが一般的に行われる一方で，その他の場合に節税効果を考慮するかどうかについては，必ずしも定まった取扱いがなされていないものと考えられます。

もっとも，無形資産の評価において先進国にあたる米国においては，「無形資産の取得スキームの違いによって節税効果の有無に差異が生じ，結果として，計上される無形資産の価値にも差異が生じるのは適当ではないため，現実の節税効果の有無にかかわらず，常に節税効果を考慮する」という考え方[42]を採用しており，わが国においても，これを参考に評価対象無形資産の償却費が損金算入されるかどうかによらず，節税効果を考慮する場合が多いと考えられます。

(2) マーケット・アプローチおよびコスト・アプローチ

マーケット・アプローチおよびコスト・アプローチにおける評価については，市場価格または再調達原価に節税効果が考慮されていると考えられるため，あらためて節税効果を考慮しない場合が多いと考えられます。

---

42 AICPA Audit and Accounting Practice Aid Series "Assets Acquired in a Business Combination to Be Used in Research and Development Activities"（AICPA）

第4部

評価報告の実務

Q115 評価機関が株主価値評価業務などを受託する場合，一般にどのような流れで行われるか？

 株式評価業務の一般的な流れは，次のとおりである。
Step 1：企業（依頼者）からの依頼
Step 2：独立性・コンフリクト等のチェック
Step 3：守秘義務契約の締結
Step 4：業務内容の把握
Step 5：業務受託の可否の検討
Step 6：業務委託契約の締結
Step 7：作業準備・作業の開始
Step 8：作業状況の更新
Step 9：中間報告
Step10：内容の更新
Step11：最終報告

（出所）日本公認会計士協会 「企業価値評価ガイドライン」63頁

　取引目的の価値評価業務を実施する場合の流れは，通常上記のとおりです。ただし，事案によっては追加的な手続が必要になる場合，もしくは一部省略される場合もあります。このうち，「Step 4：業務内容の把握」は，情報を入手して，受託するかどうかを判断するとともに，契約締結，作業の準備および評価実施の基礎となるため，最も重要な手続となります。

[把握すべき業務内容の概要]
　a） 取引の内容（例：合併か株式交換か現金による買収か一部資本参加か）
　　取引環境（例：友好的か敵対的か，利害関係者は賛同しているか反対しているか）

b） 依頼内容（例：鑑定，算定）とその目的や意図と用途（例：社内利用のみか外部への開示の可能性があるか）

c） 時間軸（例：作業の準備，評価の実施，報告書の提出スケジュールの把握）

d） 情報の入手の程度（評価の精度に影響する。ただし時間軸との兼ね合いに留意が必要となる）

Q116 評価において、基礎資料の検討はどの程度行うべきか？

評価のための基礎資料は、入手先の観点から次のように大きく3種類に分類される。

(1) 評価機関が独自に入手する資料
(2) 依頼者から入手する資料
(3) 他の専門家（例えば、不動産鑑定士や弁理士）や調査機関が作成した資料

上記の分類ごとに、次の検討が必要となる。

(1) 評価機関が独自に入手する資料

信頼性を確保するために次の3点に留意する必要がある。
- 資料の信頼性
- 入手時期
- 入手方法

(2) 依頼者（評価対象企業等）から入手する資料

入手資料については、評価に際して採用できるかといった有用性の観点からの検討分析が必要となる。また、入手資料が有用性の観点から不適切であると判断した場合、資料の訂正、再提出を依頼する必要がある。

(3) 他の専門家（例えば、不動産鑑定士や弁理士）や調査機関が作成した資料

依頼者を通じて、入手すべき資料の精度、時期、入手方法、評価者の責任範囲について事前に協議しておく必要がある。評価機関は、重要かつ有用と認められる他の専門家の結果に依拠して評価を実施する場合がある。

1 評価機関が資料を独自に入手する場合の留意点

評価機関が独自に入手する資料は，信頼性を確保するため，次の3点に留意する必要があります。

- 比較的信頼性の高い資料を採用する。
- 評価時点に近い最新のものを使用する。
- 引用したデータの出典を明確にする。

2 依頼者から入手する資料の有用性の留意点

評価機関は，企業から入手する資料について，真実性・正確性・網羅性を検証するための手続を別途行うとは限りません。入手した資料の検証作業は，費用や時間的な制約を踏まえて依頼者との間で合意した範囲に限定されます。

3 入手資料の有用性に影響する主な制約事項

評価のための基礎資料には，次のような制約があることに留意する必要があります。

(1) 時間的制約

評価書の提出期限の関係上，基礎資料の検討に十分な時間を確保できず，最低限の有用性および利用可能性が担保されているに過ぎない場合があります。

(2) 業界，企業に関する情報

評価機関は，評価対象企業および属している業界に関して必ずしも十分な知見を有しているわけではありません。

(3) 将来予測

企業から入手する基礎資料には，不確実性の高い将来予測も含まれています。その妥当性を検討するために，一般的要因や業界要因の分析を行うものの，将

来予測に係る不確実性を排除することは困難です。

(4) 費用的制約

　資料入手に要する費用には制約があります。入手することで得られる評価上の成果と，入手するのに要する費用とを慎重に比較検討した結果により入手資料の範囲が制限されます。特に他の専門家の利用に関しては，当該費用的制約が多いといえます。

株式評価における業務上の制約には主にどのようなものがあるか?

 企業価値評価には,次のような業務上の制約がある。
(1) 将来予測への依拠に伴う,不確定要素の存在による制約
(2) 単一の基準の不存在による制約
(3) 評価機関の能力および物理的な制約

1 将来予測への依拠に伴う不確定要素の存在による制約

将来予測は作成時点における適切な前提条件に基づいて作成されるのが通常ではあるものの,その合理性・達成可能性を評価機関が確認するのは困難です。

2 単一の基準の不存在による制約

株式評価業務には,会計基準と異なり一般に公正妥当と認められる基準がありません。したがって,評価法その他の前提条件については,案件ごとに依頼者との間で合意する必要があります。

3　評価機関の能力および物理的な制約

　評価機関は，評価対象企業およびその属する業界に関して，必ずしも十分な知見を有しているわけではありません。そのため，提供・入手された情報・知識の範囲の中でしか，評価の基礎となる事業計画，その他の評価の前提となる資料の適否に関する判断および検証ができないという制約があります。また，評価機関はあくまで委任者の依頼内容や期限，報酬等の制約の中で業務を実施するという限界があります。

Q118 算定書の利用制限を設けるにあたって何に留意すべきか？

A 評価業務を行う場合，過度に責任の範囲を広げないためにも，報告書の取扱いについては慎重な対応が必要となる。

そのため，算定書の受領者に無用な混乱を与えないようにするため，算定書の利用制限を明確にしておくべきである。

具体的には，依頼者は，法令により要求された場合を除き，評価機関の同意なく，第三者に算定書を開示してはならない旨の取り決めを結ぶことが望ましい。

1 利用制限の明確化

評価業務を行う場合，作業の範囲については，依頼者自身が利用目的を考慮して，自らの責任において決定されるべきものであり，評価機関はこの点について責任を負うものではありません。このことから，算定書は，業務の性質および内容を適切に理解している依頼者に限定して開示されるべきであり，第三者に開示されるべきものではありません。

したがって，算定書には利用制限を必ず付し，例外的に第三者に開示する場合は，評価機関に対し，事前合意文書を提出する実務が定着しています。このうち評価機関が依頼者から入手する書面を「要請書（Release letter）」といい，第三者から入手する書面を「差入書（Hold-harmless letter）」といいます。

第4部 評価報告の実務

491

2　要請書

　要請書（Release letter）とは，依頼者から，算定書を第三者に開示したいと要請された場合に，依頼者から入手すべき書面です。この要請書は，第一義的には，第三者への開示について評価機関に了承を求めるものですが，評価機関の責任限定などの内容を追加し併せて当該書面で確認をとるのが通例です。

　要請書には，次のような事項を記載しておくのが一般的です。

---

① 算定書は業務委託契約に基づいて作成され，依頼者の検討のために利用されるべきものであり，その他のいかなる目的のために作成されたものではない旨
② 第三者が報告内容を閲覧することにより直接的・間接的に依頼者に不利益が生じたとしても，評価機関はその責任を負うものではない旨

3　差入書

　差入書（Hold-harmless letter）とは，報告書の全部または一部を第三者に開示する場合，当該第三者から入手すべき書面であり，報告書の性質および評価機関の責任を理解してもらううえで重要な書類となります。差入書の記載事項の例としては，次のようなものがあります。

---

① 算定書の閲覧に起因して，評価機関が第三者に対して裁判上および裁判外のいかなる義務や責任を負うものでないこと。
② 算定書の記載事項に関連して生じたいかなる損害についても評価機関に対して損害賠償請求を行わないこと。
③ 算定書の閲覧により知り得た情報を他の者へ開示しないこと。

---

4 最終報告書提出後の取扱い

算定書の提出後に判明した新たな事実が，算定書の記載に影響を及ぼしうる場合があります。当該事実については，後発事象に準じて取扱い，算定書の記載を修正することも考えられます。しかしながら，評価基準日後に判明した事実については，特段考慮しないのが通常です。

そのため，算定書の事後的な修正を行わないことを前提に，算定書の提出時に依頼者による確認の書面を入手したり，評価基準日以降に判明した事実は考慮しない旨を算定書に記載するなどの実務もあります。

Q119 株価算定書が開示されるのはどのような場合か？

 株価算定書が開示される場合として，主に次の場合が考えられる。
(1) 算定書が一般に開示される場合
- MBO または親会社による子会社に対する公開買付けにおいて，公開買付届出書に添付され，EDINET でインターネット開示される場合
- 株主・投資者の投資判断等の材料として，株価算定書取得企業のホームページに任意で開示される場合
- 裁判の証拠資料として提出され，訴訟記録として開示される場合

(2) 算定書が限定的に開示される場合
- 組織再編行為，公開買付け等において取引所に開示される場合
- 第三者割当による株式等発行の場合に取引所，監査役，第三者委員会等に開示される場合
- 支配株主と重要な取引等を行う場合に第三者委員会に開示される場合
- 裁判の証拠資料として提出され，相手方に送付される場合
- その他法令に基づき，行政機関・裁判所等の命令による場合
- 任意で取引の相手方や株主に開示する場合

1 株価算定書の目的と開示

　株価算定の目的は，本来的に取締役等の意思決定者が判断を行うための参考資料を提供することにあります。すなわち，株価算定書は，内部的意思決定の参考資料の位置づけとして存在するものです。そのため，第三者への開示は予定されないのが一般的です。

　しかし，株価算定が裁判目的や取引目的で行われるという性質上，裁判で株価算定書が開示されたり，取引の相手方に開示される場合があります。また，株価算定は，取締役をしてその判断の適切性を高め，より客観的な判断を行わしめる目的で実施されます。すなわち，株価算定は，取締役等がその会社に対する善管注意義務（会社法第330条，民法第644条）および忠実義務（会社法第355条）を果たすために行われるという性質を持ちます。そのため，意思決定のための手続が適切に行われ，意思決定者が善管注意義務を果たしたかどうかが対外的に示されるよう，法令等の諸規則により株価算定書の開示が求められる場合があります。

2 株価算定書が開示される場合

(1) 株価算定書が一般に開示される場合

① 公開買付けにおける金融商品取引法による開示

いわゆる MBO または親会社による子会社に対する公開買付けの場合，買付価格の算定にあたり参考とした第三者による株価算定書を公開買付届出書の添付書類として EDINET（金融商品取引法に基づく有価証券報告書等の開示書類に関する電子開示システム）を通じて提出しなければなりません（発行者以外の者による株券等の公開買付けの開示に関する内閣府令第13条第1項第8号）。この場合，株価算定書を含む提出書類は，EDINET を通じて開示されます。

これは，MBO または親会社による子会社に対する公開買付けの場合には，公開買付けの対象者と対象者の一般株主との間で利益相反を生じやすく，特に買付価格の決定において利害の対立が顕著に表れることから，株主・投資者の投資判断の材料にすることを趣旨とした制度であり，法令に基づき株価算定書が限定なく開示される希有な制度です。

② 株価算定書取得企業によるホームページへの任意開示

特殊な例として，株価算定書がその取得企業のホームページに任意で開示される場合があります。これは，第三者による算定書の取得を通じて適切な意思決定が行われたことを対外的に示す目的で行われるものです。平成23 (2011)年において話題となったカルチュア・コンビニエンス・クラブ株式会社（以下「CCC」という）の MBO 事案では，取締役会および独立委員会がそれぞれ第三者機関による株式価値算定書を取得し，いずれもがホームページに掲載されました。

③ 裁判の証拠資料として提出される場合

取引目的で取得された株式価値算定書は，当該取引に争いが生じて裁判に発展した場合，裁判手続きにおいて訴訟当事者の一方から証拠資料として提出される場合があります。また，裁判所による鑑定嘱託に基づき鑑定人が鑑定書を提出する場合があります。この場合，提出された株価算定書等は，訴訟記録として裁判所に民事事件では5年間保管され（記録事務規程（法務省訓令），刑事事件では刑事確定訴訟記録法に基づき1年間から30年間），原則として誰で

も裁判所で閲覧することが可能となります（民事訴訟法第91条）。

　なお，このように裁判記録が一般に開示されるのは，損害賠償請求事件等の一般の訴訟事件に限られ，非訟事件手続きにより争われる株式買取請求等に基づく価格決定申立事件や民事保全手続きにより争われる株式発行に係る差止請求事件では，訴訟記録の閲覧は不可または利害関係者に限定されます（民事保全法第5条，非訟事件手続法（平成23年法律第51号，以下，「非訟事件手続法（新法）」という。第32条））。

(2)　株価算定書が限定的に開示される場合

①　上場会社が組織再編行為，公開買付け，公開買付けに係る意見表明等を行う場合の取引所への開示

　上場会社が組織再編行為，公開買付け，公開買付けに係る意見表明等を行おうとする場合，上場会社は遅くとも公表予定日の10日前までに取引所にて事前相談を行う必要があります。この事前相談に際し，上場廃止が予定されている場合等一定の場合には，上場会社は，取得した算定機関からの株価算定書ドラフトを取引所に提出しなければならず，実際の公表にあたっては，株価算定書を提出する必要があります（東京証券取引所の場合，有価証券上場規程第421条，施行規則第417条，会社情報適時開示ガイドブック）。これは，上場会社の組織再編行為等の場合，少数株主に対する少なからぬ影響が生じることが予想され，とりわけその上場会社の価値がどのような根拠に基づいて判断されたかについては影響度合いが大きいためです。そこで，株価算定の具体的な過程を開示資料に記載しなければならないのみならず，開示内容が適切になされているかを取引所が確認する手続が採られています。

　また，上記以外の手続であっても，取引所が開示上特に考慮を要する事情があると判断する場合は，株価算定の具体的な過程の開示や株価算定書の取引所への開示を要請される場合があります。

②　第三者割当による株式等発行の場合における開示

　上場会社が第三者割当により株式等を発行する場合，取引所・財務局に事前相談を行う必要があります（東京証券取引所の場合，会社情報適時開示ガイドブック。企業内容等の開示に関する留意事項について（企業内容等開示ガイド

ライン))。これに際し，上場会社が株価算定書等を取得している場合は，発行条件の合理性を説明するため，取引所・財務局の要請により，取得した算定機関からの株価算定書ドラフトを取引所・財務局に提示する運用が実務上なされています。

また，取引所が必要と認める場合は，払込金額が割当てを受ける者に特に有利でないことに係る適法性に関する監査役又は監査委員会の意見等を取得し，適時開示書類に記載することが求められます（東京証券取引所の場合，有価証券上場規程第402条，施行規則第402条の2）。これに際しても，株価算定書等が取得されている場合は，監査役等が意見を形成する判断基準として，株価算定書を監査役等に開示する必要があります。

さらに，第三者割当により25％以上の希薄化が生じる場合，及び支配株主の異動が生じる場合は，第三者委員会など，経営者から一定程度独立した者による第三者割当の必要性及び相当性に関する意見の入手，または株主の意思確認の手続きが求められます（東京証券取引所の場合，有価証券上場規程第432条）。これに際しても，株価算定書等が取得されている場合は，第三者委員会等が意見を形成する判断基準として，株価算定書を第三者委員会等に開示する必要があります。

③ 支配株主との取引

上場会社が支配株主との重要な取引等を行う場合，支配株主との間に第三者委員会など，利害関係を有しない者による，少数株主にとって不利益な取引でないことに関する意見の入手が必要となります（東京証券取引所の場合，有価証券上場規程第441条の2，施行規則第436条の3）。その際，株価算定書が取得されている場合には，これを当該利害関係を有しない者に開示する必要があります。

公開買付けを経てスクイーズアウトを行う二段階買収の局面では，少なくとも二段階目で支配株主との取引が実施されます。近時MBOなどの二段階買収事案は増加傾向にあるため，第三者委員会を設置して取引の過程を検証する実務は多く見られるところであり，前述したカルチュア・コンビニエンス・クラブの事案も，当該取引所規則に基づく手続が実施された事例の1つです。

④ 裁判の証拠資料として提出される場合

　裁判記録が一般に開示されるのは，損害賠償請求事件等の一般の訴訟事件に限られ，非訟事件手続により争われる株式買取請求に基づく価格決定申立事件や民事保全手続により争われる株式発行に係る差止請求事件では，裁判記録の閲覧は不可または利害関係者に限定されます。

　ここで，株式価値が争われるのは，一般に株式買取請求等に基づく価格決定申立事件であることが多く，すなわち，非訟事件手続となるため，株価算定書は原則として閲覧できません。

　しかしながら，このような場合でも証拠資料は，裁判の当事者には裁判所より送達されます（民事訴訟規則第137条，民事保全法規則第6条，非訟事件手続法第10条）。なお，裁判の相手方に株価算定書等が送達される場合，算定機関は株価算定書等の受領者から差入書を取得することができないため（Q118 報告書の利用制限に関する留意事項とは何か？参照），相手方からの株価算定書等の開示を制限できない点に注意する必要があります。

⑤ その他法令に基づき，行政機関・裁判所等の命令による場合

　株価算定書は，重要な取引に際して取締役等の善管注意義務の履行を補完するために取得されるという性質を持つ場合があります。そのため，当該取引が取締役の背任罪（刑法第247条，会社法第960条）を構成する要素となる場合等については，捜査機関により株価算定書が捜査の対象とされる場合があります。算定機関は第三者の立場で算定を行うため，取引の背景・裏事情まで知り得ない場合が大半となりますが，株価算定書が背任行為に悪用されるようなことが起こらないよう注意を払っておく必要があります。

　また，民事事件の裁判手続きにおいて，株価算定書が文書提出命令の対象となる場合があります（民事訴訟法第221条，民事保全法第7条）。文書提出命令により，株価算定書が裁判の証拠資料となった場合の取扱いについては前述のとおりです。

⑥ 任意で取引の相手方や株主に開示する場合

　株価算定が取引目的で行われる場合，取引価格の交渉等を行う目的で，株価算定書が取引の相手方に任意で開示される場合があります。

　このような場合，算定機関は，委任者および株価算定書の受領者から要請

499

書・差入書を受領しておくべきことに留意する必要があります。

(3) 株価算定書の開示に関する制度改正

平成23（2011）年において，上記文書提出命令に係る重要な法制度の整備が行われました。すなわち，非訟事件手続においても，裁判所が文書提出命令を行うことが可能となりました（非訟事件手続法（新法）第53条）。従来，文書提出命令は，一般の訴訟事件，保全事件，刑事事件に定められた手続であり，非訟事件手続には，該当する規定が存在しませんでした。

そのため，株式買取請求等に基づく価格決定申立事件などの非訟事件手続では，当事会社または当事会社側の算定機関が拒否することにより，株価算定書が開示されないまま裁判をせざるを得ない事例が多く存在していました。株価算定書は本来，このような株式買取請求が行われた場合やそのまま裁判に発展した場合に，会社側が取引価格の妥当性を説明するための一資料として取得されます。しかしながら，株価算定書には，事業計画などの企業秘密や算定機関の独自の知見が記載される側面もあることから，実際に株式買取請求が行われると会社または会社側の算定機関が株価算定書の開示を認めないということが多く行われました。

会社側は，取引の実行時においては，株価算定書を取得していることを根拠として取締役等の判断が適切に行われたと説明するにもかかわらず，価格の妥当性について争いに発展した場合に株価算定書が開示されないのでは，価格を争う株主にとっては，会社側の主張の適否についての重要な判断要素を欠くことになります。

非訟事件手続法（新法）が施行されることにより，上記のような事例では，株主は裁判所に対して文書提出命令の申立てを行うことができるようになります。この場合，会社側はこれまでのように株価算定書の開示を拒否することはできません。

3　株価算定書を開示する事例の増加傾向

　株価算定書は，本来的には開示を予定されず，内部的資料として存在します。事実，数年前までは，株価算定書が開示されることは稀であったといえます。しかしながら，取引所規則の改正・厳格化により，上場会社が取引所に株価算定書を開示する運用は今や一般化したともいえ，該当する事例は年々増加しています。非訟事件手続における文書提出命令制度の導入にあたり，株価について最も争われる非訟事件手続においても株価算定書が開示されることとなり，今後ますます株価算定書が開示される場面は増加することが予想されます。

　株価算定書があまり開示されることがなかったこれまでの実務においては，専門家が見れば目を疑うような不合理な算定も時々目にすることがありました。今後は，株価算定書の開示の増加とともに，より客観性・合理性を追求した算定が一般に行われていくことが期待されます。

Q120 東京証券取引所による「MBO等に関する適時開示内容の充実等について」で見直された点は何か？

A 従来の開示においては，方式別の評価結果が示される以外は，前提とした財務予測で大幅な増減益が見込まれている場合に，その概要および増減益の要因が記載されるのみであった。しかし，改正後は，MBO等により上場廃止が見込まれる場合，前提とした財務予測の具体的な数値を含むより詳細な情報の開示が求められることとなった。

1 規則改正の経緯

　この規則改正は，東京証券取引所（以下「東証」という。）が，平成25（2013）年7月8日付「MBO等に関する適時開示情報内容の充実等について」（東証上会第752号）の通知を上場会社に行ったことによるものであり，同年10月1日から適用されています。

　東証は，MBO等に関する意見表明を行う場合と支配株主等との間の組織再編を行う場合，利益相反構造および情報の非対称性が存在することから，平成18（2006）年に開示の充実に関する要請を行い，また平成21（2009）年には必要かつ十分な開示を行うことを企業行動規範の内容として定めて開示の充実を求めてきました。東証は，その後の事例の集積を踏まえ，この規則改正により，それぞれの場合において適時開示資料に記載すべき内容のうち，株式価値等の算定に関して，より充実した内容の説明を求めることとし記載すべき内容を明確にしました。

2 株式価値の算定に関する開示ルール

　従来の開示においては，方式別の評価結果が示される以外は，前提とした財務予測で大幅な増減益が見込まれている場合に，その概要および増減益の要因が記載されるのみであったところ，改正後は前提とした財務予測の具体的な数値を含むより詳細な情報の開示が求められることとなりました。

　ただし，詳細な財務予測が開示された場合，機密情報の流出につながる可能性もあることから，開示は限定的であるべきとの見方も存在します[43]。そのため，上場維持を前提とする取引については従来どおりの開示が認められることとなりました。これは，少数株主が上場株式を保有し続けることが可能である以上，不利益を被る可能性は低いことを考慮したものと考えられます。このように，財務予測の開示は，MBO 等のリスクの高い取引に限定しており，企業の機密情報保護の観点も考慮していることがうかがえます。

　具体的な算定に関する開示事項については，次のとおりです。

43　日本公認会計士協会経営研究調査会報告第 32 号「企業価値評価ガイドライン」(改正 平成 25 年 7 月 3 日) 130 頁には，「第三者の評価報告書には，秘密保持契約を前提として，評価対象会社の事業計画等，未公開の詳細な財務情報が盛り込まれている場合がある。このとき当該報告書が，法の強制により公衆の縦覧に供せられてしまうと，競合他社等に情報がもれ，評価対象会社の経営に多大な影響を与える可能性がある。」との指摘もあり，開示の方法については，経営に多大な影響を与えないことも考慮すべきとの考えが存在します。

（算定に関する開示事項）

	算定に関する開示事項	
1．公開買付け等に関する意見表明等 （TOB 対象会社）	1．具体的な算定方式 2．当該算定方式を採用した理由 3．各算定方式の算定結果の数値（レンジ可） 4．各算定方式の算定の重要な前提条件[※1] 5．主として用いた算定方式がある場合にはその旨および当該算定方式を主として用いた理由	
2．公開買付けまたは自己株式の公開買付け （TOB 買付者）	・公開買付届出書と同等の内容を記載する[※2]。 〔公開買付届出書の記載上の注意［抜粋］〕 ・買付価格の算定根拠を具体的に記載し，買付価格が時価と異なる場合や当該買付者が最近行った取引の価格と異なる場合には，その差額の内容も記載すること。 ・株券等の種類に応じた公開買付価格の価額の差について，換算の考え方等の内容を具体的に記載すること。 ※現金以外を対価として選択した場合は，その理由をわかりやすく具体的に記載する。特に，流動性が低いなど換価が困難と考えられる財産を対価として選択した場合には，他の財産による代替可能性等の観点を踏まえて理由を記載する。 ※上場株券等を対価とする公開買付けを行う場合には，有価証券届出書の【有価証券をもって対価とする公開買付けの場合の発行（交付）条件に関する事項】に記載する「発行（交付）条件の合理性に関する考え方」の内容を含めて記載する。	
3．合併等の組織再編行為	支配株主等との間で組織再編を行う場合	その他
	「1．公開買付け等に関	1．具体的な算定方式

504

	する意見表明等（TOB対象会社）」と同様。ただし，当該組織再編が公開買付け後のいわゆる二段階買収の二段目の手続として行われる場合は上記の取扱いは除く。	2．当該算定方式を採用した理由 3．各算定方式の算定結果の数値（レンジ可） 4．各算定方式の算定の重要な前提条件※3 5．主として用いた算定方式がある場合にはその旨及び当該算定方式を主として用いた理由

※1　算定の重要な前提条件として，市場株価法，類似会社比較法およびディスカウンテッド・キャッシュ・フロー法については，以下の内容を含めて記載する。その他の算定手法については以下の内容に準じて重要な前提条件を記載する。

① 市場株価法
- 算定基準日，計算対象期間および算定基準日が算定書作成日当日またはその前営業日でない場合には，当該日を基準日とした理由
- 計算方法（終値単純平均か加重平均かの別）
- その他特殊な前提条件がある場合には，その内容

② 類似会社比較法
- 比較対象として選択した類似会社の名称および当該会社を選択した理由
- マルチプルとして用いた指標（EV／EBITDA，PER，PBR など）
- その他特殊な前提条件がある場合には，その内容

③ ディスカウンテッド・キャッシュ・フロー法
- 算定の前提とした財務予測（各事業年度における売上高，営業利益，EBITDA およびフリー・キャッシュ・フロー）の具体的な数値（上場維持を前提とする場合を除く。）
- 算定の前提とした財務予測の出所
- 算定の前提とした財務予測が当該取引の実施を前提とするものか否か
- 算定の前提とした財務予測で大幅な増減益を見込んでいるときは，当該増減益の要因※
    - ※上場維持を前提とする場合は，算定の前提とした財務予測で大幅な増減益を見込んでいるときはその概要（計数を含む。）および増減益の要因を記載し，算定の前提とした財務予測で大幅な増減益を見込んでいないときはその旨を記載する。
    - ※「大幅な増減益」に該当するかどうかについては，各当事会社の当該公開買付け実施後5事業年度のいずれかにおいて，各々の前事業年度と比較して，利益の増加または減少見込額が30％未満であるか否かを目安とする。
- 割引率の具体的な数値（レンジ可）
- 継続価値の算定手法及び算定に用いたパラメータの具体的な数値（レンジ可）
- その他特殊な前提条件がある場合には，その内容

※2　MBO の場合，金融商品取引法の他社株買付府令13①八により公開買付届出書の添付書類として算定書の提出が必要。

※3　① 市場株価法を用いた場合

市場価格の計算対象期間，算定基準日および算定基準日が算定書作成日当日またはその前営業日でない場合には当該日を基準日とした理由を記載する（特に，上場会社同士の組織再編において，市場株価法による算定結果から乖離している場合には，その理由をわかりやすく説明する。）。

② ディスカウンテッド・キャッシュ・フロー法を用いた場合

割当ての内容の算定の前提とした財務予測で大幅な増減益を見込んでいるときは，前提とした財務予測の概要（計数を含む。）と増減益の要因（大幅な増減益を見込んでいないときは，その旨）など算定の前提条件を記載する。

(注)「大幅な増減益」に該当するかどうかについては，各当事会社の当該組織再編実施後5事業年度のいずれかにおいて，各々の前事業年度と比較して，利益の増加または減少見込額が30％未満であるか否かを目安とする。

(算定に関する開示例)

---

(3) 算定に関する事項

当社は，当社及び公開買付者から独立した第三者算定機関である□□□□㈱を選定し，平成○年○月○日付で，当社普通株式価値に関する算定書を取得しました。なお，□□□□㈱は，当社及び公開買付者の関連当事者には該当せず，当社及び公開買付者との間で重要な利害関係を有しません。

□□□□㈱は……であることから市場株価法を，……であることから類似会社比較法を，……であることからディスカウンテッド・キャッシュ・フロー法（DCF法）を用いて当社の株式価値分析を行いました。

上記各方式において算定された当社の普通株式1株当たりの価値の範囲は以下のとおりです。

市場株価法	○○円～○○円
類似会社比較法	○○円～○○円
DCF法	○○円～○○円

市場株価法においては，□□□□㈱は，算定基準日を算定書作成日の前営業日である平成○年○月○日として，当社普通株式の東京証券取引所における算定基準日までの1ヶ月間，3ヶ月間及び6ヶ月間における株価終値単純平均値（1ヶ月間：○○円，3ヶ月間：○○円，6ヶ月間：○○円）を算定しております。

類似会社比較法においては，□□□□㈱は，当社の主要事業である○○事業を営んでいる国内上場会社のうち，当社との事業規模の類似性を考慮し，売上高○億円以上の上場会社を基準として，▲▲▲株式会社，○○株式会社，及び□□株式会社を類似会社として抽出し，EV／EBITDA倍率及び株価収益率（PER）

を用いて算定しております。

　DCF法においては，□□□□㈱は，当社が作成した平成○年○月期から平成○年○月期の財務予測に基づく将来キャッシュフローを，一定の割引率で現在価値に割り引くことによって企業価値を評価しています。割引率は○○％を採用しており，継続価値の算定にあたっては永久成長率法及びマルチプル法を採用し，永久成長率法では，永久成長率を○○％〜○○％，マルチプル法では，マルチプルを○○倍〜○○倍として算定しております。

　DCF法の算定の前提とした当社の財務予測は以下のとおりです。なお，当該財務予測は，本公開買付け及びその後の一連の手続の実施を前提として作成しております。

（単位：百万円）

	平成○年○月期	平成○年○月期	平成○年○月期	平成○年○月期	平成○年○月期
売上高					
営業利益					
EBITDA					
フリー・キャッシュ・フロー					

（注）平成○年○月期において大幅な減益が生じておりますが，これは，……によるものです。

（出所）東証の（開示様式例）MBOの実施及び応募の推奨に関するお知らせ

Q121 東京証券取引所による「MBO等に関する適時開示内容の充実等について」で求められる算定書の内容はどのようなものか?

 評価結果のみならず,評価手法の採用理由および手法ごとに定められた主な前提条件の記載を求めている。

1 規則改正の経緯

平成25(2013)年7月8日付「MBO等に関する適時開示情報内容等の充実について」(東証上会第752号)では,株式価値等の算定に関する開示の充実を求めることに加えて,取得・提出すべき算定書の内容が明確化されました。

これは,従来提出されていた算定書の多くが記載を簡素化したものであり,適切な算定が行われたかどうかの検討には不十分であったことに対応したものです。

2 算定書に記載すべき事項

算定書に記載すべき具体的な事項は,次のとおりです。

（算定書に記載すべき事項）

	算定書に記載すべき事項[※1]
1．公開買付け等に関する意見表明等 （TOB 対象会社）	1．具体的な算定方式 2．当該算定方式を採用した理由 3．各算定結果の数値 4．以下の算定手法に関しては，通常，各項目に掲げる内容の記載を要する[※2]。 　① 市場株価法 　・計算対象期間 　・算定基準日および算定基準日が算定書作成日当日またはその前営業日でない場合には，当該日を基準日とした理由 　・算定方法（終値単純平均か加重平均かの別） 　・その他特殊な前提条件がある場合には，その内容 　② 類似会社比較法 　・比較対象として選択した類似会社の名称および当該会社を選択した理由 　・マルチプルとして用いた指標（EV／EBITDA，PER，PBR など） 　・その他特殊な前提条件がある場合には，その内容 　③ ディスカウンテッド・キャッシュ・フロー法 　・算定の前提とした財務予測（各事業年度における売上高，営業利益，EBITDA およびフリー・キャッシュ・フローを含む。）の具体的な数値 　・算定の前提とした財務予測の出所 　・割引率の具体的な数値（レンジ可） 　・継続価値の算定手法および算定に用いたパラメータの具体的な数値（レンジ可） 　・その他特殊な前提条件がある場合には，その内容

第4部 評価報告の実務

509

2．公開買付けまたは 自己株式の公開買付け （TOB 買付者）	同上
3．合併等の組織再編行為	同上

※1　算定書に当該内容が記載されない場合には別途書面を添付することでも差し支えない。

※2　その他の算定手法を用いる場合においても，これらに準じた前提条件の記載を要する。

株式評価に係る業務委託契約締結に際しての留意事項には何があるか？

A 評価機関は，委任者との間で締結した業務委託契約に基づく責任を負担する。業務委託契約書では，故意または重過失による責任を除き，受任者の責任を免除または制限するのが一般的である。

評価機関の責任は，業務委託契約に定める作業の範囲に限定されます。ただし，作業範囲に関する責任であっても，報酬金額を著しく超える責任を負担する余地が存在すると，業務の遂行に支障を来す場合があります。そのため，業務委託契約の締結にあたって，報酬金額を責任の上限とするなど，一定の制限を設ける取扱いが定着しています。

評価機関が業務を受託し業務委託契約を締結する際には，評価者の責任に関して特に次の点を考慮すべきです。

［業務委託契約を締結する際に注意すべき点］

① 業務範囲および性質の明確化
② 情報および資料の真実性・正確性・網羅性の検証に係る事項
③ 依頼者による損害賠償請求の制限
④ 業務を遂行するにあたって生じた第三者からの請求に関する補償
⑤ 契約の中途解約に係る事項
⑥ 秘密保持

1　業務範囲および業務の性質の明確化

まず，依頼者より委任を受けた業務の範囲，性質を明確にする必要があります。評価業務は，前提条件に基づく経営者の意思決定のための「算定業務」と経営者による評価の妥当性に係る「意見表明を含む業務」とがあります。業務の性質に応じて依頼者に誤解のないようにその旨を明記すべきです。

2　情報および資料の真実性・正確性・網羅性の検証に係る事項

評価の前提となる情報および資料について，その内容の真実性・正確性・網羅性の検証を行わず，真実かつ正確であることを前提に評価業務を行う場合，その旨を明記する必要があります。

3　損害賠償請求の制限

評価業務の複雑性，利用可能な情報の限界，作業に許容される時間的制限等を考慮し，受任者の責任を限定します。また，いわゆる逸失利益や特別損害を含めると責任の範囲が広くなりすぎ，受託した業務に照らして過大な責任を負うことになるため，受任者の損害賠償責任は，受任者の責による直接的な損害に限定します。さらに，損害賠償金額の上限として，故意または重過失によるものを除き，報酬金額と同額にするなどの上限を設定します。

4　第三者からの損害賠償請求に関する補償

背景となる取引には，様々な利害関係者が存在することから，一部の利害関係者により，評価機関が責任の追及を受ける余地があります。そのため，第三者からの損害賠償請求により評価機関が負担するおそれのある損失については，委任者が補償する旨を業務委託契約書に定めるのが一般的です。

5　契約の中途での解除に係る事項

　業務委託契約の締結時には想定し得なかったリスクが顕在化した場合に備え，当事者の一方の意思表示に基づく中途解約ができる旨を契約書に定めておくことが有用です。受任者に故意または重過失がなく，委任者の事情により解約される場合には，それまでに遂行した業務について，相応の対価を請求できるものとするのが一般的です。

6　秘密保持

　秘密保持に関する責任を記載します。具体的には秘密保持の条項および秘密情報の定義を明確に記載するとともに，評価機関の責任の継続期間も明記します。また評価対象となった「取引」自体が公知となった後においては，当該取引に関与した旨について言及することができる旨を契約書上明記することもあります。

Q123 フェアネス・オピニオンとは何か？

A フェアネス・オピニオンとは,「株式価格等の評価額や評価結果に至る企業の経営判断を,独立の第三者が様々な観点から調査し,その公正性について財務的見地から意見を表明すること」である。

1 フェアネス・オピニオンの概要

フェアネス・オピニオンとは,決定された取引価格,またはその価格を導くに至った経営判断が財務的見地から公正であることについて,投資銀行や会計事務所といった独立の第三者から取得する意見書です。米国において,フェアネス・オピニオンを独立の第三者から取得する手続が定着している背景には,株主の利害に対して重要な影響を与える取引の実行にあたり,経営者が取締役としての善管注意義務および忠実義務を果たしている旨を示す必要があるからです。フェアネス・オピニオンとは,経営者による取引および評価を含む業務上の意思決定について財務的見地から補完するものです。我が国においても,大規模なM&Aを中心に,フェアネス・オピニオンを第三者から取得する例が徐々に増えています。

2 フェアネス・オピニオンを表明できる主体の要件

フェアネス・オピニオンとは,決定された取引価格,またはその価格を導くに至った経営判断を独立の第三者が様々な観点から調査し,その公正性について財務的見地から意見を表明することです。よって,フェアネス・オピニオンを表明できる主体の要件としては,

　a) 独立性・中立性の保持

b） 評価過程の適切な分析

c） 高度な専門性

が求められます。

3　フェアネス・オピニオンと算定業務との比較

フェアネス・オピニオンの性格に関する理解を深めるため，フェアネス・オピニオンと，評価・算定業務を比較します。

(1)　業務目的

取引目的の評価業務は，依頼に基づいて評価額自体を算定する業務です。

これに対し，フェアネス・オピニオン業務は，原則として，当事者が決定した取引金額に対して，財務的見地から意見を表明する業務です。

(2)　意見内容

フェアネス・オピニオンは，対象となる取引価格を前提に，財務的見地からその公正性または妥当性について表明する意見です。

これに対して，評価業務は，取引価格の参考となる価値を算定するものであり，その公正性，妥当性について意見を述べるものではありません。

(3)　依頼者による報告書の利用

フェアネス・オピニオンは，依頼者が意思決定をするにあたり忠実義務や善管注意義務を果たしたことを示すための一資料として利用されます。

これに対して，評価業務の報告書は，意思決定のための参考情報として利用されます。

(4)　業務依頼の時期・主体

取引目的の評価業務の依頼者は様々です。例えば，検討の初期段階では現場に近い部門長が依頼者となる場合が多いのに対し，最終的な検討段階では経営陣またはこれに準ずる最終責任者が依頼者となるのが一般的です。

515

これに対して，フェアネス・オピニオンは，投資判断の公正性と判断に際しての取締役としての忠実義務や善管注意義務遂行を株主に示すことを目的としていますから，多くの場合，取締役会や独立委員会が依頼者となります。

4　株主に対する責任の有無

経営判断に関する第一義的な責任は取締役が負うことになります。評価機関は，フェアネス・オピニオンを述べたとしても，株主に対して直接責任を負いません。なぜなら，フェアネス・オピニオンは，取締役が責任を負う経営判断の公正性を，財務的な見地から担保するものにすぎないからです。

評価業務の報告書は，依頼者のみの利用に限定されます。これに対し，フェアネス・オピニオンの対象となる取引が株主総会の承認を必要とする場合，フェアネス・オピニオンが招集通知の参考資料として添付される場合があります。上記の通り，フェアネス・オピニオンを表明した評価機関が第三者である株主に対して直接の責任を負うものではありませんが，開示によって株主から責任の追及を受ける余地が生じることには留意する必要があります。

5　米国におけるフェアネス・オピニオンの状況

米国においては，1985年のデラウェア最高裁判所による Smith v.Van Gorkom 事件判決を契機として，フェアネス・オピニオンが広く利用されるようになったといわれています[44]。同判決では，取締役会が入手可能で現金合併による売却を株主へ推奨する上で重要なすべての情報を取得・考慮することを怠ったとして，取締役の善管注意義務違反が認定されました。その理由の1つとして，取締役会が第三者機関からフェアネス・オピニオンを取得していなかったことが指摘されました。

発行会社とその関係会社との間で行われる特定の「株式非公開化」取引に関

---

[44]　旬刊商事法務 No.1901「フェアネス・オピニオンをめぐる諸問題」内田光俊 弁護士，竹田絵美 弁護士

しては，米国証券取引所法ルール13e-3条の規制の対象となり，当該取引の公正性に関して，株式価値算定書だけではなくフェアネス・オピニオンを取得したうえ，その他全ての算定資料の写しを添付することが義務付けられています。

　フェアネス・オピニオンの開示および手続上の義務に関してSEC（米国証券取引委員会）が定めた「Rule2290」という規則が存在し，FINRA（米国金融取引業規制機構）の加盟団体は，フェアネス・オピニオンの提出にあたって，当該規則に従わなければならないとしています。

第4部

評価報告の実務

Q124 国内において,フェアネス・オピニオンが裁判で斟酌された事例はあるか?

A トランス・コスモス株式会社がダブルクリック株式会社を完全子会社とする株式交換に係る株式買取価格決定申立事件の判例(平成23年3月30日,東京地裁民事第8部決定,平成22年(ヒ)第202号株式買取価格決定申立事件)において,ダブルクリック側がフェアネス・オピニオンを取得していたことが,公正性を確保するための手厚い措置が講じられたことにより透明性の高い手続によって行われたことを示す一資料として斟酌されている。

フェアネス・オピニオンを取得し,財務アドバイザーによる取引価格についての財務的見地からの妥当性検証を行ったうえで取引を実行する実務は,我が国においていまだ定着しているとはいえません。そのため,取引をめぐる裁判において,フェアネス・オピニオンが斟酌された事例は今のところ多くありませんが,事例としてトランス・コスモス株式会社がダブルクリック株式会社を完全子会社とする株式交換に係る株式買取価格決定申立事件における決定が挙げられます(平成23年3月30日,東京地裁民事第8部決定,平成22年(ヒ)第202号株式買取価格決定申立事件)。

1 事案の背景

トランス・コスモス株式会社(以下,「トランス・コスモス」という)を株式交換完全親会社,ダブルクリック株式会社(以下,「ダブルクリック」という)を株式交換完全子会社とする,平成22(2010)年3月29日を効力発生日として行われた株式交換に関し,これに反対するダブルクリックの株主がダブルクリックに対して会社法第785条第1項に基づく株式の買取を請求しましたが,価格の決定について協議が調わなかったため,ダブルクリックを吸収合併した

トランス・コスモスを相手方として，会社法第786条第2項に基づく買取価格の決定を申し立てました。

2 裁判での争点

ダブルクリックは，トランス・コスモスにより発行済株式総数の60.66％を保有される子会社でした。そこで，裁判での主要な争点として，利益相反回避措置が適切に講じられたかが争われました。

これに関し，東京地裁は，株式買取価格の判断基準として，次のように判示しました。

> 株式交換をする各当事会社が，相互に特別の資本関係があり，独立した会社同士ではない場合，各当事会社が当該株式交換の可否やその条件等について相互に自社の利益の最大化を図って相手方と交渉することを期待できる状況にあるとはいえず，各当事会社の利益よりも各当事会社が属する企業グループ全体の利益などを優先的に考慮して当該株式交換の可否やその条件等を決定する蓋然性が低いとはいえない。……そこで，このような場合には，株式交換に関する詳細な事情を把握している当該当事会社側において，各当事会社が第三者機関の株式評価を踏まえるなど合理的な根拠に基づく交渉を経て合意に至ったものであり，子会社の少数株主の利益保護の観点から利益相反関係を抑制するための適切な措置が講じられ，……公正性を確保するための手厚い措置が講じられたより透明性の高い手続きによって株式交換が進められたものであることを具体的に明らかにする必要があるというべきである。そして，以上のような……手続きによって株式交換の効力が発生したと認められる場合には，株式交換により当該当事会社の企業価値ないし株主価値が毀損されたり，シナジーの適正な配分が行われなかったと疑わせるような事情がない限り，当該株式交換は，当該当事会社によって公正に行われたものと推認することができるというべきである。

そして，以上の判断基準に照らし，ダブルクリックが株式交換比率の算定書に加え株式交換比率が公正である旨の意見（フェアネス・オピニオン）の取得を含む一連の利益相反回避措置を実施したことについて，東京地裁は，次のように判示しました。

> そこで，本件株式交換が公正性を確保するための手厚い措置が講じられたより透明性の高い手続きによって行われたかどうかについて検討する。
> ……ダブルクリック社は，……算定を依頼し……上記交換比率が公正である旨の意見が表明された……。
> これらの諸点に照らすと，本件株式交換については，各当事会社が第三者機関の株式評価を踏まえるなど合理的な根拠に基づく交渉を経て合意に至ったものであり，利益相反関係の問題に関してもこれを抑制するための適切な措置が講じられ……公正性を確保するための適切な措置が講じられたより透明性の高い手続きによって行われたものというべきである。

3 フェアネス・オピニオン取得実務の今後

前述のとおり，フェアネス・オピニオンが取得される例は，今のところ多くありません。しかしながら，少数株主保護の見地から，MBO や親会社による完全子会社化など，利益相反関係を前提とする取引では特に，第三者により財務的見地から妥当性を検証された価格で取引を実行する実務の定着が望まれるところです。

なお，平成23（2011）年においても，大規模な完全子会社化取引を中心に，フェアネス・オピニオンの取得がなされているところであり（2月10日公表チャーティス・ジャパン・キャピタル・カンパニー・エルエルシーによる富士火災海上保険株式会社の完全子会社化，9月30日公表株式会社三井住友銀行によるプロミス株式会社の完全子会社化，11月22日公表株式会社大阪証券取引所と株式会社東京証券取引所グループの合併など），今後もこの実務が増えていくことが期待されます。

Q125 フェアネス・オピニオンを含む報告書の記載事項とは何か？

 フェアネス・オピニオンを含む報告書の記載事項として以下の事項が挙げられる。
① 依頼の経緯と内容
② 合併の経緯と合併比率
③ 実施した手続
④ サービス対価を本件成立の条件として受領する旨※
⑤ 契約規定の免責・補償条項の適用がある旨
⑥ 利害関係・取引関係がある旨※
⑦ 報告書の目的，利用前提，開示手続等に関する制限
⑧ フェアネス・オピニオン

※該当がある場合のみ記載する。

フェアネス・オピニオンを含む報告書の記載事項について，合併比率算定の事例をもとに解説します。

企業が合併を行うにあたり，合併企業それぞれが財務アドバイザーを独自に任命して，その助言を勘案したうえで合併比率に関する検討を行い，相手と協議・交渉を行った事例において，企業間の交渉・協議の結果，合併条件に関する合意に達し，合併契約書の締結は取締役会で承認され，株主総会招集の決議が行われました。

そして，取締役会開催と同日付で合併契約書記載の合併比率の公正性に関するフェアネス・オピニオンが，財務アドバイザーから提出されました。

提出されたフェアネス・オピニオンを含む報告書の記載内容および構成の概要は次の表に示したとおりです。

[報告書の記載内容および構成の例]

報告書の宛名 報告書の構成	取締役会または独立委員会 ① 依頼の経緯と内容 ② 合併の経緯と合併比率 ③ 実施した手続 ④ サービス対価を本件成立の条件として受領する旨※ ⑤ 契約規定の免責・補償条項の適用がある旨 ⑥ 利害関係・取引関係がある旨※ ⑦ 報告書の目的，利用，前提，手続等に関する制限 ⑧ フェアネス・オピニオン
フェアネス・オピニオン の記載例	報告書作成日現在において合併比率は，依頼者の株主に とって財務的見地より妥当である。

※該当がある場合のみ記載する。

Q126 フェアネス・オピニオンと独立委員会の意見は何が異なるのか？

A フェアネス・オピニオンの取得は、取締役による善管注意義務・忠実義務の履行を第三者の意見表明によって担保するという点で、独立委員会による意見の取得に類似した性格を有する。しかし、フェアネス・オピニオンと独立委員会の意見との間には、制度上の取扱い、実施の主体、実施の目的、意見の内容の4点において差異がある。

1 制度上の取り扱い

独立委員会の意見とフェアネス・オピニオンは、いずれも法令の規定により設置されるものではありませんが、大規模な希薄化または支配権の異動を伴う第三者割当増資と、親会社による公開買付けなど支配株主との重要な取引については、金融商品取引所の規程により、表に示すような外部有識者の意見の入手が求められています。

ここで、独立委員会の意見はいずれの場合も第三者の意見として取り扱われるのに対し、フェアネス・オピニオンは「支配株主との取引」に該当する場合について、少数株主にとって不利益でない旨を記載した場合に限り第三者の意見として取り扱われ、それ以外の場合は制度上の根拠によらず任意に取得される意見という位置づけになります。

[独立第三者の意見の入手が求められる場合（東京証券取引所の場合）]

	大規模な第三者割当	支配株主との取引
適用の要件	下記の要件を満たす第三者割当 ・割り当てられる募集株式等に係る議決権の割合（当該募集	支配株主を有する上場会社またはその子会社の業務執行を決定する機関が、当該支配株主の関

523

		株式等の転換または行使により交付される株式に係る議決権の数を含む）が25％以上 ・当該割当ておよび当該割当てに係る募集株式等の転換または行使により支配株主が異動	連する第三者割当，株式交換，合併，公開買付け等を決定する場合
第三者の要件		経営者から一定程度独立した者	支配株主との間に利害関係を有しない者
意見の内容		当該割当ての必要性および相当性	当該決定が少数株主にとって不利益なものでないこと
入手の省略		株主総会決議により可	不可
根拠規定		有価証券上場規程432条 同施行規則435条の2	有価証券上場規程441条の2 同施行規則436条の3

2　実施の主体

　独立委員会の意見は，対象となった取引の必要性および相当性，少数株主に与える不利益の有無などに関する多面的な判断を含むことから，多くの事例で弁護士および公認会計士が委員として選任されており，会社の業務執行に関与しない社外監査役が必要に応じて加わる場合もあります。これに対し，フェアネス・オピニオンは株式価値の算定に関与したフィナンシャル・アドバイザーまたは第三者算定機関によって表明されます。

3　実施の目的

　1に示したとおり，独立委員会の目的は，第三者割当の必要性および相当性，取締役会の決定が少数株主にとって不利でないことなどについて意見を表明することにあり，必ずしも取引価格の妥当性を直接の検証目的としたものではありません。しかし，これらの命題の適否を判断する上では，取引価格の妥当性も当然に検討項目の1つに含まれます。したがって，独立委員会が設置される場合には取引価格の妥当性が第三者の意見によって，少なくとも間接的には担

保されることから，独立委員会の意見とフェアネス・オピニオンの競合関係が問題となります。

この点，独立委員会の意見は，算定に関与しない外部有識者により表明されるのに対し，フェアネス・オピニオンは対価の算定に関与したフィナンシャル・アドバイザーまたは第三者算定機関によって表明されます。したがって，中立性の観点からは独立委員会の意見が，財務的見地からの実質的・具体的な検討に基づく意見という点ではフェアネス・オピニオンがそれぞれ優れており，両者は補完的な関係にあります。実際に，最近の実務では独立委員会の答申とフェアネス・オピニオンを同時に入手する事例も出現しており，これらの事例では手続の公正性がより強固に担保されています。

4　意見の内容

フェアネス・オピニオンの内容は取引価格の妥当性に集約される一方，独立委員会の意見の内容は，取締役会で決定すべき事項に応じて異なります。しかし，取引価格の妥当性は多くの事例において重要な諮問事項の1つとなっており，最終的な答申も取引価格の妥当性に関する判断を含むのが一般的です。

例えば，三井住友銀行株式会社によるプロミス株式会社の完全子会社化を前提とした公開買付けは，公開買付者側がフェアネス・オピニオンを，対象者側が第三者委員会の答申書とフェアネス・オピニオンを入手した事例で，プロミス株式会社の委嘱を受けた第三者委員会は，表に示すとおり，公開買付け価格を含む公開買付けの条件が妥当である旨の答申を提出しました。

[プロミス株式会社の第三者委員会の概要]

委員の構成	弁護士1名，社外監査役2名
実施した手続	・対象者からの下記事項の聴取 　公開買付者の提案内容 　公開買付者との協議・交渉の状況 　公開買付実施後に予定される一連の組織再編手続の目的 　当該手続により向上することが見込まれる企業価値の具体的内容

	・第三者算定機関が対象者に対して提出した株式価値算定書および意見書に関する説明 ・対象者のリーガル・アドバイザーおよび財務アドバイザーによる本件取引の手続きに関する説明 ・独自のリーガル・アドバイザーの選任および法律意見書の取得
意見の内容	・本公開買付け価格を含む本公開買付けの条件は妥当であること ・本公開買付価格を含む本公開買付けの条件が対象者の少数株主に不利益なものでないと判断し，本公開買付けに対する賛同意見を表明することは妥当であること

（出所）平成 23 年 9 月 30 日付リリース「三井住友銀行による当社株式等に対する公開買付けに関する賛同意見表明のお知らせ」に基づき作成

5　まとめ

　表は，上記の議論をもとに，独立委員会の意見とフェアネス・オピニオンを比較したものです。

[独立委員会の意見とフェアネス・オピニオンとの比較]

	独立委員会の意見	フェアネス・オピニオン
根拠法令等 （東証の場合）	有価証券上場規程 432 条，441 条の 2	有価証券上場規程 441 条の 2
意見表明の主体	弁護士・公認会計士・社外監査役等	フィナンシャル・アドバイザーまたは第三者算定機関
意見の内容	取引価格の妥当性を含む複数の諮問事項に関する答申	取引価格の妥当性
意見表明の形式	長文	比較的短文

Q127 フェアネス・オピニオンはいつ提出されるのか？

A 取締役会の決定した取引価格の妥当性に関する意見表明という位置づけからすると，フェアネス・オピニオンは取締役会決議の後で提出すべきように思われる。しかし，フェアネス・オピニオンの実務においては「提出日現在予定されている決議事項が変更されないことを停止条件として，提出日現在における情報をもとに公正と判断する」という建て付けをとることが多い傾向にある。

1 基本合意公表とフェアネス・オピニオン提出の先後関係

取締役会の決定した取引価格に関する意見としての性質上，フェアネス・オピニオンは取引価格に関する取締役会決議に際して提出されます。例えば，合併に際して基本合意の公表とともに合併比率も公表されれば，その時点でフェアネス・オピニオンが提出されます。これに対して，最初に基本合意のみが発表され，後日合併比率が決定された場合，フェアネス・オピニオンが提出されるのは合併比率が決定された時点となります。

(1) 基本合意の公表に際してフェアネス・オピニオンが取得される場合

該当する事例としては，大阪証券取引所と東京証券取引所グループの経営統合があります。当該事例では，平成23（2011）年11月に公開買付けおよび合併を伴う経営統合の基本合意がなされ，公開買付価格および合併比率の決定ならびにフェアネス・オピニオンの取得もその時点でなされました[45]。その後平

45　平成23年11月22日「株式会社大阪証券取引所と株式会社東京証券取引所グループの経営統合に関する合意について」

成 24（2012）年 7 月に東証が大証の株式に対する公開買付けの開始を決定し，大証がこれに対する賛同意見を表明した際には，基本合意の発表時点で取得された算定書とフェアネス・オピニオンがそのまま引用されています[46]。

(2) 基本合意の発表後にフェアネス・オピニオンが取得される場合

該当する事例として挙げられるのは，JFE ホールディングスによる JFE 商事の完全子会社化です。本件は，中間持株会社である JFE 商事ホールディングスを傘下の事業会社 JFE 商事に吸収する形で平成 24（2012）年 4 月 1 日に合併させた後，効力発生日を平成 25（2013）年 4 月 1 日（その後平成 24 年 10 月 1 日に変更）として JFE ホールディングスが JFE 商事を合併するという組織再編の一環として行われたもので，基本合意は平成 23（2011）年 10 月時点で発表されていました[47]。しかし，株式交換比率が決定されたのは翌年 5 月の株式交換契約締結時で，フェアネス・オピニオンもそのときに提出されています[48]。

特殊な事例としては，ヒューリック株式会社と昭栄株式会社の経営統合があります。当該事例においては，平成 23（2011）年 12 月に統合基本契約書が締結され，その際に合併比率も発表されましたが，この段階ではフェアネス・オピニオンが提出されませんでした[49]。しかし，翌年 2 月の合併契約書の承認・締結に際しては，昭栄株式会社が算定書を重ねて取得するとともに，新たにフェアネス・オピニオンを取得しています[50]。

また，三井住友フィナンシャルグループによるプロミス（現 SMBC コン

46　平成 24 年 7 月 10 日「株式会社大阪証券取引所株式に対する公開買付けの開始に関するお知らせ」「株式会社東京証券取引所グループによる当社株式に対する公開買付けに関する賛同意見表明のお知らせ」

47　平成 23 年 10 月 26 日「JFE ホールディングス株式会社による株式交換を通じての JFE 商事株式会社の完全子会社化に関する基本合意書の締結のお知らせ」

48　平成 24 年 5 月 10 日「JFE ホールディングス株式会社による株式交換を通じての JFE 商事株式会社の完全子会社化に関する株式交換契約の締結のお知らせ」

49　平成 23 年 12 月 20 日「ヒューリック株式会社と昭栄株式会社の統合基本契約書締結に関するお知らせ」

50　平成 24 年 2 月 2 日「ヒューリック株式会社と昭栄株式会社の合併契約書締結に関するお知らせ」

シューマファイナンス）の完全子会社化に際しては，平成 23（2011）年 9 月の基本契約の締結と同時に公開買付けにおける買付価格が決定され，これに関するフェアネス・オピニオンもその際に提出されましたが，二段階買収の手法として同時に発表された株式交換における取引価格はその段階では決定されませんでした[51]。株式交換比率が決定されたのは，同年 12 月の株式交換契約締結時であり，株式交換比率に関するフェアネス・オピニオンはその際に取得されています[52]。

2　取締役会決議とフェアネス・オピニオン提出との先後関係

　表は，平成 24（2012）年 7 月までの 1 年間において，フェアネス・オピニオンが取得された案件ごとに，その提出日を示したものです。表からも明らかなように，フェアネス・オピニオンは 1 件を除き取締役会開催日の前日または当日に提出されています。そして，株式価値算定書等とフェアネス・オピニオンが異なる日付で提出された事例はありません。したがって，フェアネス・オピニオンは，取締役会開催日に近接する直前の時点において取引価格に関する算定書とともに提出されているということになります。

　以下では，取引価格の算定から算定書およびフェアネス・オピニオンの提出に至るまでの一般的な流れを示すとともに，フェアネス・オピニオンを取締役会決議の直前に提出するという流れを矛盾なく説明するための理論構成について明らかにします。

51　平成 23 年 9 月 30 日「三井住友フィナンシャルグループによるプロミスの完全子会社化に向けた基本契約締結等のお知らせ」「三井住友銀行によるプロミスに対する公開買付けの開始及び三井住友フィナンシャルグループ又は三井住友銀行によるプロミスの第三者割当増資の引受けのお知らせ」「三井住友銀行による当社株式等に対する公開買付けに関する賛同意見表明のお知らせ」

52　平成 23 年 12 月 21 日「三井住友フィナンシャルグループによるプロミスの株式交換による完全子会社化について」

[フェアネス・オピニオンの提出日]

買手側	提出日[※1]	提出数	売手側	提出日[※1]	提出数
新日本製鐵	当日	4	住友金属工業	当日	4
三井住友フィナンシャルグループ[※2]	当日	1	プロミス[※2]	前々日	1
東京証券取引所グループ	前日	4	大阪証券取引所	前日	3
				当日	1
三井住友フィナンシャルグループ[※3]			プロミス[※3]	前日	1
ATCホールディングス2号			旭テック	当日	1
ヒューリック			昭栄	当日	1
日新製鋼	前日	2	日本金属工業	前日	2
フリービット			フルスピード	前日	1
日本電産			日本電産サンキョー	前日	1
JFEホールディングス	前日	1	JFE商事	前日	1
Macquarie Goodman Japan			グッドマンジャパン	前日	1
シマンテック・インベストメンツ			日本ベリサイン	前日	1
アルフレッサ　ホールディングス	前日	1	常盤薬品		
全体	当日	5	全体	当日	7
	前日	8		前日	11
	その他	0		その他	1
	合計	13		合計	19

※1　「前日」には直前営業日を含む。
※2　平成23年9月に公表された公開買付け
※3　平成23年11月に公表された株式交換

⑴　フェアネス・オピニオンの提出に至るまでの流れ

算定書に記載される結果は，取締役会の前営業日または当日にいきなり提示されるものではなく，一定の時間的余裕をもって試算結果として提示されるのが通常です。そうしなければ，取引の当事者間で価格決定のための交渉ができないからです。取締役会は，このようにして提示された第三者の試算結果を参考として価格交渉を行い，最終的な取引価格はその交渉の結果として成立するため，事前の交渉なしで取締役会の当日に価格が決定されるということはありません。取締役会で承認される価格は，遅くとも開催の前営業日までには当事者間でおおむね合意されており，フェアネス・オピニオンはこれを前提として作成されます。したがって，ドラフト段階の株式価値算定書を前提として当事者間で価格を合意し，この価格やその他の前提事項が維持されることを条件にフェアネス・オピニオンを作成したうえで，取締役会の当日までに提出するというのが通常の流れになります。

もちろん，取締役が善管注意義務・忠実義務を負う以上，取締役の決議は算定書を含む様々な資料に基づき慎重に協議したうえでなされるべきものです。したがって，前提条件の変化等による協議の結果，いったん合意されたはずの価格が取締役会当日に覆されるということも理論上考えられないことではありません。このような場合には，前日に提出されたフェアネス・オピニオンと，その前提となっている取締役会の意思決定が整合しないことから，フェアネス・オピニオンは意味をなさなくなると考えられます。幸いにして，筆者の知る限り我が国においてこのような事例は出現していません。

⑵　フェアネス・オピニオンの提出日に関する理論構成

以上の流れの中で，取締役会決議の直前にフェアネス・オピニオンを提出するにあたっての理論構成として考えられるのが，提出日現在において予定されている決議事項が変更されないことを停止条件として，提出日現在における情報をもとに公正と判断するというものです。

このことを明記した事例として，東証と大証の経営統合に際して大証が取得したMoelis & Company UK LLP（以下，「モーリス」といいます。）によるフェアネス・オピニオンがあります。以下はその抜粋です。

モーリスは，（中略）フェアネスオピニオンを2011年11月21日に提供し，そしてそれはその際における一定の前提，留保，制限，手順およびその他モーリスフェアネスオピニオンに記載された事項を条件としております。

（中略）

　モーリスはまた，本公開買付けおよびその後の本合併が大証および東証グループの株主によりそれぞれ承認されること，ならびに重要な条件または合意の放棄，変更または修正なく，契約の規定の条件に従って完了することを前提とし，かつ，（a）最終的に締結された本契約の形式が，当社が検討した草案と重要な点において相違しておらず，また東証グループおよび大証が本契約の重要な条件のすべてを遵守すること，ならびに（b）本公開買付けおよび本合併に関する書類の条件が本契約の条件と重要な点において相違しておらず，また東証グループおよび大証がかかる書類の重要な条件のすべてを遵守することを前提としました。

（中略）

　モーリスフェアネスオピニオンは，2011年11月21日における業界の業績，規制環境，事業，経済，市場，財務その他の状況全般および同日におけるモーリスが利用可能な情報に基づいております。モーリスは，2011年11月21日より後にモーリスが知るところとなった，モーリスフェアネスオピニオンに影響を及ぼす事実または事柄の変更について，いかなる者にも通知する約束をせず，また義務を負わないことを表明します。

（出所）平成23年11月22日付プレスリリース「株式会社大阪証券取引所と株式会社東京証券取引所グループの経営統合に関する合意について」より抜粋

Q128 フェアネス・オピニオンを取得するのは買い手なのか売り手なのか？

A フェアネス・オピニオンが取得される典型的な場合として，支配株主との取引に該当する場合，支配株主との取引と一体のものとして評価できる場合など，買い手と売り手が実質的に同一または近接した関係であるなどの利益相反構造が存在しており，支配株主以外の売手となる少数株主の保護が必要とされる場合が考えられる。このように，主要な目的の1つとして利益相反構造が存在する場合の少数株主の保護があるため，フェアネス・オピニオンは主として売り手によって取得されることが多い。ただし大規模な経営統合などに際して，取引価格の公正性を担保するための慎重な手続が必要とされる場合には，売り手と買い手の双方がフェアネス・オピニオンを取得することもある。

フェアネス・オピニオン取得の必要性を検討するにあたっては，少数株主保護の必要性，その他手続の公正性という2つの観点が必要になるものと考えられます。具体的には，まず少数株主保護が必要となる場合，原則として売り手側におけるフェアネス・オピニオンの取得を検討します。また，取締役会がその意思決定の公正性について株主に対して説明責任を負っているのは，買い手も売り手も同様であるため，大規模な経営統合など取引価格の公正性をより慎重に担保すべき特段の事情があるかどうかを検討したうえで，特段の事情ありと判断される場合は，原則として買い手側と売り手側双方でフェアネス・オピニオンの取得を検討します。そして，いずれの場合についても，重要性の程度に応じて，買い手側での入手を追加したり，売り手側での入手を省略するという対応は考えられます。表は，以上のような検討を通じて導かれるフェアネス・オピニオンの要否を示したものです。

[取得の目的別に分類したフェアネス・オピニオンの要否]

取得者	取得の目的	
	少数株主の保護	その他公正性の担保
買い手	△[※1]	○
売り手	○	○[※2]

※1　重要性が高い場合は取得する場合もある。
※2　重要性が乏しい場合には取得しない場合もある。

Q129 フェアネス・オピニオンを含む報告書における制限事項とは何か？

A フェアネス・オピニオンを出す場合，報告書の利用目的，前提条件，開示手続等に関する制限が存在するため，報告書利用者の誤解を防止し，かつ評価機関におけるリスク負担を回避するため，その制限事項を報告書に記載する必要がある。

フェアネス・オピニオンを含む報告書の制限事項に係る記載について，合併比率算定の事例をもとに解説いたします。

フェアネス・オピニオンを出す場合，報告書の利用目的，前提条件，開示手続等に関する制限が存在します。そのため，報告書利用者の誤解を防止し，かつ評価機関におけるリスク負担を回避するため，次のような事項が報告書の中に制限事項として記載されるのが通例です。

[制限事項の記載例]

財務情報	入手した公表情報，合併当事企業から提供された情報，その他の情報は，正確かつ完全であることを前提とし，その正確性と完全性について独自の検証は行っていない。検証する義務も負っていない。 いかなる資産，負債についても評価や算定は行っていない。第三者機関に対して評価や査定を依頼していない。評価や査定の提出も受けていない。 合併当事企業等に非開示の重要な債務が存在しない旨の確認に依拠している。
将来予想	財務情報や予測・計画はすべて合併当事企業が行ったそれぞれ現時点での最善の予測や判断に基づいて作成されていることを前提とし，独自の調査は行っていない。

企業結合の状況	提出を受けた案文と実際に締結された合併契約書が重要な点で異ならないこと，合併が合併契約書の条件に従って実行されていること，契約書に記載された条件以外に合併比率に影響を及ぼすような契約や取決めが行われておらず，今後も行わないことを前提としている。 政府，監督官庁等の許認可が，期待される利益を阻害することなく取得されること，及び税務上の取扱いが，依頼者側担当者との協議結果のとおりであることを前提としている。
後発事象	意見表明は，報告書の日付現在の経済環境，規制環境，市場環境その他の状況を前提としている。かつ，当該日付現在入手した情報に基づいている。意見表明後に本件取引に関して発生あるいは発見された事情によって意見を修正，変更ないし補足する義務を負わない。
責任の免除	報告書提出に当たっては契約書に規定する免責・補償条項が適用される。
意見表明の目的	前提事実や仮定についての意見や依頼者の意思決定の是非について意見を表明するものではない。 依頼人の発行する有価証券の保有者，債権者またはその他の議決権保有者にとっての対価の公正性について意見を表明するものではない。 株式その他の有価証券が将来どのような価格で取引されるかについての意見表明ではない。 意見表明は，本件取引に関する議決権行使の推奨を株主に行うものではない。依頼者への投資などを第三者に対して勧誘する権限を有しておらず，かかる勧誘はしていない。
報告書の利用制限	報告書は，依頼した取締役会のみに提出するもので，株主や取締役を除く他の人物に宛てられるものではない。 取締役会が合併を検討するに当たっての参考情報を提供することが目的である。 証券取引所規則に基づいて義務付けられている場合や，株主総会招集通知の添付書類に含める場合を除き，書面による事前の同意なしに，全文又は一部を問わず，報告書を第三者に開示，要約，配布，参照，引用，伝達することはできない。

（出所）日本公認会計士協会　「企業価値評価ガイドライン」118 頁

Q130 反対株主による株式買取請求事例における「公正な価格」とは何か？

 「公正な価格」について，会社法上明確な規定があるわけではないため，最終的な価格決定は裁判所の裁量による判断となる。

会社法上の反対株主による株式の買取請求では，反対株主は企業に「公正な価格」で株式を買い取らせることができます。そして，株式の価格について当事者の協議がまとまらない場合，最終的には裁判所が当該株式の「公正な価格」を判断することになります。

しかし，そもそも「公正な価格」について，会社法上明確な規定があるわけではないため，最終的には裁判所の裁量による判断となります。

ここでは，「公正な価格」に関する主な解釈上の論点であるシナジー効果を含むか，及び反対株主の反対理由によって左右されるかの2点について検討します。

1 シナジー効果を含むか

シナジー効果とは，直訳すると相乗効果のことであり，企業間同士のM&Aや提携による相乗効果の多くはシナジー効果と称されます。企業結合や組織再編においては，それぞれの特性などを生かした相乗効果により企業価値が増加し，それを反映した市場株価の上昇が期待されます。

株式買取請求権を行使しようとする株主の中には，「株式企業が合併等をすること自体については賛成であるが，合併等の結果，対価として交付される財産の割当に不満足である者も存在し得る」とされており[53]，その利害裁定のた

---

53 江頭憲治郎『株式会社法』，神田秀樹『会社法』，相澤哲・細川充『組織再編行為』，相澤哲編著『新・会社法の解説』

めの「公正な価格」にはシナジー効果が当然に含まれ得ると解されています。

　しかしながら，このことは，裁判所が「常にシナジー効果を考慮する」，または「主張されるシナジー効果の100％を考慮する」ことを意味するわけではありません。なぜならシナジー効果は合併等における両者の貢献度に依存するものであり，またその効果の実現には長期を要するため，シナジー効果を「公正な価格」に織り込むか否かは，具体的な事案における裁判所の判断に委ねられているといえるからです。そのため鑑定人は，鑑定を進めるうえで，当該事案においてシナジー効果を含めることが妥当であるか否かについて，裁判所と十分に協議，または議論する必要があります。

2　反対の理由によって左右されるか

　株式とは細分化されて割合的単位の形をとった社員の地位であり，会社法上での取り扱いにおいては株主の個性はないとされます。そのため，同じ発行企業・同じ基準日で評価した価値が，買取請求者が誰であるか，何を主張しているかによって評価額すなわち「公正な価格」は左右されないと考えられます。

Q131 反対株主による株式買取請求事例における評価基準日はいつか？

A 評価基準日は次のうちのいずれかと考えられるが，鑑定を行う場合には，裁判所から依頼を受けた時点で，評価基準日を確認すべきである。

① 株式買取請求権等の行使対象となる決議がなされた日
② 請求権を行使した日
③ 株式買取請求権等の行使対象となる行為の効力が生じた日
④ 株式買取請求権等の請求の効力が生じる日

現行法上，評価基準日は次のうちのいずれかと考えられます。

① 株式買取請求権等の行使対象となる決議がなされた日
② 請求権を行使した日
③ 株式買取請求権等の行使対象となる行為の効力が生じた日
④ 株式買取請求権等の請求の効力が生じる日

評価基準日が異なると，次の理由により株式価値が変動します。したがって，鑑定を実施する場合は，裁判所と協議の上，適切な評価基準日を設定する必要があります。

- 上場株式の市場株価は日々変動している。
- 非上場株式の評価にあたって必要となる類似企業の株価が日々変動している。
- 評価対象企業の事業計画および財務状況が変動しうる。

ただし，株式関係（会社法第116条）や事業譲渡等（同第469条）により買取請求権が発生する場合，買取請求の効力が生じるのは代金が支払われた日であり（同第117条第5項，第470条第5項），価格が争われている間には到来しないので，買取請求の効力発生日を評価基準日とするのは合理性を欠きます。

また，紛争中に合併等の効力発生日（同第786条第5項，第807条第5項参照）が到来しないこともあり得ます。

現実的な問題として，裁判所から理論的に正しい評価基準日が示されたとしても，その時点での財務資料が必ずしも入手できるわけではないので，何らかの近似する日で処理せざるを得ないと思われます。

このように価格の評価基準日は，鑑定結果に重大な影響を及ぼすため，裁判所とも協議の上，事案に応じて検討する必要があります。

Q132 譲渡制限株式の売買価格決定申立事件があった場合，鑑定にあたってどのような点に留意すべきか？

A 譲渡制限株式の株主などから株式取得を承認するか否かの決定をするよう請求を受け，承認しない旨を決定した場合の売買価格決定申立事件においては，裁判所が譲渡等承認請求のときにおける「株式会社の資産状態その他一切の事情」を考慮して売買価格を決定することとされているため，鑑定人は「資産状態その他の一切の事情」につきどのような論点があるかを理解しなければならない。

1 譲渡制限株式の買取価格決定訴訟があった場合，鑑定にあたってどのような点に留意すべきか

譲渡制限株式の株主などから株式取得を承認するか否かの決定をするよう請求を受け，承認しない旨を決定した場合の売買価格決定申立事件においては，裁判所が譲渡等承認請求のときにおける「株式会社の資産状態その他一切の事情」を考慮して売買価格を決定することとされています。そのため，鑑定人は「資産状態その他一切の事情」につきどのような論点があるかを理解する必要があります。

2 「資産状態その他一切の事情」に関する論点

「企業価値評価ガイドライン」では，「資産状態その他一切の事情」に関する論点が次のように整理されています。

> ① 買受人の資力や主観的事情等は「一切の事情」に含まれるか。
> ② 売買価格の評価基準日はいつか。
> ③ コントロール・プレミアムや非流動性ディスカウントを考慮すべきか。
> ④ 「一切の事情」は株主や発行企業の主張と証拠によってのみ決定すべきか。「一切の事情」を考慮した価格は具体的な事件における両当事者の結論の範囲内におさまるべきか。
> ⑤ 鑑定人が採用する評価法に制限はあるか。

(出所) 公認会計士協会「企業価値評価ガイドライン」90頁

(1) 買受人の資力や主観的事情等

「一切の事情」とはいっても，株式の価値と無関係な要素を考慮して売買価格を定めることは許されないと解されています。また，判例の解釈によりますと，株式を譲渡しようとする株主側の主観的事情や，被指定者以外の第三者による買受希望価格なども，株主価値の具体的表現とみるべきもの以外は，考慮に入れるべきではないとされています。

そのため，鑑定人は，当事者の主張につられて法律上考慮できない事情を根拠に鑑定意見を述べることがないように鑑定を実施します。

(2) 売買価格の評価基準日

「公正な価格」の決定が求められる場合と異なり，「譲渡等承認請求の時」における事情を考慮すると明文をもって定められている以上，評価基準日は承認請求がなされたときと解されています。ただし，株式分割やその後の希薄化に関しては，当然に考慮されると考えられ，実務上も加味されるのが通例です。

(3) コントロールプレミアム及び非流動性ディスカウント

Q62およびQ63をご覧ください。

⑷　当事者の主張・証拠の考慮

鑑定結果は，当事者の主張および証拠に一定程度の配慮を払ったものであることが望まれます。

⑸　採用する評価方法

株式価値の鑑定評価においては，取引目的の評価において主に用いられるDCF法および類似企業比較法の採用事例が少ない傾向にあります。しかし，これは我が国の実務において当該手法の採用が一般的とは言い難かった時代の慣行が今なお反映されたものと考えられます。少なくとも，これらの手法が裁判上否定されるべきものではありません。

索　引

英数

APV 法　79, 184
APT　278, 335
CAPM　276, 280
Damodaran モデル　366, 368
D/E レシオ　318
DCF 法　78
Disclaimer　42
EBIT　87, 217
EBITA　88, 217
EBITDA　216
EV　216
EV/EBIT 倍率　217
EV/EBITA 倍率　217
EV/EBITDA 倍率　216
FCF　86
FCFE　177
FCFF　177
IVSC　53
IRR　478
LBO　186
MBO　186
MM 理論　185, 316
MSCI Index　363
NOPLAT　88
PBR　219
PER　218
PSR　220
PPA　438
ROD　263, 273
ROE　79, 176, 263, 273, 275
ROIC　121, 189
S&P 500　360
TAB　481
VWAP　198
WACC　79, 263, 273, 478

WARA　478

あ行

アウト・オブ・ザ・マネー　161
アット・ザ・マネー　161
アンシステマティックリスク　277
アンレバード株主資本コスト　79, 184, 263
アンレバード・フリー・キャッシュ・フ
ロー　80, 263
アンレバードβ　315
一物多価　5
遺留分　411
インカム・アプローチ　29, 60, 464, 469
イン・ザ・マネー　160
インプライド・リスクプレミアム　300
運転資本　104
永久成長率法　116
エクイティDCF 法　80, 176
エクイティ・キャッシュ・フロー　80
エンタプライズ DCF 法　79

か行

回帰分析　396, 397, 399, 400
回収可能価額　461
回転率　109
価格　4
加重平均資産収益率　478
加重平均資本コスト　79, 263, 273, 478
価値　4
カネボウ株式買取価格決定申立事件　296, 377, 404
株価売上高倍率　220
株価収益率　218
株価純資産倍率　219
株式価値　7
株式等鑑定評価マニュアル　2

544

索　引

株主価値…………………………… 7, 79	システマティックリスク……………… 277
株主価値マルチプル………………… 214	実績マルチプル……………………… 214
株主資本コスト………… 176, 264, 273, 275	シナジー効果………………………… 24
株主資本比率………………………… 331	資本資産評価モデル……………… 276, 280
カルチュア・コンビニエンス・クラブ… 393	資本的支出…………………………… 88, 100
企業価値…………………………… 7, 79, 214	収益還元法……………………… 181, 405
企業価値評価ガイドライン……………… 2	ジュピターテレコム株式取得価格決定申
期央主義……………………………… 139	立事件……………………………… 396
期待価値……………………………… 379	種類株式…………………………… 148, 166
希薄化…………………………… 147, 159	純資産法……………………………… 241
客観的価値…………………………… 379	使用価値……………………………… 462
強制処分価値………………………… 19	少数株主……………………………… 22, 147
グローバル CAPM ……………………… 357	乗数法………………………………… 213
継続価値…………………………… 81, 116	処分コスト控除後の公正価値………… 462
継続企業の前提……………………… 17	新株予約権………………………… 147, 159
減価償却費………………………… 88, 100	新株予約権付社債………………… 146, 149
現在価値係数………………………… 139	スポットレート法…………………… 352
減損テスト…………………………… 460	スリー・ファクター・モデル……… 278, 335
合意された手続業務………………… 46	セイコーフレッシュフーズ事件……… 405
コージツの事案……………………… 393	清算処分時価純資産法……………… 62, 243
ゴードンモデル……………………… 193	節税効果……………………… 79, 184, 481
国際評価基準審議会………………… 53	折衷法………………………………… 36
コスト・アプローチ………… 62, 463, 465	総合評価……………………………… 36
固定合意……………………………… 410	相対リスク比率モデル……………… 366
コントロール・プレミアム…… 26, 234, 253	

さ行

	た行
財産評価基本通達…………………… 63	退職給付債務……………………… 147, 152
サイズ・リスクプレミアム…………… 334	単独法………………………………… 36
再調達時価純資産法………………… 62, 243	調整現在価値法……………………… 79, 184
裁定価格理論……………………… 278, 335	出来高加重平均価格………………… 198
サイバード事件……………………… 393	デフォルトスプレッドモデル………… 366
差入書………………………………… 492	投下資本利益率…………………… 121, 189
サンスター事件……………………… 393	騰落率………………………………… 205
残余利益法………………………… 189, 244	トータルβ………………………… 343
時価純資産法………………………… 243	取引事例法…………………………… 238
事業価値…………………… 7, 79, 214, 216	
事業価値マルチプル………………… 214	**な行**
自己株式法…………………………… 160	内部収益率…………………………… 478
市場株価法…………………………… 197	日興コーディアルグループ株式買取価格
	決定申立事件……………………… 387

545

索　引

ネットアセット・アプローチ……… 29, 62
のれん……………………………… 447
のれん償却費……………………… 88, 96

は行

配当還元法……………………… 22, 193
倍率法…………………………… 134, 213
バリュードライバー法…………… 120
非強制処分価値…………………… 19
非事業資産……………………… 79, 143
非資金損益項目…………………… 113
非支配株主持分………………… 147, 158
ヒストリカル・リスクプレミアム……… 294
標準偏差…………………………… 266
非流動性ディスカウント……… 246, 403, 404
フェアネス・オピニオン…………… 514
フォワードレート法………………… 352
負債資本コスト…………………… 263
フリー・キャッシュ・フロー……… 78, 86
ブロック・トレード………………… 258
併用法……………………………… 36
β ………………………………… 276, 283
簿価純資産法……………………… 241
保証業務…………………………… 46
ボラティリティ…………………… 269

ま行

マーケット・アプローチ…… 29, 61, 464, 467
マーケットモデル…………… 396, 399, 400
マーケット・リスクプレミアム…… 276, 289

マネジメント・バイアウト……………… 186
マルチファクターモデル……………… 278
マルチプル法……………………… 213
みなし税引後営業利益………………… 88
無負債事業価値……………………… 79, 184
モジリアーニ＝ミラーの理論……… 185, 316
モンテカルロ DCF 法 ……………… 195

や行

有利子負債……………………… 79, 146
要請書……………………………… 492
余剰資金…………………………… 143
予想マルチプル…………………… 214
予測期間………………………… 81, 82

ら行

リース債務……………………… 147
リスクフリー・レート…………… 276, 323
リスク分散効果…………………… 277
利払前税引前利益………………… 87, 217
類似企業…………………………… 227
類似企業比較法…………………… 213
レックス・ホールディングス株式取得価
　格決定申立事件………………… 379
レバード株主資本コスト………………… 80
レバードβ ………………………… 306
レバレッジド・バイアウト…………… 186

わ行

割引率…………………………… 260

執筆者紹介

明石　正道（第1部，第2部，第4部）
荒木　隆志（第1部Ⅱ）
石田　良輔（第1部Ⅱ）
岩佐　秀典（第1部Ⅲ，第3部）
内村　匡一（第3部）
久保　健司（第3部）
中川　宗典（第1部Ⅴ）
中嶋　克久（第1部Ⅰ，Ⅱ，Ⅴ，第2部，第3部）
野口　真人（第1部Ⅲ）
門澤　慎　（第1部Ⅱ）
山田　昌史（第1部Ⅴ，第2部，第4部）

執筆者代表

野口　真人　代表取締役社長／京都大学経営管理大学院特命教授

京都大学経済学部卒業。富士銀行（現みずほ銀行）に入行後，JP.モルガン・チェース銀行，ゴールドマン・サックス証券を経て当社を設立。カネボウ株式買取価格決定申立事件における鑑定補助人を務めるとともに，新株予約権の評価手法にモンテカルロ・シミュレーションを採用し，初めて東京地裁に認められた評価ロジックを確立。中小企業庁「非上場株式の評価の在り方に関する委員会専門委員会」委員として，ガイドラインの策定にも関与。現在は京都大学経営管理大学院にて「バリュエーション」（株式評価業務の理論と実務）の講座を担当する。
著書
『ストック・オプション会計と評価の実務』（共著，税務研究会出版局），『ストックオプション儲けのレシピ』（同友館），『種類株式・新株予約権の活用法と会計・税務』（共著，中央経済社），『戦略資本政策』（共著，中央経済社），『パンダをいくらで買いますか?』（日経BP社），『お金はサルを進化させたか』（日経BP社），『私はいくら?』（サンマーク出版），『あれか，これか』（ダイヤモンド社）

明石　正道　ダイレクター

早稲田大学政治経済学部卒業，同大学院経済学研究科修士課程修了。前職から一貫して企業価値評価業務に従事し，平成20（2008）年に当社へ入社。評価モデルの開発，案件全般の品質管理に携わるほか，企業価値評価用データ配信サービスValue Proの開発・運用を手がける。

岩佐　秀典　ダイレクター

資金調達，インセンティブ等資本政策目的で発行される種類株式，CB，ワラント等の有価証券設計の責任者として1,000件以上の案件に従事。

久保　健司　ダイレクター／公認会計士

大手監査法人にて会計監査・アドバイザリー業務に従事した後，平成22年（2010年）に当社へ入社。企業価値評価の代表的な事例の多くに主任担当者として関与するとともに，無形資産評価を統括し，取引目的の評価及び会計目的によるPPA評価や減損テストに多数従事。

山田　昌史　取締役／米国公認会計士

組織再編・種類株式等の有価証券発行を中心に大手企業からベンチャー企業まで様々なフェーズの資本政策関連のアドバイザリー業務に従事。セミナー，企業研修講師多数。多くの裁判案件に関与し，企業買収に係る第三者委員も務める。

編者紹介

株式会社プルータス・コンサルティング

　新株予約権・種類株式を活用した資金調達・組織再編手法の多様化を見据え，企業の資本政策に関する包括的な提案を実現するため，野口真人・中嶋克久により創業。トムソン・ロイター社が公表するM&Aリーグテーブルのフィナンシャル・アドバイザー部門の上位にランクインしている，独立系としては本邦屈指の実績を有するコンサルティング・ファームである。

　企業価値・有価証券の公正価値評価のみならず，インセンティブ，資金調達，株主構成の最適化などの様々な目的に応じて新株予約権，種類株式の内容を最適化する「設計」の手法を初めて採り入れたことで知られる。近年では，ストック・オプションに代わるインセンティブの新たな選択肢として時価発行新株予約権信託®を提唱し，導入事例の多くに関与している。

　株式価値の算定が争われた国内の主要な裁判例の多くに関与してきたことでも知られ，代表的な実績として旧カネボウ株式会社の株式買取価格決定申立事件，株式会社ジュピターテレコムの株式取得価格決定申立事件などがある。

企業価値評価の実務Q&A〔第4版〕

2010年 4 月20日	第 1 版第 1 刷発行
2010年10月15日	第 1 版第 2 刷発行
2012年 4 月10日	第 2 版第 1 刷発行
2013年12月 1 日	第 2 版第 4 刷発行
2014年 9 月 1 日	第 3 版第 1 刷発行
2017年 5 月20日	第 3 版第 7 刷発行
2018年 4 月15日	第 4 版第 1 刷発行
2024年 4 月25日	第 4 版第17刷発行

編　者	㈱プルータス・コンサルティング
発行者	山　本　　　継
発行所	㈱中央経済社
発売元	㈱中央経済グループパブリッシング

〒101-0051　東京都千代田区神田神保町1-35
電話 03（3293）3371（編集代表）
03（3293）3381（営業代表）
https://www.chuokeizai.co.jp
印刷／昭和情報プロセス㈱
製本／誠　製　本　㈱

© 2018
Printed in Japan

＊頁の「欠落」や「順序違い」などがありましたらお取り替えいたしますので発売元までご送付ください。（送料小社負担）

ISBN978-4-502-25491-8　C3034

JCOPY〈出版者著作権管理機構委託出版物〉本書を無断で複写複製（コピー）することは，著作権法上の例外を除き，禁じられています。本書をコピーされる場合は，事前に出版者著作権管理機構（JCOPY）の許諾をうけてください。
JCOPY〈https://www.jcopy.or.jp　メール：info@jcopy.or.jp〉